U0871633

桥牌实战技巧与攻防一本通

李元秀　编著

内蒙古人民出版社

图书在版编目(CIP)数据

桥牌实战技巧与攻防一本通/李元秀编著.-呼和浩特:内蒙古人民出版社,2017.9 ISBN 978-7-204-15014-4

Ⅰ.①桥… Ⅱ.①李… Ⅲ. ①桥牌-基本知识 Ⅳ.①G892.1

中国版本图书馆 CIP 数据核字(2017)第 252098 号

桥牌实战技巧与攻防一本通

选题策划 石金莲 高牧仁
编　　者 李元秀
责任编辑 晓　峰 杜慧婧
封面设计 宋双成
制　　图 陈礼春
出版发行 内蒙古人民出版社
地　　址 呼和浩特市新城区中山东路 8 号波士名人国际 B 座 5 楼
印　　刷 呼和浩特市圣堂彩印有限责任公司
开　　本 710mm×960mm 1/16
印　　张 25.25
字　　数 300 千
版　　次 2019 年 2 月第 1 版
印　　次 2019 年 2 月第 1 次印刷
印　　数 1—3000 册
书　　号 ISBN 978-7-204-15014-4
定　　价 29.80 元

如发现印装质量问题,请与我社联系。联系电话:(0471)3946120

前　言

桥牌是两个对两个的四人牌戏,种类繁多,都是从旧时傀儡惠斯特等牌戏逐渐发展形成的。第一本关于桥牌的书是 Edmond Hoyle 在 1742 年出版的。打桥牌前,四个人根据牌力叫牌,庄家需控制明手出牌完成自己叫的定约,定约又分为有将定约和无将定约。

桥牌是公认的高级智力游戏,世界大多数国家和地区推广发展很快。但是,自从二十年代传入我国以来,长期未得广泛流传。一个原因是桥牌难学难精,主要是由于缺少参考资料。在解放前尚未见到国人自编的桥牌书籍,外文书刊又非人人能读,因此桥牌活动范围也就局限于极少数的知识分子。解放以后又由于众所周知的原因,三十年来未曾得到提倡。我国的桥牌水平比起美、英、意、法等国确实存在着很大差距。进入八十年代以后,这种闭塞风气逐渐改变。不但各地常有桥牌比赛,而且有翻译和自编的桥牌书籍陆续出版,这是一个可喜的现象。

桥牌是一项有益于身心健康的智力运动,也是一种以扑克牌为工具的智力游戏。现代桥牌(定约桥牌)已远远超出游戏的范畴,而成为有严格规则的世界性体育比赛项目。

在高等院校中开展桥牌运动,有益于广大师生训练逻辑思维能力和决策能力,有益于培养团队合作精神,有益于提高人际交流水平,有益于社会主义精神文明建设和营造良好的校园文化氛围。一个国家桥牌运动的普及程度和水平高低,在一定意义上,也是其软实力的一种反映。因此,桥牌运动特别适合在高等院校和知识分子中推广,现在不少高等院校都建立了桥牌社团,有些高等院校还开设了桥牌选修课,桥牌已列入我国大学生运动会的正式比赛项目。这些举措必将进一步推动桥牌运动在高等院校的开展。

高等院校是我国桥牌运动的策源地。桥牌运动在高等院校中有良好的传统,我国最早参与并推动桥牌运动开展的人群大都来自高等院校和科研院所。

桥牌对于现代人来讲已经不再陌生了,桥牌不仅是一种有趣的智力游戏,而且可以锻炼记忆力,增强独立思考能力,发挥紧密协作、团结一致的精神。把桥牌活动作为业余消遣,是一种积极性的休息,有助于消除劳动后的疲劳,换来旺盛的工作精力,并丰富文体生活。本书详尽介绍了桥牌的实战技巧与攻防,着眼于初学者对桥牌的迷茫与生疏,立足入门,通过对桥牌的基础知识介绍和对打法与技巧的深入浅出的讲解,使读者能够逐步掌握桥牌的基本打法,若加以细致品读、研究,定能达到精通、独立赏玩的效果。

目　录

第一章　桥牌基础知识

第一节　桥牌起源与发展

桥牌的起源有以下两种说法：一种是从中国唐代宫廷玩的四色纸牌演变而来，由马可·波罗带回意大利，传播到欧洲产生了惠斯特（Whist）牌戏；另一种是起源于英国民间的一种扑克游戏（惠斯特牌戏）。英国人埃蒂蒙德·霍伊尔（E.Hoyle）在 1742 年出版了《惠斯特牌戏简论并附惠斯特规则》一书，一直流行到 19 世纪，达 100 年之久。

桥牌发展大致经历了惠斯特牌戏、惠斯特桥牌、竞叫桥牌和牌约桥牌四个阶段。

惠斯特牌戏

惠斯特牌戏是桥牌的前身，17 世纪中叶开始在英国流行。它是没有叫牌的桥牌，英文 whist 的意思是“静默”，就是在玩的过程中双方都不允许说话。发牌人把 13 张牌发给每个牌手，把最后一张牌翻开亮明在桌上，这张牌的花色就被确定为这副牌的将牌。那时只打有将牌约，没有无将这一说。然后由发牌人的左手家领出第一张牌，其他人陆续跟出。四家都是暗手，没有明手，谁都看不见其他牌手所持的牌张，因此打牌过程全凭分析推理来争取最多的赢墩。惠斯特牌戏规定每方取得的赢墩数超过六墩的可取得正分，每超过一墩得一个正分，正分累计够 10 分时即告成局。如一方连赢两局或在三局中先赢两局就宣布赢得了这一盘，然后进行下一盘的角逐。如果一方全取十三个赢墩，可取得 7 个正分，因打成大满贯的难度很大，为了加大奖励被规定为赢得一局。

下面让我们看惠斯特牌戏是怎样进行的。南家是发牌人，他翻出最后一张牌是♥K，这副牌就把红心定为将牌。

	♠A K 6 5 3 ♥A 9 3 ♦A K ♣9 7 3	
♠J 10 8 7 ♥8 ♦Q 10 8 5 4 2 ♣K 4	北 西　　东 南	♠9 ♥5 4 2 ♦J 9 7 6 3 ♣J 10 5 2
	♠Q 4 2 ♥K Q J 10 7 6 ♦—— ♣A Q 8 6	

南家很幸运,翻出的牌张是红心,正是他持有的长套。

西家首攻♠J,北家出♠K 赢得。北先出♥A 吊一轮将,然后拔♦A,再出♥3,南♥K 吃进,又续吊两轮将。南家分析得知北家一定还持有♠A,于是续打将牌,并兑现♠Q。各家还剩 4 张牌时,残局如下:

	♠A 6 ♥—— ♦K ♣9	
♠10 8 ♥—— ♦—— ♣K 4	北 西　　东 南	♠—— ♥—— ♦J ♣J 10 5
	♠4 ♥—— ♦—— ♣A Q 8	

南出♦4,北♦A 吃进。打♦K,西家不能垫黑桃,只得垫梅花。北出♣9,南判断正确打♣A 击落了西的♣K! 全取十三墩,打成了大满贯,赢得了一局。在没有明手的情况下能成功地采取紧逼打法,其难度可想而知,也可得知在当时打牌技巧已达到了很高的水平。

再看下面这副牌。

西	北 / 南	东
	♠7 6 5 4 3 ♥—— ♦10 8 5 ♣10 7 4 3 2	
♠A K Q J 10 9 8 ♥8 7 6 5 4 3 ♦—— ♣——	北 西　东 南	♠2 ♥2 ♦9 7 6 4 3 2 ♣J 9 8 6 5
	♠—— ♥A K Q J 10 9 ♦A K Q J ♣A K Q	

南家是发牌人,他翻出最后一张牌是♥10,南发现自己手中全是赢墩,一激动就摊牌了,声称全取十三墩,打成大满贯。西家看到牌后表示不同意并首攻♠A,由于对方的将牌为 6-1 分布,南将吃后比西家短一张将牌,结果将牌失控只取得六墩,南直呼倒霉。西家还得意地说,如果南没有摊牌,他不会首攻♠A,而会首攻红心吊将,因为其余三家的红心很可能为均匀分布,这样在肃清牌约方将牌后就可兑现手中的全部黑桃赢墩。果真这样的话,南家会轻易地打成大满贯,倒霉的将是西家。

在惠斯特牌戏阶段,由于将牌是靠翻牌来确定的,运气成分极大,牌手的胜负几乎全由翻牌来决定。

惠斯特桥牌

越来越多的牌手试图改变用翻牌来决定将牌的规则,于是采用叫牌来决定将牌的方法逐渐流行。不过那时的叫牌规定只有发牌人有权进行叫牌,而且是一锤定音,没有争叫和应叫。他可以根据手中持有长套的情况声称某花色为将牌;也可宣称"无将",打牌就在没有将牌的情况下进行。防守方如认为发牌人打不成,可以叫"加倍",发牌人也可以"再加倍"。这样就使叫牌方法有了一定的改进,从而进入惠斯特桥牌时期。惠斯特桥牌对记分方法也作了重大改革,规定 30 分成局,花色的级别规定为黑桃级别最低,超过六墩所赢的每一墩得 2 分,梅花 4 分,方块 6 分,红心的级别最高为 8 分,无将比红心的级别更高为 10

分,所以打无将时只要超额赢得三个赢墩即九墩牌就可成局了。另外规定发牌者的同伴为明手,他在打牌过程中要把牌全亮明在桌上,这一规定又向现代桥牌跨出了一大步。

下面是那个时期广为流传的一个牌例。

	♠9 8 5 2 ♥10 4 3 2 ♦—— ♣6 5 4 3 2	
♠10 7 6 4 3 ♥J 9 8 7 6 5 ♦J 10 ♣——	北 西　　东 南	♠A K Q J ♥A K Q ♦A K Q ♣K J 8
	♠—— ♥—— ♦9 8 7 6 5 4 3 2 ♣A Q 10 9 7	

南家是发牌人,宣称梅花为将牌。东家是位有钱的公爵,他持有一手强牌,他笑着说你肯定取不到七墩,并叫加倍。北家看了庄家的牌后说,你还加倍,你一墩都拿不到。公爵说笑话,咱们打赌。北说赌就赌。西家首攻红心,南将吃。让明手将吃方块,出将牌,暗手出♣10 飞成。明手再将吃方块,暗手又飞一轮将牌,让明手将吃第三轮方块,然后将吃回手,肃清最后一张将牌,兑现方块赢墩,全取十三墩。公爵拿这么强的牌竟一墩未得,传说输了两万英镑。实际上这是场骗局。

再看那个时期的另一副牌。

	♠8 ♥J 9 7 5 4 3 ♦K 9 5 4 ♣9 6	
♠A 6 5 4 2 ♥A K 2 ♦Q 7 3 ♣A 3	北 西　　东 南	♠3 ♥Q 10 8 6 ♦A 10 8 6 2 ♣5 4 2
	♠K Q J 10 9 7 ♥—— ♦J ♣K Q J 10 8 7	

南家是发牌人,因为黑桃是花色得分级别最低的,不如梅花的得分高,于是选择梅花为将牌。将牌确定后,由西家首攻,他攻♥K,结果南家轻而易举地取得十个赢墩。东家在打完牌后很有怨气,他认为

由发牌人单方面选定将牌很不公平，他说如果由我选择将牌，我会让红心作将牌，就能取得十三墩。北听了后很不服气，说我持 6 张红心你还能打成大满贯？如果你真打成了，我们今天认输，否则你得服输。东说咱们打着瞧。南首攻♣K，西♣A 盖吃。出♦Q，北盖♦K，东♦A 吃进。出黑桃，♠A 进明手。从明手出♦7 飞捉北的♦9，并连打手中的方块大牌垫掉明手的梅花 3 失张。让明手的♥2 将吃一轮梅花，以后交叉将吃，北家的 6 张将牌被迫连续将牌低吃遭全歼，一墩也没拿到。

这副牌出现后，很多牌手都认识到惠斯特桥牌应作必要的改进，纠正单方面定将牌的不公平现象。

竞叫桥牌

惠斯特桥牌流行的时间不长，19 世纪末改变为竞叫桥牌，这种新的叫牌形式改变了选择将牌的规则，同时对花色级别也作了改革，规定无将级别最高为 10 分，黑桃 9 分，红心 8 分，方块 7 分，梅花最低 6 分，够 30 分成局，这样打无将牌约仍只要取得九墩就可得 30 分成局，打黑桃和红心取得十墩也够 30 分可以成局，打方块或梅花则需要取得十一墩方能成局，这已经同现代桥牌很相似了。但竞叫桥牌在未叫到局而赢得的墩数已达到成局要求时就算成局，这和现代桥牌必须叫到成局并取得要求的赢墩时才算成局的规定有很大的差别。

竞叫桥牌的创新之处在于无论是发牌方还是其他牌手都有权参与叫牌，通过竞叫决定这副牌是以什么花色为将牌，是打有将牌约还是打无将牌约。同时规定叫牌按顺时针方向依次进行，直到一家作实质性叫牌后其他三家都不叫了，则最后一家所叫的内容就成为这副牌的牌约。

请看牌例：

	♠10 7 6 ♥K 8 4 ♦J 10 9 3 ♣A 7 5	
♠K Q 9 5 4 ♥Q 7 ♦A 7 6 2 ♣10 6	北 西　　东 南	♠J 8 3 2 ♥5 2 ♦K Q 8 ♣J 8 3 2
	♠A ♥A J 10 9 6 3 ♦5 4 ♣K Q 9 4	

这副牌南坐庄，牌约 3♥，结果南家很容易地打成了 5♥取得 11 个赢墩，超额 2 墩共得 40 分，已超过 30 分

即告成局。

南北方未叫到 4♥，但打成了 5♥，也算成局。这样的规定，使当时的牌手宁愿叫得低些，以免打不成。如上面这副牌，南北方完全有实力叫到并打成 4♥，但他们满足于停在 3♥上，因为叫 3♥打成 4♥也算成局，可见竞叫桥牌的叫牌比较保守，尚需改进。

牌约桥牌

牌约桥牌是桥牌界的习惯用名词，可是初学桥牌者均感抽象，不易接受和理解，并与“约定”名词相混，改为“牌约桥牌”后，通俗易懂，效果极佳，望桥牌界能慢慢接受。

20 世纪初，法国开始流行一种新形式的牌戏，称为争高桥牌。它与竞叫桥牌的主要区别在于，要成局光靠无将赢九墩和黑桃、红心有将牌约赢十墩是不够的，还必须叫到成局牌约，即叫到“3 无将”或“4 红心”。另外也必须叫到并打成小满贯或大满贯牌约，额外规定给大量奖分。这样争高桥牌又向“牌约桥牌”迈进了一大步。

下面是在法国一家桥牌俱乐部举行的一次桥牌比赛中出现的一副牌，由于叫牌方法不同得出的结果也大不相同，引起了桥牌爱好者的关注。

开室：	北	东	南	西
			1D	/
	/	×	××	/
	/	2C	3D	/
	/	//		

北：
♠J 10
♥K J 6 4
♦10 9 2
♣8 6 5 4

西：
♠A K 9
♥9 8 7 5
♦8 7 6 4
♣J 10

东：
♠8 7 6 5 4 3
♥A Q
♦——
♣A Q 9 3 2

南：
♠Q 2
♥10 3 2
♦A K Q J 5 3
♣K 7

闭室：	北	东	南	西
			1D	/
	/	1S	2D	2S
	/	4S	/	/
	//			

开室南坐庄，牌约 3♦，结果下一，是很划算的。

闭室东坐庄,进局牌约 4♠,结果超额两墩,开室南北小输,闭室东西大赢,取得了很大的战果。叫牌起到了关键的作用。

争高桥牌主要在法国流行,不久美国人和英国人也开始喜欢上了争高桥牌,而且经过不断改进完善,1925 年美国桥牌高手范德比尔特·哈罗德(Vanderbilt Harold)深入研究了桥牌各种不同记分方法的优缺点,提出了新的"牌约桥牌"记分法,使记分方法更趋完善和合理。这是范德比尔特一项杰出的贡献,至今基本没有改变,既为"牌约桥牌"的各种比赛和广泛推广创造了条件,也推动了叫牌方法的不断创新。

牌约桥牌有以下特点:第一,借鉴争高桥牌的特点,要成局不仅需要赢得足够的墩数,还必须叫到成局,若只叫 2♠,即使拿得 10 墩也没有成局奖分,必须叫到 4♠并取得 10 墩才能得成局奖。第二,必须叫到满贯并赢得要求的墩数才能取得满贯奖分。第三,奖分比早先的高得多,满贯奖分尤其如此,使比赛更激动人心。第四,规定在有局情况时所得到的成局奖分或罚分将比无局情况时多。

第二节　桥牌运动概况

国外桥牌

牌约桥牌的历史并不悠久,追溯其起源也不过百年。20 世纪 30 年代开始在欧美一些国家流行,继而向世界各地发展。世界桥牌联合会(简称世界桥联)成立于 1958 年,由美国、欧洲、南美洲的代表发起,总部设在瑞士,主席任期 4 年,其常务办公地点随主席国籍的不同而变化。目前有 128 个国家和地区成为世界桥联会员,个人会员近百万人。

世界桥联是国际奥委会认可的国际单项体育运动联合会成员,国际智力运动联合会的发起成员。

世界桥联所属会员分为 8 个区:欧洲、北美、南美、亚洲中东、中美加勒比、太平洋亚洲、南太平洋、非洲。我国属于太平洋亚洲区。

世界桥联每年均举办重大赛事,包括:

(1)逢单数年举办的世界桥牌团体锦标赛。包括百慕大杯世界公开团体锦标赛、威尼斯杯世界女子团体锦标赛、元老杯世界老年团体锦标赛、世界跨国团体锦标赛。

(2)逢非奥运的偶数年举办的世界桥牌锦标赛。包括公开团体赛、女子团体赛、公开双人赛、女子双人赛、混合双人赛。

(3)逢奥运年举办的世界桥牌奥林匹克团体锦标赛。包括奥林匹克世界公开团体赛、奥林匹克世界女子团体赛和世界跨国混合团体赛。

国内桥牌

中国桥牌协会成立于1979年10月,邓小平同志受邀任荣誉主席,万里同志任名誉主席,荣高棠同志任主席。成立伊始,中国桥牌协会的主要任务是大力普及开展桥牌运动。这项在“文化大革命”中被称为“资产阶级娱乐方式”的群众性文化体育运动,在改革开放后不到30年的短暂历史时期中,其发展速度却快得惊人。如今中国桥牌运动水平已经与世界同步。

20世纪80年代初,我国桥牌运动刚刚兴起的时候曾红极一时。桥牌与交际舞、滑冰、弹吉他在青年人中被看作“四大时髦”;桥牌与高尔夫、网球、钓鱼共称四大“上层体育”,因而吸引了众多的爱好者。对于一个桥牌爱好者来说,桥牌将是你真诚的伴侣,因为它从不辜负你为之所付出的努力。如果你觉得自己聪明伶俐,你该去学桥牌;如果你不愿让自己的大脑变得迟钝,你该去学桥牌;如果你想寻找一种高雅的交际娱乐方式,最佳的选择就是桥牌……当你真正学会了桥牌,你将被它那无穷的奥妙所吸引,初始的动机通常便不复存在了。当年北京的桥牌比赛经常有上千人参加,每逢“埃普森世界桥牌通讯赛”时,设在人民大会堂的主赛场座无虚席。

中国牌手在世界比赛中的成绩不断提高——2006年首次夺得世界公开双人赛冠军及世界大学生桥牌赛团体冠军;2009年中国女队在巴西夺得威尼斯杯世界女子团体赛冠军;2011年中国女队在美国第十三届世界桥牌大赛“麦考尼尔杯”女子团体赛中又勇夺冠军。桥牌比赛正式列入全国大学生运动会,全国大学生桥牌锦标赛已举行了八届,各地举办的桥牌赛事接连不断,吸纳社会资金的能力不断提高……可以说,我们又迎来了中国桥牌的第二个春天。

不可否认的是,我国的桥牌基础依然十分薄弱,仅仅是在一些地区开创了一定的局面,因此,普及提高应该是21世纪中国桥牌运动永恒的主题。

第三节 怎样打桥牌

桥牌常识

1.牌手与方位

打桥牌时,每桌四位牌手,分别坐北(North 代号 N)、东(East 代号 E)、南(South 代号 S)、西(West 代号 W)4 个方位(见桌卡),其中相对而坐的一对牌手称同伴或搭档(Partner),竞赛是在两对牌手之间进行的。

2.牌具、花色等级和牌张大小

打桥牌是用扑克牌除去大王、小王剩下的 52 张牌,分四门花色:黑桃(♠)Spade 代号 S、红心(♥) Heart 代号 H、方块(◆)Diamond 代号 D、梅花(♣)Club 代号 C。其等级由大到小依次为:黑桃、红心、方块、梅花,其中黑桃和红心为高级花色,简称高花(Major Suit);方块和梅花为低级花色,简称低花(Minor Suit)。每门 13 张牌,大小顺序依次为:A、K、Q、J、10、9、8、7、6、5、4、3、2。

3.叫品、阶数与要求的赢墩数

桥牌叫品是牌手间用于描述持牌情况并确定牌约的桥牌语言。桥牌的基本叫品共有 38 种(详见表 1-1),在叫牌过程中只能用表 1-1 中规定的 38 种叫品。

其中,所有“数字+花色(或 NT)”的叫品为实质性叫品,用实质性叫品作为牌约,要在打牌过程中赢取“数字(阶数)+6”的赢墩数,即 1 阶牌约要求 7 个赢墩才算完成牌约,2 阶牌约要求 8 个赢墩,依次类推。

其他 3 个叫品分别是:

(1)不叫(Pass),写作“/”,持牌较弱,放弃叫牌权利或传递其他讯息。

(2)加倍(Double),写作“×”,一般为惩罚性,也有是技术性的逼叫,要求同伴参与叫牌,也有指示同伴首攻花色或表示其他讯息,加倍后牌约完成时的赢分或牌约未完成时的输分有所增加。

(3)再加倍(Redouble),写作“××”,牌约方为赢取更多的基本分和奖分,也有传递逃叫或表示其他讯息,再加倍后牌约完成时的赢分或牌约未完成时的输分均进一步增大。

表 1-1 桥牌的基本叫品

有将、无将牌约的叫品、级别(由小到大)					叫牌阶数	要求赢墩数
1C	1D	1H	1S	1NT	1 阶	7 墩
2C	2D	2H	2S	2NT	2 阶	8 墩
3C	3D	3H	3S	3NT	3 阶	9 墩
4C	4D	4H	4S	4NT	4 阶	10 墩
5C	5D	5H	5S	5NT	5 阶	11 墩
6C	6D	6H	6S	6NT	6 阶	12 墩
7C	7D	7H	7S	7NT	7 阶	13 墩
不叫(Pass)/ 加倍(Double)× 再加倍(Redouble)× ×						

4.有将牌约和无将牌约

桥牌牌约分为有将牌约(Suit Coutract)和无将牌约(Notramp Contract)两类。

有将牌约是指牌约方在4门花色中选择一门花色作“将牌”(即王牌或主牌),将牌以外的其他花色均称副牌或边花。打牌过程中,如果牌手缺某门边花就可以利用将牌将吃赢得这一墩,例如:红心为将牌,北出◆K,东出◆A,南缺◆,可用将牌♥2将吃,西也缺◆,可用将牌♥6起将吃赢得这一墩。

无将牌约即是没有将牌,不存在将吃取胜的牌约,牌张之间只在同一花色中比大小。打牌过程中,如果已缺某一门花色,你只能垫其他花色的牌,而垫出的牌无论多大都不能赢得领出者所出花色之牌。例如:北出♣2,其他3家都没有梅花了,东垫◆7,南垫♥Q,西垫♥A,北家的♣2最大,赢得这一墩,其他3家所垫的牌张无大小之分,都是输张。

5.局况(Vulnerability)

局况是对每一副牌双方处境的一种人为规定,分有局方和无局方两类,共有双方无局(None)、南北有局(N-S)、东西有局(E-W)和双方有局(Both)4种。当处于有局方时,根据他是否完成牌约将获较多的奖分或罚分;当处于无局方时,则奖分或罚分均将少于有局方。局况不同,双方在叫牌和打牌的过程中采用的策略也不同,在打 16 副定局赛牌中各副牌的局况经常在变动(见表 1-2),促使双方在每副牌开叫前关心自己的局况。

表 1-2　局况表

牌序	首叫	局况	牌序	首叫	局况	牌序	首叫	局况	牌序	首叫	局况
1	N	双无(No.)	5	N	N-S 有局(N-S)	9	N	E-W 有局(E-W)	13	N	双有(Bo.)
2	E	N-S 有局(N-S)	6	E	E-W 有局(E-W)	10	E	N-S 有局(N-S)	14	E	双无(No.)
3	S	E-W 有局(E-W)	7	S	双有(Bo.)	11	S	双无(No.)	15	S	N-S 有局(N-S)
4	W	双有(Bo.)	8	W	双无(No.)	12	W	N-S 有局(N-S)	16	W	E-W 有局(E-W)

每副牌的首先叫牌人,根据每副牌的牌序也有规定:第一副牌是北首叫,以后按顺时针方向轮转,4 副牌一个循环(见表 1-2)。

6.牌墩,牌约基本分,未成局、成局、满贯牌约

4 位牌手依次各出一张牌(一圈)为一墩牌,每副牌均有 13 墩牌。

完成 1 阶牌约(要求取得 7 个赢墩)可得基本分如下(按牌约级别高低):低花牌约为 20 分,高花牌约为 30 分,无将牌约为 40 分。

完成各阶牌约的基本分不足 100 分的,称为未成局(或部分)牌约;完成所叫牌约的基本分达到或超过 100 分的,称为成局牌约,成局牌约奖分较多。完成所叫六阶(小满贯)或七阶(大满贯)牌约,奖分就更多了。完成小满贯牌约只允许输一墩牌,很难;完成大满贯牌约一个输墩也不允许出现,那就更难了。

叫牌常用术语

(1)不叫(Pass,书写为"/"):表示叫牌者在该轮叫牌中不选择任何花色或无将叫牌,也不打算对对方的牌约进行加倍,或对对方加倍己方牌约进行再加倍。

(2)开叫(Opening Bid):每副牌的叫牌过程中第一次出现的花色或无将叫牌。

(3)应叫(Respond):开叫者的同伴所做的应答叫牌,也指对同伴的技术性加倍、争叫等的应答叫牌。

(4)争叫(Overcall):当一方作出花色或无将开叫后,另一方为争牌约而作出的花色或无将叫牌(有时还可以包括技术性加倍)。

(5)再叫(Opener's Rebid):开叫者在开叫后又作出的叫牌,进一步显示实力和牌型的叫牌。

(6)简单加叫(Single Raise):开叫者作一阶花色开叫后,应叫者加叫到二阶水平。

(7)跳加叫(Double Raise):也称"加二副",应叫者把开叫者的开叫花色从一阶水平加到三阶水平的应叫。

(8)成局加叫(Game Additional Bid):把同伴所叫花色直接加叫到局,具有止叫性质。

(9)一盖一应叫(One over One Response):一阶花色开叫后的一阶水平上的花色应叫,牌力可能是弱牌,也可能是好牌。

(10)二盖一应叫(Two over One Response):同伴一阶花色开叫后,在二阶水平上叫出级别较开叫花色为低的花色应叫,牌力一般为好牌。

(11)顺叫(Rebid in a Lower-ranking Suit):同一叫牌者先叫较高级的花色,接着在二阶水平上再叫较低级的花色,希望同伴选择一种花色,不逼叫。

(12)逆叫(Reverse):同一叫牌者先叫较低级的花色,接着在二阶水平上再叫较高级的花色,表示持有一手强牌有进局愿望。

(13)转移叫(Transfer Bids):叫出一个花色要求同伴叫出比该花色高1或2级的花色。目的是使持有强牌的同伴成为庄家,让持有较弱牌的自己成为明手,以增加对方出牌时的困难。高阶水平转移叫还有一种作用:可与较弱的直接叫出的阻击叫区别开来,便于应叫者判断是否可试探满贯。

(14)阻击性开叫(Pre-emptive Bid,Shut-out Bid):也称"关煞性开叫",持有一手有一门长套花色但大牌点力有限的牌时,所做的高阶水平的花色开叫,目的是干扰可能持有强牌的对方的叫牌,使其在高阶水平上才能开始叫牌,从而难以相互传递必要的信息和达到正确的牌约。

(15)逼叫(Forcing Bid):要求同伴在对方未参与叫牌的情况下,至少要做一次某种叫牌的应叫(不能不叫,Pass)。如1♣为逼叫性强开叫,同伴即使很弱的牌(0~7点),也要应叫一声1◆,示弱,不能不叫。

(16)扣叫(Cue-Bid):叫牌者叫一特定花色以作为逼叫手段,并非希望做此花色的牌约。用法有:①扣叫对方叫的花色,任何阶数均可使用;②同伴双方将牌配合后,在高阶水平扣叫为主动显示控制叫法。

(17)自由应叫(Free Respond):牌手在同伴已作叫牌及上家对手争叫后所作出的叫牌。传统理论认为,一切自由竞叫、应叫要求有比低限牌力多相当于一个 K 的额外牌力。

(18)牺牲叫(Sacrifice Bid):超过牌力的牌约肯定会被对方打宕的高阶水平叫牌,目的是减少对方的得分,叫牌前提是估计被对方作惩罚性加倍后的失分,会少于对方的未成局、成局或满贯牌约的得分。

(19)爆裂叫(Splinter Bid):也称"单缺显示叫""斯柏林特约定叫"。非常规的跳叫,表示对同伴刚叫的一门花色有好配合,而且在跳叫的花色中为单张或缺门,牌力也为好牌(一般至少有 13 点),建议探索满贯。同伴如果对满贯探索有兴趣,可以叫新花色或采用其他满贯约定叫;对满贯无兴趣时,可叫回至原来同意的花色。

(20)约定叫(Convention Bid):与所叫花色或无将无必然联系,只是传递商定好的信息的一种叫牌。

(21)邀叫(Invitational Bid):鼓励同伴在持有高限点力时叫成局或叫成满贯的叫牌,不是逼叫,当同伴持有低限点力时,可以不叫。一般为比所建议的成局或满贯水平低一阶的叫牌。

(22)限制性叫牌(Limit Bid):表达出的牌力范围较窄(一般不大于 4 点)的叫牌。精确体系叫牌法的 1D、1H、1S、2C、2D、4C、4D(约定转移叫)等都属限制性叫牌。1NT、2NT 也是,点力范围更窄了。这对初学者来说可较易掌握。

(23)平叫(Nonjump Bid):叫牌过程开始后任意时候所做的一个叫牌,其级别或阶数恰好超越前一叫牌的水平。

(24)渐进原则(The Approach Principle):要求在叫牌中优先做花色开叫,并在以后的叫牌中缓慢渐进,充分交换信息。这是由美国卡柏特森创导的,牌手的牌力越强,就应越慢地叫成最佳牌约,现仍被大多数牌手所采纳。

(25)速达原则(Principle of Fast Arrival):牌手所持的牌牌力越弱,应越快地叫成某一个牌约。

桥牌比赛的胜负关键是在叫牌过程(即牌约制定过程)中是否争得对己方最有利的最佳牌约,也就是说桥牌比赛的胜负、叫牌因素常占一半以上。

打成各阶牌约所需的估计牌力

1.搭档之间点力平衡,无重复点力,打成各阶牌约所需的估计点力如表 1-3(对方点力集中在一家,下限也可)所示。

表 1-3

牌约阶数 / 点力 / 牌约类型	1	2	3	4	5	6	7
无将牌约	21-22	23-24	25-26	28-29	30	33	37
有将牌约	20-21	21-22	23-24	25-26	28-29	30-33	35-37

2.无将牌约时,可能打成成局、满贯牌约,牌型与点力关系,见表 1-4。

表 1-4

无将牌约牌型	3NT	6NT	7NT
4-3-3-3	26 点	33 点	37 点
4-4-3-2	25 点	32 点	36 点
5-3-3-2	23 点	30 点	34 点
6-3-2-2	22 点	28 点	32 点

3.有将牌约时,可能打成成局、满贯牌约(将牌配合),牌型与点力关系,见表 1-5。

表 1-5

牌约阶数 / 点力 / 牌约类型	4 阶	5 阶	6 阶	7 阶
平均型:4-4,5-3	25	28	30	34
非均型:4-4,5-3	23	26	28	32
非均型:5-4,6-3	20	23	26	29
奇型:(5-4-4-0),6-4,5-5	18	20	23	26
怪型:6-5,7-4,6-6	16	18	20	23

4.分析。这是根据大量实际比赛的牌例进行统计而得出的经验数据,只要按此经验数据的尺度叫牌,所选择的牌约多数是正确的、能够完成的。

有时点力虽超过上述经验数据,如第 2 副牌为 27 点 3NT 牌约执行结果下一等;甚至 28 点(4 个 A 和 K,缺中间牌张),也要下一等,这时同伴之间不能互相责怪,有时是牌的长相对己方不利,不是叫牌或庄家打牌有误。

打有将牌约时,同伴双方均为奇、怪型牌,将牌配合又特别好,联手虽只有 5 个大牌点力,即可以完成 7 阶黑桃的大满贯有将牌约,一个输墩也没有,这时是牌型起了关键作用,打桥牌真是魅力无穷。

打桥牌的过程

打桥牌是以 2 人为一方同另 2 人为另一方进行的比赛活动,主要有叫牌和打牌两个阶段。在叫牌之前有一些必要的准备工作,每副牌打完后要进行记分。现分四点介绍如下:

(一)打牌准备

打牌的准备工作有以下 6 项:

(1)两对牌手分别按 N(王甲)、S(李乙)、E(张三)、W(陈四)4 个方向的位置坐好。

(2)双方要交流各自的叫牌体系:NS 方向采用简易精确叫牌体系,EW 方向采用自然叫牌法(正规比赛双方均应交出填好的约定卡)。

(3)商定打牌副数,一般采用打 16 副牌的定局赛,每副牌的首叫方及局况均有规定,详见表 1-2 局况表。

(4)商定记分方法。采用贴点记分法,拿好牌的一方要先将联手超过平均数 20 点的点数,按国际比赛分(见表 1-6)贴给对方,这样会比较公平一点。

(5)发牌(即从牌套中取出各自方位的牌)。按规定要先查点确认是 13 张牌后才可以看牌,以免先看牌,后发现有误,这就违规要被罚。

(6)整理牌。最好是按红黑颜色(红心、黑桃、方块、梅花)间隔开来放,每门花色再依大小排列,这样有利查看牌型如何和点力多少。

(二)叫牌

叫牌可以用口述,也可以用笔写,还可以用叫牌卡来进行。

叫牌有些类似招标或拍卖行中的竞价,叫牌双方均根据自己和同伴的实力总和设法争取到对己方最有利的最佳牌约(标书),因此叫牌过程中的竞争是很激烈的,叫牌成功与否对每一副牌的胜负起着关键(50%以上)的作用,一定要非常重视。

表 1-6　基本分与国际比赛分(IMP)折算表

基本分	IMP	基本分	IMP	基本分	IMP
0~10	0	370~420	9	1750~1990	18
20~40	1	430~490	10	2000~2240	19
50~80	2	500~590	11	2250~2490	20
90~120	3	600~740	12	2500~2990	21
130~160	4	750~890	13	3000~3490	22
170~210	5	900~1090	14	3500~3990	23
220~260	6	1100~1290	15	4000 以上	24
270~310	7	1300~1490	16		
320~360	8	1500~1740	17		

上述 4 人开始打 16 副牌(定局赛)贴点记分法的第 1 副牌,双方无局,北家首叫,4 家拿到的牌经过整理后如下:

北13
♠K 10 3
♥Q 7 4
♦A K J 9 6
♣3 2

西 7
♠J 9 8
♥K 9 8 3
♦5
♣Q J 10 6 5

东 12
♠5 4
♥A J 10 6 2
♦10 8 4 2
♣A K

南8
♠A Q 7 6 2
♥5
♦Q 7 3
♣9 8 7 4

叫牌过程笔写如下:

N	E	S	W
1D	1H	1S	2H
2S	3H	4S	A.P.*

*A.P. =All　Pass=三家均不叫

开叫,是指在叫牌过程中第一个作出的具有实质内容叫品的叫牌,每一副牌只有一家是属于开叫者。作出开叫时必须满足事先交出的约定卡的牌点和牌型要求。

1.N 家有 13 个大牌点,5332 牌型。方块为 5 张套,按简易精确叫牌体系开叫条件可开叫 1NT,也可争取用 5 张方块长套作将牌,应开叫 1D 比较稳妥。

2.顺时针轮到 E 家叫牌,E 家有 12 个大牌点,5422 非均型牌,5 张红心长套,按自然叫牌体系开叫条件,红心级别比方块高,可以"一盖一"争叫 1H。

3.顺时针轮到 S 家叫牌,S 家虽只有 8 个大牌点,但同伴已开叫,己方点力可能超过对方,5431 非均型牌,虽方块套可能已配合,仍应优先寻求级别较高的高花配合,因此作"一盖一"的争叫 1S。

4.轮到 W 家,虽只有大牌 7 点,同伴已争叫过红心套,且是自然叫牌法,己方点力也可能超过对方,牌型为 5431 非均型,红心有 4 张 1 大,应支持同伴争叫 2H,无可非议。

5.又轮到 N 家,同伴叫的黑桃有 3 张 1 大,按叫牌经验应支持同伴加叫一副,竞争再叫 2S。

6.又轮到 E 家,有同伴支持,应继续争叫 3H。

7.又轮到 S 家,得知同伴支持,且红心为单张,可控制只输一墩,加上长套(5 张经加叫)、短套(单张)牌型各 2 点,总点力已达 12 点,有可能黑桃和方块两套都能拿通,共 10 个赢墩。因此继续果断地应竞跳叫 4S 封局,符合叫牌经验(一次叫准,二次叫足;或弱牌速达原则,止叫,没有进一步的兴趣)。

8.又轮到 W 家,不叫;N 家也不叫;E 家也不叫(第三家不叫,书写时要画两条斜线),这样三家不叫,叫牌到此结束。

这副牌的最终牌约是 4S,根据规定:南家先叫黑桃,牌约方南家坐庄(主打)。庄家左手方向 W 家首攻(出第一张牌),N 家为明手,等待首攻后,即主动将自己的 13 张牌全部亮在桌上,将牌放在最右方,依次排列整齐,听从庄家指挥,然后出牌。不允许主动出牌或当庄家的参谋,为避免犯错误,也可离桌去洗手间。

(三)打牌

1.按规定 W 家首攻,E-W 方在红心套占优势,故出♥K 大牌,这时 N 家明手将牌全部亮在桌上,由庄家跟出♥4,E 家出♥10(这是鼓励同伴继续出♥的欢迎姿态信号),庄家出♥5,W 家赢得这一墩,为方便双方统计输赢墩数,规定赢方将牌翻转后竖放,输方翻转后横放。又规定:下一轮出牌后,双方都不得查看前面出过什么牌了。

2.按规定每一轮牌的赢家为下一轮牌的领出者，W 家按同伴的鼓励信号继续出♥3，庄家让明手出♥Q，E 家出♥A 盖吃，庄家已无红心，就用黑桃小将牌将吃赢进(4 家继续按上述方法放好牌)。

3.第 3 轮由庄家领出，庄家应立即吊将，连续出三次大将牌，肃清对方的将牌后，才能出方块长套大牌，以免被对方将吃。

出完 13 轮牌后，统计双方的赢墩，N-S 方赢 10 墩，E-W 方赢 3 墩，确认无误，结论是庄家刚好完成 4S 牌约。

计分：这副牌 N-S 方赢得基本分 4×30＝120 分(表 1-6)，由于基本分达到 100 分成局了，还能得成局奖(无局方)300 分，N-S 方共赢 420 分，为避免个别副牌大赢大输过分影响比赛胜负，以换算成国际比赛分(IMP)结算比较妥当，换算方法见表 1-6，基本分 420 换算成国际比赛分为 9IMP。

本次比赛采用贴点计分法，N-S 方大牌点为 13+8＝21，超过平均数(20) 1 点要贴补给 E-W 方，因此 N-S 方实际赢 9-1＝8 点，这样才比较公平。

S 家负责记分，将上述计分结果填入记分单内第一副牌的空白处(参考表 1-11)，第 1 副牌打完后，4 家应各自整理好自己的 13 张牌，插回牌套中自己的方向，不得有误(插错牌：方向或牌张数错了，均要被罚，扣分)。

接着可开始打第 2 副牌，N-S 有局，E 首叫，4 家拿到的牌经过整理如下：

	♠J 9 6 3 ♥Q 5 3 ♦A 6 5 ♣9 7 3	
♠A Q 4 ♥9 8 ♦J 10 7 2 ♣Q J 8 4	北 西　　东 南	♠K 8 5 ♥A J 7 ♦K Q 9 3 ♣A 10 2
	♠10 7 2 ♥K 10 6 4 2 ♦8 4 ♣K 6 5	

N	E	S	W
	1NT	/	3NT
A.P.			

叫牌过程：

1.E-W 方采用自然叫牌体系开叫条件，东持 17 个大牌点，4333 均型牌，应开叫 1NT。

2.S 家只有 6 个大牌点，5332 非均型牌，虽有红心高花 5 张套，牌太弱，只得不叫。

3.W 家有 10 个大牌点，4432 均型牌，E-W 联手点力估计在 26-28 之间，参照表 1-3 打成各阶牌约所需的估计点力，只要 25-26 点就可能打成 3NT 牌约，于是跳叫 3NT 封局，虽然可能要冒一点风险，如能完成牌约可得 300（无局方）的成局奖，值得一试。

4.N 家只有 7 个大牌点，只好不叫；E 家欣然同意，也不叫；南家继续不叫（第 3 家不叫，叫牌到此结束），画两条斜线。

第 2 副牌最终牌约为 3NT，E 家先叫 NT，为牌约方的庄家，E 家左手方向 S 家首攻，W 家为明手。

打牌过程：

1.S 家有红心 5 张长套，且有大牌 K 等，针对 NT 牌约于是首攻长套的第 4 张大牌♥4（简称“长 4”），这是桥牌界的成熟经验的约定性首攻，其同伴可利用“十一法则”，算出庄家有几张比♥4 大的红心，是很理想的首攻。

2.W 家明手将牌全部亮于桌上，庄家指示跟出♥8。

3.N 家是第 3 家出牌，要配合同伴，出最大的♥Q，争取逼出庄家的红心大牌。

4.E 家坐庄，用♥A 赢得这一墩，目前快速赢墩有 5 个，尚缺 4 个；方块套逼出◆A 可发展出 3 个赢墩，于是马上出◆K，S 家跟出◆4，W 家跟出◆2，N 家出◆A 赢进这一墩。

5.N 家赢得出牌权，马上配合同伴续攻♥5，E 家跟出♥J，S 家用♥K 赢进，W 家跟出♥9。

6.S 家赢得出牌权，手中的♥10 已成为最大的牌了，续攻♥10，W 家已无♥，垫◆7，N 家跟出♥3，E 家跟出最后一张♥7。

7.S 家仍有出牌权，其他 3 家均无红心牌了，于是续出♥6、♥2 都成了赢张，这样 N-S 方共赢得◆1 墩，♥4 墩共 5 墩，击垮庄家 3NT 牌约（结果宕一）。

S 家负责记分，见表 1-9 罚分表，E-W 为无局方，N-S 方赢 50 分，折合为国际比赛分（查表 1-6）为 2IMP；按贴点法规定，E-W 方 27 个大牌点超过平均数

7 点，要贴补给 N-S 方，因此 N-S 方实际共赢 2+7=9 IMP，E-W 方输得很惨！

S 家应将上述计分结果填入记分单的第 2 副牌的空白处（见表 1-11）。

第 2 副牌打完后，4 家应各自整理好自己的 13 张牌，插回牌套，不得有误。

（四）桥牌计分法

桥牌的分数由完成牌约的基本分、奖分和未完成牌约由防守方得罚分三部分组成。

1.完成牌约可得以下基本分（见表 1-7）

表 1-7

牌约类型	墩数	未加倍	加倍	再加倍
有将牌约	低花每墩	20	40	80
	高花每墩	30	60	120
无将牌约	第一墩	40	80	160
	第二墩起每墩	30	60	120

2.完成或超额完成牌约可得奖分

（1）牌约方完成未成局（基本分小于 100 分）牌约，奖 50 分。

（2）牌约方完成成局（基本分达到 100 分）牌约，奖分较多，无局时奖 300 分，有局时奖 500 分。

（3）牌约方完成小满贯牌约，奖分更多，无局时奖 300+500=800 分，有局时奖 500+750=1250 分。

（4）牌约方完成大满贯牌约的奖分更多，无局时奖 300+1000=1300 分，有局时奖 500+1500=2000 分。

（5）牌约方完成任何被加倍的牌约奖 50 分，完成任何再加倍的牌约奖 100 分。

（6）牌约方超额完成牌约，每超一墩，奖分如表 1-8 所示。

表 1-8

无局方			有局方		
未加倍	加倍	再加倍	未加倍	加倍	再加倍
基本分	100 分	200 分	基本分	200 分	400 分

3.罚分

未完成牌约，牌约方将受到罚分奖励，即要给防守方得罚分，罚分多少要根据比牌约要求的墩数少得多少墩(宕墩数),以及是否有局和是否加倍等情况而定。详见表 1-9 所示。

表 1-9

宕墩	无局方				有局方	
	未加倍	加倍	再加倍	未加倍	加倍	再加倍
一墩	50	100	200	100	200	400
二墩	100	300	600	200	500	1000
三墩	150	500	1000	300	800	1600
四墩	200	800	1600	400	1100	2200
五墩	250	1100	2200	500	1400	2800
六墩	300	1400	2800	600	1700	3400
…	…	…	…	…	…	…

表 1-10 是王甲、李乙(N-S)和张三、陈四(E-W)所打 16 副牌(定局赛)贴点法的记分单。

表 1-10

牌号	首叫人	局况	牌约	牌约人	结果	大牌点	N-S 得分				E-W 得分	
							B.P	I.M.P	I.M.P	B.P	I.M.P	I.M.P
1	北	None	4S	南	+0	21	420	9	8			
2	东	N-S	3NT	东	-1	27	50	2	9			
3	南	E-W	6C	东	-	30	100	3	13			
4	西	Both	3D	东	+0	22				110	3	1
5	北	N-S	2S×	南	+0	19	670	12	13			
6	东	E-W	4H	西	+1	24				650	12	8
7	南	Both	2NT	西	-1	23				150	4	1
8	西	None	3C	东	+0	24			1	110	3	
9	北	E-W	6S	南	+0	31	980	14	3			
10	东	Both	3NT	东	+0	26				600	12	6
11	南	None	4D	西	+1	24				150	4	0
12	西	N-S	4Sx	北	-1	24				200	5	8

续表

牌号	首叫人	局况	牌约	牌约人	结果	大牌点	N-S 得分			E-W 得分		
							B.P	I.M.P	I.M.P	B.P	I.M.P	I.M.P
13	北	Both	7NT	西	+0	34				2220	19	5
14	东	None	1NT	南	+1	22	120	3	1			
15	南	N-S	4H	南	+0	22	620	12	10			
16	西	E-W	3NT×	西	-2	24	500	11	15			
							3460	66	73	4190	62	29

按基本分计算，E-W(张三和陈四)胜 N-S(王甲和李乙)4190-3460=730 分，若按国际比赛分(IMP)计算 N-S(王甲和李乙)反而小胜 E-W(张三和陈四)66-62=4 个 IMP，按比较公平公正的贴点法计算 N-S(王甲和李乙)大胜 E-W(张三和陈四)73-29=44 个 IMP。因此，打牌之前一定要商定胜负计算的标准。

4.小结

桥牌比赛的胜负，取决于得分的多少，无论在叫牌或打牌的过程中，都要努力使己方得分多，或者阻挠和限制对方得分。为此需要对桥牌计分法的特点等具有充分的了解，从而帮助你理解和掌握取胜的途径。

第四节　桥牌竞赛知识

桥牌比赛经过多年的实践和不断改进完善，已有一套科学的比赛方法，通过比赛能客观地反映出桥牌手的技术水平。正式比赛都为复式(Duplicate)，同一副牌有多个队或对要打，使参加比赛的队或对都能在客观情况相同的情况下比较出名次来。正式比赛有队式团体赛和双人赛两类。普通桥牌赛目前比较流行的是 16 副牌的贴点记分定局赛。一般竞赛方式有很多，可根据条件和爱好进行选择。

普通桥牌赛(贴点记分定局赛)

在日常生活中,桥牌爱好者的大量桥牌活动并不是采取复式比赛的方式进行的,一般是 4 个人分成两对围坐一桌进行友谊赛;打牌的副数、计分方法和需用的时间都可以自行商定,因此是很灵活方便的,这里就不复述了。

队际复式赛

世界大型比赛如百慕大、奥林匹克桥牌赛,参加国都选派出优秀的桥牌手,组队参加比赛。队际复式赛适用于两个以上团体之间的比赛,它是大型团体赛的基本形式。常见的团体比赛形式主要有淘汰赛和循环赛。

淘汰赛形式中,对阵双方的负队被淘汰,胜队进入下一轮比赛,并对阵其他的胜队,直至最后一个胜队胜出后,成为冠军队。

循环赛就是将参赛队伍通过抽签或竞赛规程中规定的方式确定队号,然后按照比赛轮次安排,各队之间均相遇对阵一次,每轮对阵双方产生的国际比赛分(IMP)差值折算成比赛胜利分(VP),累计各队各轮比赛所获得的 VP 总和,积分最高的为冠军,并依次决定各队所获名次。

每一轮各队间都要进行规定副数(一般为 8、12、16、24 副等)的比赛。每轮比赛对抗的两个队各出 4 名牌手进行复式赛。比赛场地分开室、闭室,若一个队(1 号队)为主队,则另一个队(2 号队)为客队;主队(1 号队)在开室的 2 名牌手坐南北位,在闭室的 2 名牌手坐东西位;客队(2 号队)则相反。他们在开室、闭室的坐位如下:

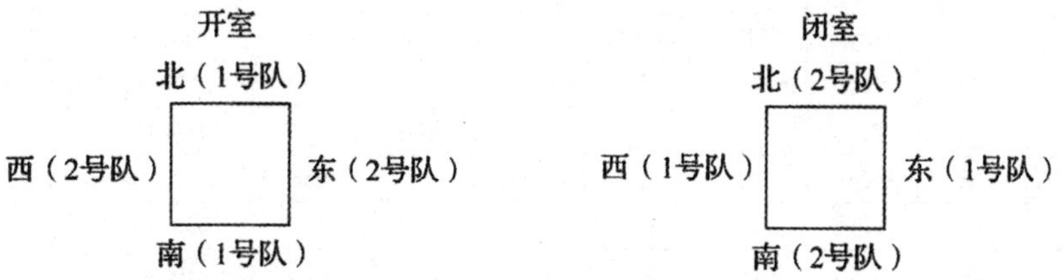

比赛通常分上下两个半场进行。每个半场可各打 8、12 或 16 副牌,局况是规定的。

复式比赛均采用牌套,每一副牌打完后,每个人均应原封不动地将自己所打过的牌插入牌套。开室打完的牌由工作人员送去闭室打,同样,闭室打完的牌要送到开室打。这样,开闭室所打的牌是相同的,只是方位变了,原来开室1号队南北所持的牌,在闭室就为2号队南北所持,因此,复式比赛是在双方所拿的牌完全一样的基础上进行的,这就排除了比赛双方由于所拿的牌的好坏不一样而产生对比赛成绩的影响。

上半场打完后,需进行换位,再进行下半场的比赛。在换位时,主队赛员不动,客队在开室坐东西位的两人应去闭室坐南北位,原在闭室的两人换至开室坐东西位。对调的目的是,避免上下两个半场两个队的队员重复对垒。如果时间短,打牌副数少,可能就没有下半场和换位的事了。

开室、闭室各自按基本分进行记分,双方打完规定的8、12或16副牌后,开闭室的记分表进行对照比较。每副牌所发生的基本分差数应折合成国际比赛分。国际比赛分通过换算,缩小了基本分的数值。它的目的是便于计算,同时也是为了避免在比赛中出现的个别输赢很大的牌,过分影响整个比赛胜负。复式队际比赛计分例——1号队与2号队经过16副牌的比赛,开、闭室的记分表和最后折算结果如表1-11、表1-12所示。

表1-11　开室

南北:1号队　东西:2号队

牌序号	发牌方	局况	牌约	庄家	结果	南北分	东西分	1号队分	2号队分
1	北	双无	2NT	南	+0	120		170/5	
2	东	南北	4H	西	+0		420	—	—
3	南	东西	3NT×	南	-2		300		430/10
4	西	双有	2S	北	+0	110		220/6	
5	北	南北	6C	东	+0		920		970/14
6	东	东西	5H×	东	-1	200			220/6
7	南	双有	7D	北	+0	2140		750/13	
8	西	双无	2NT	西	+1		150	250/6	
9	北	东西	3NT	南	+0	400		450/10	
10	东	双有	4S	东	+0		650	—	—
11	南	双无	3NT×	西	-3	500		630/12	
12	西	南北	4S	西	+0		420	10/0	
13	北	双有	3C	西	+1		130		20/1
14	东	双无	2H×	北	+0	470		360/8	
15	南	南北	4H	东	-1	50		450/10	
16	西	东西	3NT	东	+2		660		760/13

累计:70IMP　44IMP

表 1-12 闭室

南北:2 号队　东西:1 号队

牌序号	发牌方	局况	牌约	庄家	结果	南北分	东西分	2 号队分	1 号队分
1	北	双无	3NT	南	-1		50		170/5
2	东	南北	4H	西	+0		420	—	—
3	南	东西	3D	南	+1	130		430/10	
4	西	双有	3C	西	+0		110		220/6
5	北	南北	6NT	西	-1	50		970/14	
6	东	东西	4S	南	+0	420		220/6	
7	南	双有	6D	北	+1	1390			750/13
8	西	双无	3NT	西	+0		400		250/6
9	北	东西	SC	北	-1		50		450/10
10	东	双有	4S	东	+1		650	—	—
11	南	双无	4D	东	+0		130		630/12
12	西	南北	3NT	东	+1		430		10/0
13	北	双有	2H	西	+0		110	20/1	
14	东	双无	2H	北	+0	110			360/8
15	南	南北	3NT	西	+0		400		450/10
16	西	东西	6C	西	-1	100		760/13	

累计:44IMP　70IMP

计算方法举例说明:

第 1 副牌:闭室打 3 无将宕一,东西 1 号队得 50 基本分。在开室 1 号队南打 2 无将刚好打成,1 号队得 120 分。这副牌 1 号队得 50+120=170 分,折合 5 个国际比赛分。

第 2 副牌:开、闭室均由西打 4♠,结果相等。双方打平,均不得分。

第 3 副牌:闭室南打 3◆超额一墩完成牌约,2 号队得 130 分。开室南打 3 无将被加倍结果宕二,2 号队又得 300 分。2 号队共得 430 分,折合 10 个国际比赛分。

第 4 副牌:闭室西打成 3♣,1 号队得 110 分。开室北打成 2♠,1 号队得 110 分。1 号队共得 220 分,折合 6 个国际比赛分。

比赛双方按国际比赛分结算比赛 16 副牌结果:1 号队得 70 国际比赛分,2 号队得 44 个国际比赛分,1 号队胜 26IMP。还需要将它折合成胜利分,折算方法见表 1-13。

表 1-13　胜利分析算表(IMP-VP)

牌数 胜利分	8	12	14	16	20	24	28	32
15:15	0—1	0—1	0—2	0—2	0—2	0—3	0—3	0—3
16:14	2—5	2—6	3—7	3—7	3—8	4—9	4—10	4—10
17:13	6—8	7—9	8—10	8—11	9—12	10—14	11—15	11—16
18:12	9—11	10—12	11—14	12—15	13—16	15—19	16—20	17—22
19:11	12—14	13—16	15—18	16—19	17—21	20—24	21—25	23—28
20:10	15—17	17—20	19—22	20—23	22—26	25—29	26—31	29—34
21:9	18—20	21—24	23—26	24—27	27—31	30—34	32—37	35—40
22:8	21—23	25—28	27—30	28—31	32—36	35—39	38—43	41—46
23:7	24—26	29—32	31—34	32—36	37—41	40—45	44—49	47—52
24:6	27—29	33—36	35—38	37—41	42—47	46—51	50—55	53—58
25:5	30—33	37—40	39—43	42—46	48—53	52—57	56—61	59—65
25:4	34—37	41—45	44—48	47—52	54—59	58—64	62—68	66—73
25:3	38—41	46—50	49—54	53—58	60—65	65—71	69—76	74—82
25:2	42—45	51—55	55—60	59—64	66—72	72—79	77—85	83—91
25:1	46—50	56—61	61—66	65—71	73—79	80—87	86—94	92—100
25:0	51 以上	62 以上	67 以上	72 以上	80 以上	88 以上	95 以上	101 以上

打 16 副牌,1 号队净胜 26 国际比赛分,由表 1-13 第 5 列第 8 行查得折算成胜利分为 21 : 9,即 1 号队得 21 胜利分,2 号队得 9 胜利分。

将各队每轮所得的 VP 登记在团体循环赛比赛成绩记录表中(见表 1-14),累计各队各轮所得的 VP 总和,即可排出各队所得的名次。

表 1-14　团体循环赛比赛成绩记录表

队号	1	2	3	4	5	6	……	累计分	罚分	总分	名次	队名
1		21										
2	9											
3												
4												
5												
6												
……												

双人赛

双人赛亦称对式赛,也是世界桥牌的重大比赛项目。它是以两个人组成“对”(Pair)来参加比赛的。双人赛的比赛规模可大可小,小至6~10对,多则数百对。双人赛的比赛方式有双冠军赛、单冠军赛和混合式赛等方式,其中以双冠军双人赛最为普遍。

双冠军赛是将参赛的对分成南北和东西两组,分在南北组的对在整个比赛过程中坐位保持不动,东西组的对则在打完一组牌后要按规定的移位方法移至另一桌与另一南北对对垒。移位的方法是东西对往桌号大的方向逐桌移位,牌则往桌号小的方向逐桌转移,这样就可以做到所有的南北对都能和所有的东西对交锋并打完全部牌组而不会重复。但这种移位方法只限于在单数桌的条件下进行。这种转移方法称为米切尔移位法(Mitchell Movement),它的基本模式如下(六个参赛对分坐三桌,每轮打一组牌,共需打三轮):

第一轮:

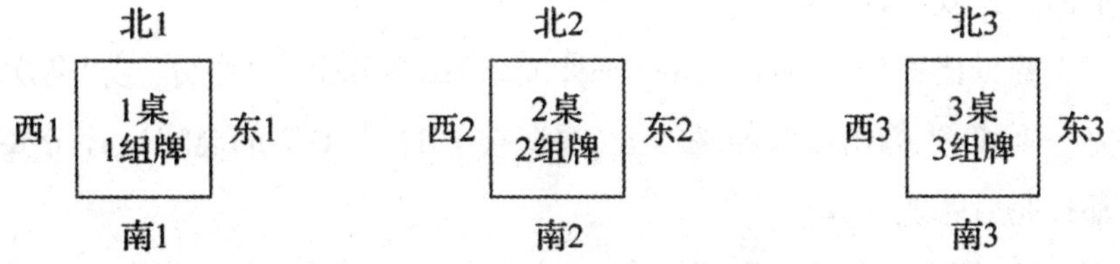

南北1号队,对东西1号队,在第一桌打第一组牌。

南北2号队,对东西2号队,在第二桌打第二组牌。

南北3号队,对东西3号队,在第三桌打第三组牌。

第二轮:

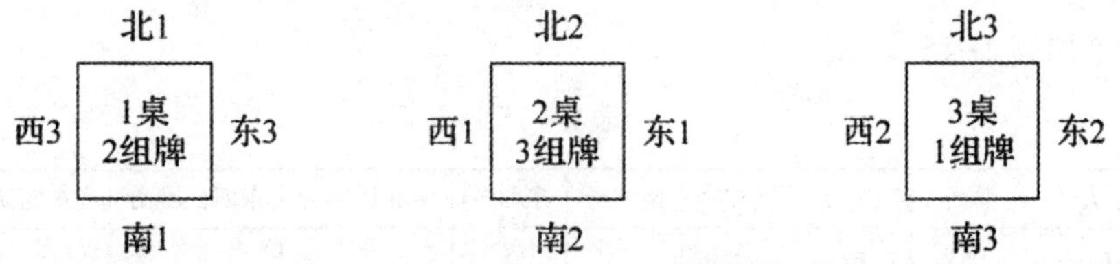

南北1号队,对东西3号队,在第一桌打第二组牌。

南北2号队,对东西1号队,在第二桌打第三组牌。

南北3号队,对东西2号队,在第三桌打第一组牌。

第三轮：

北1
西2 | 1桌 3组牌 | 东2
南1

北2
西3 | 2桌 1组牌 | 东3
南2

北3
西1 | 3桌 2组牌 | 东1
南3

南北 1 号队,对东西 2 号队,在第一桌打第三组牌。

南北 2 号队,对东西 3 号队,在第二桌打第一组牌。

南北 3 号队,对东西 1 号队,在第三桌打第二组牌。

通过三轮移位比赛,南北组的各对与东西组的各对都相互对垒过,南北组的各对相互间不交锋,东西组的各对相互间也不交锋。但比赛的成绩却是南北组内各对之间相互比较得分的多少排出南北组的名次,同样东西组内各对相互间比较得分的多少排出东西组的名次。

如为双数桌则轮转方法较为复杂,需要增加一个接力台或采取特定的移位方法。

下面介绍双人赛的记分。

双人赛以比赛分(Match Point)来计成绩,比赛分也称“序分”或“名次分”。每打完一副牌,先算出各对的基本分(局况按 P.11 表 1-2 的规定),序分要等到每桌都打完后才能计算。

比赛后,同是一副牌,将同方向的对手相比较,看谁的基本分在这副牌上高,最高的可得这副牌的最高序分(称顶分,顶分的数值=桌数-1);最低的得 0 序分(称底分)。最后,把各对搭档在每副牌所得的比赛分(序分)加起来,即得出总成绩。

如在一次有 14 对(七桌)参加的双冠军双人赛中,第 3 副牌(东西有局)的记分单如表 1-15 所示。

表 1-15

南北队号	牌约	庄家	结果	南北分	东西分	南北比赛分	东西比赛分	东西队号
1	3NT	南	—150	1	5	1		
2	1NT	南	+1	1204.5	1.5	3		
3	2H	西	—1	1002	4	5		
4	3NT×	南	—1100	0	6	7		

续表

南北队号	牌约	庄家	结果	南北分	东西分	南北比赛分	东西比赛分	东西队号
5	3C	北	+0	1103	3	2		
6	2NT	南	+0	1204.5	1.5	4		
7	2S×	东	—2	5006	0	6		

第 3 副牌 4 家拿到的牌,经过整理如下:

北:
♠J 10 5 2
♥10 9
♦J 7
♣A Q 8 4 2

西:
♠K 3
♥K Q 8 7 5
♦A 10 9 3
♣9 5

东:
♠A 9 8 7 6
♥4 3
♦8 6 4
♣K 7 6

南:
♠Q 4
♥A J 6 2
♦K Q 5 2
♣J 10 3

双人赛中的比赛分是按得分多少的顺序(名次)定出的。如南北 7 号对在南北组中得分最高,得 6 个比赛分,南北 4 号对得分最低,所得的比赛分为 0。南北组的其他各对按他们的得分多少的顺序分别定出他们的比赛分。得分相同时得相同的平均比赛分。东西组的各对也按同样的方法定出各对的比赛分。东西组各对所得比赛分的多少是和与之对垒的南北组各对相对应的。南北对如得高分,东西对就必得低分。例中南北 7 号对得最高分 6 分,与之对垒的东西 6 号对就得最低 0 分。同理,南北 4 号对得 0 分,则与之对垒的东西 7 号对就得最高 6 分。累计每副牌各对所得的比赛分之和,即可排出 N-S 和 E-W 两组各对的比赛名次,南北组和东西组各产生一个冠军对。如各组都取前三名,则共产生两对冠军、两对第二名和两对第三名,如果遇到两对积分相等时,则把他们所打过的牌一副一比,胜多者名次列前。如再相等,则比顶分谁多,多者名次列前。

从双人赛比赛分的特点中可以看出,只要得分产生差异,不论其差异数值是多大或者多小,都是以顺序(名次)的形式在比赛分中体现出来的。由于比赛分的这一特点,因此在双人赛中所采取的策略与队式赛有不同的地方。在双人赛中坐庄时,不仅要努力完成牌约,而且要设法争取超额。在防守时如不能击败牌约,也要努力不让对方取得超额。在叫牌时应充分认识到无将牌约的优越性,如你有条件打成3♣,同时也能打成2无将,则应打2无将,因为打成2无将可得120分,而打成3♣只得110分。虽然只差10分,但会在比赛分中产生高低名次。同时要善于应用加倍和再加倍等手段来扩大战果,制造差异。正确应用牺牲叫也会在双人赛中取得好的成绩。

双人赛除了双冠军赛外还有单冠军赛,参加的各对不分南北、东西组,混在一起比赛,采用豪威尔移位法(Howell Movement),每对选手与所有其他各对选手均对垒一次,最后产生一个冠军。另外还有混合赛,它可分成两节进行,亦称双冠军与单冠军混合赛,最后决出一名冠军。

桥牌礼仪

桥牌是一种高雅文明的文化娱乐和休闲社交活动,同时也是一种规则严格的体育类比赛项目。任何违背桥牌规则的行为,都要受到处罚。坐庄、防守中的欺诈打法是牌手桥艺高超的体现。但叫牌中的违规,如秘密约定、长考;打牌中的违规,如藏牌、迟疑,除了要受到处罚外,更会受到谴责。

所谓桥牌礼仪实际上就是要求牌手严格遵守桥牌规则,文明礼貌,树立良好的牌风。良好的牌风包括以下几项内容:

(一)要用正当的方法去获得分数效益,去争取比赛的胜利

在叫牌过程中如果你方有一些约定叫,应主动提醒对方,当对方询问时应如实告知对方这一约定叫的内涵。桥牌无密约,这是很重要的一项规则。如果是口头叫牌,则叫牌的声音大小、语气都应尽量保持一致,如果叫牌是以书写形式进行的,则字要大小一致,力求清楚整齐,用忽高忽低的声调或忽大忽小的字体或叫牌时脸部有表情等不正当的手段来向同伴传递信息都是牌风不良的表现。

在打牌时所出的牌张应轻放在桌上,如为一般跟牌不要故意迟延,应力求以均匀的速度去出牌。作为明手应将手中的牌整齐地分花色亮明在桌上,将牌应放在你的右侧,明手不能为庄家出谋划策,也不得暗示庄家该出什么牌。在防守时对同伴所出的牌张不要有任何表情,出对了不要喜形于色,出错了也不应有不高兴的表情。搞一些小动作来传递牌情信息,更是牌风不良的恶劣表

现,是严重的犯规行为。下面介绍一些叫牌和打牌中常遇到的要受到桥牌规则处罚的犯规行为,其目的在于:一是避免违规被处罚,二是一旦对方违规时可以请裁判处理,保护己方利益。

叫牌中的违规有以下几种情况:

(1)越序叫牌,有两种情况。一是开叫,本该由其他家开叫,自己却第一个叫了牌;二是已经有人叫过牌,但还没有轮到自己,就叫了牌。

(2)不足叫牌。是指已有人叫过牌,而牌手叫出了级别或阶数均等于或低于以前的叫品。这种情况要求立即补足,不允许更改花色等。

(3)叫牌长考。是指轮到某一家叫牌时,该家(不是第一家开叫)作长时间考虑,这是不允许的。

(4)秘密约定。叫牌中有明显不符合体制规定的叫品,且同伴没有向对方提示的,称为秘密约定。

(5)多次诈叫。

(6)用叫牌卡叫牌时不规范摆放叫牌卡。如过度用力、甩卡。

(7)传递非法信息。是指由说话、动作、表情等给同伴传递信息。

打牌中的违规有以下几种情况:

(1)藏牌。是指在出某花色时,自己有该门花色的牌不出,而垫牌或将吃的违规行为。打出下一轮牌时,藏牌已经成立。

(2)罚张。一种是藏牌者突然发现自己出错牌,虽被允许跟出所藏牌张,但已出的那张牌不能收回,成为罚张;另一种是首攻者直接将牌亮出后,发现不应是自己首攻,该牌是罚张已成立。

(3)当庄家处理某门花色时准备飞牌,而应该出牌的防家无大牌时,不得故作迟疑。

(4)超时。正式比赛时,每副牌平均用时为 8 分钟。若超时,会判罚双方。

总之,打桥牌要靠高超的技术水平(通过逻辑思维、分析推理、计算判断等科学的手段)、和同伴间的默契配合、正确的心态以及临场发挥争取胜利,不要用不正当的手段来窃取分数。也就是说,一个优秀的桥牌手还要具有良好的牌风。

(二)要与同伴密切合作

打桥牌是两个人组成一对参加的活动,千万要警惕个人英雄主义的产生,由于桥牌是在半明半暗的情况下进行的,无论是在叫牌还是打牌的过程中都可能出现失误,因此谁也不敢保证不出差错。总之,对己要严,对同伴要宽。如果是你叫错了牌或出错了牌,应主动向同伴表示歉意;如果是同伴出现了差错,则不宜横加指责,而应采取宽容的心态,这有利于事后的商讨,互相帮助,共同提高。而且在很多情况下同伴所产生的失误往往是由于你在叫牌或打牌中处理不当而造成的,则更应先检讨自己的不当之处。在牌桌上埋怨指责同伴是很不礼貌的表现,如果同伴的失误比较明显,则他已经很后悔,更不宜再指责了;相反,同伴对你的克制态度一定会很感激。如果同伴的失误是技术上比较不易认识的,最好事后再仔细地讨论解决,牌桌上三言两语是解决不了问题的;如果争吵起来更无助于问题的解决,更不利于默契配合,团结协作。

(三)尊重对方

牌桌上的对手是你竞争的对象,但又都是志同道合的桥牌爱好者。因此,在桥牌活动中要有礼貌地对待对手,主动向对方介绍你的姓名和采用的叫牌体系。如果在比赛中发生问题,应心平气和地请裁判来指导解决。比赛打赢了,不要讥笑对方的失误或以胜利者自居;打输了也不要对对方有怨气,而应向对方高明之处学习。

比赛时要讲礼貌,遵守比赛规则,尊重裁判。良好的牌风需要在平时不断加深认识并自觉锻炼才能形成。

第二章　牌力估算与叫牌

本章我们用基本的概率知识，介绍牌型的分布和牌力估计，这些内容是设计叫牌法和打法的基础。

第一节　数学原理

牌型及其概率

一副牌发好后，每个人都拿到 13 张牌，我们把每个人拿到的 13 张称为一手牌。一手牌中不同花色张数的排列或组合称为这手牌的牌型。例如某手牌中有 3 张♠、4 张♥、1 张♦、5 张♣，便说这手牌的牌型为 3-4-1-5（排列），当无需明确区别花色时，也简单说该牌型为 5431（组合）。

如果不计花色的次序，所有可能的牌型是把 13 拆成 4 个数字（包括 0）的组合，共有 39 种，从最平均的 4333、4432 到最不平均的（12）100、（13）000。下面是所有可能的的牌型。

4333，4432，4441；

5332，5431，5422，5440，5521，5530；

6322，6331，6421，6430，6511，6520，6610；

7321，7222，7411，7420，7330，7510，7600；

8221，8311，8320，8410，8500；

9211，9310，9220，9400；

（10）210，（10）111，（10）300；

（11）110，（11）200；

(12)100;

(13)000。

平均每100副牌中出现某一牌型次数的可能性叫做该牌型出现的概率百分比，简称概率。不同牌型出现的概率是大不相同的。根据数学的方法可以算出：

表2-1 各种牌型出现的概率(百分比)

牌型	概率(%)	牌型	概率(%)	牌型	概率(%)
4432	21.55	6511	0.71	8410	0.05
4333	10.54	6520	0.65	8500	0.003
4441	2.99	6610	0.07	9211	0.02
5332	15.52	7321	1.88	9310	0.01
5431	12.93	7222	0.51	9220	0.008
5422	10.58	7411	0.39	9400	0.001
5521	3.17	7420	0.36	(10)210	0.001
5440	1.24	7330	0.27	(10)111	0.0004
5530	0.89	7510	0.11	(10)300	0.0002
6322	5.64	7600	0.01	(11)110	0.0002
6421	4.70	8221	0.19	(11)200	0.0001
6331	3.45	8311	0.12	(12)100	3×10^{-6}
6430	1.33	8320	0.10	(13)000	6×10^{-9}

你也许觉得这些数字太枯燥了，根本记不住。是的，不可能也没有必要把各种牌型的概率都准确地记住。你只要知道，在所有的牌型中，4432出现的可能性最大，平均四五手牌(一副牌就有四手)便出现一次；其次是5332，平均六七手牌出现一次；5431、5422出现的概率也不小；而最平均分布的4333牌型出现的概率并不很大，与5422差不多，平均每10手出现一次。

分布

原始分布与已知一手牌后其他三手牌的分布

一门花色有13张，分配在4个人手中，其分布形式也是把13分成4个数的组合。从数量关系上来讲，一门花色在4个人手中的分布，与一手13张牌4个花色的分配一模一样！

这使得我们的讨论有了更进一步的意义：一门花色在4个人手中的分布概率与牌型的概率完全相同。

牌张分布的概率对叫牌、打牌都有重要的指导意义。叫牌体系(叫牌法)的设计和打牌理论(打法)都是基于一定的概率基础的。

上面所说的分布概率是4手牌是未知的情况(原始分布)。如果你已知自己的一手牌为一定牌型，那么另三家手中的分布概率与上面给出的百分比相比有一定的变化，我们就不进一步讨论了。不过有一点是肯定的，最平均分布的可能性并不是最大的。例如，某门花色你持有4张，该花色在其他三人手中分布以432的可能性最大(45%)，其次是531(13%)、522(11%)，而最平均的333分布的可能并不像想象的那么高(与522分布差不多，仅11%)。

已知两手牌后其余两手牌的分布

在打牌过程中，任何一个牌手都能够看到自己和明手的26张牌，当然也就知道了某一花色自己和明手持有的张数。那么剩余张数在另外两手的分配概率，对于打牌具有重要的意义。表2-2列出了两暗手分布概率。

从上面几段的介绍以及表中的数据，我们得出这样一个结论：在牌型或分布中，概率最大的分布通常是最接近平均分布的那种情况(并非最平均分布)；而概率最小的分布是极端不平均的分布情况。当然，平均分布的概率也是相当高的。

没有必要去记住各种分布概率表。学会打桥牌也并不需要多么高深的数学理论，只要会做两位数的加减法就够了。当然，你若想成为一名桥牌好手，不妨多下点功夫，关注或研究一下常见的概率问题。

桥牌是锻炼人的记忆力和计算力的游戏。在明手的牌摊出后，其他三位牌手都能看到自己和明手的牌，剩余26张分布在另外两人手中，如果没有其他足够的信息，我们只能按分布的概率估计其他每门花色在另两人手中的情况。但事实上，叫牌和打牌过程中的任何线索，都可能包含了很多信息，比单纯的“概率”要可靠得多。

我们从开始学打桥牌就要养成这样的一个好习惯：叫牌时注意同伴和对方每一声叫牌的意义，明手亮牌后要结合叫牌过程估计一下其他26张牌特别是大牌的可能分布，而最重要的还是，要尽可能记住已经打出的牌张，做到心中有数，并随时计算外面剩余的牌张。有了这一“记”一“算”的基本功，打好桥牌就很容易了。

表 2-2 常见的两暗手分布概率(百分比)

已知张数	未知张数	可能分布	概率(%)
12	1	1-0	100
11	2	1-1	52
		2-0	48
10	3	2-1	78
		3-0	22
9	4	3-1	49.7
		2-2	40.7
		4-0	9.6
8	5	3-2	67.8
		4-1	28.3
		5-0	3.9
7	6	4-2	48.5
		3-3	35.5
		5-1	14.5
		6-0	1.5
6	7	4-3	62.2
		5-2	30.5
		6-1	6.8
		7-0	0.5
5	8	5-3	47.1
		4-4	32.7
		6-2	17.1
		7-1	2.9
		8-0	0.2

配合

一门花色,如果我们两手有 8 张,外面 2-3 分布是主要的分布(概率为 67.8%),我们的长套中的小牌将有赢得牌墩的可能。如果某门花色少于 8 张配合，主要的赢墩任务将落在大牌的身上。根据四手牌的分布概率，一副牌中通常都会有8张配合的花色。8张配合中，以5-3、4-4这样的配合最为常见。8张配合是基本配合，超过8张就是好配合。叫牌时总是要设法找到配合花色的。

第二节　牌力

与其他多数扑克牌游戏一样，桥牌也是当四家各出同一花色的一张牌后比较牌的大小，牌最大者获得下轮领出权。桥牌中将牌的作用和“打百分”牌戏中“主牌”的作用一样，当没有某花色后可以用将牌将吃。不同的是桥牌中有牌墩的概念，一墩牌中出牌最大者不仅获得下轮领出权，而且他们一方还赢得这一墩。

大牌点力与控制力

一门花色13张牌在4个人手中的分布以4432、5332、5431、5422、4333等形式最为常见。一般来说，在对方还有将牌的情况下，一门非将牌花色，能够拿到的赢墩通常不超过4个（以2墩、3墩最常见）。那么，能够赢得牌墩的大牌主要是A、K、Q、J这些花牌，而10、9以及更小的牌通常是难以单独取得赢墩的。显然，越是大的牌其取得赢墩的价值越高，为了能够衡量一手牌中有几张大牌时的综合实力，牌手们普遍使用一种称为计点法的实力估计方法，该方法规定：

A=4点，K=3点，Q=2点，J=1点。

把一手牌中所有花牌的点力相加，就得到这手牌的大牌点数，大牌点数也简称为牌点。

一门花色中有10点，一副牌共40点。

一手牌中牌点的多少是衡量牌好坏的重要指标，也是如何叫牌的重要依据。

一副牌中40点大牌分布在4个人手中，平均每人10点，11点以上的牌就可以称为“好牌”。

牌张“10”虽然不计牌点，但也能增加牌力，特别是它与花牌组合时。通常把花牌和10称为大牌；9以及更小的牌称为小牌。大牌中A、K、Q称为顶张大牌；Q、J、10称为次级大牌。10、9、8等也称为中间牌（中间张）。

有时“大牌”“小牌”也指相对意义下的大小。例如,相对于7及更小的牌来说,8就是“大牌”。

用大牌点数来估计实力虽然简单明了,但并不十分准确。例如一张A通常比两个Q或4个J的作用大,而A和K的组合与两个K加一个J的作用的区别更加明显。另外,没有足够小牌护张的大牌如单张K、Q双张Q×、K Q、K J等都是应该减值的。

A和K是控制出牌权的重要牌张,所以它们也叫做控制张。显然,A和K的“控制力”不一样,A叫做首级控制或第一控制,K叫做次级控制或第二控制。为了方便计算控制力,规定:

A=2控制力, K=1控制力。

一门花色有3个控制力,一副牌共有12个控制力。控制力也简称“控制”。

牌型对牌力的影响

长套

一门花色在四家手中的分布通常是最接近平均分布的4432、5332、4333等。你如果拿了某门花色的4张或4张以上,对方每人手中的牌张通常不超过4张。这样,该花色出过两三轮后,你手中的小牌也可能成为赢张。一手牌中有某门花色4张或更多就可以称为长门花色或长套。一般认为,5张及以上套中从第4张起都可能成为赢张。

为了叙述和行文方便,我们用“×”表示任意小牌,有时也用“X”表示顶张大牌。我们把不次于K J 10× ×的套称为好花色;把K Q J10×或K Q J × × ×以上的套称为坚强花色;把A K Q J ×或A K Q× × ×以上的套称为坚固花色;而把不超过一顶张大牌领头的6张以上套称为弱长套。

在叫牌时要充分考虑长套张数和质量,打牌时(特别是无将定约)更要注意充分发挥长套的作用,尽可能使长套中的小牌成为赢张。

短套

一手牌中某门花色只有两张、一张或缺门,称该花色为手中的短门花色,习惯上也称为短套。

在有将定约(花色定约)中,明手如果有一定数量的将牌和一两个短套,那么就可以用将吃来增加赢墩。当然,防守方有短套和一定数量的将牌,也可能用将吃来增加赢墩。

一门花色为单张或缺门，不仅可用将吃来增加赢墩，而且还可以补充控制力。特别是定约的一方，往往持有相当数量的将牌，当一手牌中某一花色为几张小牌而另一手该花色为单缺（单张或缺门）时，单张相当于一个K（次级控制），缺门相当于一个A（首级控制）。

事实上，定约方在有很好的将牌配合，而单缺花色不与另一手的大牌实力重复的情况下，单张的作用比一个K的作用要大，缺门的作用比一个A要大。这是因为，A或K除了其控制作用外还可能成为赢张，但充其量也仅能赢一墩牌。而在有足够将牌的情况下不仅缺门、单张的控制作用与A、K的作用一样，而且还可能多次将吃而取得相当数量的赢墩。

另外，定约方的单张或缺门还有一个隐含的、重要的、往往容易被忽视的作用是：在牌力不重复的前提下，联手有限的大牌点分布在其他两三门花色中，其作用比分散在四门花色中要大得多，不仅它们的大牌价值能够体现，而且可以在不失或少失墩的情况下，把长套花色中的小牌变成长套赢张。

张数多少对大牌点作用的影响

大牌点在长套花色中的作用是不言而喻的，因为有大牌的长套很容易树立。长套花色中有充足的大牌时可以只输一两墩甚至一墩不输地树立好该花色，使该花色中的小牌成为赢张。如果长套花色中缺少大牌，树立该花色时不仅必须输掉若干墩，而且有时可能根本来不及树立该花色。

相反，如果大牌在短套（对方的长套）中，其作用要大打折扣。例如单张K、Q、J一般是不能单独取得一墩牌的，双张套中有孤立的次级大牌，该花色不是同伴的长套（是对方的长套）时，也是很容易被击落的。单张A虽然可以取得一墩牌，但是却很难阻止对方树立该花色。

三张或四张套的次级大牌，虽然不至于像单张或双张套中的次级大牌那样被立即“敲掉”，但其作用也是很有限的，而K、Q、J甚至10这几张大牌彼此组合时会有相当大的威力。让我们来比较一下四张套中的孤张大牌和多张大牌的组合的情况。

K×××　对　××＝0.5个赢墩，

Q×××　对　××＝0.25个赢墩，

J×××　对　××＝几乎无价值，

10××× 对 ×× =完全无价值。

以上孤张大牌的四种情况加起来还不到一个赢墩。

而把这些大牌按各种方式组合起来,将得到近似下述的结果:

Q J×× 对 ×× =0.75 个赢墩;

K J×× 对 ×× =0.75 个赢墩;

K Q×× 对 ×× =1.75 个赢墩;

Q J 10× 对 ×× =至少 1 个赢墩;

K J 10× 对 ×× =至少 1.5 个赢墩;

K Q J 10 对 ×× =3 个赢墩。

不同牌型对定约的影响

我们经常会见到这样的情况,有时联手的大牌实力仅有 20 点左右,却能够取得 10 墩甚至更多。但由于叫牌时没有充分注意到牌型的作用而未叫到应有的定约或让对方抢走了定约。

一般来说,定约方在牌点一定、将牌配合的情况下,牌型越平均,对完成定约就越不利;相反,牌型越不平均就越有利。

通常把 4333、4432、5332 牌型叫做平均牌型,其他牌型(包括常见的 5422、4441、6322 等)叫做不平均牌型。

不平均牌型中 5521、5530、5440,6421、6430,7222、7321、7330 等牌型叫做奇牌型,而 6511、6610、7411 以及更不平均的牌型叫做怪牌型。

不平均牌型中,大牌点在长套中有利于主打定约,如果大牌点在短套中,而长套中牌点很少,这样的牌要大打折扣。

如果定约方一手是不平均牌型,一手是平均牌型,则长套花色就会有很好的配合,如果两手都是不平均牌型且有一套或两套配合,其牌力就大大增加。

牌型对牌力的影响主要是对定约方而言,是叫牌时要充分考虑的问题。对于防守方来说,牌型的作用就没有定约方那么明显。

赢张估计

快速赢张与做牌赢张

我们前面已经多次提到“赢墩”“赢张”等概念。所谓赢墩是指已经取得的牌墩,而赢张是指有可能赢得一墩牌的牌张。必然能够赢的牌张称为肯定赢张或快速赢张,例如有将定约中的将牌 A、无将定约中正在打出或能够马上打出的某一花色的最大牌。

有些赢张不一定能够变成赢墩,例如有将定约中副牌花色的 A,打出来时可能被将吃;再如,无将定约中某一花色对方手中已经出完,你手中剩余的该花色的牌张全部成为赢张,但你却没有出牌机会来兑现它们。

通常,大牌是赢墩的主要来源;其次,在某些情况下"小牌"也能取得赢墩(例如在对方持有大牌而未出或对方的大牌已经出过)。当然,有将定约中将吃也是赢墩的重要来源。为讨论方便我们先不考虑将吃的情况。

长套中的小牌在对方大牌出过后取得的赢墩称为长套赢墩。

假设自己能够成为定约人,手中有望取得赢墩的牌张称为做牌赢张。当把防守方的将牌全部吊出后,手中剩余的所有小将牌都是做牌赢张;当把防守方的将牌吊完,而且逼出对方某一门副牌花色中的大牌后,该花色中的小牌也成为做牌赢张。做牌赢张也简称为赢张。

在没有吊完防守方的将牌前,定约人手中副牌花色的 A 也不一定是肯定赢张,因为防守方有可能将吃该花色;同样,副牌花色中的小牌也不一定是肯定的长套赢张。不过,在有将定约中,定约人一般都能控制整个局势从而及早吊完防守方的将牌并把长套副牌花色做好。

4 张及以下套中只计算大牌赢张。例如:AKQJ 为 4 个赢张,A K Q10 通常也可计算为 4 个赢张;A K Q×、K Q J10 等为 3 个赢张;A K×、K Q J、Q J10 9 等为 2 个赢张;K Q×、K J 10、Q J 10 等为 1 个赢张,K10×、Q J×等也可以计算为 1 个赢张;而 Q 及以下不计算为赢张。

5 张以上套中,从第 4 张起所有的牌都可以计算为"长套赢张",而前 3 张中的赢张仍按上述"大牌赢张"计算。例如:

(a) ♠A K J

♥A K 9 8 4 2

♦J 7

♣A J

在计划以♥为将牌时,可以估计♠为 2 个赢张(3 张套中的♠J 不计),♣为 1 个赢张,♥有 5 个赢张,共 8 个赢张。

(b) ♠K J 10 8 5 3 2

♥A 10 4

♦7 5

♣3

在计划打♠定约时，可估计为 6 个做牌赢张（♥中 1 个，♠中 5 个）。

(c) ♠A K J

♥A K 9 4

♦Q 8 7

♣A J 2

虽然比牌(a)的大牌点还多 1 点，但只能计算为 5 个赢张，比牌(b)还少一个赢张。

以上估计赢张方法是针对己方打长套花色定约而言的，无将定约的赢张虽然也可以这样估计，但往往有些"赢张"是可望不可即的，因为在你的"赢张"没有做好或没来得及兑现之前，对方可能已在其他花色中连续取得好几墩牌，使你不得不垫掉"赢张"。例如上面的牌(b)，我们如果打无将定约，对方可能首攻低级花色并连续取得十来墩牌。因此，牌型很不平均或某门花色没有止张时往往不选择无将定约。无将定约中不仅要考虑赢张数还要考虑止张数。

通过以上牌例可以看出，做牌赢张不仅与牌点多少有关，更重要的是与"套"的长度有关。牌(c)虽然比牌(a)还多 1 点，但牌(a)有 8 个做牌赢张而牌(c)却只有 5 个做牌赢张。牌(b)虽然仅 8 点，却有 6 个做牌赢张。

将吃赢张

有将定约中，将吃也是重要的赢张来源。例如，将牌花色是 5-3 配合，而且持有 3 张将牌的一手有一个缺门，那么，只要能从另一手多次出牌，就可以将吃 3 次该花色，从而获得 3 个赢墩；如果持 3 张将牌的一手有一个单张，只要防守方没有及时出将牌，通常也可以将吃一两墩甚至三墩的。

因此，如果你与同伴的长套花色配合（至少 3 张将牌），手中有一个缺门比一个 A 的价值要高，一个单张通常比一个 K 的价值高。

但是，同样是 5-3 配合，用 5 张将牌的一手来将吃，通常不会增加赢墩，因为一般情况下第 5 张小将牌本来就是赢张。

防守赢张

正常情况下，由于防守方难以控制一副牌的局势，所以防守方的"赢张"是不好估计的。特别是在有将定约中，防守方通常不存在长套赢张，防守方所能取得的赢墩一般都是大牌赢墩。在无将定约中，防守方有时可以做好某一花色的长套赢张并兑现它们从而取得较多的防守赢墩。

在无将定约中，首攻人有一张 A 并打算首攻它，这张 A 可以作为肯定赢张。同样，若有一门花色的连续顶张大牌 AKQ 并打算首攻它们则可以看成肯定的防守赢张。但是，你有一门花色的 A 却没有首攻它，这张 A 就不一定是赢张，因为你以后可能再没有机会出它了。

有将定约中，只有将牌 A 或将牌中的连张大牌才是肯定的防守赢张。首攻一门副牌花色的 A，也不见得能够取得这一墩，因为定约方某一手牌该花色可能会是缺门。对于防守方来说，有大牌的花色越长，该花色得到的防守赢墩就可能越少。例如一门花色你仅 A K×，则定约方有一家该花色为单张或缺门的可能性就很小，你基本上可以肯定能赢得该花色两墩牌；反之，如果你一门副牌花色是 A K Q J 10 9 3 等 7 张，剩余 6 张分布在另三家手中，你想取得两墩的可能性都非常小，甚至一墩也取不到，特别是同伴表示过该花色为 3 张以上时，对方有一家是单张或缺门就是肯定的，你能拿到一墩就谢天谢地了。

无论是定约人还是防守方，在打牌时都要尽力去发掘赢张。

例 2-1

	♠Q 8 7 4 ♥7 ♦A 9 4 3 2 ♣7 5 3	
♠9 6 3 2 ♥Q 6 5 ♦K Q 6 ♣9 8 4	北 西　东 南	♠A K J ♥A K 9 8 4 2 ♦J 7 ♣A J
	♠10 5 ♥J 10 3 ♦10 8 5 ♣K Q 10 6 2	

东做♥定约。可以数出，东西联手有 11 或 12 个做牌赢张：6 个♥，2 个♦，1 个♣，2~3 个♠。防守方只有♦A 是肯定的赢张，♠和♣中都有一个潜在的赢张，但却不一定能得到。双方都需要通过正确的出牌次序尽可能谋取最多的

赢墩。

南家如果首攻♠,东家的♠J 自然就成为赢张。定约人只要从手中出◆J,逼出北家的◆A,赢进任何回攻后先用♥A、K 吊将,再从手中出小将牌到明手的♥Q,然后用明手的第 3 张◆垫掉手中的♣J,就能轻松取得 12 墩牌。

南家如果首攻◆,定约人只要注意出牌次序,逼出北家的◆A 后用♥A、K、Q 吊将,用明手的第三张◆垫掉♣J 后从明手出♠,北家如果不出♠Q,就用♠J“飞牌”,北家如果出♠Q,就用♠A 或 K 盖打,总之只要认定♠Q 在北手,就能取得 12 墩牌。

但是,如果南首攻♣大牌,定约人就难以取得 12 墩了。这副牌双方正确的攻防次序是:南首攻♣K,东♣A 赢进后用♥A K 吊两轮将(暂时给南家和西家各留一张将牌),然后从手中送出◆J。北正确的防守方法是忍让第一轮◆,赢进第二轮◆后出♣,南的♣Q 得墩后续出♣10,东将吃,打第 3 张将牌给明手的♥Q,兑现明手的第 3 张◆(垫掉♠J 而避免猜♠Q 的位置)。这样,定约方取得 11 墩,防守方取得 2 墩。

定约人如果不注意出牌次序,在逼出◆A 之前用掉了明手的♥Q,只要北家忍让第一墩◆,赢进第二墩◆后打♣,东将吃第三墩后就没有办法进入明手兑现第三墩◆而不得不从手中自己出♠。这样北家的♠Q 还可以再得到一墩,防守方共得到 3 个防守赢墩。

第三节　现代输墩计算法

这里所说的“输墩”,不是指已经输掉的牌墩,也不是指肯定的输张,而是一种统计意义上可能要输掉的牌墩。

一手牌中原始输墩计算方法

一手牌中每一个花色只在最大的 3 张牌中计算输墩。

①一个花色中有 3 张或更多的牌时,该花色最大的 3 张中,除顶张大牌(A、K 及 Q)外都作为输墩;

②在双张花色中,除 A、K 外均作为输墩;

③在单张花色中，只要不是 A，均作为输墩；

④在一个花色中最多不超过 3 个输墩。一个花色中的输墩数绝不大于这个花色中的牌张数。

一手牌最多 12 个输墩。

显而易见，大牌点增加时，输墩数减少；大牌点减少时，输墩数增加。牌型越不平均，输墩数越少；牌型越平均，输墩数越多。例如：

(a) ♠9 8 5 3 2　3 输墩，
♥K Q 9 6　1 输墩，
♦6　1 输墩，
♣A K 8　1 输墩。　合计 6 输墩。

(b) ♠A J 4　2 输墩，
♥10 5 2　3 输墩，
♦K Q J 4　1 输墩，
♣Q 9 7　2 输墩。　合计 8 输墩。

(c) ♠A K J　1 输墩，
♥A K 9 8 4 2　1 输墩，
♦J 7　2 输墩，
♣A J　1 输墩。　合计 5 输墩。

(d) ♠9 6 3 2　3 输墩，
♥Q 6 5　2 输墩，
♦K Q 6　1 输墩，
♣9 8 4　3 输墩。　合计 9 输墩。

请注意，牌(a)虽然只有 12 点，由于牌型较好，只有 6 输墩；而牌(b)虽然比牌(a)“多 1 点”，由于牌型平均，其输墩数没有减少反而增加了 2 个。

有将定约中总输墩数与总赢墩数的关系

如果将牌配合很好(至少 5-4 或 6-3 以上)，联手牌中的输墩与非输墩可以互相弥补。由于一手牌最多 12 个输墩，联手最多 24 个输墩，这样便有如下简单的计算联手可望取得的赢墩公式：可望取得的赢墩 = 24 - 两手输墩之和

根据两手牌的配合情况、将牌的质量，输墩数还可以进行适当调整。通常

情况下，联手如果只有 8 张将牌配合（5-3，4-4），特别是缺少顶张大牌的情况下，输墩数通常会增加一个；如果在同伴的另一长套中有 QX 或单张 K，输墩数可减少一个。另外，如果一手牌中 A 的数量多于 Q 的数量，输墩数可以减少一个；反之，如果 Q 的数量多于 A 的数量，输墩数应该增加一个。

例如，牌（a）与（b）联合，以♠为将牌，虽然表面上两手牌的“总输墩数”为 14，但由于将牌仅 5-3 配合，总输墩将增加 1 个，即一般情况下，难以完成 4♠定约；牌（c）与（d）联合，合计也为 14 输墩，但由于将牌为 6-3 配合，取得 10 墩牌完成 4♥定约是比较容易的。

输墩计算方法是由概率理论和实践检验得出的。在多数的正常分布下一般都不会有多大出入。但是，正像《现代输墩计算》的作者克林格（R · Klinger）指出的那样：“不可指望你的保险公司同意对你根据输墩计算所估计的潜力而叫成的定约进行保险。”遇到恶劣的分布或极其有利的分布时，可能会有两墩甚至更大的出入。

本节介绍的输墩计算，是基于有将定约中 5-3 以上将牌配合的。如果将牌失配或在无将定约中，不能使用这里的输墩计算法。

第四节　牌力与能够完成定约的关系

从现在起，我们主要围绕定约方或准备成为定约方的牌来讨论，而一般不涉及防守方的问题。

在介绍的记分方法和比赛形式我们知道，定约方必须根据牌力叫到合理的定约才能取得一副牌的成功。定约叫得过低，虽然能安全地做成，但在复式赛中却难以得到分；相反，牌叫得过高，完不成定约，损失则更大。如果不顾牌力而叫到过高的或不合理的定约被对方加倍，损失则更惨。

另一方面，如果对方的大牌实力较强，能够轻松完成一个成局甚至满贯定约，我方则可以凭借有利的牌型与之抗衡，故意把定约叫得高些，即使被对方加倍，只要罚分没有他们主打的分数多就是我方的胜利。

大牌实力（牌点）、牌型以及配合情况是决定应该叫到定约阶数的主要因素，在确定定约时，牌型和大牌点都是要充分考虑的。由于在一副牌中，大牌点总数是不变的，大牌的价值相对变化也不太大，而牌型的影响与分布情况、配合情况有很大的关系，所以为简便起见，在设计叫牌时以大牌点为主要因素，以牌型为辅助因素来考虑。

一副牌有 40 点，打完一副牌后双方取得的牌墩总数为 13 墩。如果单纯考虑大牌点的话，可以简单地认为，平均约 3 点可以赢得一墩牌。假如依此来推算，完成 1 阶定约需要 21 点左右，完成 2 阶定约需要 24 点左右，完成 3 阶定约需要 27 点左右，完成 4 阶定约需要 30 点左右，而完成满贯定约需要 36 点以上。

但是，赢墩并不全是靠花牌取得的，因为在有将定约中，将吃或副牌长套是赢墩的重要补充；在无将定约中也还存在长套赢张。另外，即使牌型比较平均，做庄赢张也不是简单与牌点成正比的。一般来说，随着大牌点数的增加，平均每取得一墩牌需要的大牌点略有降低。

如果两手牌都比较平均，或者虽然一家或两家为 5431、4441、6322 等非平均牌型但双方没有配合较好的花色，则通常选择无将定约；如果牌型不太平均，某一家有单张或缺门，双方有一套花色为 4-4 或 5-3 以上的配合，则通常应该选择花色定约。

根据专家们长期的实践与理论研究，联手不同数目的大牌点基于常见的牌型和普通的配合（5-3、4-4 等）可能完成的定约大致。

普通配合情况下大牌点数与可能完成定约之间的关系

合计大牌点数	通常可完成定约
17~19 点	1 阶花色定约
20~21 点	1NT 或 2 阶花色定约
22~23 点	2NT 或 3 阶花色定约
24~27 点	3NT 或 4 阶花色定约
28~30 点	4NT 或 5 阶花色定约
31~32 点	5NT 或 6 阶花色定约
33~35 点	6NT 或 7 阶花色定约
36 点以上	7NT 定约

当然，对于满贯定约，光有大牌点还不够，还必须有足够的控制作保障。一般来说，完成小满贯定约通常需要 10 个以上控制，至少需要 9 个控制；完成大满贯通常需要 11 个控制。对于有将定约，当大牌控制张与单缺花色不重复时，

可以用单缺花色补充计算控制力。

上表中列举的大牌点数对于无将定约比较准确。对有将定约则由于牌型和配合的缘故，使得难以简单用大牌点来衡量一手牌的实力。

例如：

	西家	东家
(a)	♠A K 10 8 4	♠Q 9 2
	♥Q J	♥8 3
	♦7 6 4	♦K 9 5 3 2
	♣K 8 6	♣A Q 10
(b)	♠A K 10 8 4	♠Q 9 2
	♥7 6 4	♥8 3
	♦Q 6	♦K 9 5 3 2
	♣K 9 6	♣A Q 10

这两副牌，东的牌完全相同，西的牌型也相同，而(b)中西的“大牌点”比(a)还少1个，♦为Q 6双张，♥变成了3小张。

如果打♠定约，当防守方手中的♠是最常见的2-3分布时，牌(a)会输2墩♥、2或3墩♦，仅能完成2♠，充其量也只能取得9墩牌完成3♥定约。牌(a)的最大缺点是西的♥QJ不仅没有一点价值，两手的♥都是双张又是一种缺陷，因为如果西的♥是三四张小牌的话，东可以将吃第3张♥而增加赢张。而在牌(b)中，西家的♦Q 6双张与东家的♦K组合起来该花色就只输一墩；♣没有输张；♠通常也没有输张；输了两墩♥后西家的第3张♥可以让东家将吃，或者做出东家的♦赢张垫掉西家的第3个♥输张。因此牌(b)完成4♠定约十分容易。

如果用输墩理论来计算，上面两副牌西的输墩都是8个，东的输墩都是7个，合计15个输墩，正常可完成3♠。由于牌(a)中西的双张♥Q J减值，而牌(b)中西的♦Q 6升值，使得牌(a)只能取得8墩，而牌(b)可望取得10墩。

一般情况下，联手配合只要不比上述牌(b)差，有23点通常可以完成4阶花色定约，26点通常可以完成5阶花色定约，29点和足够的控制通常可以完成6阶花色定约。

这是一个很重要的结论，因为4阶高花(4♥或4♠)是成局定约。因而，只要双方的高花配合,而副牌实力无重复和浪费,有23点通常就可以叫到高花成局定约,有30点左右和足够的控制就可以叫到小满贯定约;反之,类似于牌(a)的♥那样糟糕的副牌情况,即使有24点一般也不一定能成局,有30点也不一定有满贯。

25~26点牌力,一般都可以达到♥4、4♠、3NT成局定约的要求。当低花配合较好时还可能完成5♣或5♦定约。

由于完成5阶高花定约与超额1墩完成4阶高花定约的得分一样,而叫到5阶高花定约的危险性增加很大,所以一般没有必要叫到5♥、5♠等定约,同样也没有必要叫到4NT、5NT定约。

随着长套张数的增加、配合程度的提高,完成花色定约所需的大牌点还会大幅度降低。为说明这个道理,请看下面两个极端的例子:

(c)

西家	东家
♠A J 10 8 7 4 2	♠Q 9 6 5 3
♥9 7 6 5	♥——
♦A 3	♦K 10 4 5 2
♣——	♣7 6 3

联手仅14点,却可以轻而易举地完成7♠大满贯定约。

(d)♠A K Q J 10 9 8 7 6 5 4 3 2

♥——

♦——

♣——

"万一"你能完整地拿到一门花色的13张牌,不管同伴拿什么牌,你都可自己叫到并肯定能完成该花色大满贯定约。

以上两个例子只是为了说明,对于奇特的怪牌型,大牌点已经不是决定定约阶数的主要因素了。当然,你可别指望这辈子能够有几次拿到完整花色牌,常见的牌型还是以接近平均的牌型为主,前面所讨论的大牌点数与定约阶数之间的关系通常出入是不太大的。

那么,如何知道同伴手中拿什么样的牌,怎样知道联手的配合情况,从而叫到合理的定约呢?这要通过适当的叫牌法来实现。

第五节 叫牌体系

叫牌是同伴间互通牌情信息的合法手段。最终牌约选择得是否合理,完全取决于叫牌。桥牌比赛的优胜者,虽然有时也靠一点运气,但最主要的还是靠技术。桥牌的技术主要反映在叫牌、打牌和防守三个方面。打牌确实很重要,同样一副牌,有些牌手考虑得很周密,打成了牌约;也有一些牌手考虑不周,未能完成牌约。一副牌有可能造成十几个 IMP 的输赢。防守的重要性也不低于打牌,经常会遇到因防守上的错误使牌约方轻松地完成了牌约。由于防守方未能见到同伴和牌约主打手中的牌,需要通过深入的分析和估计各种可能出现的情况来选择正确的防守,从这个角度来说,防守的难度比打牌更大。但在正规的桥牌比赛中,叫牌中的失误相对要多一些,这是因为任何一种叫牌体系都不可能是十全十美的,再加上同伴间的理解也可能有差异。因此,牌手的首要任务是选定一个相对比较完善的叫牌体系。

叫牌体系(Bidding System),是指同伴间运用各种叫品交换各种牌情信息的结构科学严密的叫牌方法。目的是谋求最佳牌约或指导防守。通常可分为自然叫牌法(Standard System)和约定叫牌法(Artificial System)两大类。

自然叫牌体系(Standard System)

自然叫牌体系是叫出自己所持长套花色,直接反映己方牌情,对最后牌约提供可行建议的一类叫牌方法。其特点是实叫与约定叫相结合,以实叫为主体,结合使用约定叫,以求充分交换牌情,达到最佳牌约。典型的有:

1.卡柏特森叫牌体系(Culbertson System)。桥牌爱好者都不会忘记桥牌老祖宗卡柏特森(Ely Culbertson,1891－1955)。他于 1933 年出版的《蓝皮书》(Blue Book)和 1936 年出版的《金皮书》(Gold Book),形成了“卡柏特森叫牌体系”,是当时自然叫牌体系的代表,并在美国流行达 15 年之久。他的主要贡献是提出用大牌单位(Honor Tricks)来估算牌的实力等。

2.戈伦叫牌体系(Goren System)。该体系是戈伦(Charles Goren,1901－1991)从 1944 年起逐渐形成的,在 20 世纪 40 年代末至 50 年代相当流行,是当时自然叫牌体系的代表。他的主要贡献是:用4-3-2-1点来计算A-K-Q-J四张大牌点;用3-2-1来计算牌型(缺门一单张一双张)点,明手如有同伴花色的较好支持,其牌型点尚需作相应调整;用大牌点加牌型点来反映牌的实力;26点可打3NT或4阶高花进局牌约;29点可打5阶低花进局牌约;33点可打小满贯牌约;37点可打大满贯牌约等。

3.埃科叫牌体系(Acol System)。该体系最早于1934年提出,曾在英国的公开比赛中作为标准的叫牌体系,以后流行到世界各地。

4.桥牌世界标准(Bridge World Standard,简称BWS)叫牌法。由《桥牌世界》(The Bridge World)杂志公布。首创于1967年,每隔几年更新一次。BWS不同于一般的叫牌体系,它是吸取了各种叫牌体系的精华,采纳了当前行之有效的新叫法,并以自然叫牌体系为基础而制定的标准。在美国的桥牌俱乐部中,凡是采用自然叫牌法的牌手,基本上都改用BWS。

约定叫牌体系(Artificial System)

约定叫牌体系,也称人为叫牌法。

约定叫牌法使用各种约定叫法,充分交换牌情,以获得最佳牌约的叫牌方法。其特点是使用强1♣等约定开叫和相对应的约定应叫,以及采用事先对叫牌过程发展设计的一整套固定模式,有时也结合采用一定数量的自然实叫,取得了与自然叫牌法分庭抗礼的地位。典型的有:

1.最早的(在20世纪30年代)由美国牌约桥牌的元老范德比尔特提出的"范德比尔特梅花叫牌体系"(Vanderbilt Club System)。

2.维也纳叫牌体系(Vienna System),也称奥地利体系,是20世纪30年代由保罗斯特恩博士设立的。

3.罗马叫牌体系(Roman System),由阿瓦雷利(Walter Avarelli)和贝拉东纳(Giorgio Belladonna)提出,并在多次世界锦标赛中取得好成绩。

4.蓝梅花叫牌体系(Blue Team Club System,or Neapoliton System),是意大利蓝队终身大师加罗佐(Benito Garozzo)创立的,在实践中取得多项卓越战绩的叫牌体系。

5.精确梅花叫牌体系(Precision Club System)或简称精确叫牌体系(Precision System)。由美籍华人魏重庆(C.C.Wei,1941-1987)先生于1963年根据

《桥牌的数学理论》一书中的原理创立的叫牌体系，他是美国桥牌理论家、船业主，著有《精确叫牌》《桥牌精确叫牌法》《简易精确桥牌》《超级精确叫牌法概要》等。中国台北队和意大利队曾成功地应用魏氏精确叫牌法，前者获得 1969 年和 1970 年世界桥牌锦标赛百慕大杯亚军，后者获得 1972 年奥林匹克队式桥牌锦标赛公开组冠军和 1973 年、1974 年世界桥牌锦标赛百慕大杯冠军。其夫人杨小燕（Katherine Wei.1930 年—），华裔，美国女桥牌手，桥牌作家，教师，世界桥联特级大师。曾代表美国队获 1978 年奥林匹克对式桥牌锦标赛女子组冠军、1984 年奥林匹克队式桥牌锦标赛女子组冠军。1987 年世界桥牌锦标赛威尼斯杯赛冠军，并多次获北美桥牌锦标赛冠军。著有《精确叫牌》《简化精确叫牌法》等，曾协助丈夫魏重庆撰写有关精确体系叫牌法著作，推广精确叫牌法，在帮助促进和提高中国桥牌运动水平方面做了大量工作。1985 年起担任中国桥牌协会顾问，精确叫牌体系在国际上得到推广，很快风靡世界，流传 40 余年而不衰，成为世界桥牌史上一大奇迹。

精确叫牌体系的主要结构框架由 1♣强逼叫，5 张高花开叫、弱无将开叫，以及较多限制性叫牌内容组成。条理分明，具有科学严密的结构和系统，并对各种情况的叫牌方法均进行了周密的设计，为提高叫牌的准确性，设计和采用了一些具有特殊含义的约定性叫品。

第六节　简易精确叫牌体系和自然叫牌体系

简易精确叫牌体系和自然叫牌体系开叫条件的对比

精确和自然两种叫牌体系开叫条件比较表

叫品	精确叫牌体系条件	自然叫牌体系条件
1C	16 点以上(除 22-23 点,均牌型)各种牌型;约定叫;15 点的奇牌型,14 点的怪牌型,8-9 个赢墩以上;逼叫	11-21 点,最少 3 张以上套(C、D 都是 3 张时)
1D	11-15 点,最少两张以上套	11-21 点,最少 3 张以上套
1_S^H	11-15 点,最少 5 张以上套;H、S 均为 5 张时,先叫级别较高的 S(顺叫)	11-21 点,最少 5 张以上套;H、S 均为 5 张时,先叫 S 为 11-15 点(顺叫);先叫 H 为 16 点以上(逆叫)
1NT	13-15 点,均牌型,可能有 5 张低花套	16-18 点,均牌型,可能有 5 张低花套,三门有止张
2C	11-15 点,6 张以上套或 5 张及 4 张高花套	21 点以上强牌,或有 8-9 个赢墩以上,约定叫,逼叫
2D	11-15 点,D 为单缺,无高花 5 张套的约定叫	11-15 点,Flannery Bids 约定叫(4 张 S、5 张 H 牌型)
2_S^H	8-10 点,弱牌阻击叫,6 张以上套,遵循"二三规则"	7-10 点,弱牌阻击叫,6 张以上套,遵循"二三规则"
2NT	22-23 点,均牌型,可能有 5 张低花套,四门有止张	22-24 点,均牌型,可能有 5 张低花套,四门有止张
3_D^C,3_S^H	8-10 点,弱牌阻击叫,7 张以上套,遵循"二三规则"	7-10 点,弱牌阻击叫,7 张以上套,遵循"二三规则"
3NT	10 点左右,持 7 张以上坚固低花套外最多有一个止张(赌博性)	25-27 点,均牌型,可能有 5 张低花套,四门有止张
4_D^C	11-15 点,持 7-8 张以上 H_S 坚强套,要求转移至 H_S 套(南姆雅茨转移叫)	7-10 点,弱牌阻击叫,8 张以上套,遵循"二三规则"
4_S^H	8-10 点,弱牌阻击叫,8 张以上套,遵循"二三规则"	7-10 点,弱牌阻击叫,8 张以上套,遵循"二三规则"

打桥牌,叫好牌是关键。桥牌竞技,胜负得失,一半以上取决于叫牌的成功

与否,这已是没有争议的共识。

要叫好牌就必须熟练地采用一种科学的、结构严密的、使用方便的叫牌体系。设计、创立一种叫牌体系,是一项科学复杂的工程,它要求能适应各种不同的牌情,能争叫到己方的最佳牌约,并能取得最佳的正分,或虽然完不成牌约,却使所得的负分少于对方做成牌约所得的正分,还要求能干扰或阻止对方叫到最佳牌约。

精确和自然这两种叫牌体系,不论采用哪一种,都需要系统地对它们的特点、优缺点有所了解,并针对其存在的弱点采取相应的措施,这样才能自觉地、有准备地处理各种叫牌中发生的问题,使叫牌更趋精确、合理和实用。

现从以下三个方面进行分析对比:

1.逼叫性强牌开叫的强度和叫品

自然叫牌体系的强度界限为≥22HCP,除非同伴持特弱、失配牌,一般都应叫到局。其出现的概率极少,仅0.4%(即200副牌以上才出现一副),显然实用意义不大。

简易精确叫牌的强度界限降低到≥16HCP。其出现的概率约为9.75%。与前者比约大23倍,亦即实用意义相对来说要大20多倍,这是一大优点,广受欢迎。

自然叫牌体系的叫品是2♣,其好处是不影响一阶花色开叫的自然叫牌意义。简易精确叫牌体系的叫品是1♣,虽然♣套好牌要开叫2♣,但强牌1♣逼叫,留出的叫牌空间大,同伴之间更易找到各种未成局、成局或进贯的最佳牌约。

由于简易精确叫牌体系的强牌点力不一定是特强牌,且叫品是最低的阶和级,其缺点是易受对方各种争叫的干扰,必须有一套应对干扰的约定。详见简易精确叫牌体系"约定卡"。

2.无将开叫的点力

自然叫牌体系1NT开叫表示有16-18HCP,均型牌,属稳健的叫牌。不易受到严重的加倍惩罚。对方争叫会有较大的顾虑,但其出现的概率约为7.28%,实用价值差一些。

简易精确法1NT开叫表示13-15HCP均型牌,属弱无将。其出现的概率为17.05%,是自然叫1NT的2.34倍。也是一阶开叫中级别最高的叫品,对方争叫也必须从2阶开始,也能起到一定的阻击作用,实用价值大。但有可能被对方加倍惩罚而失分,一定要注意局况并要有妥善的逃叫约定。

3.好牌开叫的点力

自然叫牌体系一阶有将牌约的开叫点力范围为12-21(即16±5)HCP。太宽了,初学者不易掌握。

简易精确叫牌体系除1♣强逼叫外,其他开叫及应叫的点力范围均比较窄,初学者较易掌握。

由上述三方面的分析比较,虽各有利弊,但是对初学者和离退休老年人来说,简易精确叫牌体系更易被接受且更受欢迎。

简易精确叫牌体系选择各种开叫叫品的正确顺序

首先,如果开叫人的牌力在16大牌点以上,除22-33点,平均牌型,开叫2NT外,其他不论牌型如何,一律都开叫1♣(出现概率约为9.6%),这是逼叫,同伴必须应叫,不能不叫,因为牌力无上限,至少有8个以上赢墩,也有可能是一手成局甚至是进贯的好牌。1♣是约定叫,♣套可能是单张或缺门,即使你有♣长套,也不允许不叫,以保证开叫人有再叫的机会进一步显示自己的牌情。

其次,如果开叫人的牌力在11-15点,应按照以下顺序检查牌情,符合前面条件的优先开叫:

1.有5张以上高花套,开叫1♥或1♠;有双高花套,先叫级别较高的1♠(顺叫),若高花套长度达到7~8张以上,同时有8个赢墩以上的好牌,开叫4♣、4◆(转移约定叫),要求同伴转移叫4♥、4♠,一口到局。若同伴认为有满贯希望,可立即用满贯叫牌法。

2.有4张以上◆套的非均型牌(如4441、4144、1444、1453、4153等牌型),均可开叫1◆;或者仅2~3张◆套的均型牌(如3325、3235、3334等),也可开叫1◆(约定叫,仅报点。局况不利时应有13-15HCP、11-12HCP,也可不叫;局况有利时11-12HCP,也可开叫1◆)。

3.有13-15大牌点,均型牌,开叫1NT。

4.有6张♣套或5张♣套和4张高花套,开叫2♣。

5.◆为单缺的4414或4405的牌型,开叫2◆。

上述各种开叫、点力范围不大,均为限制性开叫,初学者较易掌握。

再次，如果开叫人的大牌点为8-10的弱牌，但有6张或更长的长套，在符合“二三法则”（有局时最多宕1或2，无局时最多宕2或3）的情况下，可进行各阶的阻击叫。阻击叫是一种不够正常开叫点力而牌型特殊（辅牌有孤缺）的牌，通过高阶跳叫占去大量的叫牌空间，为对方叫牌制造困难的抢先叫。具体叫品有：

1. 2♥、2♠，弱2阻击开叫，6张以上高花套，点力主要在该高花套；

2.3♣、3♦、3♥、3♠，3阶阻击开叫，7张以上套，点力主要在该花色套；

3. 4♥、4♠，4阶阻击开叫，8张以上套，点力主要在该高花套；

4.有7张以上坚强的低花套，其他花色几乎没有点力，赌博性3NT开叫。

最后，其他情况，一般都不叫。

在上述19种叫品中，如果开叫人的牌情符合前面叫品的开叫条件，一般不允许开叫后面的叫品，当开叫人开叫后面的某个叫品，应叫人便可排除其具有前面几种开叫牌情，这样更便于准确掌握同伴的牌情。

简易精确叫牌体系和自然叫牌体系应叫方法的对比

1.高花开叫后的应叫

如果简易精确叫牌体系的同伴开叫1阶高花1♥/1♠，你知道他一定有5张或更多，牌点通常在11-15点之间。如果你的牌点很低，例如不足8点，与同伴的花色配合又不好，只有双张、单张，甚至缺门。这副牌基本上不可能成局，能完成同伴开叫的1♥/1♠就不错了，对不成局牌约来说，叫得越低越好，因而你应该Pass，让同伴去做他开叫的花色牌约。即使同伴开叫花色你是单张甚至缺门，只要牌约没有被加倍，你牌点很低时也不要试图“改善牌约”，因为没有加倍时即使完不成牌约，也不会有多大的损失，甚至可能获益。

如果与同伴开叫花色配合，又有一定牌点，就可以用适当的方法加叫同伴的花色。

最简单的加叫是直接加叫到2♥/2♠，表示有3张支持和一定的大牌实力（通常8-10点）。

如果有4张将牌支持，又有一定的大牌点，可以跳叫3♥/3♠邀叫，或者直接加叫同伴花色到4♥/4♠成局。

当有一定的牌力而对同伴花色配合不好，可能有其他成局的花色牌约或

3NT 牌约时,可以应叫你最长的花色或应叫无将。

如果自然叫牌体系的同伴开叫 1♥/1♠,你知道他一定是≥5 张长套,点力为 11-21HCP,点力范围比较大,因而应叫的下限比较低,一般有 6HCP 即比简易精确叫牌体系应叫的下限 8HCP 低 2HCP 就应该应叫,以防丢局等。必须牢牢记住。

2.低花开叫后的应叫

如果同伴开叫的是低花,比如简易精确叫牌体系的 1◆或自然叫牌体系的 1♣/1♣时,优先考虑的不是加叫同伴的低级花色,而是寻找 4-4 以上配合的高级花色,因而,只要有 4 张高级花色就应该优先应叫 1♥/1♠,有两个 4 张高级花色时通常应叫 1♥。

如果同伴开叫的是简易精确叫牌体系的 2♣,虽然保证 5 张以上,你的首要任务也不是加叫同伴的花色而是尽量寻找 5-3 或 4-4 以上配合的高级花色,或者探讨是否有 3NT 的可能。

如果同伴开叫的是自然叫牌体系的 1♠/1◆,必须牢记应叫的下限比较低,只要≥6HCP,就必须应叫。

3. 1NT 开叫后的应叫

简易精确叫牌体系,1NT 开叫为 13-15HCP(自然叫牌体系为 16-18HCP)均型牌,牌型和点力的局限性均很强,可谓“一口清”,后续叫牌的主导权(即这副牌能否进局、进贯或应停在几阶什么牌约上等)均应由搭档来掌控。

20 世纪后期特别是进入 21 世纪,精确叫牌体系的选手采用自然叫牌体系中著名的杰克贝转移约定叫(Jacoby Transfer Bid)的越来越多,其优点是不仅能使 1NT 开叫人成为有将牌约的庄家,更重要的是通过转移叫可以设计出一系列不同的叫牌过程,从而恰当处理好弱止叫、邀叫、逼叫成局、试探满贯的牌

第七节 防守叫牌(争叫)

对方先开叫,本方再参与叫牌称为防守叫牌,也称争叫。在各种叫牌体系中,防守叫牌的方法大致相同。

桥牌叫牌的竞争性很强,而且还要设法扰乱对方,增添对方的叫牌难度。

当对方叫到一个必成的未成局、成局或满贯牌约后，可以采用牺牲叫来减少本方的输分；当对方叫出一个无法完成且无法逃叫的牌约时，为了多得赢分，应该对其进行加倍惩罚。

争叫前要根据对方采用的叫牌体系，弄清对方叫品含意，争叫人还要考虑双方牌力对比情况（同伴是否做过不叫，对方是否做过应叫），本人所处的叫牌位置（大牌位置）是否有利，是否希望同伴叫出花色与己配合，手中长套花色的质量有没有必要叫出指引首攻，以及局况，是否能给对方叫牌制造困难，自己叫牌的阶数是否安全等作出综合判断，确保通过争叫使本方获得利益。

防守叫牌的方法很多，归纳起来可分为自然性争叫（有平叫新花，跳叫新花和 NT 争叫 3 种）和技术性（约定性）争叫（叫加倍、扣叫对方开叫花色，叫特殊的 2NT 或 4NT 约定叫 3 种）两大类。防守叫牌的情况千差万别，需要对防守叫牌的基本方法熟练掌握，并能够根据不同的情况审时度势，灵活运用，选择最恰当的叫品。争叫以后的应叫方法比对方未参与争叫的情况复杂，很多情况的处理需要同伴间的默契配合。

自然性争叫

1.平叫新花色争叫（要求 11-15 大牌点，5 张以上套，有时 8-10 点也可）的例子

（1）♠K Q 7 6 3 ♥J 8 ♦A J 7 3 ♣A 10，15 点，5-4-2-2 非均型牌，右手对方开叫 1♥，争叫 1♠。与开叫 1♠相同，叫牌没有受到影响。

（2）♠7 5 ♥A 8 6 ♦Q 8 ♣A Q J 8 7 4，13 点，6-3-2-2 非均型牌，右手对方开叫 1♥（或 1♦1♠），争叫 2♣。与开叫 2♣相同，叫牌不受影响。

（3）♠10 2 ♥K Q J 7 6 ♦A K 8 7 ♣3 2，13 点，5-4-2-2 非均型牌，右手对方开叫 1♠，争叫 2♥。对方♠可能配合较好，应及早叫出好♥套。

争叫人低于开叫牌力的争叫，例如：

（1）♠A K Q 10 7 ♥7 ♦10 8 3 2 ♣6 4 2，9 点，5-4-3-1 非均型牌，右手对方开叫 1♥，争叫 1♠。此牌虽然只有 9 个大牌点，但是♠套花色很强，且♥套孤张，可以“一盖一”争叫。

（2）♠8 5 ♥A K J 10 6 2 ♦Q 7 3 ♣3 2，10 点，6-3-2-2 非均型牌，右手对方开叫 1♠，“二盖一”争叫 2♥。与弱 2 开叫情况类似。

在低阶争叫被对方加倍惩罚的可能性比较小,因为如果对方加倍一个低阶牌约,即便得到罚分,往往也会少于他们打成一个局所得的奖分。

2.跳叫新花色弱牌阻击性争叫(8-10 点,6 张以上长套)

要按照争叫人手中的赢墩数,根据“二三法则”一口叫足。例如:

(1)♠A Q J 7 6 3 ♥7 2 ♦10 4 ♣J 7 3,8 点,6-3-2-2 非均型牌,右手对方叫 1♥,跳争叫 2♠阻击,只是有好牌型,牌点一般不高。

(2)♠7 ♥K Q J 9 7 6 3 ♦Q 4 3 ♣6 2,8 点,7-3-2-1 奇型牌,右手对方开叫 1♦,本方无局时阻击争叫 3♥,本方有局时可以阻击争叫 2♥。

(3)♠— ♥4 3 2 ♦7 3 ♣A K Q J 8 7 4 2,10 点,8-3-2-0 怪型牌,同伴不叫,右手对方叫 1♠,对方很可能叫成一局,局况不利时跳争叫 4♣阻击,局况有利时可跳争叫 5♣阻击。

3.争叫 1NT(16-18 点,均型牌,对方花色中至少有 1 个止张)。例如:

(1)♠Q 8 7 ♥A 6 ♦A K 9 ♣K 10 7 6 4,右手对方开叫 1♥,你有 16 点,♥花色有止张,可争叫 1NT(也可技术性加倍)。

(2)♠K 10 ♥A K 8 2 ♦A Q 7 6 ♣Q 7 6,左手对方开叫 1♠,两家 Pass,你有 18 点,♠花色有止张,可争叫 1NT(也可技术性加倍)。

(3)♠A J 9 7 ♥K 10 6 ♦A K J 5 ♣J 6,右手对方开叫 1♦,你有 17 点,♦花色有止张,可争叫 1NT(也可技术性加倍)。

技术性争叫

技术性争叫是一种显示牌情的特殊方法,作出的叫品不是该叫品的自然意义,即加倍不是表示惩罚,扣叫也不是准备以该花色作将牌,跳叫无将更不是准备打无将牌约,而是牌型特殊,要求同伴参与叫牌,达到自然争叫难以达到的效果。技术性争叫与自然性争叫两种方法配合使用,可以使防守叫牌的手段更加完善。

1.技术性(约定性)加倍

考虑到加倍后同伴被逼叫牌,有可能以 0 点牌或一个 3 张高花套勉强应叫的可能性,所以争叫人加倍必须有一定的牌力(12 点以上)保证。下面是一些叫加倍的例子:

(1)♠A 9 8 3 ♥K Q 6 4 ♦7 3 ♣K 10 7,12 点,均型牌,右手对方开叫 1♦,

你叫加倍。这是技术性加倍的理想牌型,邀同伴出套,对未叫过的三门花色均有极好的支持。

(2)♠6 ♥A K 8 7 5 ♦A K J 8 6 ♣4 3,15 点,5521 奇型牌,左手对方开叫 1♠,同伴不叫,右手对方叫 2♣,你叫加倍。这是技术性加倍的理想牌型,邀同伴出套,对未叫过的两门花色均有极好的支持。

(3)♠A K Q 8 6 ♥7 3 ♦A K 6 ♣J 6 3,17 点,非均型牌,对方开叫 1♣、1♦或 1♥,你先叫加倍,下轮时再叫♠套,显示 16 点以上的强牌。如果直接争叫 1♠,牌力最高只能 15 点,且不逼叫。

(4)♠K 8 3 ♥K Q 6 ♦A J 10 7 ♣K Q J,19 点,均型牌,对方在 1 阶开叫,你叫加倍,下轮再叫 2NT,显示 19 点以上。若直接争叫 1NT 只能表示 16-18 点。

下面是左手对方开叫 1♥,同伴叫加倍,右手对方不叫,对加倍进行应叫的一些例子:

(1)♠9 7 6 ♥9 6 4 3 ♦10 4 2 ♣J 7 3,1 点,4333 均型牌,平叫 1♠。最低水平叫 3 张套。牌越弱(0-7 点)越不能不叫,否则敌方很容易完成这个 1 阶牌约。

(2)♠K Q J 9 7 ♥6 3 2 ♦Q J 3 ♣6 2,9 点,非均型牌,跳叫 2♠。显示 10 点左右,5 张♠套。

(3)♠K 9 4 ♥9 5 2 ♦7 2 ♣A K J 3 2,11 点,5332 低花 5 张套,跳叫 3♣。显示 10 点左右,5 张♣套。

(4)♠Q 9 7 ♥K 6 3 2 ♦Q J 3 ♣J 6 2,9 点,均型牌,♥花色有一个止张,叫 1NT。显示 8-10 点。

(5)♠Q 10 9 ♥A 8 6 ♦K Q 8 3 ♣J 6 2,12 点,均型牌,♥花色有一个止张,跳叫 2NT。显示 11-13 点,邀请同伴高限进局。

(6)♠9 7 ♥K J 9 ♦A K Q 10 3 2 ♣J 6,14 点,非均型牌,跳叫 3NT。显示 14-15 点,表示对高花无兴趣。

(7)♠K J 9 7 ♥9 ♦Q 5 3 2 ♣A K J 2,14 点,非均型牌,扣叫 2♥。请同伴出套,显示强牌(11 点以上)。

(8)♠9 5 ♥K Q J 8 6 2 ♦7 3 ♣8 7 4,6 点,6322 非均型牌,惩罚性不叫(Penally Pass),简称"罚放",目的是将同伴的技术性加倍转化成惩罚性加倍,更能取得较好的效果。

2.扣叫

处于争叫位置叫出对方开叫的长套花色称为扣叫。扣叫表示争叫人持对方开叫花色以外的两套牌，一般 5-5 套或三套牌 4-4-4。所扣叫的花色一般为孤缺并没有大牌，11-15 点牌力，无局牌力可取下限。要求同伴选叫他自己最好的花色。例如：

（1）♠A K 9 7 3 ♥9 ♦A Q 9 8 2 ♣J 6，14 点，5521 奇型牌，右手对方开叫 1♥，扣叫 2♥。显示有♠和一个低花套，11-15 点。同伴如果叫 3♣，扣叫人则再叫 3♦，表示♣是短套，请同伴在♦和♠两套中选择。

（2）♠— ♥Q J 10 8 6 ♦Q 3 ♣A J 7 6 5 2，10 点，6520 怪型牌，右手对方开叫 1♠，扣叫 2♠。显示有♥和一个低花套，同伴如果叫 3♦，扣叫人则再叫 3♥，表示♦是短套，请同伴在♥和♣两套中选择。

应叫方法基本是自然性质，应叫人最低水平地平叫新花色表示弱牌，希望扣叫人停叫。应叫人如果跳叫新花色表示邀请，希望扣叫人高限进局。如：

【例 1】

西（5 点）	东（13 点）	西	北	东	南
♠Q 4 3 2	♠A 10 9 8 7		1D	2D	–
♥8 6	♥K Q 9 5 2	2S	A.P.		
♦K 10 4	♦A 2				
♣9 7 6 3	♣5				

此牌东采用米切尔斯扣叫（Michaels Cue-bid）显示有双高花套后，由同伴来确定配合最好的花色。

【例 2】

西（13 点）	东（6 点）	西	北	东	南
♠A 10 9 7 4	♠6		1H	—	—
♥7 2	♥K 9 3 2	2H	—	2NT	—
♦K Q 9 5 2	♦J 8 4 3	3D	A.P.		
♣A	♣Q 7 3 2				

此牌西扣叫显示有♠和一个低花套后，东叫 2NT 表示对高花♠不支持，对另外两个低花套均有好支持，西放心叫出 3♦。

3.特殊的无将争叫

争叫方做 2NT 争叫，或在对方叫成高花局以后，用 4NT 代替这种争叫，是一种特殊争叫，争叫人不是准备打无将牌约，而是表示持有除开叫花色以外的两套低级花色,一般是♣和◆双低套,或一高一低花色,至少5-5的奇型牌,牌力11大牌点以上,要求同伴摸着石头过河,先叫出自己最好的一个低级花色。例如:

(1)♠J ♥7 2 ◆K Q 6 4 3 ♣A K 7 6 2

对方开叫1♥,同伴Pass,对方的同伴应叫2♥。你争叫2NT,表示11点以上,有♠和◆双低套。

(2)♠9 4 ♥K Q J 6 2 ◆3 ♣A J 7 6 2

对方开叫1◆。你争叫2NT,表示11点以上,有♣和♥或♠双套。

(3)♠— ♥K Q J 6 2 ◆4 3 ♣A K Q 7 6 2

对方开叫1♠,同伴Pass,对方同伴应叫4♠封局。你争叫4NT,表示至少有5-5以上套,要求同伴摸着石头过河在5阶叫配合最好花色。如果同伴选择5◆,争叫人再叫5♥,则表示为♣和♥两套牌。例如:

西(10点)	东(4点)	西	北	东	南
♠2	♠9 7 5		1S	—	4S
♥A J 9 8 3	♥Q 10 6 4	4NT	×	5C	×
◆K Q 7 6 4 3	◆7 2	5D	×	5H	×
♣5	♣Q 9 8 2	A.P.			

南北方冲上4♠以后,西认为对方很可能完成这个牌约,决定做牺牲叫。持西这种牌型争叫4NT是一个适当的叫品。东摸着石子过河,选择支持♣套,西叫5◆显示♣为短套。东第二次选择支持♥套,由于将牌配合好,牌型奇怪,虽被加倍,仍然是合算的。

1NT开叫后的争叫

精确叫牌体系建议对1NT开叫的防守叫牌按以下方法进行:

(1)加倍——均型牌,牌力至少与对方1NT开叫的牌力相当。

(2) 2♣——11点以上,兰蒂(Landy)约定叫,显示有双高花两套牌(至少5-5)。

(3)2◆2♥2♠——11点以上,所叫花色为强的5张以上套。

下面是一些对方1NT(13-15点)开叫后争叫的例子:

①♠K Q 10 5 ♥K J 9 ◆A 10 ♣Q 8 7 3,15点,均型牌,你争叫加倍。

建议同伴在计算联手牌力超过对方时不叫,惩罚对方。否则叫出 4 张以上套。

②♠K Q J 10 6 5　♥K J 9　◆A 10　♣7 3,14 点,非均型牌,争叫惩罚性加倍或 2S 均可。首攻♠K,对方的 1NT 牌约难以打成。处于第二家叫牌位置(有首攻权),有一个坚实的长套和一定的旁套实力,也可争叫 2S。

③♠K Q 9 7 4　♥A J 6 3 2　◆J 9　♣2,争叫 2♣。表示 11 点以上,有 5-5 双高花套。

④♠A K 10 4 2　♥Q J 9 2　◆7　♣A 9 8,争叫 2♣。牌点高(14 点),牌型好(5431)时,套长度略短也可以使用兰蒂约定。

⑤♠2　♥K Q J 9 7 2　◆J 10 9 3　♣9 6,争叫 2♥。6 张好套,牌点低些(只有 7 点)也可争叫,至少能为同伴指示首攻。

对于兰蒂约定叫的应叫方法基本是自然性质,最低水平平叫新花色表示弱牌,希望同伴停叫。应叫人跳叫新花色表示邀请,希望同伴高限 14-15 点应邀进局。例如:

【例 1】西(6 点)	东(14 点)	西	北	东	南
♠8 5	♠A K 10 4 2		1NT	2C	—
♥6 3	♥A Q J 9 7	2H	A.P.		
◆K 8 6 3 2	◆9 4				
♣Q J 9 4	♣2				

西点力不高(6 点),高花配合不好,但是也必须从中选择将牌。在 2 阶水平应叫 2♥,对方轻易不会加倍惩罚。

【例 2】西(10 点)	东(15 点)	西	北	东	南
♠A J 9 8	♠K 10 7 4 2		1NT	2C	—
♥Q 6 3	♥A K J 9	3S	—	4S	A.P.
◆K 8 3 2	◆7				
♣5 4	♣A 9 8				

北开叫 1NT 后,东牌点较高,用 5-4 高花套争叫 2♣(兰蒂约定)。西的 3♠ 是一个邀请叫。东高限牌,应邀进局。

阻击开叫后的争叫

在对方抢先阻击叫之后,我方如再叫牌必须在高阶水平进行,叫牌风险增加。在同伴没有叫牌的情况下,如果争叫一个花色,除需持有开叫的牌力以外,所争叫的花色必须是很强的5张以上长套。当持有16以上的大牌点,可以用一个较强的长套花色来进行争叫。若没有好的花色可以叫时,可以加倍,让同伴选择惩罚还是叫出一个长套花色。

1.对方2阶阻击开叫后的争叫

争叫人平叫新花表示11点以上,5张以上套;跳叫新花表示14-15点,有一个很强的套;叫2NT表示16-18点,均型牌,有对方花色的止张;扣叫表示只要同伴有止张就可叫3NT的牌型,或者是强进局逼叫;叫3NT表示有敌方花色的止张,有一个能提供足够赢墩的长套,一般不表示强均型牌。争叫人叫加倍为技术性,表示11点以上,对未叫花色有好支持。争叫人的同伴如果为弱牌可以叫2NT(莱本索尔约定),要求同伴叫3♣,以后再叫花色均为止叫。争叫人的同伴如果平叫一个新花色为建设性,表示有一定牌力。同伴的其他叫牌均为自然性质。

2.对方3阶阻击开叫后的争叫

争叫人加倍为技术性,表示14点以上,对未叫花色有好的支持;平叫新花表示13点以上,5张以上好套;叫3NT表示18点以上均型牌,或者牌点不足18点,有一个能提供足够赢墩的长套,对方花色有止张;扣叫低花,表示有5-5双高花套,要求同伴叫出较好的花色;扣叫高花表示很强的牌,有一定的满贯兴趣。

3.对方4阶阻击开叫后的争叫

争叫人加倍表示16点以上,选择性,对未叫花色有好支持,或者持有对方花色的长套。对4♣4♦4♥加倍一般是技术性的,对4♠加倍是惩罚性的。平叫新花色表示16点以上,6张以上套。叫4NT表示11点以上,双低套,请同伴摸石头过河叫出最好的低花套。扣叫表示有强烈的满贯兴趣。

下面是对方阻击开叫后,争叫人根据不同情况争叫的一些例子:

(1)♠A K 10 5　♥J 9 3　♦Q 10　♣Q 8 7 3,12点,均型牌,右手对方开叫2♥。不叫。没有可争叫的花色,不是加倍的点力和牌型,贸然争叫可能会造成巨大损失,只能寄希望于同伴叫牌。如果是左手对方开叫2♥,连续两家Pass,这手牌处于第四家位置必须采取行动,可以叫加倍,同伴会优先叫出4张♠高花套。

(2)♠K Q J 10 6 5　♥9 2　♦A 10 6　♣J 7,11 点,6322 非均型牌,右手对方开叫 2♥。应争叫 2♠。有一个好套应该叫出与对方争牌约。此牌对方叫 3♥阻击,照样可以争叫 3♠。6 个赢墩,争叫 3♠符合“二三法则”。

(3)♠K 9 7 4　♥A J 6 3　♦9　♣K Q J 9,14 点,4441 非均型牌,对方开叫 2♦或 3♦,争叫加倍,此为理想的对未叫花色有好支持的牌型。对方如果开叫高花阻击,该牌虽然牌点较高,但是没有合适的叫品,暂时 Pass,隐藏实力。

(4)♠9 4　♥J 7 6　♦K 9 3　♣A K Q J 9,14 点,5332 型牌,对方开叫 2♠或 2♥,应争叫 3♣。好套要积极显示,就算争不到牌约,也可以向同伴显示大牌的位置。

(5)♠A　♥Q 10 7　♦A K Q J 9 4 3　♣K 9,19 点,7321 奇牌型,对方开叫 2♠或 3♠,争叫 3NT。8 个赢墩在握,同伴如果能帮助 1 个赢墩牌约就可完成。这种争叫一般是有较多的赢墩,并非有 25 点的均型牌。

(6)♠A K Q 10 7 4 3　♥4　♦A J 9 3　♣Q,16 点,7411 怪型牌,对方开叫 2♥,跳叫 3♠。这不是阻击,而是表示 15 点左右,一个好套。同伴如果有一定牌力会考虑进局。对方开叫 3♥,此牌可以直接叫 4♠。

防守叫牌在桥牌叫牌中最复杂,在没有对方干扰的情况下,准确叫牌比较容易。在激烈的竞争中,情况千变万化,双方都在被干扰的情况下进行叫牌,进行准确叫牌比较困难,但是这时更能反映出牌手的技术水平与同伴配合的默契程度。掌握一种叫牌体系以后,进一步掌握在对方干扰下如何叫牌是一个较高级的问题,解决这个问题仅依靠本书介绍的内容是不够的。防守叫牌的方法还有很多,若要更深入地研究防守叫牌的技术,可以参阅一些专门介绍防守叫牌或争叫的书籍。

第八节　基本的开叫方法

开叫的大牌点条件

一般的叫牌体系都把 13 大牌点作为开叫的基本条件。其理由是，如果你拿了 13 点左右，剩余 27 点左右在其他三人手中，可望同伴拿到平均数大约 9 点。这样，你们一方的牌点就有 22 点左右，可以打成 1 阶或 2 阶定约。由于长套可以增加赢张，故有 5 张套或 4-4 两套时可降到 12 点开叫；有 6 张套或 5-4 两套牌时可降到 11 点开叫；牌点集中在 5-5 两套或 7 张以上坚固套中，10 点大牌也可以开叫。

开叫花色或无将的选择

如果牌力达到开叫的要求，手中又有一套 5 张或更长的花色，特别是长套为高级花色♥或♠时，最简单的办法就是 1 阶开叫该花色。

(a) ♠Q 10
♥A K 10 8 4　　12 点，有 5 张♥，开叫 1♥。
♦7 6 4
♣K 8 6

(b) ♠J 9 8 5 3　　这手牌两高级花色都比较长。虽
♥A K Q J　　然♠是很弱的 5 张，♥是很强的 4 张，
♦6　　但通常开叫 5 张套的 1♠，而不开叫 4
♣Q 8 6　　张套的 1♥。

(c) ♠A Q 9 4 3
♥9 7　　虽然只有 10 个大牌点，但这手牌开叫 1♠合格。
♦K J 10 7 3　这手牌的主要特点是大牌全部集中在 5-5 两门长套
♣5　　中，只要同伴配合其中一套，就有大量做牌赢张。

开叫 5 张高花的目的主要是寻求高花成局定约。开叫 5 张高花后，同伴有 3 张就算配合了。如果有 4 张支持，更可以放心大胆地加叫了。

如果牌点超过13点但没有5张高花,可以开叫无将或低级花色。一般的叫牌体系对1NT开叫都有较严格的牌型和牌点限制,比如一般都要求4333,4432牌型,或者有5张低花的5332牌型,不允许有单张或缺门。自然叫牌法规定1NT开叫的大牌点为16~18点(或15~17点),精确叫牌法规定为13~15点(也可以包括差的16点)。开叫1NT一般不允许有5张高花。

(d)♠A Q 9 7
♥K Q 4　　平均牌型,分散的15点,开叫1NT。
♦K 7 6
♣J 8 6

13~15点且有5张低花,当然也可以开叫低花,不过符合1NT开叫条件的,要优先开叫1NT。但是,没有5张花色而牌力或牌型又不符合1NT开叫条件怎么办呢?

解决的办法是放宽开叫低级花色的条件,不要求是5张。自然叫牌法是开叫"最好的低花",开叫1♦或1♣可以是4张甚至3张,特殊情况下可能只有2张,称为"准备叫"。由于精确叫牌法开叫1♣约定为16点以上的强牌,"准备叫"的任务就全部落在1♦上了。大牌点达到一定数量但没有5张花色,可以用4张♦开叫1♦,甚至只有3张或2张♦时,也可以开叫1♦。开叫1♦可能隐藏一门或两门4张高级花色,但肯定没有5张高级花色。

(e)♠Q 9 7 5
♥7 4　　12点大牌,牌点不够开叫1NT,可开叫4张套的1♦。
♦A K J 6
♣Q 8 6

(f)♠K Q 9 7 5
♥4　　12~15点,4441牌型,当♦不是单张时总是开叫1♦。
♦A K 7 3
♣Q 8 6 3

(g)♠Q 7 3
♥A 7 4　　虽然有12点大牌,但牌型过于平均,大牌点也很分散,
♦ Q 9 5　　这手牌几乎没有任何特色,不开叫为好。
♣K J 8 3

(h) ♠K Q 10 7

♥A K 10 8　　这么好的两套高花，可惜都不是 5 张。不少牌手持这样的牌会开叫 1♦的，甚至只有两张♦时（如两门低花交换）也可以开叫 1♦。

♦8 7 5

♣6 3

在精确制中，16 点以上的牌除了个别特殊情况外一律开叫 1♣。1♣是虚叫，只表示 16 点以上，不表示任何花色的情况。持有好牌而“开叫”最低级别的 1♣是为了给后续叫牌留下更多的叫牌空间。

这样，在精确制中，持有 12～15 点和真正的♣长套，又不符合开叫 1NT 的条件，就只能开叫 2♣了。

(i) ♠K Q 8 5

♥7　　这样的牌，自然叫牌法开叫 1♣，精确叫牌法开叫 2♣。

♦Q 10 3

♣A K 7 4 3

(j) ♠A K Q 8 5

♥A 4 3　　这样的牌，自然叫牌法开叫 1♠，而精确叫牌法却开叫 1♣。精确叫牌法开叫 1♣只表示 16 点以上的强牌，与♣花色没有任何关系。

♦K Q 10 3

♣7

第九节　基本的应叫方法

对高花开叫的应叫

如果同伴开叫 1 阶高花 1♥/1♠，你知道他一定是 5 张或更多，牌点通常在 11～15 点之间。如果你的牌点很低，例如不足 8 点，与同伴的花色配合又不好，只有双张、单张，甚至缺门。这副牌基本上不可能成局，能完成同伴开叫的 1♥或 1♠就不错了。我们曾经讲过，对不成局定约来说，叫得越低越好。因而你应该 Pass，让同伴去做他开叫的花色定约。即使同伴开叫花色你是单张甚至缺门，只要定约没有被加倍，你牌点很低时也不要试图“改善定约”。因为没有加倍时即使完不成定约，也不会有多大的损失，甚至可能获益。

如果与同伴开叫花色配合，又有一定牌点，就可以用适当方法加叫同伴的花色。

最简单的加叫是直接加叫到2♥/2♠，表示有3张支持和一定的大牌实力（通常8~10点）。

如果有4张将牌支持，又有一定的大牌点，可以跳加叫3♥/3♠邀叫，或者直接加叫同伴花色到4♥/4♠成局。

例1

	北	
	♠A K 10 7 5 ♥6 5 2 ♦K 7 ♣Q 6 3	
西 ♠2 ♥K Q 9 7 4 ♦9 8 2 ♣K 7 5 4		东 ♠Q J 8 ♥J 8 3 ♦A 10 6 ♣J 10 9 8
	南 ♠9 6 4 3 ♥A 10 ♦Q J 5 4 3 ♣A 2	

北开叫1♠，南可以直接加叫到4♠成局。如果南仅仅叫2♠，北想不到南有这么好的牌，会Pass。即使南跳叫3♠作进局邀请，北也不一定敢叫4♠，因为他不仅低限，而且牌型很差。

如果把南家的牌改成：

♠J 9 6 4

♥A Q 3

♦10 7 5

♣K 4 2

可考虑3♠邀叫。

即使南家的牌再弱一些，只要与同伴开叫花色有4张配合，都可以考虑加叫。高手持有这样的牌：

♠10 5 4 3

♥8

♦K Q J 7 5 2

♣10 8

都可能把同伴的1♠加叫到4♠。而下面这手牌则只加叫2♠：

♠Q J 8

♥8 4 2

◆K J 7 5

♣K 8 2

当有一定的牌力而对同伴花色配合不好，可能有其他成局的花色定约或3NT定约时，可以应叫你最长的花色或应叫无将。

对低花开叫的应叫

如果同伴开叫的是低花，比如精确制的1◆或自然制的1♣/1◆时，优先考虑的不是加叫同伴的低级花色，而是寻找4-4以上配合的高级花色。因而，只要有4张高级花色就应该优先应叫1♥或1♠，有两个4张高级花色时通常应叫1♥。

如果同伴开叫的是精确制的2♣，虽然保证5张以上，你的首要任务也不是加叫同伴的花色而是尽量寻找5-3或4-4以上配合的高级花色，或者探讨是否有3NT的可能。

对1NT开叫的应叫

1NT开叫的限制性很强，应叫人也很容易把握叫牌的方向。

本书介绍的叫牌体系中，1NT开叫为14点左右的平均型，应叫人如果也是平均牌型，大牌点不超过8点，则基本没有成局可能，可以Pass让同伴打1NT定约；如果牌点较高，也是平均牌型，可以加叫无将，比如9~11点可以叫2NT，其目的不是为了完成2NT，而是邀请开叫人，高限牌力或有5张低花套时叫3NT，是“邀请成局”的叫法。当然，12~15点平均牌型就可以加叫到3NT了。如果牌点更高，比方有18点或者更多，还可以叫6NT、7NT等。

1NT开叫的特点是牌型平均，牌力分散，如果应叫人不是平均牌型，应该避免打无将定约，以免一门花色两手都没有止张而让防守方连续赢取许多墩。由于1NT开叫一定没有单张和缺门，对应叫人的任何长套花色至少有两张支持，因此应叫人有长套花色时应该尽量选择有将定约。

例 2

	♠A K 10 7 5 3 ♥6 5 2 ♦Q 6 ♣6 3	
♠4 2 ♥A Q 9 7 4 ♦9 8 2 ♣K 5 4	北 西　　东 南	♠J 8 ♥J 8 3 ♦A 10 4 ♣J 10 9 8 7
	♠Q 9 6 ♥K 10 ♦K J 7 5 3 ♣A Q 2	

南开叫 1NT。北如果加叫到 3NT,西通常首攻♥小牌。南的♥K 虽然能便宜地得到一墩,但也只能再得到 6 墩♠和♣A,只能取得 8 墩牌,因为只要一动♦,东将立即上♦A 并打回♥,使西剩余的 4 墩♥全部兑现,防守方提前取到 5 墩。

但是,如果打♠为将牌的定约,充其量输 2 墩♥,1 墩♦和 1 墩♣,至少可以赢得 9 墩牌。

如果北叫 2♠,并最后做 4♠定约,东将首攻♣J,并且等♦A 进手后再转攻♥,防守方就可以得到 2 墩♥和 1 墩♦、1 墩♣共 4 墩(定约方只能得到剩余的 9 墩了),从而击败 4♠定约。

北家做 2♠或 3♠定约虽然安全,但比赛中却要输分。因为你将发现,其他许多牌桌上是由南家做 4♠定约,并且取得 11 或 12 墩牌。

明明是北家拿着长♠套,怎么让开叫 1NT 的南家先叫出♠呢。这需要用个约定叫,就是在 1NT 开叫后,应叫人如果有长套花色,特别是高花时,叫比自己花色低一个级别的花色,表示上一级花色至少有 5 张。叫 2♦表示有♥长套,叫 2♥表示有♠长套。而应叫人必须转移叫 2♥或 2♠,哪怕只有两张小牌也必须这样叫。

这便是著名的杰可贝转移叫(Jacoby Transfer Bid)。自然叫牌法中 1NT 开叫后普遍使用转移叫。传统的精确叫牌法不采用转移叫,但 20 世纪后期特别是进入 21 世纪,比赛选手中打精确制而采用转移叫的越来越多,专家们也对精确制采用转移叫的配套叫法进行了详细的研究。本书介绍的叫牌体系,将采用杰可贝转移叫。

转移叫可以使牌力较强而牌点分散的 1NT 开叫人成为花色定约的庄家，从而获得有利的做庄位置保护不连续的大牌。例如在上例中，西若首攻♣或♥，定约方都可以便宜 1 墩；西若首攻◆，等于在帮庄家的忙；西首攻将牌虽然不会立即造成损失，却让庄家赢得了逼出防守方◆A 的时机，从而轻松地完成 4♠定约。

采用杰可贝转移叫，例 3-2 可以很方便地叫到南做庄的 4♠：

西	北	东	南
			1NT
—	2♥＊	—	2♠
—	4♠	—	—
=			

＊这里，北的 2♥便是杰可贝转移叫。

有时，应叫人的牌点很低，但有一个高花长套，也可以用转移叫。例如，北家仅仅持有：

♠K 10 7 5 3 2
♥6 5 2
◆6 4
♣6 3

也可以在 1 NT 后应叫 2♥，待同伴叫出 2♠后 Pass。

转移叫的优点不仅能使 1NT 开叫人成为花色定约的庄家，重要的是，通过转移叫可以设计出一系列不同的叫牌过程，从而处理弱止叫、邀叫、逼叫成局、试探满贯的牌。

应叫人如果有一定牌力，没有 5 张高花，但有一套或两套 4 张高花，还可以通过虚叫 2♣来询问开叫人是否有 4 张高花。这便是另一个著名的约定叫——斯台曼（Stayman），我们留待以后详细介绍。

第三章　自然叫牌实战技巧

第一节　自然制开叫方法概述

自然制的开叫方法基本是自然性质的,在绝大多数情况下,非均型牌开叫最长的花色,均型牌开叫无将。为保证开叫取得最好的效果,在一些特殊情况下,采用特殊的开叫方法。本章对自然制开叫的各种要求和规定进行介绍。

自然制的开叫方法

一、开叫的牌力条件

传统的叫牌方法规定牌力达到 13 大牌点就可以作 1 阶花色开叫。这样规定是考虑开叫人有 13 点,假设余下 27 点牌中同伴手中占有三分之一,这样联手就有 22 点牌,牌力强于敌方,应该主动开叫为本方争得一个定约。

现代的桥牌竞叫向积极凶狠方向发展,例如精确制 11 点就可以开叫。相比之下,传统自然制 13 点开叫的规定显得过于保守。为适应现代叫牌的发展趋势,本书介绍的自然制把开叫点力降低了 1 点,规定只要有 12 大牌点就可开叫。如此一来,开叫机会增多,叫牌进攻性加强,容易使开叫一方占据主动。自然制除 12 点以上(含 12 点,后同)正常开叫以外,对于低于 10 点,但有一个 6 张以上长套并且赢墩较多的牌还可以采用高阶开叫。

二、可作开叫的叫品

具备了开叫点力后,要根据牌型条件选择相应的开叫叫品。牌型是指四种花色分布形态的组合,根据每种花色张数的多少分为均型牌和非均型牌两大类。

均型牌是指牌型分布为 4-3-3-3、4-4-3-2、5-3-3-2 三种牌型。

非均型牌是指牌型分布为 4-4-4-1、5-4-×-×、6-x-×-×等牌型。

开叫通常选择最长的花色,开叫高花要保证有 5 张以上。达到一定牌力范围的均型牌应开叫无将。没有 5 张高花套同时又不能开叫无将的牌只能开叫低花,这时所叫低花套可能只有 3 张。12~20 点的普通牌型均在 1 阶开叫,这称为正常开叫。对于 21 点以上或有 8~9 个以上赢墩的强牌采用 2♣强开叫。对于牌点低于 10 点,有较多长套赢墩的畸形牌型,可以根据不同情况在高阶开叫,这称为阻击开叫。自然叫牌制从 1♣到 4♠共有 19 种开叫叫品可供选择。4NT 以上的叫品不作为开叫叫品。以下为自然制各种开叫叫品空间分布与基本情况一览表。

自然制开叫空间分布表

1 阶开叫	1♣ 12~20 3 张套+	1♦ 12~20 3 张套+	1♥ 12~20 5 张套+	1♠ 12~20 5 张套+	1NT 16~18 均型牌
2 阶开叫	2♣ 21+ 强开叫	2♦ 11~15 4-5 牌型	2♥ 6~10 6 张套	2♠ 6~10 6 张套	2NT 23~24 均型牌
3 阶开叫	3♣ 阻击 7 张套	3♦ 阻击 7 张套	3♥ 阻击 7 张套	3♠ 阻击 7 张套	3NT 赌博性 7 张坚强低花套
4 阶开叫	4♣ 转移叫 强 8 张♥套	4♦ 转移叫 强 8 张♠套	4♥ 阻击 弱 8 张♥套	4♠ 阻击 弱 8 张♠套	

选择开叫叫品的原则和方法

一、选择开叫叫品的原则

牌力达到 12~13 点,就要设法开叫。当开叫人的持牌情况同时符合几种开叫叫品的条件时,必须根据叫牌原则,从这几个叫品中选择最恰当的一种开叫。以下为选择开叫叫品应遵循的原则。

1.开叫最长的花色

一手牌达到开叫牌力后,开叫人应选择手中最长的花色开叫。在 5 张高花开叫体制中,有 5 张以上的高级花色和 4 张以上的低级花色都可以作为开叫的花色。有时长套中大牌不多,但是这样的花色只有作为将牌,其中的小牌才可能成为可靠的赢墩。所以有长套花色应该通过开叫显示出来。例如下例:

♠Q J 10 8 4　♥A 8　♦A J 3　♣J 7 3

开叫 1♠可以清楚显示此为有 5 张以上♠套的牌型。采用 5 张高花开叫体制时，开叫高花必须保证有5张，这便于同伴在对这个花色有3张支持的时候，立刻确定将牌花色。

2.优先开叫高级花色

有5张以上高级花色时，要优先开叫这个高级花色。这样做是因为高花成局的价值高于低花，同时叫出高花便于在争叫时处于有利的位置。反之，如果没有开叫高花，则等于表示否认有5张高花套。例如：

♠A 10 8 7 4　♥6　♦A Q J 8 3　♣J 3

开叫1♠。有高低两个花色的5张套，要毫不犹豫地开叫高级花色，高花套弱些也应叫出。

3.力求清楚显示牌情

叫牌是通过合法的手段将手中牌情告诉同伴。牌情显示得越清楚，同伴越容易准确地计算联手牌力。所以，如果有几种叫品可供选择，应该优先选择限制性强的叫品。例如，

♠A Q 2　♥A J 3　♦K 7 8　♣K 10 7 3

这手牌如果开叫1♣，只能显示13~20点的任意牌型，牌情范围太宽。可是，如果开叫1NT，则可以立刻显示清楚开叫人持16~18点的均型牌。所以，自然制规定这种情况只能开叫1NT。

4.好牌低开，坏牌高开

叫牌需要合理地使用叫牌空间，如果联手有进局或满贯的前景，应该保留充分的叫牌空间以利于交换信息。因此，达到12点以上的牌要在1阶水平开叫，即好牌低开或者好牌低叫，以便为后续进一步叫牌留够空间。例如前面几个例子。

有时开叫人的牌点不高，只有6~10点，但牌型特殊，有一个6张以上的长套花色，以该花色作将牌能够获得较多的赢墩数。这时开叫人可以在高阶开叫，即坏牌高开或者坏牌高叫。坏牌并非是没有任何价值的牌，而是指牌点低的牌。高开一来可以起到对敌方的阻击作用，二来告诉同伴这是一手点力不高、牌型特殊的有别于正常开叫的牌。例如：

♠A Q J 8 6 3 2　♥3　♦7　♣J 10 9 3

开叫3♠。一口叫清6~10大牌点，有一个7张♠套，牌力集中在该套中。

二、选择开叫叫品的方法

综合上述几个原则,使用自然叫牌法在选择开叫叫品时便有规可循。对于任意一手牌,可以按照以下顺序来考虑选择开叫叫品。

1.强牌开叫2♣和2NT

只要是担心开叫以后,同伴5点以下不应叫可能会丢局丢贯的牌,都要采用2♣逼叫性开叫。自然制2♣开叫是虚叫,不表示♣套的情况。开叫2♣的牌型简单来说分为两种情况:21点以上的任意牌型的牌,或者,至少有8~9个赢墩牌点略低于21点(最低不能少于16大牌点)的牌。只要满足这两种情况之一,都可以采用2♣强开叫。但是只有一个例外,23~24点均型牌不开叫2♣,这种牌型专门用2NT开叫来表示。

2. 12~20点的一般牌在低阶开叫

一般12~20点的牌均在低阶正常开叫。这时可以按照如下顺序选择开叫叫品。

开叫人为12点以上,有5张以上的高级花色,优先开叫1♥1♠。

当♠和♥套为4-5结构的11~15点牌,采用2◆约定性开叫。

如果没有高级花色,16~18点均型牌开叫1NT。

否则,开叫人12点以上,有3张以上的低级花色开叫1♣1◆。

在这里附带说明,如果开叫人有一个6张以上套或者有5-5以上双套结构的牌时,有11大牌点就可以在1阶正常开叫。

3.特殊牌在高阶开叫

开叫人的牌力在6~10点范围内,有6张以上好长套,牌点不高但牌型有利,以该花色作将牌能够得到较多的赢墩时,可以进行2♥以上水平的高阶阻击开叫。阻击开叫的阶数要保证依靠单独一手牌的力量达到有局宕2墩、无局宕3墩的水平(即二三法则)。高阶开叫根据套的长度与赢墩多少大致有以下规律。

2♥2♠,6张套,牌力主要在该套中,保证有5~6个赢墩。

3♣3◆3♥3♠,7张套,牌力主要在该套中,保证有6~7个赢墩。

4♥4♠,8张套,牌力主要在该套中,至少有7~8个赢墩。

高阶开叫还有两种牌点达到10点以上的特殊情况,开叫3NT和开叫4阶高花转移叫。这两种情况都是有一个7张以上的坚强套。具体情况如下。

3NT,赌博性开叫,7 张以上坚强的低花套,冒险性进局。

4♣4◆高花转移叫,11~15 点,表示有 8 张坚强的♥或♠套(7 张坚强的♥或♠套同时另有 1 个 A 或 K 亦可),逼叫进局。

自然制开叫应按照以上顺序考虑各种开叫叫品,只要是符合前面的条件,就应选择前面的叫品,除非有特殊理由,一般不可越序开叫后面叫品。这样规定的好处是应叫人通过开叫人的叫品,可以排除开叫人具有本叫品以前几种牌型的情况,为应叫人准确掌握开叫人牌情提供方便。

这也说明在自然制中,一般一手牌只有一种开叫方法是最好的。采用了一种开叫方法,同时也就排除了其他开叫的牌情情况。例如以下一手牌:

♠A K Q J 9 8 4 3　♥3　◆K Q 6　♣7

该牌应该开叫 4◆,表示有一个坚强♠套。如果该牌再增加几点牌力,就要用 2♣逼叫性强开叫。该牌如果牌型不变,只把♠A 换成小牌,就要用开叫 4♠的方法。该牌如果长套变短又有相应的开叫各阶♠来代表。总之,每一种开叫都表示一种相应的情况,了解这一点,就能从众多叫品中选择最恰当的开叫叫品,同伴也能够从这个叫品中了解到更准确的信息。

开叫人再叫的方法

开叫是探索最佳定约的起点,叫牌开始后,随着叫牌的深入,同伴之间就可以逐步判断出联手牌力为多少,牌型配合怎样,最佳定约在哪里,能否成局或有满贯。在这些问题没有搞清楚之前,叫牌不能停止下来。而要弄清楚这些问题,特别是选择成局和满贯定约,一般要通过多次叫牌才能实现。所以,开叫人在开叫后再叫是必不可少的。

自然叫牌法中,有的牌型可以通过一次叫牌显示清楚。但是在更多的情况下,开叫人需要用两次以上的叫牌才可以叫清牌型,这就要求开叫人利用再叫的机会对第一次显示的牌情进行补充,进一步传递牌情信息。只要采用正确的叫牌方法,就可以把牌情描述得比较清楚,达到牌点误差不过 1~2 点,牌型误差不过 1~2 张,只有这样才能为同伴准确计算联手牌力和选择定约提供方便。

一、自然制中常用的叫牌方法

为了便于叙述,这里先集中介绍有关各种叫牌方法的基本知识,其中有些叫牌方法对开叫人和应叫人的叫牌均适用。

①平叫:在最低的水平叫出一个与前一叫品不同的新叫品称为平叫。例如1♥-1♠("-"表示一名牌手先叫了1♥后,他的同伴又叫了1♠)。再例如,1♠-2♦(平叫)-2♠(平叫)。

②跳叫:超过平叫水平叫出一个新的叫品称为跳叫。例如1♥-2♠。再例如1♠-3♦。跳叫有一般跳叫和双跳叫,例如1♥-3♠,3♠为双跳叫。

③加叫:重复叫同伴的花色称为加叫。例如1♥-2♥,这称为平加叫。1♠-3♠,称为跳加叫。1♠-4♠,称为双跳加叫。加叫表示对同伴的花色有一定的支持。

④顺叫:当有两个长套时,先在1阶开叫较高级别的花色,下次在2阶再叫较低级别的花色称为顺叫。例如:

♠A Q 8 7 2 ♥10 2 ♦A Q J 3 ♣J 3

开叫1♠,下次再叫2♦称为顺叫。遇到同伴不支持♦,可以在2阶改叫2♠。

⑤逆叫:当有两个长套时,先在1阶开叫较低级别的花色,下次在2阶再叫较高级别的花色称为逆叫。例如:

♠A 8 ♥A Q 7 3 ♦A Q J 10 3 ♣8 2

开叫1♦,同伴应叫1NT、1♠或PaSS(敌方争叫)后,下次再叫2♥称为逆叫。使用逆叫一般要求有16点以上的牌力,这样如果同伴不支持♥,加1阶再改叫3♦定约也不会有太大的危险。

⑥示弱叫:显示弱牌或低限牌力,同伴如果认为成局无望可以停叫。示弱叫一般为最低水平的维持性叫牌,其叫法包括不叫(PASS)、应叫或再叫1NT、顺叫、重复再叫自己的开叫花色或平加同伴的高级花色等。

⑦示强叫:显示强牌或高限牌力。示强叫的叫法包括应叫人二盖一叫新花、应叫人平加低花、逆叫、跳叫无将、跳叫新花色、双跳叫新花色、将高级花色跳加到3阶等。

⑧逼叫:逼迫同伴至少再维持一次叫牌。叫法包括开叫2♣、应叫新花色、逆叫、跳叫新花色、双跳叫新花色、叫出联手的第四个花色、扣叫敌方的花色等。约定叫中所有的问叫都是逼叫。

⑨邀请叫:要求同伴在其所显示的牌力范围内持高限牌时进局或进贯;如果上次叫牌高限不定或牌力范围较宽时,则是邀请同伴只要不是低限牌就可进局或进贯,否则,使定约停止在安全的水平。邀请叫有时也演化成各种进局或

满贯试探叫。

关于以上各种叫牌方法的详细说明，本书以后各章将结合牌例进行介绍。

二、均型牌的再叫方法

在自然制中，不同牌力的均型牌被分成若干个 2 或 3 点的牌力范围，对各个范围的均型牌都相应规定了专门的叫牌方法。不同牌力的均型牌可以通过开叫或再叫将牌情基本显示清楚，请看下表。

大牌点	12	13	14	15	16	17	18	19	20	21	22	23	24	25	26+
牌型名称	弱无将				1NT			强		NT		弱 2NT		2NT	
叫牌方法	1♣1◆-1NT				开叫 1NT			1♣1◆-2NT		2♣-2NT		开叫 2NT		2♣-3NT	

1NT、2NT 开叫，这两种开叫限制性较强，可以用一次开叫叫清牌情，这称为“一口清”。例如，开叫 1NT，开叫人牌情只能是 16~18 点均型牌。

对于其他牌力的均型牌，开叫人需要叫两次才能把牌显示清楚。例如弱无将牌型，开叫 1♣1◆，如果同伴应叫 1♥1♠，那就再叫 1NT（记做 1♣1◆-1NT），显示 12~15 点均型牌。如果同伴不叫（PASS），敌方作了争叫以后，开叫人下次可以用不叫（即 1♣1◆-PASS）来显示弱无将牌型。

类似的，用 1♣1◆-2NT 显示 19~20 点均型牌的情况。同伴应叫后，可以没有困难地叫 2NT。如果同伴 PASS，敌方作了叫牌后，开叫人可以再主动叫出 1NT，同伴可以区分出这是强牌。

开叫人只要显示清楚了自己的牌情，自己的主动叫牌的任务就算完成了，同伴根据他自己手中牌就能知道联手牌的情况，因此有能力选择最为理想的定约。当然，同伴为选择定约有可能还需要对开叫人的牌情进行进一步的探查，但是因为开叫方的牌情已经被限制在一个很窄的范围中，所以下一步的探查将会使牌情的显示更加清楚。

三、非均型牌的再叫方法

非均型牌的牌情显示方法与均型牌不同，对于普通牌型，开叫人的牌力强弱以 15 点为界，15 点以下（含 15 点，下同）为弱牌，16 点以上（含 16 点，下同）为强牌，如果达到 19 点以上为特强牌。1 阶花色开叫只能初步显示开叫人牌力范围为 12~20 点，牌力范围较宽，分不出牌力的强弱，所以开叫人第二次叫牌是显示牌情的关键。开叫人再叫一般弱牌再叫要示弱，强牌再叫要示强。示弱示强的方法根据不同牌情有多种方法。开叫人再叫需要根据同伴的应叫情况以及敌方的争叫情况等因素，选择既能反映牌力强弱又能显示牌型特征的叫品。

大牌点	11	12	13	14	15	16	17	18	19	20	21	22	23+
牌力强弱	弱牌					强牌			特强牌				
叫牌方法	1 阶开叫－再叫示弱					1 阶开叫－再叫示强					开叫 2♣（2NT）		

1.开叫人根据自己的牌力确定再叫的方法

如果应叫人作出应叫仅仅显示 6 点以上的较宽的范围，开叫人只能根据自己的牌力情况再叫牌。开叫人为 15 点以下弱牌再叫只能示弱叫，16 点以上强牌应尽可能叫得与弱牌有一定区别以适度示强。开叫人为 18 点以上再叫必须用逆叫或跳叫新花色等逼叫的方法，使同伴看到成局的前景。如果开叫人持 19 点以上特强牌，再叫必须逼叫以保证定约至少要叫到成局水平。通过以上方法就可以区分出开叫人牌力的强弱。

如果应叫人 PASS 显示 5 点以下，敌方作出争叫，轮到开叫人再叫时，开叫人为弱牌时，牌型不好可以叫 PASS，牌型有利可以做示弱叫。开叫人的牌力为 16 点以上强牌一般要再叫，以防止敌方轻易地抢走定约。

2.开叫人参照同伴的叫牌决定再叫方法

开叫人的再叫方法除根据本身牌的强弱以外，在应叫人应叫已经显示出一定牌力以后，还可以根据同伴应叫的牌力范围和是否逼叫来决定。这时的再叫方法一般按照以下情况考虑。

如果应叫人已经显示清楚牌力范围，开叫人可以对联手牌力进行初步计算，当开叫人牌力加应叫人的低限牌力已经达到进局要求时，开叫人再叫可以用跳叫、逆叫示强，逼叫进局。当开叫人牌力加应叫人的高限牌力已经达不到进局要求，开叫人再叫可以不叫或示弱叫。当开叫人牌力加应叫人的高限牌力才能达到进局要求时，开叫人再叫可以采用邀请叫。

总之，开叫人的应叫应根据自己的牌再结合同伴的叫牌，灵活采用以上方法一般可以将自己的牌情显示清楚。这里所述叫牌方法比较笼统，在后续章节中将结合具体实例详细介绍。

第三、四家位置的开叫方法

如果前几家不叫，表明他们的牌力均低于开叫牌力，轮到处于第三或第四家开叫位置的牌手开叫时，开叫人如果达到正常开叫牌力则照常开叫，如果比正常开叫牌力略低1~2点也可开叫,这称为轻开叫。轻开叫的牌力可以稍微降低,10点以上有5张套便可以开叫1阶花色,11点以上均型牌可以开叫1阶低花。轻开叫危险较小,通过轻开叫使叫牌得以延续,才能创造得分的机会。

例如,处于第三、四家开叫的位置,下列各牌均可以开叫。

♠A Q 8 7　♥Q 7　♦6 4　♣K 10 8 5 3

叫1♣。11点牌,5张低花套,可以轻开叫。

♠6 5 2　♥A J 8 7 3　♦K 7　♣Q 10 6

叫1♥。10点牌,5张高花套,可以轻开叫。

♠A J 8 7　♥Q 8 5 3　♦K 7　♣10 7 5

叫1♣。10点均型牌,寄希望轻开叫后,同伴叫出高级花色。

第三或第四家位置10点左右是否开叫应灵活决定,一般有高花套可以考虑开叫,无高花套则可以不叫。例如,处于第四家开叫位置持如下牌:

♠7 5　♥J 8　♦A 8 7 4　♣K Q 10 8 7

不叫。该牌10点,从手中高花套很短判断出我方有高花配合的机会很小,而敌方有高花配合的机会要大于我方。在敌我双方点力大致平衡时,如果开叫1♣,敌方会立即叫出高花,我方低花套可能争不过敌方,这样敌方很可能会叫出并完成一个高花部分定约。与其开叫帮助敌方获得重新争叫机会,不如不叫以免丢分。

第二节　自然制应叫方法概述

开叫人开叫后,它的同伴就成为应叫人。应叫人对开叫人叫牌的回答就是应叫。应叫是应叫人显示牌情的需要,也是维持叫牌继续的起码要求。应叫还可以抬高叫牌水平,给敌方争叫制造困难。应叫必须根据开叫人的叫品来决定。对无将开叫、约定性开叫和高阶开叫的应叫有一套专门的叫牌方法,在本章暂不讨论,这里只介绍最常用的对1阶花色开叫的应叫方法。

自然制的应叫方法

自然制应叫一般采用自然的方法,对同伴开叫花色有支持则支持同伴开叫花色,自己有好的长套花色可以自然叫出,均型牌叫无将等。为了最有效地传递信息,自然制中对应叫方法有一套具体规定。

一、应叫的牌力条件

应叫人在应叫之前必须首先考虑自己的牌力强弱。在开叫人已经至少有12点的情况下,应叫人的牌力强弱如下划分:以10点为界,10点以下为弱牌,11点以上为强牌,其中0~5点为极弱牌,16点以上为特强牌。应叫人叫牌首先必须正确显示自己的牌力,在正确显示牌力的基础上,才能考虑显示牌型情况。自然制规定1阶花色开叫不逼叫,应叫人5点以下应不叫(PASS),6点以上要应叫。

1.应叫人5点以下应不叫

应叫人的牌在0~5点属于极弱牌,应叫时应该PASS。5点不叫丢局的可能性极小。这是因为只有在极少的情况下开叫人会拿20大牌点做1阶花色开叫,如果开叫人真是20点牌,由于没有采用2♣逼叫性开叫,说明距离成局水平起码缺3墩。如果应叫人恰好有5点牌,即联手达到25点牌力,要成局必须要求应叫人的5点牌提供3个赢墩,事实上这是难以保证的。既然成局的可能性不大,应叫人5点以下就没有必要维持叫牌。

开叫人在一般情况下牌力并不太强, 如果应叫人以极弱的牌应叫,定约的危险性会加大。为安全考虑应叫人5点以下应该PASS示弱。此后,开叫人应估计到同伴可能是没有任何牌力的最不利的情况,如果自己单独再争叫必须格外慎重,务必不要把牌叫高,一旦叫高定约被敌方加倍打宕将会得不偿失。

自然制规定4大牌点以下的牌绝对应PASS,应叫人有5大牌点同时牌型特别有利时,总牌点会超过6点,这时可以酌情示弱应叫一次。如果应叫人不遵守5点以下不叫,则会让开叫人计算联手牌力出现偏差,叫冒定约的可能性将会大大提高。

2.应叫人6点以上要应叫

应叫人6点以上必须应叫。只有维持叫牌,才能够继续交换信息。在开叫人已经开叫的情况下,即便双方均为低限,联手也保证有18点以上,作一次应叫定约不会有太大危险。就算真遇到双方均为低限牌的最不利的情况,叫出的定约没有完成也无太大关系,这说明,敌方联手有22点,定约本来就属于敌方,敌方做庄的得分与本方做庄的失分得失差距不会太大。6点以上如果不叫的话，遇到敌方也不叫牌，叫牌过程就会中止，这样，当同伴是好牌时可能会丢局。比赛中如果因丢局损失掉成局奖分，得分会出现很大的出入。

二、可作应叫的叫品

应叫人的牌力强弱以6~10点弱牌、11~15点强牌、16点以上特强牌三个档次来划分。应叫人的牌型根据开叫人的叫牌花色可以基本分成对同伴开叫花色有支持、自己有一个好花色套和均型牌三类。不同的牌力和牌型可以作出各阶加叫同伴花色、显示自己的花色和叫各阶无将三类叫品。自然制对什么样的牌应该进行什么样的应叫均有明确的规定。下表为1阶花色开叫后的各种应叫一览表。表中的各种应叫叫品下面将分别进行介绍。

1阶花色开叫后的应叫方法

<table>
<tr><td>大牌点</td><td>4-</td><td>5</td><td>6</td><td>7</td><td>8</td><td>9</td><td>10</td><td>11</td><td>12</td><td>13</td><td>14</td><td>15</td><td>16</td><td>17</td><td>18+</td></tr>
<tr><td>牌力</td><td colspan="2">极弱牌</td><td colspan="5">弱牌</td><td colspan="5">强牌</td><td colspan="3">特强牌</td></tr>
<tr><td rowspan="2">叫品</td><td colspan="2" rowspan="2">不叫
(PASS)</td><td colspan="5" rowspan="2">平加高花、跳加低花、1NT(示弱)，一盖一(逼叫)，封局(止叫)</td><td colspan="5">一盖一、二盖一、平加低花、爆裂叫(逼叫)</td><td colspan="3" rowspan="2">3NT、跳新花色(进局逼叫)</td></tr>
<tr><td colspan="2">跳加高花</td><td colspan="3">2NT</td></tr>
</table>

1.加叫同伴开叫的花色

开叫人开叫1阶花色后，应叫人手中持有的开叫人的开叫花色的牌张就构成了对这个花色的支持张。应叫人可以通过加叫开叫花色显示对同伴的支持。应叫人根据不同牌型牌力可以进行平加叫、跳加叫和双跳加叫。

①平加叫：应叫人将同伴的开叫花色加叫1阶称为平加叫，简称平加。

平加高级花色的条件是6~10点，对开叫花色有3张以上支持，平加高花基本就确定了将牌花色。例如同伴开叫1♠，应叫2♠(记作1♠-2♠)。

低级花色平加与高花平加的情况不同。低花平加要求11大牌点以上，对开叫人的花色至少要有4张支持，同时否定持有4张高花套。例如1♦-2♦。由于低花作将牌成局需要的墩数比高花多1墩，所以低花配合后并非一定将其作将牌，而应该继续探查是否有无将成局的可能性。

②跳加叫：加叫开叫花色两阶称为跳加叫，简称跳加。

高花跳加叫的牌力范围是11~12点，4张或好的3张支持，一般无其他5张以上套，这是一种限制性应叫，以后由开叫人决定是否继续叫牌。例如1♠-3♠。

低花跳加叫的牌力范围是6~10点，低花好配合，一般5张以上套，否定有4张高花。弱牌高叫有利于阻击敌方。例如1♦-3♦。

③双跳加叫：对开叫花色加叫三阶称为双跳加叫，简称双跳加。例如1♥-4♥。

高花双跳加叫大牌点一般不超过10点，至少4张支持，一般有单缺或另有一长套。跳加三阶已经到局，这样直接加到局的跳叫并不是表示牌点多，而是表示牌点不多但牌型分布特别有利。在联手已有9张以上的高花将牌时，没有必要再寻求其他的花色配合了。一口加叫到局，不再暴露手中的任何信息，强烈地阻击敌方。

双跳加叫一般只用于高级花色，低级花色成局需要11墩，如果低花双跳到4阶，不但没有叫到局，而且很可能会错过更好的3NT定约，所以低花一般极少使用双跳加叫。

④双跳叫新花色：双跳叫新花色是一种间接加叫开叫人花色的约定性应叫，表示11~15大牌点，所叫花色为单张或缺门，无其他5张套，对同伴的花色有4张以上好支持，有满贯兴趣，逼叫。例如1♠-4♦（♦单缺，♠好支持），或1♥-3♠（♠单缺，♥好支持）。这种应叫可以为同伴提供非常有价值的信息。双跳叫新花色的方法也称为爆裂叫。

2.应叫新花色

开叫人开叫1阶花色后，应叫人自己有一个理想的长套花色，在第一次应叫时直接将这个花色叫出，这就是应叫新花色。应叫新花色都是逼叫。根据应叫人的牌力牌型可以有以下几种应叫新花色的方法。

①一盖一叫新花色：开叫人开叫1阶花色以后，应叫人在1阶应叫出一个新花色称为一盖一新花色应叫，简称一盖一应叫。例如1♣-1♥。一盖一表示6点以上，高花4张以上套，低花5张以上套，逼叫一轮。应叫人的牌力范围通过再次叫牌后才能显示清楚。

②二盖一叫新花色：开叫人开叫1阶花色以后，应叫人最低水平但是只能在2阶叫出一个新花色，称为二盖一新花色应叫，简称二盖一应叫。例如1♥-2♣，或1♠-2♥。二盖一表示11点以上，所叫花色高花为5张以上，低花为4张以上套，逼叫一轮。

③跳叫新花色：开叫人开叫后，应叫人比最低水平高1阶地叫出一个新花色，称为跳叫新花色应叫。例如1♥-3♣，或1♦-2♠。跳叫新花色表示16大牌点以上，6张以上好套，逼叫到局。跳叫新花色说明联手已经28点以上，成局无问题，满贯亦有希望。

3.应叫无将

开叫人在开叫 1 阶花色后，应叫人不能采用加叫同伴花色和叫新花色的叫品，这时可以应叫无将。无将应叫在高花开叫与低花开叫后含义稍有不同。

①应叫 1NT：表示 6~10 大牌点，高花开叫后叫 1NT 表示不支持同伴的花色，也没有一盖一应叫条件的牌型。低花开叫后表示没有一盖一应叫条件的牌型。1NT 显示弱牌，不逼叫。

②应叫 2NT：表示 13~15 大牌点，均型牌，没有 5 张高花套，限制性。对开叫高花有好支持。联手至少 25 点，逼叫到局。以后由开叫人决定如何叫牌。

③应叫 3NT：表示 16~18 大牌点，均型牌，没有 5 张套，限制性，相当于开叫 1 无将的强牌。对开叫高花有好支持。联手至少 28 点，叫牌已经到局，由开叫人决定是否试探满贯。

应叫 2NT 和 3NT 的牌型和牌力限制范围比较清楚，应叫人一次报清牌情，便于开叫人计算联手牌力，准确选择定约。

三、经过一次不叫后的应叫方法

一名牌手如果曾经有叫牌机会，但是没有开叫而 PASS，这说明他牌最多 11 点，如果后来同伴作了开叫，又轮到该牌手叫牌，这名牌手就处于经过一次不叫后的应叫位置。因此时应叫人牌力上限已经明确，所以应叫人的以下两种叫品含义有相应改变。

①二盖一叫新花——10~11 点，低花 4 张套，高花 5 张套，不逼叫。

②一盖一叫新花——6~11 点，高花 4 张套，低花 5 张套，不逼叫。

除这两种叫品以外，应叫人的其余应叫的含义保持不变。

因以上两种叫品不再逼叫，所以，应叫人支持同伴的花色时应采用直接加叫的方法显示。

选择应叫叫品的原则和方法

一、选择应叫叫品的原则

应叫人的牌有时可以同时满足几种应叫方法，为保证应叫人能够作出最恰当的应叫，应叫人选择叫品必须要遵守以下原则。

1.必须正确显示牌力

应叫人应叫时必须正确显示牌力，根据牌力高低选择与牌力相适应的叫品。应叫人根据牌力的弱强档次，采取相应的示弱应叫或示强应叫。每一个牌力档次的牌只能采用本档次规定的叫品来叫牌，不可超越自己的牌力叫牌，以防给同伴错误的信息。在显示牌力与显示牌型出现矛盾的时候，为保证叫牌的安全，应叫人首先要满足准确地显示出牌力，把牌型的显示放在第二位考虑。例如开叫人开叫 1♥，应叫人持以下牌：

♠Q 8 7　♥J 3　♦J 9 7　♣K Q 10 8 5

应叫人有 9 点不能不叫，否则开叫人有好牌会丢局。♥只有 2 张，不能叫 2♥。牌力不到 11 点虽有 5 张♣不能叫 2♣。这手牌正确的应叫是叫 1NT 显示 6~10 点，不支持同伴花色。♣套的情况暂时不能显示，如果应叫人不顾牌力叫了 2♣，开叫人会认为应叫人有 11 点以上，在开叫人有 14 点的情况下叫牌会冲到局。结果联手 23 点很可能无法完成定约。本来叫出定约的这一方可以得正分，结果变成得负分，一得一失出入很大。所以对于这种情况要“宁可叫坏一个花色，不可叫坏一手牌”。

2.优先叫高级花色

打成局定约高花作将牌要优于低花，叫牌时叫出高花，还可以有效阻止敌方叫出低花。所以同伴间通过叫牌寻求高花配合是非常重要的。同伴开叫 1 阶高花显示 5 张以上，那么应叫人有 3 张支持就应显示出来，立即明确将牌。应叫人如果另有高花套，只要条件允许也要设法显示出来。如果应叫人第一次应叫没有支持同伴高花或者叫出自己的高花套，等于表示联手间没有高花配合或没有高花套。例如 1♦-2♦，开叫人会猜想应叫人没有 4 张以上的高花套，否则在 1 阶是应该叫出的。

3.好牌慢叫，坏牌快叫

当一名牌手通过叫牌已经明确叫牌必须达到某一阶数水平，但又不可能比之更高时，应该迅速叫到最终定约。这就是速达原理。例如 1♥-4♥，1NT-4♠。这两个例子说明应叫人牌力不强，成局有一定希望，但根本没有继续探查满贯的必要，所以直接叫到局，显示对满贯没有兴趣。如果通过叫牌已经显示出有满贯前景，应该节约叫牌空间以便于以后充分探查牌情。这一叫牌策略称为“好牌慢叫，坏牌快叫”或者“好牌细叫，坏牌粗叫”。这与开叫时“好牌低开，坏牌高开”的原则是一致的。通过这种方法，可以间接告诉同伴自己牌力的情况。

二、设计合理的叫牌路线

应叫人的第一次应叫起着引导后续叫牌发展方向的关键作用。应叫人可以通过第一次应叫决定以后叫牌以谁为主，以什么花色为将牌，由谁做庄比较合适，是否使用约定叫，打防守是不是更有利等。

无论开叫人还是应叫人，都要有主动配合同伴的意识，从有利于叫牌发展的角度考虑问题，切不可自恃牌力较强而坚持由自己来确定定约。确定定约的人并不一定是持强牌的一方，而是最清楚联手牌力的一方，即叫清楚自己牌情的这名牌手的同伴。

应叫人如果选择限制性较强的叫品叫牌，例如支持同伴的花色或跳叫无将，实际上是表示将叫牌的主动权交给同伴。应叫人已经叫清楚了牌情，以后如何叫牌由开叫人决定。

应叫人如果选择叫自己的花色，无论是一盖一还是二盖一，应叫人牌力上限均未显示清楚，所以这是逼叫。以后开叫人必须维持再叫，并应显示清楚自己牌力的强弱。选择叫牌发展的主动权在应叫人手中，此后应叫人可以根据开叫人的再叫情况决定如何叫牌。

选择合理的叫牌路线是非常重要的，正确的选择应该建立在遵守以上几项原则的基础上。有关选择应叫叫品即确定叫牌路线的具体方法，本书将在后续章节中专门进行讨论。

三、应叫人的各种应叫方法

1.应叫人持 6~10 点牌的应叫方法

应叫人持 6~10 点牌应采用示弱应叫。示弱应叫是一种消极性应叫，允许开叫人牌力不强在认为成局无望时不叫。弱应叫的具体方法有：

①平加高花——6~10 点，3 张以上支持，不逼叫。

②跳加低花——6~10 点，5 张以上支持，不逼叫。

③1NT——6~10 点，不支持同伴开叫的花色，不逼叫。

④双跳加高花——10 点以下，4 张以上支持，牌型非常有利，封局止叫。

⑤一盖一叫新花——6~15 点，4 张以上高花套或 5 张以上低花套，逼叫。

在选择应叫叫品时，应优先选择加叫高花和一盖一叫出高花套。一盖一应叫是一种强弱暂时不定的中性应叫方法，开叫人暂时可以认为应叫人只有 6~10 点，谨慎地维持叫牌，应叫人再次叫牌会显示清楚牌力。

2.应叫人持 11～15 点牌的应叫方法

应叫人持 11 点以上的强牌，可以采用示强应叫。示强应叫是一种积极性应叫，逼迫开叫人必须再叫。强应叫的具体方法有：

①二盖一叫新花——11 点以上，低花 4 张以上，高花 5 张以上，逼叫。

②平加低花——11 点以上，4 张以上支持，逼叫。

③跳加高花——11～12 点，4 张以上支持，限制性叫牌。

④跳叫 2NT——13～15 点，均型牌，进局逼叫。

⑤双跳新花——11～15 点，显示单缺，对开叫花色极配，通常无 5 张套，进局逼叫。

应叫人 11 点以上有可以在 1 阶叫出的好套时，可以使用一盖一应叫。应叫人以后再次叫牌务必要示强，以便与弱牌相区别。

强应叫后联手至少达到 23 点，应该继续叫牌寻求进局，如果以后有一方显示了有额外的牌力，叫牌就可达到成局水平。

3.应叫人持 16 点以上特强牌的应叫方法

应叫人有 16 点以上时，与同伴的花色有极好配合或自己有一个极好的套，应叫人要强烈地逼叫，告诉同伴本方成局肯定，满贯在望。显示特强牌的应叫方法有以下两种。

①跳叫新花——16 点以上，有一个好的 6 张套，或对同伴的花色有极好配合并有一个 5 张好套，进局逼叫，显示满贯兴趣。

②跳叫 3NT——16～18 点，均型牌，将牌至少 3 张支持，有强烈的满贯兴趣。

采用这两种应叫方法，开叫人立刻知道本方有局，同时可以对联手是否有满贯前景作出初步判断。

应叫人再叫的方法

在多数情况下，开叫人经过两次叫牌，已经基本可以把他的持牌情况显示清楚，所以应叫人再叫时应尽可能对定约作出决定。例如 1♥－1♠－1NT－？开叫人显示 12～15 点，5 张♥，没有另外的 4 张套，即 5-3-3-2 牌型。对应叫人来说，综合这些信息再加上自己的牌不难确定下一步的叫牌行动。

无论是开叫人还是应叫人，在叫牌过程中都要不断对叫牌的形势进行判断。应叫人再叫时已经有条件对叫牌前景作出判断,这时应叫人将会面临以下几种形势,并可分别采取相应行动。

①成局肯定,满贯无望。这时应叫人可以作封局止叫或继续逼叫进局。例如,开叫人显示 12~13 点牌力后,如果应叫人牌型比较平常,有 13~14 点牌,这时联手 25~27 点,应叫人叫牌应该直接进局,或继续逼叫但最终停止于成局水平。

②成局肯定,满贯有望。这时应叫人应继续逼叫,探查满贯。例如,应叫人发现联手牌力达到或接近满贯水平,这时应叫人不能封局终止叫牌,而应继续逼叫进行满贯试探。

③不可能成局。如果应叫人判断联手牌力不可能成局,应该利用 PASS 或叫回将牌花色示弱,告诉同伴本方无局,尽早停叫。

④有可能成局。应叫人判断只有在开叫人处于所显示牌力范围的高限牌力或有极好的配合才可能成局时,应叫人应采用邀请叫。例如,开叫人显示 12~15点牌力后,假如应叫人牌型比较平常,有 10 点左右,应叫人可以采用邀请叫,希望开叫人高限 14~15 点进局。

⑤如果开叫人显示的牌力范围还不足以确定是否有局,那么应叫人应该尽力维持叫牌,并通过再叫显示清楚自己的牌力,把选择定约的任务交给同伴。

选择一个合理的定约一般需要经过反复多次叫牌。在叫牌过程中,一旦一方将自己的牌情完全显示清楚了,该人的主动叫牌任务就完成了,他的同伴成为联手牌情的知情人,定约将由同伴决定。

应叫人再叫的具体方法本书以后各章将区别情况分别专门介绍。

敌方干扰后的应叫方法

桥牌是一项对抗性很强的运动,在比赛中经常出现开叫人叫牌后敌方紧接着作出争叫, 这时应叫人的叫牌也称为竞叫。由于敌方干扰使得应叫人的有些应叫叫品不能正常叫出。面对敌方的干扰,应叫人的应叫方法需要进行一些调整。应叫人首先应该弄清楚敌方争叫的意义,是自然性争叫,还是技术性争叫,弄清敌方的牌力范围和牌型情况,然后对敌我双方力量进行综合对比,衡量采取行动后的得失情况。如果牌情有利于本方,应该克服干扰积极叫牌,为本方争得定约。只有在牌很弱时,才可以选择 PASS。

一、敌方作出自然性争叫后的应叫方法

敌方叫出一个花色或无将，表示有一个长套或均型牌，并有一定的牌力，应叫人可以根据不同情况用以下方法进行叫牌。

1.应叫人牌弱可以不叫

敌方争叫后，此时应叫人原6点以上必须应叫以维持叫牌得以延续的责任被解脱，即此时应叫人处于自愿应叫的位置。这时应叫人持0~5点牌仍然是PASS。应叫人持6点左右，牌型一般，对开叫人的花色没有配合，原准备进行维持性应叫的牌，这时也可以PASS。如果应叫人没有PASS，则表示排除了持较弱牌同时牌型不配合的情况，显示有一定实力或确实准备与敌方争夺定约。

2.应叫人可以正常应叫

即使敌我双方牌力相当，只要牌型配合好，仍然有成局的可能性。所以应叫人略有牌力，应排除敌方争叫所造成的干扰积极应叫，只有叫牌，才能给同伴传递牌情信息。

在应叫人对开叫人的花色有支持的情况下，应叫是比较安全的，对于联手20点左右的一般牌型，只要有配合的将牌花色，叫到2阶一般不会有问题。牌型再好些争叫到3阶也可以，只要不被加倍，定约被打宕也合算。应叫人作出的新花色应叫含义不变。应叫人作出的无将应叫除保证有相应的牌力外，还应保证有敌方争叫花色中的止张。

3.应叫人可以叫加倍

应叫人如果有9点以上牌力，意味着本方21点以上，牌力强于敌方，应叫人可以采用积极的示强性应叫。在没有其他更有效的应叫方法时，可以叫加倍。加倍是一种不提高叫牌水平又能传递特定信息的叫品。加倍分为惩罚性加倍和技术性加倍。

①惩罚性加倍：惩罚性加倍是指在同伴已经作出实质性叫牌后，对敌方争叫叫品进行的加倍，希望同伴不叫，通过打宕敌方定约来获得比本方完成一个定约更高的分数。例如应叫人牌型如下：

♠J 7　♥A Q 10 7 3　♦K 5　♣8 7 4 2

同伴开叫1♠，敌方争叫2♥，应叫人叫加倍，表示惩罚。同伴开叫已经作出过实质性的叫牌，知道这是惩罚性加倍。在我方难于完成一个成局定约的情况下，加倍惩罚一个敌方叫出的无法完成的定约是非常好的选择。

②技术性加倍:技术性加倍是指在同伴还未作出实质性叫牌时,通过对敌方叫品进行的加倍,表示希望同伴叫出敌方争叫花色以外的花色。加倍人一般对未叫出的花色尤其是高级花色有好的支持。这种加倍可以由开叫人来作出,也可以由应叫人作出。由应叫人作出的加倍称为负加倍,表示具有应叫实力,在未叫过的高花中有 4 张。例如牌型如下:

(1)♠10 7　♥A Q 7 3　♦K 8 5 4　♣9 7 2

同伴开叫 1♣,敌方争叫 1♠,应叫人叫加倍。此为负加倍,表示有应叫实力,并有 4 张♥。即是原来准备应叫 1♥的牌。

(2)♠K J 10 2　♥A Q 9 6　♦8 6 2　♣7 6

同伴开叫 1♦,敌方争叫 2♣,应叫人叫加倍,希望开叫人叫出高花。

如果同伴间使用负加倍,应叫人便不再有能力去做一个惩罚性加倍。因此,当敌方争叫花色并接着两个 PASS 之后,开叫人应在敌方花色为 2 张以下时重开叫加倍(技术性),这时他的同伴如果拿着一手在敌方花色中有实力的好牌可以 PASS(转为惩罚性)。

4.应叫人可以扣叫敌方花色

应叫人有 11 点以上牌力时,可以扣叫敌方叫出的花色。这种叫品绝对不是准备以该花色作将牌,而是一种特殊的比技术性加倍更强烈的示强争叫,一般表示对同伴叫出的花色支持,具有邀叫以上的牌力。例如应叫人牌型如下:

♠A 10　♥K 10 9 4　♦K Q J 8 5　♣8 4

同伴开叫 1♠,敌方争叫 2♣,应叫人扣叫 3♣,表示有叫 3♠邀请以上的牌力,希望开叫人弱牌叫回开叫花色,强牌开始扣叫。

在同伴没有叫出实质性花色时,扣叫则表示敌方花色为短套,对其他花色有好支持,请开叫人叫出长套花色。例如应叫人牌型如下:

♠K 10 8 7　♥A 10 9 4　♦7　♣K J 8 4

同伴开叫 1♣,敌方争叫 1♦,应叫人扣叫 2♦,表示强牌,要求开叫人叫出长套花色,因为开叫人的♣可能只有 3 张。

对敌方争叫使用技术性加倍或扣叫是十分有效的,但是叫加倍或扣叫必须保证有适合的牌型,切不可只要牌点达到标准,就不看牌型一味加倍或扣叫。应叫人如果有更能显示牌情并能取得更好效果的叫品应该优先叫出。

对于敌方的高阶争叫,建议应叫人采用与低阶争叫类似的应叫方法,具体可参照防守叫牌一章的内容灵活处理,在此不展开讨论。

二、敌方作出技术性争叫后的应叫方法

敌方的技术性争叫是非自然性质的,方法有加倍、扣叫和其他约定叫。

1.敌方加倍后的应叫方法

敌方对1阶花色的加倍一般是技术性的,表示争叫人有一定的牌力,要求他的同伴叫出花色与我方竞争。应叫人这时0~5点不叫;6点以上可自然叫牌;加叫开叫花色保证该花色联手有8张;一盖一叫高花表示6点以上,4张以上套,逼叫;平叫新花色表示5张以上套;10点以上可以叫再加倍,显示牌力强于敌方,暂时没有好的叫品,希望以后惩罚敌人,也可能是先显示牌力,然后再显示牌型。采用其他叫品含义基本保持不变。但是在敌方加倍后,应叫人跳叫新花色表示6张以上套,类似于阻击叫的牌型,准备打这个定约。

2.敌方扣叫和采用约定叫后的应叫方法

敌方扣叫和采用约定叫均不是自然实叫,表示敌方有一定的牌力和特定牌型,这时建议应叫采用与敌方加倍后的应叫类似的方法。但是应该注意使叫牌不要超过安全阶数水平。

桥牌的牌型多种多样,比赛中局势变化万千,叫牌情况错综复杂。克服敌方干扰,选择正确的叫牌取决于牌手的技术水平和比赛经验。以上所介绍的对敌方干扰后的叫牌方法只是最基本的,实际应用时应根据不同情况灵活处理。牌手们还可以对敌方干扰后的叫牌方法进行进一步的约定和补充。

第三节　1阶高花开叫及以后的叫牌

1阶高花开叫是指在1阶水平开叫高级花色1♥或1♠。高级花色在叫牌等级和成局阶数方面比低级花色具有明显优势,各种开叫体制总是把1阶高花开叫作为优先选择的开叫叫品。因高花开叫和应叫方法与低花均不相同,故把它们分在两章中介绍。自然制对于1阶高花开叫及后续叫牌的设计简单明了,绝大多数叫品均为合乎逻辑的自然性叫品,因此容易理解和记忆。通过对1阶高花开叫及以后的叫牌的学习,可以对叫牌中牌点的计算、叫品的选择、牌力强弱的显示方法、限制性叫牌、邀请叫和约定叫等叫牌基本方法及常用技巧有一个初步的了解,为学习其他开叫及以后的叫牌打好基础。

1阶高花开叫的方法

一、1阶高花开叫的条件

自然制中1♥或1♠开叫条件为:12~20大牌点,所叫♥或♠花色至少5张,一般为最长的套。全手牌赢墩7个以下。在有两个等长的5张以上的花色时,先开叫级别高的一个花色。1阶高花开叫不逼叫。

下面是几个开叫1♥或1♠的例子。

(1)♠Q 8 5　♥A K Q 9 7　♦A J 4　♣8 3

叫1♥。12点以上,开叫最长的♥套。5-3-3-2牌型属于1阶高花开叫的均型牌。

(2)♠9 8 6 5 3　♥A J 4　♦A K 6　♣7 4

叫1♠。高花5张小牌的套虽不理想,但只要达到12点,开叫1阶高花仍然是允许的。

(3)♠A K J 9 7 5　♥Q 8　♦J 6 2　♣9 4

叫1♠。当有一个6张以上套时,11点牌就可以开叫。

(4)♠K J 6 4 3　♥A K 9 7 2　♦7　♣10 2

叫1♠。有好的5-5套,11点就可以开叫。先叫1♠,下次有机会再顺叫2♥,这样如果同伴不支持♥可以在同阶改叫2♠。

(5)♠K J 6 4 3　♥4 3　♦A K Q 7 2　♣2

叫1♠。5-5高低花两套必须先叫高花,下次有机会再叫低花,以便于同伴选择。

(6)♠A J 9 7 6　♥2　♦A Q 10 7 4 2　♣3

叫1♠。11~15点属于弱牌,如果开叫1♦,同伴应叫1NT示弱后,开叫人不可再逆叫出2♠。所以,这种情况应该先叫5张高花套,暂按5-5牌型对待。如果这种牌型牌力达到16点以上,才可以先开叫1♦,下次逆叫2♠,显示♦为最长的花色。

二、特殊情况的处理

由于1阶高花开叫不逼叫,所以,如果开叫人牌力达到21点以上,这种牌只要同伴稍有支持就可以成局,则一定要采用特殊的逼叫性2♣强力开叫,以防止应叫人因牌弱 PASS 而丢局。对于牌力略低于 21 点(但最低不能少于 16 点),同时有 8 个以上赢墩的强牌,也应采用 2♣强开叫。对于 11~15 点,高花套达到 8 张的奇形牌,或对于 10 点以下,高花套为 6 张以上的牌型,自然法专门安排了各种高阶开叫。这样处理可以在开叫时将各种牌型有所区分,把牌情叫得更加准确。

下面是有高花套而不能采取 1 阶高花开叫的几种情况的例子。

(1) ♠A Q 7 6 2　♥A K　♦A Q J 10　♣J 10

叫 2♣。逼叫性强开叫,表示 21 点以上任意牌型,同伴必须应叫。

(2) ♠A K Q J 8 7 6　♥10　♦3　♣A Q 4 2

叫 2♣。有 8 个以上的赢墩,如果开叫 1♠则不逼叫,同伴 5 点以下可以不叫,这样很可能会丢局。

(3) ♠7 3 2　♥A Q 10 9 5 2　♦K 6 4　♣9

叫 2♥,此牌只有 9 点,比正常开叫低,但是有 6 张套,♥作将牌赢墩较多,可以抢先开叫阻击敌方。

(4) ♠8　♥A K Q 8 7 6 4 2　♦3　♣Q 10 2

叫 4♥。阻击性。11 点牌,有一个 8 张好套。叫 1♥不逼叫,叫 2♣牌力不足。这手牌同伴如有一些牌力支持 4♥完成的希望很大。如果同伴无牌力,敌方肯定有局或满贯。叫 4♥打成与打不成均不吃亏。

(5) ♠K 10 8 4　♥A K 7 6 2　♦Q 3　♣J 2

叫 2♦。这是一种特殊的约定叫,专门用于处理 11~15 点双高花套,♥长于♠的牌型。此牌如果开叫 1♥,在敌方参与争叫后,同伴牌不强时可能难于叫出♠的配合。

以上各种开叫方法的详细情况在以后各章将详细介绍。

1 阶高花开叫以后的叫牌

一、应叫的一般方法

应叫人在应叫前首先应该考虑自己牌力的强弱。1 阶高花开叫不逼叫,应叫人若为 5 点以下应该 PASS,用不叫显示持极弱牌,提醒开叫人以后再叫必须格外慎重,务必不要把牌叫高,以防完不成定约得不偿失。

应叫人 6 点以上必须设法作出应叫,这时联手至少 18 点,只要叫品得当,继续叫牌危险不大。开叫人可能持有20点或有7赢墩的强牌,只需同伴稍微支持便可成局,应叫人如果有6点以上牌力不维持叫牌,则丢局的可能性大大提高。

1阶开叫高花后,应叫人可以采用下列方法应叫。

①2♥2♠——平加高花,6~10点,3张以上支持,示弱应叫。

②3♥3♠——跳加高花,11~12点,4张以上或好的3张支持,限制性叫牌。

③4♥4♠——大牌10点以下,4张以上支持,牌型特别有利,阻击叫。

④1♠——6~15点,4张以上,一盖一,逼叫。

⑤二盖一叫新花色——11点以上,叫2♣2♦为4张以上,叫2♥为5张以上,逼叫。

⑥跳叫新花色——16点以上,6张以上强套,逼叫到局,有满贯兴趣。

⑦双跳叫新花色——11~15大牌点,4张以上好支持,所叫为单缺花色。爆裂叫。

⑧1NT——6~10点,不支持同伴花色的任意牌型,示弱应叫。

⑨2NT——13~15点,均型牌,开叫人的花色有3张以上。逼叫到局。

⑩3NT——16~18点,均型牌,开叫人的花色有3张以上。有满贯兴趣。

除以上十种叫品以外,遇特殊牌时,可能会有其他合乎逻辑但能够彼此理解的叫品,这些不可能一一罗列。

应叫人的叫品可以分成以下五种情况。

①应叫人作各阶高花加叫。例如:1♥-2♥、1♠-3♠、1♥-4♥等。应叫人支持同伴的高级花色时,联手有了一个8张以上的理想将牌花色,应叫人要用各阶高花加叫肯定将牌花色,同时报清楚自己的牌力范围。

②应叫人一盖一应叫。例如:1♥-1♠。一盖一表示6点以上,4张以上♠套,逼叫。一盖一后应叫人的牌力强弱暂时没有显示清楚,所以是一种中性的应叫,开叫人必须维持叫牌,应叫人会根据开叫人的再叫决定下一步的叫牌。

③应叫人二盖一应叫。例如:1♥-2♣、1♠-2♥、1♥-2♦等。二盖一应叫新花色表示11点以上强牌,叫低花为4张以上套,叫♥为5张以上套,逼叫。开叫人再叫后,应叫人还有叫牌机会,这样双方牌情总能显示清楚。

④应叫人作各阶无将叫牌。例如:1♥-1NT、1♠-2NT、1♥-3NT等。1NT是示弱性应叫,不保证牌型。跳叫无将是限制性较强的示强叫品,应叫人一口

叫清牌情，以后的叫牌开叫人很容易决定。

⑤应叫人跳叫新花色，例如：1♥-2♠、1♥-3♣、1♠-3♥等。这表示16点以上强牌，一个好长套。联手已经至少28大牌点，成局肯定，以后的叫牌应注意探查满贯。应叫人如果双跳叫新花色，如1♥-3♠、1♥-4♣、1♠-4♥等，这是一种约定叫（爆裂叫），表示将牌极端配合，所叫为单缺花色，以后叫牌至少要成局。

二、选择应叫叫品的方法

由于开叫1阶高花的牌力范围较宽，应叫人暂时不能算出联手牌力的准确情况，所以无法立即确定定约。这种情况下，应叫人首先应通过应叫将自己的牌情显示清楚，以便于开叫人计算联手牌力。

应叫人要为探查成局并选择有利定约设计一条合理的叫牌路线。考虑到高花优先的原则，应叫人应注意显示高花套的情况，一旦应叫人对开叫花色有好支持，或自己有一个高花套时，应积极显示出来。如果应叫人没有这样做，则一般说明应叫人不具备这种牌型。应叫人如果选择了限制性较强的应叫叫品，则等于把以后叫牌的主动权交给了开叫人，以后应叫人应根据开叫人的意图叫牌。应叫人作一盖一或二盖一叫新花色逼叫，牌力范围较宽，开叫人仍然无法算清联手的牌力情况，所以开叫人再叫只能维持叫牌进一步显示清楚他的牌情，这时叫牌的主动权仍然保持在应叫人手中。

应叫人的牌在同时满足几种应叫条件时，应本着利于叫清牌情和寻求最佳定约的原则，从各种叫品中选择一个最恰当的叫品。

三、开叫人再叫的一般方法

应叫人叫牌后，开叫人再叫前应该对叫牌形势进行判断，即根据应叫人应叫的信息判断能否进局和如何进局，然后才能决定自己的再叫方法。叫牌的目标就是要叫出与牌力相符的定约。定约高度达到成局或满贯，才能获得高额奖分。一般联手牌力达到25点，只要不是牌型失配总是要叫到局的。如果联手牌力达到满贯水平，或牌力虽然低于满贯水平但牌型有特殊的潜力，一定要进行满贯试探，在条件具备时应叫上满贯。

开叫人应根据应叫人的应叫方法，选择能最清楚显示牌力强弱和牌型情况的再叫方法，同时为应叫人指示出叫牌前景。开叫人再叫一般只要选择合乎逻辑的叫品即可，有时需要采用自然实叫的方法显示强弱，有时则要根据应叫人叫牌所显示的牌力，结合自己的牌，参照是否能够达到进局标准而灵活地发出是否可以进局的信号。以下是开叫人可能遇到的几种情况。

①当应叫人显示16点以上时（3NT或跳叫新花色），联手牌力已在成局以上，以后叫牌必须到局。开叫人12点左右应示弱叫，以后是否探查满贯请同伴确定。开叫人如果有14点以上或发现有满贯机会，要扣叫示强或直接问A显示满贯兴趣。

②当应叫人显示13~15点时（2NT），联手已经达到成局点力，以后的叫牌由开叫人决定。开叫人弱牌可以封局或通过逼叫进局，强牌可以探查满贯。

③当应叫人显示11点以上时（二盖一），开叫人14点以上可以跳叫或叫新花色逼叫示强，显示联手达到25点进局有望，开叫人12~13点无法确定联手是否达到25点时，再叫应最低水平维持叫牌以示弱，平加高花或顺叫低花，请同伴决定是否进局。

④当应叫人作出限制性较强的叫牌（平加高花、跳加高花，1NT），开叫人计算联手牌力达不到成局水平可以不叫，达到成局水平可以封局或逼叫进局，当应叫人达到高限牌力才可以进局时开叫人可采用邀请叫。

⑤当应叫人显示6点以上时（一盖一），开叫人19点以上特强牌可以直接进局，也可以用跳叫新花色逼叫，告诉应叫人联手已经达到25点，进局有望。开叫人持15点以下弱牌应消极叫牌，最低水平地平加高花，顺叫低花或叫1NT维持叫牌。持16~18点强牌时其应叫的方法应有别于弱牌，可以跳叫高花或叫2NT，以邀请同伴有余力进局。

以上形势判断的方法以及相应的叫牌策略均不难理解，并且这一思路在叫牌过程中对开叫人和应叫人始终适用。下面将按照应叫人支持开叫花色、一盖一应叫、二盖一应叫、无将应叫和跳叫新花色应叫五种不同情况，分别详细介绍各种应叫及以后叫牌的方法。

支持高花的叫牌方法

一、应叫人支持高花的叫牌方法

应叫人如果对同伴所叫的高花有3张以上的支持，联手就有了一个8张以上的理想将牌花色，应叫人应该利用各阶加叫对同伴表示支持，同时显示出自己不同的牌力范围。这种叫牌直截了当，不理会其他价值不大的花色，迅速提高了叫牌阶数，给敌方争叫造成困难。应叫人支持同伴的高花一般应该在第一次叫牌机会时作出，除非应叫人牌力较强，以后有充分的条件可以显示支持。应叫人作各阶加叫时，牌型点要计算在内。应叫人支持高花的叫牌可以立即直接加叫开叫人的花色显示 6~10 点、11~12 点，也可以双跳叫新花色显示 11~15 大牌点、4 张支持并有单缺花色。应叫人持 13~15 大牌点，有 3 张以上支持的均型牌时，可以先叫 2NT 逼叫，从侧面显示对开叫人的支持。为便于阅读，这里把前面介绍过的支持高花的各种应叫方法摘录如下。

①2♥2♠——平加高花，6~10 点，3 张以上支持，示弱应叫。

②3♥3♠——跳加高花，11~12 点，4 张以上或好的 3 张支持，限制性叫牌。

③4♥4♠——大牌 10 点以下，4 张以上支持，牌型特别有利，阻击叫。

④2NT——13~15 点，均型牌，3 张以上支持，逼叫到局。

⑤双跳新花色——11~15 大牌点，4 张以上好支持，所叫为单缺花色。爆裂叫。

使用以上方法可以把应叫人支持高花的情况显示清楚。如果应叫人牌力高于 16 点，可以跳叫新花色或叫 3NT，这两种情况在后面专门讨论。

下面是开叫人开叫 1.后，应叫人作各阶加叫的一些例子。

(1) ♠J 8 4　♥A 10 5 2　♦6 3　♣10 9 7 4

叫 2♥。应叫人在支持同伴花色的情况下，牌力（大牌点加牌型点）达到 6 点，加 1 阶使敌方难以参与叫牌。

(2) ♠8 6 5　♥K 8 6 3　♦K 6 2　♣A 5 4

叫 2♥。该牌 10 点，只能叫 2♥，如果叫 3♥，同伴会误认为 11 点以上。

(3) ♠7 3　♥K Q 8 6　♦A J 10 6　♣8 3 2

叫 3♥。限制性跳加叫，此牌支持♥时有 11 点牌力。

(4) ♠K J 7 6　♥A J 3 2　♦8 7 6 4 2　♣—

叫 4♥。这是一手封局止叫的理想牌型，牌点不高，牌型特别有利。

(5) ♠K 8 6 2　♥K 10 8 7　♦A J 6 3　♣6

叫 4♣。爆裂叫，显示♣为单缺，♥至少 4 张支持，11~15 大牌点，逼叫。

(6) ♠K 8 7　♥K Q 8 2　♦A J 10　♣8 6 3

叫 2NT。显示 13~15 点，3 张以上支持。以后不会错过打 4♥定约的机会。

应叫人用以上方法应叫后，开叫人能够知道联手已经有了一个 8 张以上的理想将牌花色和同伴牌力的大致范围。因此，开叫人可以比较准确地计算出联手的牌力，对以后的叫牌作出正确的选择。在高花将牌支持的情况下，只要联手牌力达到25点，叫牌一定要到局，当牌力更强时应该试探满贯。下面就各种加叫和爆裂叫以后的叫牌分别进行介绍，而2NT应叫以后的叫牌放到无将应叫一节中去介绍。

二、平加高花以后的叫牌方法

1阶高花开叫后，应叫人对同伴的花色加1阶，叫2♥或2♠，表示6~10点，3张以上支持。以后，开叫人根据自己的牌力是14点以下还是15点以上来确定再叫方法。

1.开叫人14点以下时的叫牌

当开叫人为14点以下均型牌时，联手最多24点，牌力不够成局标准，在牌型没有特殊优势的情况下，成局的可能性不大。因此，开叫人应该不叫。

例如下面的牌例。

开叫人(14点)	应叫人(10点)	开叫人	应叫人
♠A J 9 8 3	♠Q 5 4 2	1♠	2♠
♥Q 5 2	♥A 10 4	=	
♦K Q 4	♦J 9 7		
♣Q 8	♣K 9 4		

开叫1♠应叫2♠后，开叫人14点均型牌应不叫。这是一个双方牌力均为高限的情况。联手24点，联手将牌9张。即便如此，在开叫人为均型牌的情况下，要打成4♠的机会低于50%，以不叫4♠为好。

为便于读者阅读，凡给出开叫人与应叫人的牌型时，将原始大牌点注在叫牌人旁边括号中。由于牌型点是在叫牌过程中才能考虑的，所以括号中没有包括。

如果开叫人的点力虽然为14点以下，但牌型较好，例如14点5-5套结构或13点6-5套结构等，可以将牌作为15点以上对待。

2.开叫人15点左右时的叫牌

当开叫人为15点左右时，如果应叫人为9~10点，联手就有25点左右，在联手有8张以上将牌的情况下，打成一局很有希望。因此，这种情况下开叫人不能PASS，而应该积极以各种叫牌手段试探有无成局的可能。开叫人可以采用以下三种方法作进局试探。

①直接邀请叫：开叫人再叫一次开叫花色，邀请应叫人高限9~10点进局。此时开叫人一般为高限均型牌，希望在有8张以上将牌配合的情况下，以25点左右完成一局。

②长套试探叫：开叫人再叫出自己的副牌长套花色，一般为有大牌的4张套。如果应叫人高限，同时在该花色中有牌力就直接进局，否则应最低水平叫回到将牌花色。

⑧短套试探叫：开叫人再叫出自己的单缺花色。如果应叫人高限牌力，同时在该花色中没有浪费的牌力就直接进局，否则应最低水平叫回到将牌花色。

为了同时使用这三种方法不发生矛盾，在使用安排上特作如下规定：

开叫1♥应叫2♥以后，开叫人叫3♥为直接邀请；叫2NT（=♠）3♣3♦为长套试探；叫2♠为短套试探，应叫人必须叫2NT过渡，以后，开叫人再叫3♣3♦3♥（=♠）为显示短套花色。

开叫1♠应叫2♠以后，开叫人叫3♠为直接邀请；叫3♣3♦3♥为长套试探；叫2NT为短套试探，应叫人叫3♣过渡，开叫人再叫3♦3♥3♠（=♣）为显示短套花色。

可以看出，在高花加叫以后，开叫人在只高一级的水平再叫2♠或2NT为短套试探叫。应叫人必须也在只高一级的水平再叫2NT或3♣（傀儡叫，只起过渡作用无任何意义），以后开叫人叫出短套花色。如果开叫人再叫出开叫花色，则表示被约定叫占用叫牌位置的那个花色为短套。在高花平加叫以后，开叫人再叫只要是超过一级的水平均表示长套试探叫。1♥-2♥后叫2NT表示♠为长套。

下面是一些1阶高花开叫后，开叫人使用各种试探叫的实例。

例1	开叫人（15点）	应叫人（10点）	开叫人	应叫人
	♠A J 8 6 5	♠Q 9 7	1♠	2♠
	♥K Q 3	♥A 10 4 2	3♠	4♠
	♦Q 4 3	♦K J 8	=	
	♣K 5	♣7 4 3		

开叫1♠，应叫人叫2♠。开叫人再叫3♠，邀请应叫人高限进局。应叫人为10点，应该叫4♠进局。如果应叫人为8点以下，允许对3♠邀请作PASS。

例2	开叫人(15点)	应叫人(9点)	开叫人	应叫人
	♠Q J 9 8 3	♠A 10 4 2	1♠	2♠
	♥A K	♥Q 5 4 3	3♣	4♠
	♦9 8	♦7 5 4	=	
	♣A J 5 3	♣K 8		

开叫人在同伴加叫后认为,只要应叫人高限同时在♣花色中有大牌成局就有希望,于是叫3♣进行长套试探。应叫人正好为高限牌,♣花色有大牌,当然叫4♠进局。如果应叫人仅仅是高限牌,在♣中没有大牌,只能叫3♠。

例3	开叫人(14点)	应叫人(9点)	开叫人	应叫人
	♠Q J 9 8 3	♠K 10 4 2	1♠	2♠
	♥A Q 8	♥K 9 5	2NT *	3♣ *
	♦A J 9 5	♦K 4	3♠ *	4♠
	♣3	♣8 7 5 4	=	

开叫人叫2NT("★"表示该叫品为约定叫)准备显示一个短套,应叫人叫3♣过渡,开叫人叫3♠显示♣为短套。应叫人高限,在♣套中没有浪费的牌力,于是加叫4♠进局。如果应叫人在♣花色中有浪费的牌力,就只能PASS,准备打3♠定约。

例4	开叫人(14点)	应叫人(9点)	开叫人	应叫人
	♠A J 4 3	♠K 10 2	1♥	2♥
	♥A K 10 9 8	♥Q 5 4 3	2NT *	4♥
	♦9	♦7 5 4	=	
	♣Q 5 3	♣K J 8		

开叫人叫2NT显示♠为长套。应叫人高限牌,在♠套中有大牌,将牌有4张支持,故加叫进局。

例5	开叫人(13点)	应叫人(9点)	开叫人	应叫人
	♠Q 9 5 3	♠K 10 4	1♥	2♥
	♥A K 9 8 4 2	♥Q 7 6 5	2♠ *	2NT *
	♦7	♦A 8 4	3♦ *	4♥
	♣A 9	♣10 7 2	=	

开叫人叫2♠准备显示短套,应叫人叫2NT过渡,开叫人叫3♦显示♦短

套,应叫人高限,在◆套中没有浪费的牌力,于是加叫 4♥进局。由这个例子可见,开叫人牌型有利时,13 大牌点也可以作进局试探。

3.开叫人 16 点以上时的叫牌

应叫人平加高花后,开叫人为 16 点以上时,成局的可能性很大,应该继续叫牌。开叫人再叫方法如下。

①当开叫人为 19 点以上时,可以直接进局或通过逼叫进局。

②当开叫人为 16~18 点时,牌型有利可以封局,一般情况下通过逼叫试探酌情进局。

在采用进局邀请与长短套试探叫的情况下,开叫人的逼叫可以采用试探叫的叫品,检查应叫人牌力的高低和牌型情况,然后再决定进局与否。

下面是一些开叫人 16~18 点叫牌的牌例。

例 1	开叫人(17 点)	应叫人(6 点)	开叫人	应叫人
	♠A K 10 8	♠Q 6 4	1♥	2♥
	♥K Q J 7 6 5	♥9 8 3	4♥	=
	◆A 5	◆9 4 2		
	♣6	♣K J 10 8		

开叫人 17 点,牌型不错,应叫人至少 6 点,开叫人可以直接叫 4♥封局。此牌联手最多 27 点,满贯没有希望。

例 2	开叫人(17 点)	应叫人(6 点)	开叫人	应叫人
	♠Q J 9 8 3	♠A 10 4	1♠	2♠
	♥A 4	♥6 5 3	3♣	3♠
	◆K Q 8	◆7 5 4 2	=	
	♣A J 5	♣Q 8 6		

开叫人认为只要应叫人不是 6~7 点牌,在♣花色中有大牌成局就有希望,故叫 3♣进行长套试探。应叫人只有 6 点,不管在♣上有无大牌只能叫 3♠。如果应叫人高限牌,在不支持♣的情况下可以叫 3◆3♥。开叫人遇见应叫人低限牌只能 PASS。

例 3	开叫人(17 点)	应叫人(9 点)	开叫人	应叫人
	♠Q J 9 8 3	♠K 10 4 2	1♠	2♠
	♥A Q 8	♥K 9 5 3	3◆	3♥

◆A K J 5	◆7 4	4♠	=
♣3	♣K 8 4		

开叫人叫 3◆逼叫，应叫人高限，在◆中无大牌不能直接进局，但在♥中有一定实力，叫 3♥请开叫人参考。其实♥大牌正是开叫人所希望的，于是加叫 4♠进局。如果应叫人只有 6~7 点牌力，就只能叫 3♠。

例 4

开叫人（18 点）	应叫人（10 点）	开叫人	应叫人
♠A K 10 8 4 3	♠J 7 2	1♠	2♠
♥A J 8	♥K Q 5 4	3♣	4♥
◆—	◆9 6 4	6♠	=
♣A Q 9 7	♣K J 3		

应叫人叫 2♠示弱后，开叫人判断联手直接叫成局没有问题，再叫 3♣逼叫试探。应叫人没有叫 3♠即表示高限且♣好配合，跳叫出 4♥更表示打 4♠定约没有问题，同时♥花色还有相当牌力。开叫人发现牌型配合极好，一跃进贯。如果应叫人在吊中没有牌力，在这种情况下可以叫 3♥表示♣无配合、♥有牌力、高限牌，请开叫人决定能否进局。

三、跳加叫高花以后的叫牌

1 阶高花开叫后，应叫人跳加叫 3♥或 3♠，显示 11~12 点，4 张或好的 3 张（KQ×）支持，没有单缺花色。跳加叫高花显示清楚了应叫人的牌情，以后的叫牌由开叫人决定。

1.开叫人 13 点以下时的叫牌

开叫人如果为 12~13 点低限牌力，联手 23~25 点，是否进局要看具体情况。开叫人如果为 12 点 5-3-3-2 均型牌，成局希望不大，开叫人可以不叫。开叫人如果是 13 点非均型牌，成局的机会较大，因此应该叫 4 阶高花进局。如果开叫人牌情介于这两者之间，是否进局没有一定之规，需要根据具体情况灵活决定。

下面是一些开叫 1♥，应叫人叫 3♥，开叫人再叫的例子。

(1) ♠A 8 2　♥K 8 6 5 3　◆K 4　♣Q 6 5

叫 PASS。开叫人低限 12 点，均型牌，成局希望不大。

(2) ♠A 7 6　♥K Q 9 6 5　◆A 10 8 3　♣7

叫 4♥。开叫人 13 点牌，非均型牌应该进局。而满贯则无望。

(3) ♠J 8　♥A K J 6 5 3　♦K 7 5　♣10 4

叫 4♥。开叫人虽然只有 12 点牌，但将牌有额外的长度，应该进局。

2.开叫人 14 点以上时的叫牌

开叫人如果牌力为 14 点以上，应叫人跳叫支持以后，联手达到 25 点以上，开叫人应该叫进局。开叫人牌力再强些，满贯就有希望。以后，开叫人在成局水平以下叫出的任何新花色都是逼叫，这表示开叫人牌力较强，对满贯有一定兴趣，希望应叫人扣叫控制，应叫人如果没有其他花色的第一轮控制，应叫回将牌花色。

下面是 1 阶高花开叫，应叫人跳加叫以后叫牌的一些实例。

例 1	开叫人(20 点)	应叫人(11 点)	开叫人	应叫人
	♠K Q 9	♠J 5	1♥	3♥
	♥A K J 9 8	♥Q 5 4 2	4♦	4♥
	♦A Q 3	♦K 5 4	=	
	♣J 4	♣K Q 9 3		

应叫人叫 3♥后，开叫人判断联手牌力 31~32 点，将牌好配合，小满贯可以一试。所以扣叫 4♦，应叫人叫回 4♥显示没有第一轮控制。开叫人知道联手缺两个 A，于是只能不叫。

例 2	开叫人(18 点)	应叫人(11 点)	开叫人	应叫人
	♠A K J 9 8 3	♠Q 7 5 4	1♠	3♠
	♥8 3	♥AQ	4♦	4♥
	♦A J	♦K 10 7	5♣	5♦
	♣K Q 8	♣9 7 4 2	6♠	=

在应叫人跳加叫后，开叫人 18 点 6 张将牌，应该试探满贯，于是扣叫 4♦。应叫人叫 4♥显示有♥A。开叫人扣叫 5♣显示有♣K，应叫人叫 5♦显示有♦K，开叫人放心叫出 6♠。

例 3	开叫人(15 点)	应叫人(11 点)	开叫人	应叫人
	♠A Q J 9 8	♠K 10 4 2	1♠	3♠
	♥K 9 8 3	♥A J 5 4	4♣	4♥
	♦—	♦7 5 3	5♣	5♠
	♣A J 5 3	♣K 8	6♠	=

应叫人跳加叫后，开叫人虽然只有15点，但牌型极好，决定试探满贯，扣叫4♣显示有♣A，应叫人扣叫4♥，开叫人再扣叫5♣（虚扣叫），应叫人叫5♠否认◆中有K，开叫人分析应叫人没有浪费的牌力，即联手的大牌都在有用的位置，这样得12墩牌极有希望，于是叫进小满贯。

例4	开叫人（20点）	应叫人（12点）	开叫人	应叫人
	♠K 9	♠Q J 7	1♥	3♥
	♥A K 9 8 3	♥Q 10 5 2	4NT?	5◆ *
	◆K Q 8 3	◆A J 4	6♥	=
	♣A J	♣Q 5 2		

在应叫人跳加叫后，开叫人20点好牌型，不能满足叫进局。由于只要应叫人有A就可以上满贯，所以开叫人直接叫4NT（黑木约定叫）问A（“?”表示具有询问性质的约定叫），应叫人回答5◆显示有一个A，开叫人叫上6♥。

黑木约定叫在满贯叫牌中使用，其方法为：在叫牌过程中，一方叫出4NT，而这个叫品明显不是准备打4NT定约，这就是黑木约定叫，表示询问同伴A的个数。被问人按级回答：5♣=0或3个A，5◆=1或4个A，5♥=2个A，5♠=2个A加1个关键张。以后，如果问叫人又叫5NT，说明联手4个A不缺，继续问K的个数。被问人回答：6♣=0或3个K，6◆=1或4个K，6♥=2个K，6♠=2个K加1个关键张。

四、高花封局以后的叫牌

应叫人直接封局说明持特殊的牌型：大牌10点以下，对开叫人的花色有4张以上支持，牌型一般为非均型牌。由于应叫人牌力有限，所以只有开叫人牌特别强，仅需要应叫人提供不多的支持就可以上满贯时才能再叫，否则应该及早停叫。

开叫人再叫必为满贯试探，叫新花色为扣叫显示有A或缺门，要求应叫人继续扣叫。开叫人也可以直接问A进行满贯探查。

下面是一些例子。

（1）♠A J 8 6 5　♥K Q 3　◆Q 4 2　♣7 5

开叫1♠，应叫人叫4♠，开叫人不叫。低限牌，能完成定约就不错。

（2）♠A 10 6　♥K Q J 6 5　◆K Q 3　♣Q 8

开叫1♥，应叫人叫4♥，开叫人不叫。打满贯需要足够数量的A和K，应叫人牌点不多,势必缺少控制,满贯希望不大。

下面是一些应叫人直接封局以后,开叫人试探满贯的实例。

例 1	开叫人(20 点)	应叫人(9 点)	开叫人	应叫人
	♠A Q J 7 3	♠K 8 5 4 2	1♠	4♠
	♥J 9	♥A 4	5♦	5♥
	♦K 4	♦Q 10 9 8 3	6♠	=
	♣A K Q 8	♣7		

应叫人封局以后,开叫人 20 点,5-4 两套牌,不满足仅仅进局,应叫人只要是高限同时有♥A,满贯就有希望,于是扣叫 5♦。应叫人扣叫 5♥显示有♥A,开叫人没有可担心的花色,故直接叫到小满贯。应叫人如果没有♥A,只能叫 5♠止叫。

例 2	开叫人(20 点)	应叫人(7 点)	开叫人	应叫人
	♠A K Q J 9	♠5	1♥	4♥
	♥A K Q 9 7 3	♥J 6 4 2	4NT?	5♦ *
	♦8	♦Q 9 5 3	6♥	=
	♣J	♣A 7 3 2		

应叫人封局以后,开叫人只要弄清楚应叫人是否有 A 就可以决定是否进贯,所以直接叫 4NT 问 A,当应叫人显示有一个 A 后,开叫人放心叫到小满贯。

五、爆裂叫以后的叫牌

开叫人开叫高花后,应叫人双跳叫新花色,这称为爆裂叫(Splinter),表示 11~15 大牌点,4 张以上好支持(至少 Q×),所叫花色为单张或缺门,其他未叫过的花色一般没有 5 张好套,逼叫进局。4-4-4-1 牌型是 1 阶高花开叫后应叫人使用爆裂叫的典型牌型。爆裂叫一般需要有 4 个控制(A 算 2 个控制,K 算 1 个控制),但将牌极配且有缺门时,可以只有 3 个控制。

下面是 1♥开叫后,应叫人采用爆裂叫的几个例子。

(1)♠7 ♥Q 8 6 2 ♦A K 7 6 ♣A 10 4 2

叫 3♠。跳 2 级叫 3♠表示好的♥支持且♠为单缺,11~15 大牌点。

(2)♠A Q 6 5 ♥K Q 9 4 ♦— ♣10 7 6 4 2

叫 4♦。表示好的♥支持且♦为单缺。5 张弱♣套没有必要叫出。

(3)♠A 7 4 ♥Q J 8 6 ♦A 10 8 6 2 ♣J

叫4♣,双跳4♣显示单缺。单张最好是小牌,如果是单张K或Q,则牌力要打折扣。

爆裂叫能够传达出极为精确的信息,使开叫人得知应叫人不但对开叫花色有好支持,而且还有一个单张或缺门,从而对于帮助开叫人发现满贯机会或者发现联手牌力重复非常有效。爆裂叫以后的叫牌进程由开叫人掌握。开叫人牌弱时,认为满贯无望应该叫回将牌花色作封局止叫。开叫人牌好时,可以立即扣叫,开始进行满贯探查。

下面是几个应叫人作爆裂叫以后叫牌的实例。

例1	开叫人(12点)	应叫人(15点)	开叫人	应叫人
	♠Q J 9 8 3	♠A K 6 5	1♠	4♥ *
	♥A K J	♥5	4♠	=
	♦9 7	♦K J 5 4		
	♣J 5 3	♣A 10 9 2		

应叫人使用爆裂叫,显示了♠好配合,♥为单缺。开叫人为弱牌,大牌集中在♥上难以发挥作用,叫4♠封局表示对满贯没有兴趣。应叫人不可再叫。

例2	开叫人(15点)	应叫人(13点)	开叫人	应叫人
	♠K 9	♠A Q 7 5	1♥	4♦ *
	♥A Q J 8 4	♥K 6 5 2	4NT?	5♦ *
	♦J 9 7 3	♦2	6♥	=
	♣A 3	♣K J 5 4		

应叫人使用爆裂叫,显示了♦单缺。开叫人为15点牌,♦中没有浪费的牌力,直接问A探查满贯。得知联手有3个A,放心叫到6♥。

例3	开叫人(14点)	应叫人(11点)	开叫人	应叫人
	♠A Q	♠K 6 4 2	1♥	4♦ *
	♥K Q 9 7 6	♥A J 8 5 2	4♠	5♦
	♦9 6 5 3	♦—	6♥	=
	♣K 8	♣Q J 9 5		

应叫人爆裂叫后,开叫人扣叫4♠,显示有一定的满贯兴趣。应叫人扣叫5♦显示缺门!这样叫牌可避免与开叫人牌力发生重复(♦A),应叫人如果♦有A或是单张,应该直接问A确定满贯。开叫人判断应叫人在其他花色中至少

有1个A,故放心叫进小满贯。

例4	开叫人(16点)	应叫人(13点)	开叫人	应叫人
	♠A Q 9 8 3	♠K 6 5 2	1♠	4♣ *
	♥7 6	♥A Q 8 5	4♦	4♥
	♦A Q 7	♦K J 5 2	5♣	5♦
	♣A 5 3	♣9	6♠	=

应叫人用爆裂叫传递了♣为单张的有利信息。开叫人强牌,牌型有利,扣叫4♦显示满贯兴趣。应叫人扣叫4♥显示有♥A,开叫人5♣显示有♣A,应叫人叫5♦显示有♦K后,开叫人叫进小满贯。

一盖一应叫以后的叫牌

一、应叫人一盖一叫1♠的条件

在开叫人开叫1♥后,当应叫人6~15点并有4张以上的♠套时,一般应该优先应叫1♠,为以后寻求♠花色的配合创造机会。叫1♠为一盖一,逼叫一轮。应叫人先在1阶水平最经济地叫出♠套,其他牌情以后仍有机会显示。

例如,同伴开叫1♥后,应叫人持如下牌可以应叫1♠。

(1)♠A J 5 4　♥7　♦J 10 3 2　♣9 7 6 2

叫1♠。应叫人不希望打♥定约,6点牌正好叫出1♠,维持应叫。

(2)♠A K 10 7 6　♥K 4 2　♦J 8 7　♣4 3

叫1♠。先叫强♠逼叫一轮,下轮叫牌时再支持♥。

(3)♠A K Q J 5　♥A 9　♦10 9 4 2　♣J 6

叫1♠。15点牌不够跳叫2♠的资格,先一盖一逼叫,下轮可以用跳叫显示好套。

应叫人持4张♠,在支持同伴的♥花色或另有一个好套时,是否一定首先应叫1♠应根据不同的情况。下面是几个同伴开叫1♥后,应叫人有4张♠但没有应叫1♠的例子。

(1)♠A J 5 4　♥Q 10 7　♦J 6 5 2　♣9 6

叫2♥。应叫人如果为6~10点的弱牌,对同伴的♥有3张以上支持应先支持同伴。

(2)♠Q 8 6 5　♥K 9 7 5　♦A Q 8　♣J 7

叫3♥。♥已经是很好的配合,同伴不大可能会有4张♠,否则可以开叫2◆。叫3♥可以把11~12点并有4张支持的情况准确告诉同伴。

(3)♠A J 5 4　♥9　◆K Q 10 9 2　♣Q J 5

叫2◆。逼叫一轮。联手牌力足够进局,这种情况下应先叫最强最长的套。

应叫人叫1♠后,开叫人暂时无法确定应叫人的牌力,由于一盖一是逼叫,所以开叫人必须要维持叫牌,开叫人的再叫需根据自己牌力的强弱和牌型情况,15点以下示弱叫,16点以上示强叫。

二、开叫人持15点以下弱牌的再叫方法

1.开叫人持弱牌的再叫方法

开叫人持12~15点弱牌时,为防止同伴只有6点的最不利的情况,开叫人应谨慎以最低限度维持叫牌。这时开叫人再叫有如下叫品。

①对♠有4张支持时叫2♠。

②有6张以上♥时叫2♥。

③有4张以上低花套在2阶叫出(注意:16、17点时也这样叫)。

④其他情况均叫1NT。

以上叫品依次选择。这四种叫品均为示弱,不逼叫。

下面是开叫1♥,应叫1♠后,开叫人持15点以下弱牌再叫的一些例子。

(1)♠K 8 3 2　♥A Q 8 6 5　◆A 8　♣7 2

再叫2♠。开叫人对应叫人的♠有4张支持应加叫,弱牌用平加叫。

(2)♠7　♥A Q 8 6 4 2　◆A 6 3 2　♣Q 4

再叫2♥。表示6张以上套,弱牌。

(3)♠10 8　♥A Q J 7 6　◆A K 4 3　♣9 6

再叫2◆。4张以上◆套,顺叫表示12~17点,相对比较弱的牌。

(4)♠Q 7 2　♥A Q 8 6 5　◆A 6 2　♣8 2

再叫1NT。弱均型牌,同伴的♠可能只有4张,故3张♠暂时不能加叫。

2.开叫人示弱叫以后的叫牌方法

开叫人再叫后,应叫人对联手的牌力便有了进一步的了解,有局有贯大致可以判断清楚。应叫人判断无成局可能时应示弱不叫或叫回将牌花色,判断有成局希望应直接进局或逼叫示强,暂时不能断定是否有局应谨慎地维持叫牌。

应叫人这时要特别注意,如果通过同伴叫牌已经计算出牌力达到成局以上的水平,直接封局为止叫,显示没有额外的牌力。如果发现有满贯希望,切不可立刻封局,而应叫出新花色逼叫,显示有满贯兴趣。一般开叫人在 3 阶以下叫新花色为自然性,显示长套或止张,在 4 阶叫出新花色为扣叫。应叫人具体再叫方法如下。

应叫人 9 点以下应消极叫牌,联手至多 24 点,当判断成局无望,在定约能够接受时可以停叫。但是,当开叫人顺叫出联手中第三个花色时牌力最高可达 17 点,应叫人 8~9 点时有义务继续维持叫牌。当应叫人对开叫人叫出的新花色没有足够的支持时,无论牌力多么弱,一般应该再设法作一次叫牌,选择一个安全的定约。

应叫人 13~15 点应积极叫牌,联手至少 25 点,应该进局。应叫人可平叫新花色或跳叫新花色逼叫,告诉同伴叫牌至少要到局。如果应叫人叫出联手中第四个花色,有可能是虚叫(对这个花色不作任何保证),起逼叫一轮的作用。应叫人如果牌力更强,则满贯很有希望。

应叫人 10~12 点(开叫人顺叫新花色应叫人为 8~12 点)时,是否有局暂时不定,即使开叫人已经显示牌力不够强,应叫人也应该在 2 阶再维持叫一次牌,以便开叫人高限或牌型合适时进局。应叫人叫 2NT 或将高级花色加到 3 阶表示进局邀请,请开叫人只要不是低限牌 12~13 点,就可以考虑进局。应叫人在 2 阶叫新花色为进局试探。

下面是一盖一应叫,开叫人又示弱叫以后叫牌的一些实例。

例 1	开叫人(12 点)	应叫人(7 点)	开叫人	应叫人
	♠6	♠A J 8 3 2	1♥	1♠
	♥A K 10 7 5	♥8	2♣	=
	♦Q 8 2	♦9 7 3		
	♣K 9 5 2	♣Q 8 6 4		

应叫人叫 1♠后,开叫人低限再叫 2♣,表示 12~17 点。应叫人是弱牌,判断没有成局的可能,有 4 张支持正好不叫。联手牌型失配的弱牌应尽早停在低阶,不能再冒险寻求其他配合。应叫人如果♣不配合,有 4 张♦可以叫 2♦,没有则必然可以在 2 阶选择一个高花作将牌。

例 2	开叫人(12 点)	应叫人(12 点)	开叫人	应叫人
	♠6 5	♠A Q 8 3 2	1♥	1♠

♥A K 10 7 5	♥8 4	1NT	2♦
♦Q 5 2	♦A 7 6 3	2♥	=
♣K 9 2	♣Q 8		

开叫人再叫 1NT，显示均型弱牌。应叫人有 12 点，不能 PASS，再叫 2♦显示牌力在 10~12 点，希望同伴有 3 张♠时叫 2♠，或者能叫出 2NT 示强，这样便可成局。开叫人叫 2♥再次示弱，应叫人只能 PASS。开叫人再叫 1NT 以后，应叫人如果牌力在 13 点以上自然会逼叫或直接进局，应叫人如果叫 2NT，表示 11 点左右均型牌，邀请开叫人高限进局。

例 3	开叫人(14 点)	应叫人(11 点)	开叫人	应叫人
	♠5	♠A K Q 10 8	1♥	1♠
	♥A K 10 7 5	♥9	2♣	3♣
	♦K J 10	♦8 7 4	3NT	=
	♣K 9 8 4	♣Q 6 3 2		

开叫人再叫 2♣后，应叫人再叫 3♣，显示 10 点以上，邀请开叫人叫 3NT。开叫人 14 点，♦中有止张，直接叫 3NT 进局。应叫人如果叫 PASS 表示极弱牌、8 点左右应该叫 2♥或 2♠示弱。应叫人如果叫 2NT，则是属于进局邀请。

例 4	开叫人(15 点)	应叫人(14 点)	开叫人	应叫人
	♠Q 5 4	♠A K J 8 7 6	1♥	1♠
	♥A K 10 7 5	♥Q 8	2♦	4♠
	♦A Q 10 5	♦K 7 3	4NT?	5♦ *
	♣9	♣J 8	6♠	

开叫人顺叫 2♦显示 12~17 点以后，应叫人叫 4♠表示 13 点左右 6 张以上好套。这样开叫人的牌增添了价值，3 张♠成为有力支持，立刻叫 4NT 问 A。探明同伴有 1 个 A 后，直接叫 6♠。如果应叫人再叫是跳叫 3♠，表示 6 张套 10 点左右，邀请开叫人只要不是低限 12~13 点就可以进局。

三、开叫人持 16 点以上强牌的再叫方法

1.开叫人持强牌的再叫方法

开叫人持 16 点以上的强牌时，联手至少有 22 点，再叫可以适度示强，以便同伴 9 点左右进局。这时开叫人有如下叫品。

①对同伴的♠有 4 张支持时跳叫 3♠，进局邀请。

②自己有6张以上♥时叫3♥，进局邀请。

③有4张以上低花套时，16~17点顺叫，半逼叫；18点以上在3阶跳叫，逼叫进局。

④其他情况均叫2NT。一般16~18点，均型牌。

⑤直接封局，19点左右，牌型没有特殊的地方可以显示。

下面是开叫1♥，应叫1♠后，开叫人持16点以上牌再叫的一些例子。

(1)♠6 3　♥A Q J 6 5　♦A Q 2　♣K 8 5

再叫2NT。显示16~18点强牌，邀请同伴牌力足够时进局。这种牌型如果达到19点，可以直接叫3NT。

(2)♠K 8 6 5　♥A K 8 3 2　♦A 7　♣Q 9

再叫3♠。显示16点以上，4张支持，进局邀请。支持同伴花色时应加牌型点。这种牌型如果牌力达到19点，可以叫4♠。

(3)♠K 3　♥A Q 8 6 5　♦A J　♣K Q 7 5

再叫3♠。跳叫显示18点以上，4张以上套，逼叫。

(4)♠K Q 8 3　♥A Q 8 6 5　♦A J 2　♣2

再叫4♣。爆裂叫，显示强牌，♠极配，♣为单缺，逼叫进局，有满贯兴趣。如果开叫人牌力略低些(一般15点以下)，在仅满足于进局时可以直接叫4♠封局。

(5)♠8 3　♥A K Q 8 6 5　♦A Q J　♣9 8

再叫3♥。显示6张以上，进局邀请，应叫人只要不是低限就可以考虑进局。如果开叫人牌力再强一些，持这种牌可以直接叫4♥封局。

2.开叫人示强应叫以后的再叫方法

开叫人示强再叫后，应叫人大致可以确定联手牌力并可以选择定约。应叫人再叫如下。

对于开叫人跳加高花进局邀请，应叫人只要不是6~7点，均应进局。应叫人6~8点，高花没有配合时，联手牌力22点以上，是否有局暂时未定，应以示弱方式维持叫牌。

应叫人9点以上时，联手达到25点，以后叫牌应设法进局或继续逼叫。应叫人14点以上时，联手达到30点，应该试探满贯。

应叫人叫牌应自然地进行，弱牌应保持在最低水平叫牌，重复再叫高花表示5张以上,顺叫花色表示4张以上或不足4张但有好的止张,叫无将表示均型牌。应叫人叫出任何新花色都是逼叫,并不一定表示强牌。如果应叫人再叫直接跳叫成局,则表示8~10点弱牌,牌型有利。下面是一盖一应叫开叫人示强以后叫牌的一些实例。

例1	开叫人(16点)	应叫人(8点)	开叫人	应叫人
	♠9	♠A K 8 7 2	1♥	1♠
	♥A J 10 9 7 5	♥4 3	3♥	4♥
	♦A 9	♦J 7 3 2	=	
	♣A K 5 2	♣7 4		

开叫人是强牌,叫3♥邀请,希望应叫人只要不是低限就可进局。在开叫人显示6张套后,应叫人2张♥也算略有支持,考虑♣双张对提高牌力有补,毅然进局。

例2	开叫人(17点)	应叫人(8点)	开叫人	应叫人
	♠J 9 5	♠A K 8 7	1♥	1♠
	♥A K 10 9 5	♥4 3	2NT	3NT
	♦Q 7	♦J 9 8 3	=	
	♣A K 2	♣10 8 6		

开叫人再叫2NT,显示16~18点均型牌,请应叫人9点以上进局,6~7点可不叫。此牌应叫人牌力正处边沿,对开叫人的2NT邀请直接再叫3NT,就好像开叫人叫1NT,应叫人直接选择3NT一样。

例3	开叫人(19点)	应叫人(7点)	开叫人	应叫人
	♠Q J	♠A 10 8 7	1♥	1♠
	♥A K Q 9 7	♥4 3	3♣	3NT
	♦10 6	♦Q J 7 2	=	
	♣A K 5 2	♣8 6 4		

开叫人跳叫新花色显示18点以上强牌,逼叫。应叫人判断联手点力可以进局,看到高花成局比较茫然的情况,估计开叫人会有一些大牌在低花上,故直接叫出3NT。

例4	开叫人(16点)	应叫人(10点)	开叫人	应叫人
	♠J 4	♠A K 9 8 7 6	1♥	1♠

♥A K 10 7 5	♥8 4	2♦	3♠
♦A Q 10 2	♦9 7 3	4♠	=
♣Q 4	♣K 2		

开叫人叫2♦显示12~17点,强弱不定,应叫人跳叫3♠表示6张套,10点左右,希望只要开叫人不是低限牌就可以进局。开叫人16点,自然应该叫4♠进局。

二盖一应叫以后的叫牌

一、应叫人二盖一应叫的方法

当开叫人1阶高花开叫后,应叫人有11~15点牌力,有好的长套花色时,可以最低水平地在2阶叫出自己的长套花色,这称为“二盖一”应叫。应叫2♣2♦为4张以上套,开叫1♠后应叫2♥保证5张以上。二盖一是逼叫,应叫人同时承诺在开叫人再叫以后至少还要再叫一次牌。

例如,同伴开叫1♥后,应叫人持以下各牌可以二盖一应叫。

(1)♠8 7 5　♥A 9　♦A J 8 7 3　♣Q 4 2

叫2♦,表示11点以上,♦为4张以上套。

(2)♠10 7 6　♥4 2　♦K J 8 7　♣A K 10 7

叫2♣。表示11点以上,4张以上♣套。

(3)♠7 3 2　♥K J 10 6 4　♦K 3　♣A K 4

叫2♣。14点牌,满贯极有希望,但用直接支持♥花色的叫品无法显示这么强的牌力,叫3NT又无法准确显示牌型,万不得已只能叫3张♣套逼叫,等开叫人再叫显示牌情后再决定以后叫成局或探查满贯。在没有合适叫品能显示清楚牌情时,应叫人偶然可以用不足4张的低花套二盖一逼叫过渡。

又例如,同伴开叫1♠后,应叫人持以下各牌可以二盖一应叫。

(1)♠7　♥A Q 10 7 6　♦A K 4 3　♣Q 4 2

叫2♥。表示11点以上,♥至少5张。

(2)♠J 8　♥K 6 5 2　♦A 9 6　♣A Q 10 2

叫2♣。14点均型牌,对开叫人的花色只有2张支持不能叫2NT。

(3)♠Q 8 6 5　♥2　♦A K Q 9 6　♣A 10 4

叫2♦。该牌肯定要叫到局,满贯亦值得试探。在有一个极好的5张以上花色时，先叫这个花色逼叫一轮。如果马上作爆裂叫，以后叫牌的主动权在同伴，这个套可能无法再显示出来。打满贯时，将牌强度非常重要，同伴开叫1阶高花其套不一定强，所以在有满贯前景时，主动叫出一个好套更有意义。

应叫人二盖一叫出新花色后，牌力范围较宽，有局有贯可能尚不清楚。因此，开叫人要通过再叫的机会显示清楚自己牌力和牌型，以协助同伴找到合适的定约。由于应叫人已经至少有11点，所以开叫人只要有14点，联手就可以达到25点成局水平。在这种情况下，规定开叫人12~13点为低限牌，14点以上为高限牌。开叫人为低限时，成局情况未定，开叫人再叫应该示弱。开叫人为高限时，成局没有问题，开叫人再叫应该示强。开叫人再叫应该根据自己的牌力强弱一次把牌力显示清楚，以便于同伴进行准确判断。

二、开叫人持低限牌的再叫方法

1.开叫人持低限牌的再叫方法

开叫人持12~13点弱牌时，再叫应该以消极的姿态在2阶不超过原开叫花色的水平维持叫牌。各种再叫方法如下。

①对同伴的高级花色有3张以上的支持时平加同伴的高级花色。

②在2阶不超过开叫花色水平上顺叫出一个4张以上的新花色（有时14点以上也这样叫）。

③其他情况下在2阶再叫自己原来的花色。

下面是1♥开叫，2♣应叫后，开叫人持低限牌再叫的一些例子。

(1)♠7　♥AQ865　♦AJ62　♣Q43

再叫2♦。向同伴显示5-4牌型。低限牌只能在不超过2♥水平再叫。

(2)♠A62　♥AQ965　♦7　♣Q752

再叫2♥。低限牌不能加叫4张低花，叫回原花色，否定♦为4张套。

下面是1♠开叫，2♥应叫后，开叫人持低限牌再叫的一些例子。

(1)♠AQ864　♥K83　♦KJ2　♣76

再叫3♥。加叫同伴的♥是开叫人持低限牌力再叫超过开叫花色水平的惟一情况。

(2)♠AQ984　♥87　♦62　♣KQJ3

再叫2♠。这种情况下示弱只有这一种叫品，重复开叫花色并不表示有6张以上。

2.开叫人显示低限以后的叫牌方法

开叫人再叫报清牌情后，主动叫牌的任务即告完成，是否有局交给同伴去决定。对应叫人来说，无论开叫人如何示弱，自己都有义务再叫一次。

应叫人在 11~12 点认为成局无望的情况下，可以酌情加叫同伴花色、重复自己叫过的花色或叫 2NT 维持，绝对不可以停叫。应叫人 13 点以上应采取积极的叫品，以跳叫或叫新花色逼叫到局。如果联手均为低限，仍然存在开叫人 13 点对应叫人 12 点的成局机会，这种情况下的叫牌可以酌情处理。下面以几个例子来说明。

例 1	开叫人(13 点)	应叫人(11 点)	开叫人	应叫人
	♠A K 10 7 5	♠8 3	1♠	2♦
	♥6 5	♥A K J 2	2♠	2NT
	♦Q 2	♦K 9 7 4	=	
	♣K J 9 5	♣6 4 3		

开叫人再叫 2♠ 显示低限，否定有 4 张♥。应叫人 11 点，只能再叫 2NT。这个 2NT 不是逼叫，开叫人 13 点可以 PASS。

例 2	开叫人(12 点)	应叫人(11 点)	开叫人	应叫人
	♠10 7	♠K 8 3	1♥	2♣
	♥A K 6 5 2	♥J 3	2♦	3♦
	♦K Q 4 2	♦9 6 5 3	=	
	♣9 5	♣A K 7 4		

在开叫人再叫 2♦ 后，应叫人牌再弱也不能 PASS。当牌型为非均型牌，在对同伴的花色有 4 张支持时可以加 1 阶示弱。如果应叫人♦为短套，可以叫 2♥示弱，准备打 5-2 将牌配合的 2♥定约。

例 3	开叫人(12 点)	应叫人(13 点)	开叫人	应叫人
	♠A K 10 7 5	♠9 4	1♠	2♥
	♥6	♥A K Q 8 2	2♠	3♣
	♦K Q 5 2	♦9 7	3♦	3NT
	♣9 5 2	♣K J 6 4	=	

在开叫人叫 2♠ 显示低限后，应叫人 13 点，再叫 3♣ 逼叫，当开叫人叫 3♦ 显示出♦有一定实力后，应叫人叫 3NT 进局。

例4	开叫人(12点)	应叫人(14点)	开叫人	应叫人
	♠J 2	♠A Q 8	1♥	2♣
	♥A K 10 7 5	♥J 2	2♦	3NT
	♦A 10 9 5	♦8 7 4	=	
	♣7 4	♣A K 9 8 3		

开叫人叫2♦后，应叫人见联手至少26大牌点，4个花色均有止张，直接叫3NT封局。如果应叫人希望同伴做庄，可以叫2♠逼叫，让同伴去叫无将。

例5	开叫人(13点)	应叫人(13点)	开叫人	应叫人
	♠K 9 4	♠A 8	1♥	2♦
	♥K Q 10 7 5	♥6 2	2♥	2♠
	♦J 5	♦A K Q 8 7 4	3♣	3NT
	♣A 10 7	♣9 8 4	=	

开叫人叫2♥显示低限后，应叫人考虑联手25~26点应该进局，再叫2♠逼叫。因为应叫人第一次叫牌没有叫1♠，所以这里叫♠不是表示长套，而是表示♠有止张。开叫人再叫3♣显示止张后，应叫人如愿叫出3NT。

三、开叫人持高限牌的再叫方法

1.开叫人持高限牌的再叫方法

开叫人持14点以上高限牌，在同伴二盖一显示至少11点时，联手已经达25点成局牌力。开叫人应当以积极的姿态再叫，显示联手超过25点，逼叫进局。这时开叫人的各种再叫均应在超过2阶开叫花色的水平作出，具体方法如下。

①跳加叫同伴的高级花色进局，至少4张支持，14点左右。

②跳叫自己好的6张以上的花色。

③叫出一个好的4张以上的新花色。4张套平叫，5张套可以跳叫。

④把同伴叫出的低级花色加叫到3阶水平，4张以上的支持。

⑤不符合以上情况的牌叫2NT，14~17点，先维持，下次逼叫进局。

下面是一些二盖一应叫以后，开叫人持高限牌再叫的例子。

例如，1♥开叫，2♣应叫后，开叫人持牌如下怎样再叫。

(1)♠Q 7　♥Q J 10 8 5　♦A 3　♣A J 7 2

叫3♣。对同伴的低级花色有4张以上的支持，显示高限5-4牌型。

(2)♠7 2　♥A K J 7 4　♦A Q 6 3　♣6 3

叫 2◆。暂时看不出牌力强弱,下次再逼叫到局。如果开叫人在 3 阶跳叫出新花色,表示高限牌,一般为好的 5 张套。

(3)♠K 10 8 7　♥A Q J 6 5　◆A Q 3　♣7

叫 2♠。显示 16 点以上,5-4 牌型。15 点以下采用约定性开叫 2◆。

再例如,1♠开叫,2♥应叫后,开叫人持牌如下怎样再叫。

(1)♠A Q 10 7 5　♥A Q　◆K 8　♣9 8 6 4

叫 2NT,表示高限牌。♥不支持,♠只有 5 张。此牌♣花色太弱,叫出没有意义。

(2)♠A Q 7 6 4　♥Q 8 6 5　◆K Q 6　♣3

叫 4♥,表示 14 点左右,对♥至少有 4 张支持,没有满贯兴趣。

(3)♠A J 9 8 3　♥A J 8 4　◆K 6 3 2　♣—

叫 4♣。这手牌开叫 1♠时为 13 点,同伴应叫 2♥后,在支持♥花色时♣缺门算 5 点,牌力骤增,爆裂叫 4♣,表示对应叫人的花色有很好的支持,♣花色是单缺,有满贯兴趣。

2.开叫人显示高限以后的叫牌方法

开叫人再叫报清牌情后,应叫人知道联手已经至少有 25 点,所以以后的叫牌不到局是不会停止的。应叫人 11~12 点低限应封局或叫回将牌花色示弱,牌更好时不可急于封局,以便留出叫牌空间用于探查满贯。下面是这种情况下叫牌的几个实例。

例 1	开叫人(14 点)	应叫人(12 点)	开叫人	应叫人
	♠A K 10 7 5	♠8 2	1♠	2♥
	♥6	♥A K Q 8 3	3◆	3NT
	◆K J 5 2	◆9 7	=	
	♣K 9 5	♣Q J 6 4		

开叫人显示 14 点以上后,应叫人低限,无意于满贯,叫 3NT 封局。

例 2	开叫人(14 点)	应叫人(12 点)	开叫人	应叫人
	♠6	♠K 10 4	1♥	2◆
	♥A K 10 7 5 2	♥Q 8	3♥	4♥
	◆K J 2	◆A 9 8 7 4	=	
	♣Q J 9	♣K 6 3		

在开叫人显示高限6张♥套后，应叫人2张♥也算构成较好的支持，低限牌封局示弱。

例3

开叫人（15点）	应叫人（14点）	开叫人	应叫人
♠K J 10 6 5 4	♠—	1♠	2♣
♥K Q 4	♥A 10 5 2	3♠	3NT
◆A 10	◆Q 9 7 3	=	
♣Q 7	♣A K J 9 2		

应叫人叫二盖一后，开叫人叫3♠表示高限6张套，应叫人虽然有14点，但将牌不配合时满贯无望。再叫3NT表示♠极端不配合，这种情况开叫人只能停叫。

例4

开叫人（16点）	应叫人（13点）	开叫人	应叫人
♠K Q 4	♠5 2	1♥	2♣
♥A J 10 6 5	♥2	2NT	5♣
◆A 10 5	◆K Q 9 7	6♣	=
♣Q 7	♣A K J 10 9 3		

开叫人再叫2NT表示高限均型牌，叫牌至少到局。应叫人看打3NT不适合，♣作将牌不差于6-2配合，直接5♣封局。开叫人有2个A和♣Q，认为满贯可以一试。

无将应叫以后的叫牌

一、无将应叫的方法

当开叫1♥或1♠后，应叫人的牌不适合采用前面介绍的各种花色应叫的方法，或者应叫人叫无将可以更清楚地描述牌型时，可以根据不同牌力作各阶无将应叫，具体方法如下。

①1NT——6~10点，不支持同伴花色，也无法作一盖一应叫的任意牌型，示弱应叫。

②2NT——13~15点，均型牌，对开叫人的花色有3张以上支持，逼叫到局。

③3NT——16~18点，均型牌，对开叫人的花色有3张以上支持，满贯有望。

例如，开叫人叫1♥，应叫人持下列牌均可叫无将。

(1)♠A J 9　♥2　◆J 8 6 5 4 3　♣8 6 2

叫 1NT。6 点牌不能 PASS，不支持♥不能叫 2♥，3 张♠也无法叫 1♠。10 点以下不够二盖一应叫 2◆的牌力，只能先应叫 1NT 显示 6～10 点不支持♥的牌。

(2)♠Q J 6　♥6 3 2　◆A Q 5　♣J 9 8 4

叫 1NT。对于弱均型牌，对同伴花色只有 3 张小牌支持时，应叫人可以叫 1NT。

(3)♠Q J 6　♥K 6 3　◆A Q 5　♣J 9 8 4

叫 2NT。均型牌，13～15 点，对同伴高级花色有 3 张以上的支持。

(4)♠Q 9 7 3　♥A J 4　◆K 10 8　♣A K 4

叫 3NT。均型牌，16～18 点，♥支持不错。叫 3NT 不会错过试探满贯的机会。

对于 13～18 点均型牌，如果对开叫人的花色只有 2 张支持时，应叫人只能先叫一个 4 张低花套作二盖一逼叫，然后再根据不同情况用叫无将或用其他方法显示牌力。

二、应叫 1NT 以后的叫牌

应叫 1NT 表示应叫人持 10 点以下同时对开叫人的花色不支持的弱牌，开叫人如果只有 13 点左右牌力，则联手牌力达不到成局水平，这时开叫人持均型牌可以停叫，有 6 张套可以叫回将牌花色。对应叫人来说，此时定约可能不是最理想的，但是本着“宁可叫坏一个花色也不叫坏一手牌”的原则，当不够成局牌力时应尽早停叫。

开叫人如果有 16 点左右牌力可以采用邀请叫，有 6 张以上套跳叫开叫花色，均型牌叫 2NT，邀请应叫人高限进局。开叫人的逆叫和跳叫新花色均为逼叫，表示 16 点以上，请应叫人继续叫牌显示牌情，开叫人如果封局表示止叫。开叫人顺叫一个新花色为 12～17 点，属于进局试探或有（非均型）牌型，允许应叫人在低限并对这个花色有支持的情况下停叫，应叫人如果为高限应维持继续叫牌。

下面是 1 阶高花开叫，1NT 应叫以后叫牌的一些实例。

例 1	开叫人（15 点）	应叫人（10 点）	开叫人	应叫人
	♠A K Q 9 3 2	♠5	1♠	1NT
	♥K Q 3	♥A 10 4 2	2♠	2NT

◆J 7	◆Q 9 5 4	3NT	=
♣8 6	♣A 9 4 2		

开叫人叫 2♠显示 6 张套，不逼叫，应叫人如果是低限牌可以 PASS。应叫人叫 2NT 显示高限，对开叫人的花色仍然不支持。开叫人选择 3NT 进局。

例 2

开叫人（16 点）	应叫人（9 点）	开叫人	应叫人
♠A 8 7	♠Q 10 5	1♥	1NT
♥K J 7 4 3	♥9 5	2NT	3◆
◆J 6	◆A K 10 5 4	3NT	=
♣A K 2	♣9 5 3		

开叫人为 16 点均型牌，叫 2NT 邀请。应叫人高限，叫出◆长套请开叫人参考。开叫人放心叫出 3NT 定约。应叫人如果为低限牌，对 2NT 邀请只能 PASS。

例 3

开叫人（14 点）	应叫人（9 点）	开叫人	应叫人
♠K Q 9 3 2	♠J 5	1♠	1NT
♥A Q 6 4	♥J 10 5 2	2♥	3♥
◆Q J 8	◆K 9 5 4	4♥	=
♣7	♣A 9 2		

开叫人叫 2♥，显示双高套。应叫人高限 4 张好支持，加叫 3♥邀请。开叫人牌型不错，单张增加牌力，叫 4♥进局。

例 4

开叫人（14 点）	应叫人（7 点）	开叫人	应叫人
♠A Q 8 7 2	♠K 10	1♠	1NT
♥Q 7	♥A 6 5 4 2	2◆	2♠
◆A Q 10 8 5	◆9 7	=	
♣8	♣10 9 6 4		

开叫人再叫 2◆显示有牌型，应叫人 7 点应该示弱，叫 2♠显示♠只有 2 张支持。应叫人弱牌不能再叫新花色，否则同伴会认为是高限牌。

三、应叫 2NT 以后的叫牌

应叫人跳叫 2NT 后，已经将牌情显示清楚，叫牌必须到局。以后的叫牌应由开叫人决定。开叫人叫牌可以采用自然的方法，叫任何花色都是逼叫。开叫人如果发现有满贯机会，可以扣叫或直接用 4NT 问 A。如果开叫人不图进取及早封局，应叫人不清楚开叫人的牌情，一般不能主动越过成局定约。

下面是 1 阶高花开叫后，2NT 应叫及以后叫牌的一些实例。

例 1	开叫人(12 点)	应叫人(15 点)	开叫人	应叫人
	♠A K 2	♠Q J 5	1♥	2NT
	♥K J 7 4 3	♥A 5 2	3NT	=
	♦J 7	♦K 10 4		
	♣10 8 6	♣A J 9 3		

应叫人显示 13～15 点以后，开叫人在持均型弱牌的情况下，就算同伴有 15 点，满贯也无希望，所以叫 3NT 封局示弱。应叫人牌力平均，适合打无将定约，故选择 PASS。

例 2	开叫人(17 点)	应叫人(13 点)	开叫人	应叫人
	♠K Q 9 3 2	♠J 5 4	1♠	2NT
	♥Q 6	♥A K 10 2	3♣	3♥
	♦7	♦K Q 9	4NT?	5♦ *
	♣A K Q J 8	♣6 4 2	5♠	=

应叫 2NT 后，开叫人叫 3♣ 显示第二套，逼叫。应叫人扣叫 3♥。以后开叫人叫 4NT 检查 A 的个数，发现同伴只有 1 个 A，只能放弃满贯而叫 5♠ 止叫。

例 3	开叫人(13 点)	应叫人(14 点)	开叫人	应叫人
	♠K Q 9 8 7 2	♠A 10 5	1♠	2NT
	♥9 4 3	♥A K J 5	3♣	3♥
	♦—	♦Q 4 3	4♣	4♥
	♣A K J 10	♣9 3 2	4NT?	5♥ *
			6♠	=

应叫人显示 13～15 点以后，开叫人虽然只有 13 点，但缺一门，只要应叫人在♦中没有浪费的牌力，满贯就有希望，所以开叫人采用扣叫的方法探查。应叫人扣叫 4♥ 等于表示♦中没有 A 和 K。开叫人放心问 A 进贯。

四、应叫 3NT 以后的叫牌

应叫人叫 3NT 已经成局，在联手最低 28 点，有一个配合良好的将牌花色的情况下，满贯非常有希望，因此开叫人不能停叫。开叫人叫 4 阶高花封局表示弱牌。开叫人叫新花色为扣叫，叫 4NT 为问 A。如果开叫人封局，应叫人只有在高限同时牌型非常有利时才可以发动满贯，否则不能再叫。下面是 1 阶高花开叫后,3NT 应叫及以后叫牌的一些实例。

例 1	开叫人(14 点)	应叫人(17 点)	开叫人	应叫人
	♠J 9 7	♠A K 6	1♥	3NT
	♥A K 8 7 5 2	♥Q 10 4	4♦	4♠
	♦A Q 8	♦J 9 5	4NT?	5♥ *
	♣8	♣A K 9 4	6♥	=

应叫人叫 3NT 显示 16~18 点均型牌好支持后,开叫人 14 点并有 6 张好套,应该试探满贯,扣叫 4♦逼叫。应叫人叫出 4♠后,开叫人放心问 A 探查满贯,发现同伴有 2 个 A 后直接叫到小满贯。

例 2	开叫人(12 点)	应叫人(18 点)	开叫人	应叫人
	♠A 10 7 5 4	♠K Q 9 3	1♠	3NT
	♥Q 9 7	♥A 6	4♠	4NT?
	♦A Q 8	♦K J 10 6	5♥ *	6♠
	♣8 2	♣A J 4		

应叫人叫 3NT,开叫人为极弱牌,为防止丢失满贯,叫 4♠维持示弱。应叫人高限,将牌支持极好,应该试探满贯。查明同伴有 2 个 A 后,直接叫上小满贯。

跳叫新花色以后的叫牌

在 5 张高花开叫体制中,开叫 1 阶高花时,其高花套只保证张数,不保证强度。由于打满贯定约特别重视将牌的质量,因此在有满贯前景时,寻求一个好的将牌花色十分重要。如果应叫人有 16 大牌点以上,联手点力已经超过了 28 点,成局在握,满贯极有可能。这时,应叫人如有一个可以独立作将牌的长套花色,应采用跳叫新花色这种叫品,立刻向同伴通报这种牌情,这样叫牌对同伴判断是否有满贯机会非常有价值。

一、应叫人跳叫新花色的条件

1♥或 1♠开叫后,应叫人立刻跳叫新花色,表示 16 大牌点以上,所叫花色一般为 6 张以上,至少是半坚强的套,逼叫到局,有强烈的满贯兴趣。跳叫新花色的套应保证可以独立作将牌,即在同伴不支持的情况下,仅凭自己也可以获得 5 个以上的将牌赢墩。如果只是 6 张较弱的套,即便达到 16 点以上,也应避免用跳叫新花色表示强牌。这时可先用一盖一或二盖一逼叫，以后再通过示强逼叫显示额外的牌力，或由应叫人主导以后的叫牌。跳叫新花色还有一种情况，就是应叫人在对同伴有极好支持的情况下，可以用一个 5 张好套作新花色跳叫。

下面是开叫 1♥，应叫人持如下 16 点以上牌跳应叫新花色的一些例子。

(1) ♠A K J 10 7 2 ♥4 3 ♦A J 9 ♣K 4

跳叫 2♠。16 大牌点以上，♠为 6 张以上，至少是半坚强的套。

(2) ♠A J 6 ♥A 7 ♦K 6 ♣K Q J 10 9 5

跳叫 3♣。叫低花套一定要保证强度。

(3) ♠A Q 7 ♥J 2 ♦A K Q J 10 ♣9 4 2

跳叫 2♦。虽然只有 5 张♦，但这是一个可稳获 5 墩将牌的坚强套。

(4) ♠10 4 ♥A Q J 8 ♦J 7 ♣A K Q 9 5

跳叫 3♣。虽然♣只有 5 张，但♥与开叫人配合得非常好，已经有了坚强的将牌。

以下是开叫人开叫 1♥，应叫人 16 点以上不宜作新花色跳叫的牌例。

(1) ♠Q 8 6 5 2 ♥K 7 ♦A K 3 ♣A K 2

叫 1♠。此牌虽然超过 16 点，但♠花色弱，不可跳叫 2♠，只能先一盖一逼叫。等开叫人再叫显示清楚他的牌情后，应叫人再决定以后如何叫牌。

(2) ♠A J 6 ♥A 9 7 ♦K Q 10 6 2 ♣K 5

叫 2♦。♦套不错，有必要介绍，可能对叫上满贯有用。叫 3NT 会埋没该套。

二、跳叫新花色以后的再叫方法

应叫人跳叫新花色，表示有一个可以独立作将牌的花色，联手已经 28 点以上，以后无论采用什么方式叫牌，都不可停止在成局水平以下，开叫人的再叫应围绕满贯探查进行。

当开叫人有应叫人花色的 1 张大牌时，低限 12~13 点应平加，高限 14 点以上应扣叫新花色。开叫人没有应叫人花色的大牌时，当自己的开叫花色是一个半坚强的 6 张以上套时，再叫这个花色。开叫人不支持应叫人花色同时自己也没有好套时，可以最低水平叫无将。当开叫人牌力较强有满贯兴趣时，应扣叫新花色逼叫，以后酌情选择有将或无将满贯定约。

开叫人再叫以后,应叫人遇到开叫人扣叫,说明满贯在望,应该继续扣叫;遇到开叫人加叫将牌花色,无意满贯可以封局止叫,有意满贯应扣叫新花色。如果开叫人重复叫自己的开叫花色,应叫人支持该花色时低限加叫,高限扣叫新花色;不支持该花色,自己花色是坚强套时再叫这个花色,否则,无意满贯叫无将,有意满贯开始扣叫新花色。遇开叫人再叫 2NT,应叫人的花色为坚强套时可以重复这个花色,否则,无满贯兴趣可以叫 3NT,有满贯兴趣可以扣叫新花色。遇开叫人再叫 3NT,应叫人无意满贯可以停叫,有意满贯应该继续扣叫。

下面是 1 阶高花开叫,应叫人跳叫新花色以后叫牌的几个实例。

例 1	开叫人(12 点)	应叫人(16 点)	开叫人	应叫人
	♠A 9 6 3 2	♠10	1♠	3♥
	♥7 2	♥A K Q 8 5 3	3NT	=
	♦K Q J	♦A 9 5		
	♣Q 9 4	♣K 5 3		

开叫人再叫 3NT 显示低限后,应叫人只有 16 点,见满贯希望不大,选择 PASS 结束叫牌。

例 2	开叫人(11 点)	应叫人(19 点)	开叫人	应叫人
	♠7	♠K Q 3	1♥	3♣
	♥A K Q 10 9 3	♥J 6	3♥	4NT?
	♦Q 7 3	♦K 9 5	5♦ *	5♥
	♣9 7 4	♣A K Q J 10	=	

开叫人再叫 3♥显示 6 张好套后,应叫人牌力强,认为只要联手有足够的控制,满贯有希望,所以直接叫 4NT 问 A。查得同伴有 1 个 A,这样定约只能停在 5♥。

例 3	开叫人(12 点)	应叫人(17 点)	开叫人	应叫人
	♠J 9	♠A K Q 10 7 5	1♥	2♠
	♥A J 10 7 2	♥9	3♠	4NT?
	♦A Q 3	♦K 9 6	5♥ *	6♠
	♣9 7 2	♣K Q 3	=	

开叫人再叫 3♠显示支持,应叫人看到将牌非常坚强,只要联手有足够的控制,满贯有希望,于是直接问 A。查得同伴有 2 个 A 后,叫上小满贯。

例4	开叫人(16点)	应叫人(16点)	开叫人	应叫人
	♠A K Q 6 3	♠9 2	1♠	3♥
	♥9 3 2	♥A K Q J 5 4	4◆	4♥
	◆A Q J	◆K 10	4♠	5◆
	♣10 8	♣Q J 5	5♥	=

开叫人扣叫4◆显示有◆A,否定有♣A,同时表示有满贯兴趣。应叫人叫回4♥,表示只有16点,两个未叫花色无A。开叫人再叫4♠逼叫,希望应叫人叫出♣的第二轮控制,应叫人叫5◆表示有◆K,否认有♣的第二轮控制。开叫人见打满贯有危险,只好叫5♥止叫。

例5	开叫人(16点)	应叫人(18点)	开叫人	应叫人
	♠A Q 10 6 3	♠9	1♠	3◆
	♥K Q 7 3	♥A 10	3♥	4NT?
	◆6	◆A K Q J 5 4 2	5◆ *	5NT?
	♣K Q 8	♣A 9 5	6◆ *	7NT

开叫人再叫3♥显示高限牌,有满贯兴趣。应叫人牌型极好,立刻问A并问K,得知开叫人有1个A和2个K后,算出开叫人至少还会有一个以上的Q,于是叫到最安全的7NT。

第四节　无将开叫及以后的叫牌

无将开叫是自然制各种开叫方法中限制性较强的叫品,只要是均型牌,没有5张高花套,16~18大牌点开叫1NT,23~24大牌点开叫2NT。这两种无将开叫均为自然性质,同伴如果PASS,敌方也未争叫,就准备打无将定约。自然制对无将开叫后的叫牌设计充分利用了限制性叫牌的特点,应叫人可以根据自己的牌型选择最有效的应叫方法,选择定约相对比较准确。无将开叫后敌方难于干扰。由于无将开叫有这些优点,所以只要牌情符合无将开叫的条件,一定要选择开叫无将。下面分别介绍1NT和2NT开叫及以后的叫牌方法。

1NT 的开叫与应叫

一、1NT 的开叫条件

自然制的 1NT 开叫，要求 16~18 大牌点，均型牌。均型牌是指牌型分布为 4-3-3-3、4-4-3-2 或 5-3-3-2 的牌型（其中 5 张为低级花色）。1NT 开叫允许有的花色没有大牌。

开叫 1NT 不但可以给同伴提供比较准确的信息，而且一下越过 1 阶花色 4 个叫品，对于敌方叫牌有较强的阻塞作用。自然制中的 1NT 开叫牌力比精确制要求的 13~15 点要高一些，所以又称为强无将开叫，开叫牌力的加强使自然制的 1NT 开叫比较安全。

下面是一些开叫 1NT 的例子。

（1）♠K Q 7　♥A J 6　♦K 6 3　♣Q J 10 3

叫 1NT。16~18 大牌点，4-3-3-3 牌型，门门有大牌是开叫 1NT 的理想牌型。

（2）♠A K J　♥Q 7 2　♦A 6　♣K J 10 7 6

叫 1NT。16~18 大牌点，5-3-3-2 牌型，5 张套为低花套。

（3）♠K Q 10　♥A Q J 7　♦3 2　♣K Q 6 4

叫 1NT。16~18 大牌点，均型牌，虽有的花色无大牌，但可以开叫 1NT。此牌如果开叫 1♣，不但没有将牌情表示清楚，还会使 1 阶低花开叫的范围变宽。

下面是一些不应开叫 1NT 的例子。

（1）♠9 7 6 5 2　♥Q 9 3　♦A K　♣A K 2

叫 1♠。16~18 点有一个 5 张高花套时，无论该套强弱均应优先开叫高花。

（2）♠Q 8 6　♥K J 7 3　♦K 3 2　♣A Q 4

叫 1♣。15 点不够开叫 1NT 的牌力。这种牌用开叫 1 阶低花下次再叫 1NT 的方法显示。

（3）♠K Q J 3　♥K Q 10　♦A J 6 3　♣K 7

叫 1♦。19 点超过 1NT 开叫牌力范围，开叫 1 阶低花下次再叫 2NT 显示这种牌。

（4）♠K Q 7 3　♥Q J　♦A 10 7 5　♣K J 6

叫 1♦。此牌 16 点，但♥大牌点没有保护张，牌力要打折扣，开叫 1NT 牌力略显不足。

二、对1NT的应叫方法

1NT开叫以后，开叫人的牌情已经显示清楚，应叫人很容易计算出联手的牌力，并能据此选择合理的定约。自然制对1NT开叫的应叫方法分自然性和约定性两类，应叫人是非均型牌一般选择有将定约，有4张高花套可以通过问叫寻求4-4高花配合，除此以外可选择加叫无将。联手达到25点就应设法叫到局，达到满贯的牌力水平要积极试探满贯。

对1NT开叫的各种应叫方法如下。

①不叫——0~6点，均型牌，联手最高24点，成局无望，打1NT定约。

②2NT——7~8点，无4张高花，3NT邀请。

③3NT——9~14点，无4张高花，联手25~32点，没有满贯希望。

④4NT——15~16点，均型牌。定量加叫，小满贯试探。

⑤6NT——17~18点，均型牌。联手33~36点，小满贯止叫。

⑥5NT——19~20点，均型牌。定量加叫，大满贯试探。

⑦7NT——21点以上，均型牌。联手至少37点，能打大满贯。

⑧2♣——8点以上，斯台曼约定叫，问4张高花套。

⑨2♦2♥——杰克贝转移叫，应叫人有5张以上♥或♠。

⑩2♠——低花转移叫，应叫人有6张以上♣或♦套。

⑪3♣3♦——应叫人有6张以上半坚强的♣或♦套。进局邀请。

⑫3♥3♠——9点以上，应叫人有6张以上♥或♠，进局逼叫。

⑬4♣——盖伯约定叫，问A的个数。问叫人以后再叫5♣为问K的个数。

以上没有标明大牌点的叫品表示对大牌点数不作硬行规定，叫牌时可以根据实际牌情决定。

三、1NT开叫后选择应叫叫品的原则

无将开叫以后，下面的叫牌完全由应叫人决定。应叫人选择叫品应遵循以下原则。

①应叫人判断成局无望时应不叫。应叫人应注意到1NT开叫并不保证开叫人各门花色均有大牌，为避开打无将定约可能出现的个别花色无止张的危险，有条件时应叫人应利用转移叫选择一个安全的有将定约。

②在联手有进局牌力准备进局时，应叫人应首先检查能否打高花有将定

约，当应叫人有5张以上高花套时应积极显示出来。如应叫人有4张高花套，可以使用斯台曼约定叫寻求高花4-4配合。如无高花配合，可考虑能否以无将进局。当打无将有危险时，再来考虑以低花进局。

③联手牌力达到32点以上或有足够的赢墩时，要积极试探满贯。打满贯定约高花低花作将牌价值相同，故联手有8张以上配合的花色可打有将定约，否则选择无将定约。打有将满贯定约对点力的要求一般低于无将定约，但要有足够数量的A和K来实现对各门花色的控制，这时可以使用盖伯问叫或黑木问叫来探查同伴的A和K的个数。

④在应叫人根据自己的持牌情况判断只要开叫人持18点高限牌就可以3NT进局时，应该采取2NT进局邀请叫。如果应叫人有一个6张以上半坚强的低花套，应该在3阶直接叫出作为进局邀请，此时开叫人在该花色中有一张大牌就可以保证赢得6墩，故开叫人可以决定是否进局。在只要开叫人持高限牌18点或17点同时联手有足够的A就可以进贯时，应该采取4NT或5NT满贯试探叫，积极争取进贯。

下面是几个1NT开叫后应叫的例子。

(1)♠7 6 3　♥Q 3 2　♦A 4 2　♣9 8 6 2

不叫。手中只有6点，联手最多只有24大牌点，均型牌，成局无望。

(2)♠Q 7 2　♥K 10 8　♦K J 6 4　♣10 6 3

叫3NT。联手25~27大牌点，均型牌，没有高花配合，3NT是最佳定约。

(3)♠K 10 8　♥Q 7 3　♦A 10 7　♣A Q 8 4

叫4NT。小满贯试探，联手31~33点，请开叫人16点停叫，17~18点继续试探。

(4)♠K J 10　♥A Q J　♦A J 10 7　♣K Q 9

叫7NT。联手37~39点，大满贯应无问题。

(5)♠A 10 9 8 7 2　♥9 8　♦8 7 3　♣Q J

叫2♥。请开叫人转移叫2♠后，应叫人再叫4♠。请持强牌的开叫人做庄。

(6)♠A 10 9 6　♥A 8 6 3　♦J 3　♣7 6 4

叫2♣。斯台曼问叫，开叫人可能有4张高花套，寻求4-4高花配合的有将定约。

(7)♠A 6 3　♥A K J 10 9 8 4 3　♦3　♣6

叫4♣。盖伯问叫,如果开叫人有A,打6♥定约应无问题。

1NT开叫以后的叫牌应由应叫人主导,开叫人只能处于叫牌的从属地位。开叫人不了解同伴的牌,所以无论自己是18点高限牌还是有4张高花套,都没有主动显示的必要。要相信,如果应叫人对这些因素感兴趣会主动询问。

下面对应叫人直接选择有将定约、使用斯台曼寻求4-4高花配合,以及加叫无将三种情况分别进行介绍。

应叫人持有长套时的叫牌

一、应叫人持有长套时的叫牌方法

对于1NT开叫,应叫人为非均型牌,有5张以上的高级花色或6张以上的低级花色套,应该显示出长套,准备打有将定约。应叫人具体应叫方法如下。

①2◆2♥——转移叫。有5张以上♥或♠套,请开叫人分别叫2♥或2♠。

②2♠——低花转移叫。有6张以上♣或◆套,请开叫人叫3♣,应叫人以后PASS或叫3◆。

⑧3♣3◆——应叫人有6张以上半坚强的♣或◆套,其余花色几乎没有点力。开叫人在该花色没有大牌时可以PASS,有大牌支持时可以叫3NT。

④3♥3♠——9点以上,6张以上半坚强的♥或♠套,进局逼叫,有一定的满贯兴趣。

对于定约方来说,一般情况下让大牌点多的人成为定约人,大牌点隐藏在庄家手中,利于定约的完成。所以选择有将定约时,可以使用转移叫保证使持强牌的开叫人成为庄家。当应叫人有一个很好的高花套,牌力达到9点以上,准备自己做庄时,可以在3阶直接叫出这个高花套,这是进局逼叫,同时表示出一定的满贯兴趣。总之,当应叫人为9点以上,联手牌力至少达到25点时,叫牌务必到局,应叫人7~8点牌应邀请开叫人高限进局,应叫人牌力更高时应注意进行满贯探查。

转移叫又称为杰克贝(Jacoby)转移叫,专门在无将开叫后使用。其方法是:在1NT(或2NT)开叫后,应叫人最低水平地叫出比手中长套花色低一级的花色,要求同伴加叫一级并成为定约人。两个花色一样长时先转移叫较高级花色,然后还可以叫出较低级的花色。但是,如果有另一个4张高花套时,不要使用转移叫,在这种情况下应用斯台曼约定叫。这里,对高花套直接使用杰克贝转移叫,对低花套则有改良:弱低花套用2♠转移,强低花套直接叫出,以便开叫人判断有无3NT机会。

下面是开叫1NT后,应叫人持有长套时应叫的一些例子。

(1)♠Q 10 8 7 3　♥7 4 3　♦J 3 2　♣6 2

叫2♥。希望开叫人转移叫2♠,让开叫人做庄打2♠定约。

(2)♠A 7 6 4 3　♥K J 10 9 8　♦3 2　♣6

叫2♥。先转移叫较高级花色,下次再叫较低级花色3♥供同伴选择。

(3)♠A Q 9 8 7 6 5　♥K 4 3　♦2　♣K 7

叫3♠。逼叫进局,希望同伴♠有大牌时试探满贯。应叫人做庄有利于对付敌方首攻。

(4)♠7 2　♥10 8　♦K Q J 9 5 4　♣10 6 3

叫3♦。虽然联手最多只有24大牌点,但同伴只要有♦A,3NT极有希望。

(5)♠8 6 4　♥4　♦9 5 4　♣K J 10 6 3 2

叫2♠。在开叫人转移叫3♣后停叫。

(6)♠10 5　♥8 6　♦Q 10 9 7 5 4 2　♣Q 3

叫2♠。开叫人叫3♣后,应叫人再叫3♦,开叫人应该停叫。

可以看出,在安排了用直接叫3♣3♦表示强低花套以后,应叫人有弱的♦套时无法使用转移叫,只能自己做庄打3♦。对此,应叫人在叫2♠转移之前,应权衡好是让开叫人打1NT还是自己打3♦,以免以后带来不利局面。

二、转移叫以后的叫牌方法

在开叫人依约转移叫后,应叫人再叫方法如下:PASS或将3♣改叫到3♦表示弱牌,表示就打这个定约。应叫人将高花将牌花色加到3阶一般为6张,邀请开叫人高限牌叫4阶高花进局,低限牌可以PASS。应叫人叫2NT为进局邀请,表示5-3-3-2牌型,请开叫人高限牌在3NT和4阶高花之间选择进局,低限牌在2NT和3阶高花之间选择。叫3NT为请开叫人在3NT和4阶高花之间选择定约。再叫新花色表示有第二套,4张以上,逼叫,请开叫人选择。应叫人再叫低花套常表示有满贯兴趣。

下面是1NT开叫以后,应叫人持有长套叫牌的一些实例。

例1	开叫人(16点)	应叫人(6点)	开叫人	应叫人
	♠K 2	♠A 10 9 6 4 3	1NT	2♥ *

♥A Q 7 4	♥8 3	2♠ *	3♠
♦J 8 2	♦Q 9 6	=	
♣A Q 8 3	♣9 7		

开叫 1NT 后，应叫人叫 2♥转移，开叫人叫 2♠后，应叫人加叫 3♠，邀请开叫人高限进局。开叫人低限牌，只能停叫。此牌如果应叫人牌力更强些，可以直接叫 4♠。

例 2

开叫人（18 点）	应叫人（8 点）	开叫人	应叫人
♠9 2	♠A 6	1NT	2♦ *
♥A K 7	♥Q J 8 5 2	2♥ *	2NT
♦K Q 10 2	♦J 9 3	4♥	=
♣A Q 9 3	♣8 5 2		

在开叫人依约转移叫 2♥之后，应叫人再叫 2NT 邀请，表示自己是 5-3-3-2 均型牌。开叫人高限，♥好支持便叫 4♥，如果只有 2 张♥可以叫 3NT。开叫人如为低限牌，♥好支持叫 3♥，支持不好 PASS。如果应叫人为 9 点以上，可以直接叫 3NT，请开叫人在 3NT 和 4♥之间选择。

例 3

开叫人（16 点）	应叫人（13 点）	开叫人	应叫人
♠K 7	♠A Q 6 4 2	1NT	2♥ *
♥A Q 9 6	♥7	2♠ *	3♣
♦K J 8 2	♦Q 3	3NT	4♣
♣K 8 3	♣A J 5 4 2	4♠	=

开叫人转移叫 2♠后，应叫人又 3♣逼叫，显示第二套，有一定的满贯兴趣，否则，成局水平的定约没有必要再显示一个低花套。开叫人低限牌，叫 3NT 示弱，同时显示对同伴花色的高花支持不好。应叫人再叫 4♣表示这是一个 5 张套，开叫人叫 4♠表示无意满贯，应叫人放弃满贯尝试。

例 4

开叫人（17 点）	应叫人（13 点）	开叫人	应叫人
♠K 9 8 2	♠A	1NT	2♦ *
♥A J	♥Q 10 7 4 3	2♥ *	3♦
♦K 10 8 2	♦A Q J 9 4	4♦	4♠
♣A Q 3	♣8 6	5♣	5♦
		6♦	=

开叫人转移叫 2♥后，应叫人叫 3◆显示第二个长套，表示有满贯兴趣。开叫人越过 3NT 叫 4◆，表示对◆有好支持，回应同伴的满贯兴趣。应叫人扣叫 4♠显示有♠A。开叫人叫 5♣显示有♣A。应叫人叫 5◆表示没有额外牌力，开叫人有♥A，加叫到 6◆。

例 5	开叫人(18 点)	应叫人(13 点)	开叫人	应叫人
	♠Q 8 5	♠A K 9 6 4 3 2	1NT	3♠
	♥A J 6	♥K 7	4♣	4NT?
	◆A 8 4	◆K 3 2	5♣ *	5NT?
	♣A K 10 3	♣8	6◆ *	7NT
			=	

开叫 1NT 后，应叫人直接跳叫 3♠，表示有一个好套，逼叫进局。开叫人没有直接叫 4♠进局，而是扣叫 4♣，表示对♠好支持(Q××，××××)，有一定的满贯兴趣。应叫人于是问 A 问 K。当知道联手有 4 个 A 和 4 个 K，算出赢墩已经有 13 个，自然要叫到大满贯。

例 6	开叫人(16 点)	应叫人(16 点)	开叫人	应叫人
	♠9 8	♠K Q J	1NT	4♣?
	♥K Q 6 5	♥J	4♠ *	4NT *
	◆A Q J 4	◆K 8 2	5♣	=
	♣A 10 3	♣K Q J 6 4 2		

开叫 1NT 后，应叫人牌点很高，牌型也很好，自己做庄有利，所以直接用4♣问 A 探查满贯。开叫人回答只有 2 个 A，低限牌(高限牌可以叫 4 NT)。应叫人见满贯没有希望，叫 4NT 为刹车转移叫，表示选择的将牌花色正好是♣，要求开叫人叫 5♣。

用斯台曼探查高花配合

开叫无将的人可能有 4 张高花套，在应叫人有 4 张高花套希望寻求 4-4 高花配合的情况下，可以使用斯台曼约定叫(Stayman)询问同伴有无 4 张高花套。

一、使用斯台曼问叫的方法

使用斯台曼约定叫的方法是：一方开叫无将后，另一方最低水平地叫出♣，例如 1NT-2♣(或 2NT-3♣)，这表示开始作斯台曼约定叫，询问叫无将一方手中有无4张高花套。回答方法为:2◆=无高花套。2♥=4张♥套,可能还有4张♠套。2♠=4张♠套,无4张♥套。

使用斯台曼约定叫一般需要8点以上的牌力,至少有一个4张高花套。在有一个4张高花套,另外有一个5张以上套时,一般也使用斯台曼约定叫,这样不会失去寻求4-4高花配合的机会。使用斯台曼约定以后,无论寻到高花4-4配合打有将定约还是打无将定约,均可以使持强牌的开叫方成为定约人。

下面是开叫1NT后,应叫人采用2♣问叫的一些例子。

(1)♠Q J 8 3　♥A 8 7　◆8 5　♣J 9 4 2

叫2♣。8点牌,希望找到4-4高花配合,打高花有将定约。

(2)♠Q 9 8 4　♥A 10 9 8 3　◆8 6　♣Q 8

叫2♣。5-4套,其中4张套为高花,应先使用斯台曼问叫,若同伴回答2◆,再叫出2♥,暗示另有一个4张高花套。

(3)♠8 6 3　♥K J 4 2　◆A Q 9 6 3　♣5

叫2♣。先使用斯台曼问叫,没有高花配合时,再叫出5张低花套,暗示另有一个4张高花套。

(4)♠Q 8 6 3　♥10 9 7 4　◆9 8 3 2　♣9

叫2♣。1NT不好打,使用斯台曼问叫,无论同伴回答什么均停叫。牌型有利时7点以下也可以用斯台曼问叫。这个例子表明,使用斯台曼问叫有时仅仅是为了选择一个安全的定约,并不是为了进局。但是需要注意,在牌型不利的情况下,点力不足8点,有4张高花套也不能滥用斯台曼约定。看下面的例子。

(5)♠10 8 4 3　♥Q J 7 4　◆8 3　♣K 9 2

应叫人6点牌,有两套高花,如果不假思索使用2♣问叫寻求高花配合,当开叫人无高花回答2◆时,应叫人很难选择后续叫品。如果再叫2NT表示3NT邀请,叫花色表示5张套,应叫人只能不叫。结果2◆定约远不如1NT好打。这手牌联手最多24点,牌型一般,难以成局,应叫人最好的选择是对1NT不叫。

二、开叫人回答以后的叫牌

应叫人用2♣问高花,开叫人必须如实回答。以后的叫牌完全由应叫人决定。

应叫人加叫开叫人叫出的高花表示有4张以上的支持,应叫人叫无将表示不支持开叫人叫出的高花,另一个高花是4张套。如果应叫人平叫出新花色表示 5 张以上套。如果应叫人再叫出的是低花套则表示有一定的满贯兴趣。应叫人跳叫新花色是进局逼叫。

由于应叫人使用斯台曼一般至少有 8 点，即联手牌力已在 24 点以上，所以应叫人只要再叫均表示有意进局。当应叫人持 7~8 点牌力时，应邀请开叫人高限进局，方法是当对同伴的高级花色有 4 张以上支持时平加到 3 阶，无支持时平叫 2NT。遇到应叫人再叫邀局，开叫人为高限时应将定约加到局，低限时可以在不成局的定约上停叫，中限可灵活决定进局与否。在应叫人判断联手达到 25 点时，高花配合则以高花进局，高花不配合则要试探 3NT 或低花进局，牌情不利允许停在 4 阶低花上。当联手牌力超过成局水平，应叫人应注意是否有满贯机会。

下面是使用斯台曼问叫及以后叫牌过程的一些实例。

例 1	开叫人(16 点)	应叫人(8 点)	开叫人	应叫人
	♠K Q 9	♠J 10 8 3	1NT	2♣?
	♥K Q	♥A 9 5 2	2♦ *	2NT
	♦9 8 2	♦Q 7 4	=	
	♣A Q 8 7 3	♣J 4		

应叫人 2♣问叫后，开叫人叫 2♦表示没有 4 张高花套。应叫人发现高花不配合，叫 2NT 邀请开叫人高限叫 3NT 进局。开叫人为低限牌，只能 PASS。

例 2	开叫人(18 点)	应叫人(8 点)	开叫人	应叫人
	♠K J 8 2	♠Q 10 7 3	1NT	2♣?
	♥K 7	♥8 5 2	2♠	3♠
	♦A K J 4	♦Q 10 9 7	4♠	=
	♣K 8 3	♣A 5		

对于问叫，开叫人回答 2♠表示有 4 张♠套，应叫人加叫 3♠，表示♠有 4 张支持，邀请开叫人高限进局。开叫人 18 点自然要叫 4♠进局。如果开叫人答的是 2♦或 2♥，应叫人应该叫 2NT 邀请，表示高花不配合。

例 3	开叫人(16 点)	应叫人(10 点)	开叫人	应叫人
	♠A 9 8 4	♠K J 10 3	1NT	2♣?
	♥K 8 7 2	♥A 6 5	2♥	3NT
	♦J 2	♦9 7 5	4♠	=

♣A K J	♣Q 10 2

对于问叫，开叫人双高套只能先回答2♥。应叫人高限牌自己叫3NT，表示自己♥不是4张套，但♠必有4张，否则没有必要问高花。开叫人于是将3NT改叫成4♠。这个例子说明，开叫人有双高套时，虽然第一次回答只能显示有♥套，但是♠套的配合仍然不会被埋没。

例4	开叫人(16点)	应叫人(9点)	开叫人	应叫人
	♠A Q 8	♠K J 5 4	1NT	2♣?
	♥K 8	♥A J 10 6 3	2♦ *	3♥
	♦Q J 10 7	♦9	3NT	=
	♥K J 3 2	♣8 5 4		

应叫人2♣问叫后，开叫人叫2♦表示没有4张高花套。应叫人再跳叫3♥逼叫，表示♥有5张，♠有4张，联手有成局的牌力。开叫人叫3NT，表示♥只有2张支持。应叫人知道开叫人低花应有8张，双方牌型互补，同意打3NT定约。

例5	开叫人(18点)	应叫人(7点)	开叫人	应叫人
	♠K Q 9	♠A J 8 4 3	1NT	2♣?
	♥K J 6 3	♥Q 8 5 2	2♥	2♠
	♦A Q 2	♦10 5 4	4♥	=
	♣K 8 4	♣9		

应叫人问叫后，开叫人回答2♥。应叫人再叫2♠表示5张套，暗示有4张♥，有意进局，否则应该使用转移叫使定约停在2♠。开叫人高限牌，知道应叫人♥为4张套，选择4-4配合的将牌直接进局，自己做庄打4♥。

例6	开叫人(17点)	应叫人(15点)	开叫人	应叫人
	♠A 9 2	♠K Q 6	1NT	2♣?
	♥K J	♥A 7 5 2	2♦ *	3♦
	♦K J 8 2	♦A Q 9 5 4	4♦	4NT?
	♣K Q 8 3	♣9	5♦ *	6♦
			=	

应叫人先问叫，再叫3♦显示5张套，表示好牌，至少要逼叫成局，有一定的满贯兴趣。开叫人叫4♦表示4张支持，应叫人算出联手至少31点，♦好配合，于是用4NT问A。得知同伴有1个A后直接叫到小满贯。

加叫无将以后的叫牌

开叫1NT之后,应叫人持均型牌,在没有必要使用斯台曼约定探查高花的情况下,可以根据牌力的强弱直接加叫各阶无将。

一、应叫人叫无将的条件

开叫1NT之后,应叫人进行各种无将加叫的方法如下。

①不叫——0~6点,均型牌,没有好的将牌花色,成局无望,停在1NT定约。

②2NT——7~8点,均型牌,无4张高花,3NT邀请。

③3NT——9~14点,均型牌,无4张高花,没有满贯希望。

④4NT——15~16点,均型牌。定量加叫,小满贯试探。

⑤6NT——17~18点,均型牌。联手33~36点,小满贯止叫。

⑥5NT——19~20点,均型牌。定量加叫,大满贯试探。

⑦7NT——21点以上,均型牌,联手至少37点,能打大满贯。

如果双方均为均型牌时,可打定约的阶数主要以联手大牌点的多少来决定。当联手牌力达到25点,在联手没有4-4高花配合的情况下,应叫人应当加叫3NT成局。当联手牌力达到33点或37点时,应叫人应当加叫小满贯或大满贯。以后开叫人不可再叫。

当应叫人期望开叫人的牌力为高限牌,联手牌力才符合进局或满贯的要求时,应叫人可以采用邀请叫,开叫人持低限牌时不上,高限牌时接受邀请进局或进贯。如果联手的点力达到满贯水平,在应叫人没有5张以上花色的情况下,应该寻找任意4-4配合的花色进贯,实在没有配合再以无将进贯。

下面是开叫1NT后,应叫人作无将加叫的一些例子。

(1)♠K 9 3　♥7 5 4　♦J 7 6　♣J 9 3 2

不叫。只有5点,联手最多只有23点,就打1NT。

(2)♠K J 3　♥Q 7 6　♦7 3 2　♣Q 10 6 4

叫2NT。8点牌,邀请同伴18点叫3NT,16点PASS,17点酌情处理。开叫人17点牌型有利时(例如有5张套或有较多的10、9),可以考虑叫3NT进局。

(3)♠Q 8 5　♥K 7　♦Q 8 7 5 2　♣Q J 7

叫3NT。封局止叫,联手至少有26点,而满贯则根本无望。

(4)♠K 10 8　♥K J 10　♦A 8 7 2　♣A Q 9

叫 6NT。联手 33~35 点,均型牌,打小满贯应无问题。

(5)♠Q 2　♥K J 7　♦A J 10 3　♣A 10 9 2

叫 4NT。没有明确花色配合时叫 4NT,特别是开叫 1NT 后应叫人立即叫到 4NT,表示满贯邀叫而并非问 A。此时联手 31~33 点,希望开叫人低限不叫,中高限继续试探小满贯。

(6)♠K 10 3　♥K Q 10　♦A J 10　♣A Q 7 3

叫 5NT。联手 35~37 点,要求开叫人低限时叫 6NT,中高限时继续试探大满贯。

打成局以上的无将定约应保证联手各门花色有止张,以防止敌方连拿一个花色的赢墩击败定约。由于在 1NT 开叫后应叫人直接进行无将加叫时,没有对各门花色的牌力进行探查,所以也有可能会碰上联手在某一门花色无止张或止张不好的情况。因此,应叫人有牌型或有 4 张高花套时,对无将开叫后的叫牌发展总是优先考虑选择有将定约,没有合适的将牌时再选择无将定约。

为提高满贯叫牌的准确性,使联手不但在达到 33 点或 37 点时叫到小满贯或大满贯,而且在一些处于 32 或 36 点临界牌力,但有足够数量的 A 的情况下,也可以叫到小满贯或大满贯,本书特别介绍一种新的满贯叫牌方法——满贯试探叫。用这种方法探查满贯,开叫人与应叫人通过互动叫牌,可以准确显示开叫人的点力,弄清联手 A 的个数,发现联手是否存在 5-3 或 4-4 配合的花色,从而可以大大提高满贯叫牌的准确程度。

二、小满贯试探叫以后的叫牌方法

1NT 开叫后,应叫人 15~16 点,均型牌,没有 5 张套,可以叫 4NT 作小满贯试探。此时,联手牌力为 31~34 点,希望在保证叫牌安全的前提下,通过探查将联手牌力达到 32 点以上并同时有 3 个以上 A 的牌叫到小满贯。叫小满贯时,联手有 5-3 或 4-4 配合的花色可打 6 阶有将定约,否则打 6NT 定约。应叫人作 4NT 小满贯试探叫以后,开叫人的回答方法如下:

开叫人 16 点牌时,联手 31~32 点,继续探查小满贯风险较大,故开叫人 PASS,准备打 4NT 定约。

开叫人 17 点牌时,联手 32~33 点,应探查 A 的个数后酌情叫牌。开叫人按以下方法叫牌:有 5 张低花套叫 5♣,否则,有 0 或 3 个 A 叫 5♦,有 1 或 4 个 A 叫 5♥,有 2 个 A 叫 5♠。如果开叫人叫 5♣,应叫人必须也用以上方法显示手中 A 的个数。只要一方显示 A 的个数后，同伴就可以确定定约。缺 2 个 A 时叫 5NT。如果联手有 3 个以上的 A，应该叫上小满贯。开叫人在 6 阶再叫明确 5 张低花套时，应叫人如果有 3 张以上的支持应该 PASS，同意以该花色为将牌。在开叫人没有 5 张低花套的情况下，决定进贯人可在 6 阶最低水平叫出 4 张套，同伴若有 4 张配合就 PASS，如果没有 4 张配合，有可能的话，就在 6 阶余下的叫牌空间中最低水平地叫出另外的 4 张套。用这种方法交替叫出 4 张套寻找配合，如果没有找到配合就叫 6NT 止叫。

开叫人 18 点牌时，联手 33~34 点，联手至少有 3 个 A。在开叫人有 5 张低花套的情况下，可以叫 5♣，待应叫人用上述方法显示 A 的个数后，再在 6 阶叫出 5 张低花套。当开叫人没有 5 张套时，可以直接在 6 阶最低水平叫出 4 张套。应叫人若有 4 张配合就 PASS。没有配合时，再在 6 阶余下的叫牌空间寻找其他花色的 4-4 配合，如果没有找到配合就叫 6NT 止叫。

下面是一些 1NT 开叫后，应叫人采用小满贯试探叫的叫牌实例。

例 1	开叫人(17 点)	应叫人(15 点)	开叫人	应叫人
	♠K 8 5	♠A 6	1NT	4NT
	♥A Q 9 6	♥K 10 7 2	5♥ *	6♣
	♦K 6 2	♦Q J 4	6♥	=
	♣K Q 8	♣A J 5 3		

应叫人 15 点，均型牌，直接进行小满贯试探。开叫人叫 5♥显示 17 点，没有 5 张低花套，有 1 个或 4 个 A。应叫人见联手有 3 个 A 叫 6♣上小满贯，同时显示 4 张♣套。开叫人♣不配合，叫 6♥显示 4 张套。应叫人正好有 4 张♥，于是 PASS。

例 2	开叫人(17 点)	应叫人(15 点)	开叫人	应叫人
	♠A Q 8	♠K 9 4	1NT	4NT
	♥A Q 9 6	♥K 10 7	5♠ *	6♣
	♦Q 8 6 3	♦K J 2	6♦	6NT
	♣K 2	♣A J 5 3	=	

应叫人作小满贯试探。开叫人 17 点叫 5♠显示没有 5 张低花套，有 2 个 A。应叫人见联手有 3 个 A，叫 6♣显示 4 张套，开叫人没有 4 张♣，改叫 6♦。应叫人发现联手没有 4-4 配合的花色，叫 6NT 止叫。

例3	开叫人(17点)	应叫人(15点)	开叫人	应叫人
	♠A K Q 8	♠J 10 4	1NT	4NT
	♥Q 9 6 2	♥A K J	5♥ *	5NT
	♦K 3	♦Q J 7	=	
	♣K 8 6	♣Q J 5 2		

应叫人作小满贯试探。开叫人叫5♥,显示没有5张低花套,17点,有1个或4个A。应叫人发现联手只有2个A,正确地停在5NT。此牌应叫人如果有4张♠可以叫5♠,请开叫人在5♠与5NT之间进行选择。

例4	开叫人(18点)	应叫人(15点)	开叫人	应叫人
	♠K J	♠Q 10 8 4	1NT	4NT
	♥K 9 6	♥A J 2	5♣ *	5♠ *
	♦A K J 4 2	♦Q 8 3	6♦	
	♣K 8 6	♣A Q 5		

应叫人作小满贯试探。开叫人叫5♣显示17~18点,有一个低花5张套。应叫人叫5♠显示有2个A。开叫人见联手有3个A,叫6♦上小满贯,同时显示5张♦套。应叫人对♦支持尚可,同意打6♦。

三、大满贯试探叫以后的叫牌方法

1NT开叫后,应叫人19~20点,均型牌,没有5张套,可以采用5NT大满贯试探叫。此时,联手牌力为35~38点,希望在保证叫牌安全的前提下,通过探查将联手牌力达到36点以上并同时有4个A的牌叫到大满贯。叫大满贯时,当联手有5-3或4-4配合的花色可打7阶有将定约,否则打7NT定约。应叫人作5NT大满贯试探叫以后,开叫人的回答方法如下:

开叫人16点牌时,联手35~36点,继续探查大满贯风险较大,故开叫人直接叫6NT,准备打小满贯。

开叫人17点牌时,联手36~37点,应探查A的个数后酌情进贯。开叫人按以下方法叫牌:有5张低花套叫6♣,否则,有0或3个A叫6♦,有1或4个A叫6♥,有2个A叫6♠。当开叫人叫6♣时,应叫人必须也使用以上方法显示手中A的个数。只要一方显示A的个数后,同伴就可以确定定约。缺一个A时叫6NT。如果联手不缺A,应该叫大满贯。开叫人如果有5张低花套可在7阶叫出5张低花套进大满贯,应叫人如果有3张以上的支持应该PASS,同意以该花色为将牌。开叫人没有 5 张低花套,可在 7 阶最低水平叫出 4 张套。同伴若有 4 张配合就 PASS,没有配合时,如果有可能就在 7 阶余下的叫牌空间中最低水平地叫出另一个 4 张套继续寻找配合,用这种方法交替叫出 4 张套,如果没有找到配合就叫 7NT。

开叫人 18 点牌时,联手 37~38 点,此时不会缺 A,应直接叫大满贯。开叫人如果有 5 张低花套可叫 6♣逼叫,以便不丢失 5-3 配合的机会,以后暂按 17 点以后的情况叫牌,其结果肯定能叫上大满贯。没有 5 张低花套应在 7 阶最低水平叫出 4 张套,应叫人若有 4 张配合就 PASS,没有 4 张配合可在 7 阶余下的叫牌空间中寻找其他 4-4 配合的花色,如果没有 4-4 配合的花色就叫 7NT。

下面是一些 1NT 开叫后,应叫人采用大满贯试探叫的叫牌实例。

例 1	开叫人(17 点)	应叫人(19 点)	开叫人	应叫人
	♠K 9 8 2	♠A Q J	1NT	5NT
	♥K Q 7	♥J 8 5	6♥ *	6NT
	♦K 10 8	♦A Q J	=	
	♣A Q 3	♣K J 8 4		

应叫人 19 点均型牌,叫 5NT 作大满贯试探。开叫人叫 6♥,显示 17 点,没有 5 张低花套,有 1 或 4 个 A。开叫人发现联手缺 1 个 A,只能叫 6NT 刹车。此牌应叫人如果有 4 张♠可以叫 6♠,请开叫人在 6♠与 6NT 之间进行选择。

例 2	开叫人(17 点)	应叫人(19 点)	开叫人	应叫人
	♠K 9 8 2	♠A Q 7	1NT	5NT
	♥A J 7	♥Q 8 4	6♠ *	7♣
	♦K 10 8 3	♦A Q J	7♦	7NT
	♣A Q	♣K J 8 4	=	

应叫人作大满贯试探,开叫人叫 6♠显示有 17 点,没有 5 张低花套,有 2 个 A。应叫人叫 7♣上大满贯,显示 4 张♣套。开叫人♣不配合,叫 7♦显示 4 张♦套。应叫人见联手没有 4-4 配合的花色,只好叫 7NT。

例 3	开叫人(17 点)	应叫人(19 点)	开叫人	应叫人
	♠K 9	♠A Q 8	1NT	5NT
	♥A J 2	♥Q 4 3	6♣ *	6♦ *
	♦K 10 8	♦A Q J 4	7♣	=

♣K Q J 6 3　　♣A 10 8

应叫人作大满贯试探。开叫人叫6♣显示17~18点,有5张低花套。应叫人叫6♦显示有0或3个A。开叫人见4个A不缺,叫出7♣大满贯。应叫人♣有好配合,同意打7♣。

例4	开叫人(17点)	应叫人(19点)	开叫人	应叫人
	♠A 9 6	♠Q 4	1NT	5NT
	♥A J 8 2	♥K Q 10 3	6♦ *	7♣
	♦K J 8 3	♦A Q 4	7♦	7♥
	♣A 10	♣K Q J 8	=	

应叫人作大满贯试探。开叫人叫6♦显示17点,没有5张低花套,有0或3个A。应叫人见4个A不缺叫出7♣大满贯。开叫人♣不配合,叫7♦显示4张套。应叫人♦不配合,叫7♥显示4张套。开叫人有4张好♥,同意打7♥。

2NT 开叫及以后的叫牌

一、2NT 开叫的条件

自然制规定开叫2NT的条件为:23~24大牌点,均型牌,允许有的花色没有大牌,没有5张高花套。

下面是一些开叫2NT的典型牌例。

(1)♠A Q 10 3　♥K Q 3　♦K Q 7　♣A K J

(2)♠Q J 9　♥K Q 8 3　♦A K Q 7　♣A Q

以上4-3-3-3和4-4-3-2牌型,23~24大牌点,各门花色有止张,是开叫2NT的理想牌型。

(3)♠A K　♥A Q 4　♦K J 9 5 3　♣A Q 2

(4)♠A Q J　♥K J　♦A K J　♣K Q 10 8 7

对于5-3-3-2牌型,有5张低花套,只要赢墩不够9个,仍然要开叫2NT。

(5)♠A K Q 4　♥A K Q 7　♦K Q 7　♣J 10

(6)♠9 4　♥K Q 8　♦A K Q 7　♣A K Q 7

遇到23~24大牌点均型牌有的花色没有大牌的情况,也要开叫2NT,否则用别的叫品难于叫清这种牌型。这种牌型在同伴不能提供牌力帮助的情况下,独立打无将定约不太理想,但作为开叫2NT还是允许的。2NT开叫并不是一定要打无将定约，只是向同伴显示一种牌情，至于以后打什么定约还要根据应叫人的牌来决定。以后，应叫人牌型适当时总是优先考虑寻求打有将定约，所以开叫时不必担心止张问题。

二、对 2NT 开叫的应叫方法

2NT 开叫后的应叫方法与 1NT 开叫后的应叫方法原则上基本相同，只是各种叫品在牌点范围上有差别。开叫人有 23~24 大牌点，这与成局所要求的 25 点非常接近，应叫人只要稍有牌力支持即可达到成局要求。如果应叫人牌点再多些，应注意进行满贯探查。2NT 开叫后的应叫方法如下。

①不叫——0~2 点，比较平均的牌型，成局无望。

②3NT——3~8 点，均型牌，没有 4 张以上的高级花色，封局止叫，满贯无望。

⑧4NT——9 点，均型牌。定量加叫，小满贯试探。

④6NT——10~12 点，均型牌。联手 33~36 点，小满贯止叫。

⑤5NT——13 点，均型牌。定量加叫，大满贯试探。

⑥7NT——14 点以上，均型牌。联手至少 37 点，能打大满贯。

⑦3♣——斯台曼约定叫，询问同伴 4 张高花套。

⑧3♦3♥——转移叫，有 5 张以上♥或♠，让开叫人成为定约人。

⑨3♠——低花转移叫，有 6 张以上♣或♦，让开叫人叫 4♣。

⑩4♣——盖伯问叫，问 A 的个数，有满贯兴趣。

下面是一些 2NT 开叫后应叫的例子。

(1)♠7 6 3　♥Q 3 2　♦8 4 2　♣9 8 6 2

不叫。联手虽有 25~26 大牌点，但牌点集中在一个人手中，另一方无法上手，难于发展赢墩，成局的机会不大。

(2)♠Q 7 2　♥K 10 8　♦6 4 3　♣8 7 6 2

叫 3NT。联手 28~29 大牌点，均型牌，3NT 是最佳定约。

(3)♠K 10 8　♥Q 7 3　♦A 10 7　♣8 7 4 2

叫 4NT。9 点，均型牌，小满贯试探。开叫人 24 点可打小满贯，开叫人 23 点时，只要联手有 3 个 A，也有打成小满贯的机会。

(4)♠K 10 6　♥Q J 3　♦A J 10 7　♣Q 9 3

叫 5NT。13 点，均型牌，大满贯试探。开叫人 24 点可打大满贯，开叫人 23

点时，只要联手有 4 个 A，也有打成大满贯的机会。

(5) ♠9 8 6 3 2　♥2　♦7 6 3　♣10 7 4 2

叫 3♥。转移叫，请开叫人叫 3♠，然后停叫。应叫人一手“白皮”，凭开叫人一人的牌力打 2NT 几乎没有希望。

(6) ♠7　♥J 10 7 6 3 2　♦9 8 3　♣6 4 2

叫 3♦。转移叫，请开叫人叫 3♥之后，应叫人直接叫成 4♦封局。

(7) ♠8 4 3　♥6 5　♦10 8 5 4 3 2　♣J 5

叫 3♠。低花转移叫，请开叫人叫 4♣之后，应叫人再叫 4♦止叫。

(8) ♠J 10 7 2　♥9 8 6 5　♦A 8　♣9 7 4

叫 3♣。5 点牌，寻求 4-4 配合的高花进局。

(9) ♠8　♥A J 10 7 6 4 2　♦K 9 6 3　♣9

叫 4♣。联手 31~32 点，有一个好套。问清同伴 A 的个数，直接进满贯。

2NT 开叫以后，开叫人的牌情已经显示清楚，因此以后的叫牌由应叫人主导，开叫人只能被动应叫。

三、应叫人有长套花色时的叫牌

应叫人有长套花色时，应显示出长套准备打有将定约。应叫人采用转移叫，可以在打高花或♣定约时使开叫人成为定约人。如果应叫人认为不一定必须由开叫人做庄，可以直接叫出将牌花色到局，或马上问 A 进行满贯探查。以后应叫人在成局水平以上的再叫，均为有满贯兴趣的表示，开叫人应积极配合进一步显示自己的牌情。下面是 2NT 开叫以后应叫人选择有将定约的一些叫牌例子。

例 1	开叫人(23 点)	应叫人(4 点)	开叫人	应叫人
	♠A Q 9	♠K 10 8 3 2	2NT	3♥ *
	♥K Q 8 3	♥J 6 5	3♠ *	3NT
	♦A K Q 7	♦9 5 2	4♠	=
	♣K 3	♣9 5		

开叫人转移叫 3♠之后，应叫人再叫 3NT，表示 5-3-3-2 均型牌，把定约选择权交给同伴。开叫人若只有 2 张♠，认为打 3NT 好就停叫，若有 3 张以上支持就叫成 4♠。

例 2	开叫人(24 点)	应叫人(8 点)	开叫人	应叫人

♠A 5	♠K 10 9 8 2	2NT	3♥ *
♥A K Q	♥9	3♠ *	4♦
♦K Q 7 3	♦A J 6 5	4♥	4♠
♣A Q 9 2	♣10 7 4	4NT?	5♦ *
		6♦	=

应叫人叫 3♥为转移叫,表示有 5 张以上♠套。在开叫人叫 3♠之后,应叫人再叫 4♦,表示还有一个 4 张以上好♦套,有满贯兴趣。开叫人正好有 4 张♦,牌型配合极好,扣叫 4♥表示将牌配合,有意满贯。应叫人再叫 4♠表示再没有其他可叫的。开叫人问 A 后进贯。

例 3 开叫人(23 点)	应叫人(11 点)	开叫人	应叫人
♠A J 3	♠K Q 5	2NT	3♦ *
♥K J 7	♥A Q 10 9 6 2	3♥ *	4NT?
♦A K	♦8 5	5♠ *	5NT?
♣A K 8 3 2	♣9 4	7♥	=

应叫人使用转移叫 3♦,先告诉同伴♥为将牌并请同伴做庄,然后立刻叫 4NT 问 A,当再叫 5NT 问 K 时,已经显示出大满贯兴趣。开叫人得知联手 4 个 A 一个也不缺,自己有包括将牌 K 在内的 3 个 K,又有一个 5 张套,故直接叫成大满贯。

例 4 开叫人(23 点)	应叫人(9 点)	开叫人	应叫人
♠K Q J 6	♠10 9	2NT	4♣?
♥A Q J 8	♥K 7	4♠ *	4NT *
♦A K 6	♦Q J 8	5♣	=
♣K 9	♣Q J 10 7 3 2		

联手至少 32 点牌,应该探查满贯。应叫人准备自己做庄,故直接使用盖伯问叫,得知同伴只有 2 个 A 并低限牌时,叫 4NT 令同伴转移叫 5♣。

四、使用斯台曼寻求高花配合

开叫 2NT 后,应叫人叫 3♣为斯台曼问高花,应叫人有 4 张以上高级花色,希望寻求 4-4 配合的高花定约。开叫人回答斯台曼问叫的方法为:3♦=无高花套。3♥=4 张♥套,可能还有 4 张♠套。3♠=4 张♠套,无 4 张♥套。开叫人回答后,应叫人作封局止叫为弱牌;任何未成局的新花色再叫为逼叫,显示 5

张套，表示有一定满贯兴趣。

下面给出2NT开叫以后使用斯台曼寻求高花配合的一些叫牌例子。

例1

开叫人(23点)	应叫人(5点)	开叫人	应叫人
♠A Q J	♠10 8 6 3	2NT	3♣?
♥K 3	♥A 9 8 5	3♦ *	3NT
♦A K J 7	♦9 5	=	
♣K Q 9 5	♣J 8 4		

应叫人有5点，使用3♣问高花准备以高花进局。开叫人叫3♦表示无4张高花套，应叫人只好再叫3NT。

例2

开叫人(24点)	应叫人(4点)	开叫人	应叫人
♠K Q 9 4	♠A 10 8 3	2NT	3♣?
♥A K Q 3	♥5 4	3♥	3NT
♦A K Q	♦9 7 5 2	4♠	=
♣J 8	♣9 7 4		

应叫人3♣问高花，开叫人叫3♥，应叫人叫3NT，表示♥不配合。开叫人知道同伴有4张♠套，于是再叫4♠。通过此例可以看出，利用问叫一定能找到高花配合。

例3

开叫人(24点)	应叫人(9点)	开叫人	应叫人
♠K J 9	♠A 10 8 3	2NT	3♣?
♥K Q 8 3	♥J 7	3♥	4♦
♦A Q 6	♦K J 9 5 3	4NT?	5♦ *
♣A K Q	♣7 5	6♦	=

应叫人5-4套采用斯台曼可以显示清楚牌情。开叫人叫出3♥，应叫人再叫4♦，显示5张♦套，另有4张高花套，有满贯兴趣。开叫人对♦支持极好，于是问A，然后叫6♦，请应叫人最后选择。应叫人的高花是♠，所以同意打6♦定约。

例4

开叫人(23点)	应叫人(7点)	开叫人	应叫人
♠A K J 8	♠Q 10 7 2	2NT	3♣?
♥Q 9 3	♥K J 8 4	3♠	4NT?
♦A K J	♦5	5♠ *	=

♣K Q 3　　　　　♣J 8 6 4

应叫人3♣问高花，得知♠配合后，单缺使牌力增加，♠作将牌试探满贯是安全的。于是应叫人问A，开叫人回答有2个A并有♠K后，因缺少首轮控制，应叫人止于5♠。

五、满贯试探叫以后的叫牌

在应叫人为均型牌，没有5张以上套，在牌力为9点或13点的情况下，可以分别用4NT作小满贯试探或用5NT作大满贯试探。以后的叫牌方法与开叫1NT以后的满贯试探叫的方法类似。

1.小满贯试探叫后的叫牌

应叫人作4NT小满贯试探，说明联手牌力在32~33点范围内。开叫人有5张低花套应叫5♣。无5张低花套23点应显示A的个数，希望联手在有3个以上A的情况下叫成小满贯。24点可直接在6阶叫出4张以上套。显示A的方法以及以后叫牌的方法与1NT开叫以后的小满贯试探叫相同。下面用例子来说明。

例1	开叫人(23点)	应叫人(9点)	开叫人	应叫人
	♠A Q 7 3	♠J 10 8	2NT	4NT
	♥K 8	♥Q 5 3 2	5♦ *	6♥
	♦A Q J	♦K 8 6	6♠	6NT
	♣A K 8 7	♣Q J 9	=	

应叫人叫4NT以后，开叫人持低限，没有5张低花套，叫5♦显示没有5张低花套，有0或3个A。应叫人叫6♥显示可以打小满贯，有4张♥。开叫人叫6♠表示♥不配合，有4张♠。应叫人发现联手没有配合的花色，最终叫6NT。

例2	开叫人(23点)	应叫人(9点)	开叫人	应叫人
	♠A J	♠Q72	2NT	4NT
	♥K Q 8	♥J 7 3	5♣ *	5♥ *
	♦A K J 6 4	♦Q 8 7	6♦	=
	♣K Q 9	♣A 10 7 5		

应叫人作小满贯试探。开叫人持低限，叫5♣表示有5张低花套。应叫人叫5♥显示有1个A。开叫人算出联手3个A，于是叫6♦显示有5张♦套。应叫人同意打6♦。

2.大满贯试探叫后的叫牌

应叫人作5NT大满贯试探,说明联手牌力在36~37点范围内。开叫人有5张低花套应叫6♣。无5张低花套23点应显示A的个数,24点可直接在7阶叫出4张以上套。显示A的方法以及以后叫牌的具体方法与1NT开叫以后的大满贯试探叫相同。

下面用例子来说明。

例1	开叫人(23点)	应叫人(13点)	开叫人	应叫人
	♠A Q 7 6	♠K J 10	2NT	5NT
	♥A K Q 8	♥J 7	6♠ *	6NT
	♦K J 4	♦Q 8 7 3	=	
	♣K J	♣A Q 9 4		

应叫人希望联手在有4个A的情况下叫成大满贯。开叫人持低限,叫6♠表示没有5张低花套,有2个A。应叫人发现联手只有3个A,于是叫6NT止叫。

例2	开叫人(23点)	应叫人(13点)	开叫人	应叫人
	♠A Q J 7	♠K 9	2NT	5NT
	♥A J	♥K 10 4 2	6♥	7♣
	♦A J 9	♦K 8 3	=	
	♣A Q 10 8	♣K J 6 2		

应叫人叫5NT进行大满贯试探。开叫人叫出6♥显示23点,没有5张低花套,有1个或4个A。应叫人发现4个A不缺,叫7♣显示4张套。开叫人♣有4张,叫PASS同意。

敌方干扰后的叫牌

无将开叫后,敌方可能会插叫,这就会对叫牌形成干扰。由于1NT开叫点力远低于2NT开叫,故受到干扰的机会要远远多于2NT。本节主要介绍敌方对1NT开叫干扰后的叫牌方法。敌方的干扰叫牌有对1NT开叫的加倍和盖叫,这将干扰应叫人正常应叫。还有对应叫人应叫叫品的加倍和盖叫,这将干扰开叫人的正常再叫。为排除干扰,叫牌采用以下对策。

一、1NT 开叫后敌方干扰

1. 1NT 开叫后敌方叫加倍后的叫牌

1NT 开叫后，如果敌方叫加倍，应叫人所有的叫牌方法均不受影响。例如：

1NT-(×)-PASS =弱牌(括号内表示敌方的叫品)。

1NT-(×)-2♣=斯台曼。

1NT-(×)-2◆=转移红心。

1NT-(×)-3♥=红心套，逼叫进局。

以后的叫牌采用与没有被干扰时同样的方法进行。

1NT 开叫后被敌方加倍惩罚的情况是经常会遇到的，如果开叫 1NT 遭敌方加倍惩罚，应叫人弱牌 PASS，开叫人认为 1NT 必宕无疑，手里有 5 张套时可以叫出，如无 5 张套可以叫再加倍求救(SOS)，表示准备逃叫到一个花色定约。这时应叫人应从最低的 4 张以上的花色开始叫起，这样至少可以寻找到 4-3 配合的将牌花色。

2. 1NT 开叫后敌方叫花色后的叫牌

1NT 开叫后，如果敌方对 1NT 开叫作出花色争叫(盖叫)，斯台曼和转移叫均失效。以后应叫人扣叫表示有进局的实力并且代替斯台曼问叫，其他叫品均是自然性的。例如：

1NT-(2♣)-2♥=红心 5 张以上套，示弱止叫。

1NT-（2♥）-3♣=梅花 6 张以上套，示弱止叫。

1NT-（2♠）-2NT=黑桃有止张，3NT 邀请。

1NT-（2♥）-3♠=黑桃套，逼叫进局。

1NT-（2◆）-3◆=扣叫，代替斯台曼问高花，有进局的实力。

1NT-（2♥）-×=惩罚性，红心有 4 张以上。

除应叫人扣叫和跳叫是逼叫以外，应叫人作出其他叫品后开叫人不能再叫。

二、转移叫后敌方干扰

如果应叫人的转移叫被敌方加倍，开叫人对应叫人所指定的花色只有 2 张支持时可以 PASS，有 3 张以上支持则正常转移。如果被敌方加倍的花色较强(一般 4 张以上)，开叫人可以叫再加倍。如果开叫人叫 PASS 或再加倍，应叫人以后可以作常规叫牌，可以打被再加倍或 PASS 的定约，或平叫高花示弱，也可以跳叫逼叫进局。

如果转移叫被敌方用花色盖叫，开叫人有3张以上支持可在3阶叫出应叫人所指定的高花；开叫人叫加倍是惩罚，表示手中敌方花色有4张以上；开叫人也可PASS，表示不支持应叫人的花色，同时手中敌方花色也不强。如果开叫人PASS，应叫人可以作常规叫牌，叫出长套花色或叫PASS为示弱，叫加倍为惩罚，扣叫为示强，表示有进局实力，请开叫人在有敌花色止张时叫3NT，否则再叫其他花色或直接以应叫人指定的花色进局。

三、斯台曼后敌方干扰

如果斯台曼被敌方加倍，开叫人可以不受影响地叫出4张高花套。如果叫PASS表示无4张高花套，有4张♣，叫再加倍表示有5张♣或有好的4张♣同时为高限牌。

如果斯台曼被敌方盖叫，开叫人低限可以在2阶水平叫4张高花，高限可以在3阶水平叫4张高花，否则叫PASS表示没有或无法叫出高花。开叫人叫加倍为惩罚，表示手中敌方的花色为4张。无论开叫人如何再叫，以后应叫人可以继续以常规方法叫牌，扣叫为逼叫，显示有进局的实力，叫加倍为惩罚。

四、2NT开叫敌方干扰后的叫牌

2NT开叫后敌方干扰，应叫和再叫方法与1NT开叫后敌方干扰后相似。

2NT开叫后敌方叫加倍，应叫人所有的叫牌方法均不受影响。2NT开叫后敌方作出花色争叫（盖叫），斯台曼和转移叫均失效。以后应叫人扣叫表示有进局的实力并且代替斯台曼问叫，其他叫品均是自然性的。

如果转移叫被敌方加倍，开叫人可以PASS、正常转移或叫再加倍。如果开叫人叫PASS或再加倍，应叫人以后可以作常规叫牌。如果转移叫被敌方用花色盖叫，开叫人有3张以上支持可叫出应叫人所指定的高花；开叫人叫加倍是惩罚，表示手中敌方花色有4张以上；开叫人也可PASS，表示不支持应叫人的花色，同时手中敌方花色也不强。

如果斯台曼被敌方加倍，开叫人可以作常规叫牌。如果斯台曼被敌方盖叫，开叫人有4张高花套可叫出，开叫人叫加倍为惩罚，表示手中敌方的花色为4张。

第五节　1阶低花开叫及以后的叫牌

自然制中1阶低花开叫是指开叫1♣和1♦这两种叫品。对于没有5张高花套而不能使用1阶高花开叫,也不属于16~18点均型牌而不能开叫1NT的牌,只要牌力为12~20点都可以归入1♣和1♦开叫范围中。低花开叫条件与应叫方法同高花不大一样,这就是需要把低花开叫与高花开叫分别介绍的原因。由于1♣和1♦开叫以后的应叫方法基本相同,因此把这两种低花开叫及以后的叫牌方法合在一章中介绍。

一、1阶低花开叫的条件

自然制规定1♣和1♦开叫牌情为:12~20点,一般没有5张以上高花套,也不是16~18点均型牌,开叫最长的低级花色。两个低花套等长时,4-4套或5-5套先开叫1♦,只有3-3低花套时先开叫1♣。在5张高花开叫的自然叫牌制中,1阶低花开叫也称为准备性开叫,这种开叫对所叫低花仅保证有3张以上,但是这种开叫明确表示所持的是一种不可以开叫1阶高花和1NT的牌。

开叫1♣和1♦不逼叫。同伴如果牌力极弱不应叫,敌方也不叫,就准备打1阶低花定约。如果开叫人有16点以上同时有一个长低花套,赢墩达到9个或更多,必须采用2♣强开叫以防止丢局。

以下是开叫1阶低花的一些例子。

(1)♠J 4　♥A 7 3　♦J 10 5　♣A Q 10 6 3

叫1♣。12点牌,自然地开叫5张套。

(2)♠K Q 8　♥J 6　♦A J 10 8 6 2　♣7 5

叫1♦。6张套11点也可开叫1阶低花。

(3)♠K J 6 3　♥K 10 6　♦A Q 8　♣7 3 2

叫1♣。12~15点,均型牌,开叫人以后通过再叫1NT或PASS显示。低花为3-3时,不管♣套强弱,只能开叫1♣。如果开叫3张♦套,说明♣只有2张。

(4)♠Q 10 3　♥A 10 6　♦A J 8 2　♣J 6 3

叫1♦。12点,均型牌,开叫4张低花套,下次再叫1NT或PASS。

(5)♠K Q 10　♥A Q J　♦A J 9　♣K 10 3 2

叫1♣。19~20点的均型牌,下次用跳叫2NT显示牌情。

(6)♠K J 3　♥K 10　♦Q 8 7 6　♣A J 6 3

叫1♦。双4张低花套,先叫1♦,同伴如果叫出1阶高花逼叫,下次可以叫2♣。这样万一高花没有配合,可以提供在2阶找到低花配合的机会。

(7)♠3　♥10 5　♦A K Q 8 6　♣A J 10 9 7

叫1♦。双5张套先开叫1♦,下次再叫2♣。

二、特殊情况的叫牌

以下是一些低花套较长,但是不应该开叫1阶低花的例子。

(1)♠5　♥A J 10 9 7　♦A Q 8 7 4 3　♣6

叫1♥。11~15点时,5张以上的高级花色应该优先叫出。如果开叫1♦,以后弱牌不能逆叫,5张高花套可能没有机会显示。所以,这种情况应先按照5-5牌型处理。此牌如果有16点以上,则可以开叫1♦,下次再叫2♥,用逆叫的叫牌方法显示强牌。

(2)♠4　♥K 9 3　♦J 9　♣K Q J 10 6 4 3

叫3♣,6~10点牌7张低花套,6~7个赢墩,应该阻击叫。

(3)♠K 10 9 8　♥7　♦K Q J 8 7 4 2　♣5

不叫。9点,有7张低花套。因为有一个4张高花套,所以处于一、二家位置应先PASS,处于第三家位置可以开叫3♦。

(4)♠Q 10 3　♥8　♦A K Q J 9 6 5　♣10 3

叫3NT。7张坚强低花套的牌型,要用3NT赌博性开叫。

(5)♠A K J　♥3　♦A K Q J 10 6 2　♣J 9

叫2♣,9个以上的赢墩,采用2♣强开叫。

以上各种开叫方法及以后的叫牌在本书有关章节将详细介绍。

对1阶低花开叫的应叫方法

一、对1阶低花开叫的应叫

开叫人开叫1♣或1♦,牌型范围较宽,应叫人除知道同伴具有12~20大牌点,排除了1阶高花和各种无将开叫的牌之外,其余情况暂不清楚。因此,应叫人需要尽可能维持叫牌,以防止开叫人持19~20点牌时丢局,或者把一个短套低花作为将牌。应叫人0~5点应PASS,6点以上应叫牌,把自己的持牌情况特别是高花的情况尽可能清楚地显示出来，以便于开叫人对联手牌力进行计算。现将各种应叫方法一并归纳如下。

①不叫——5 点以下，牌太弱，再叫危险。

②1◆——6 点以上，一般 5 张以上，无 4 张以上的高花套。一盖一逼叫。

③1♥1♠——6 点以上，4 张以上，一盖一逼叫。

④2♣（对 1◆二盖一逼叫）——11 点以上，4 张以上套，无 4 张以上高花套。

⑤2♣2◆（平加低花）——11 点以上，一般 4 张以上套，无 4 张以上高花，逼叫。

⑥3♣3◆（跳加低花）——6~10 点，5 张以上套，阻击性，不逼叫。

⑦1NT——6~10 点，无法进行一盖一和低花跳加叫的弱牌，不逼叫。

⑧2NT——13~15 点，均型牌，无 4 张以上高花，一般未叫花色均有止张。

⑨3NT——16~18 点，均型牌，无 4 张以上高花，未叫花色均有止张。

⑩跳新花——16 点以上，6 张以上强套，有满贯兴趣。

应叫人的叫品可以分成以下五种情况。

①应叫人一盖一应叫。例如：1♣-1◆、1◆-1♥、1♣-1♠等。一盖一表示 6 点以上，高花 4 张以上套，低花 5 张以上，逼叫。一盖一是真正显示牌型的自然性叫牌，应叫人的牌点在后续叫牌中可以显示清楚。

②应叫人二盖一应叫。情况只有 1◆-2♣一种。二盖一叫 2♣表示 11 点以上，4 张以上套，逼叫。应叫人这样叫一般说明没有 4 张以上高花套。

③应叫人作各阶低花加叫。例如：1◆-2◆、1♣-3♣等。应叫人选择支持同伴的低级花色时，说明没有 4 张以上高花套，同时说明另一个低花也不是长套。平加是逼叫，联手 23 点以上。跳叫是阻击叫，肯定将牌花色，显示弱牌。

④应叫人作各阶无将叫牌。例如：1◆-1NT、1♣-2NT、1♣-3NT 等。1NT 是示弱性应叫。跳叫无将是限制性比较强的叫品。应叫人一口叫清牌情，以后的叫牌由开叫人决定。

⑤应叫人跳叫新花色，例如：1♣-2♠、1◆-3♣等。这表示 16 点以上强牌，一个 6 张以上的好长套。联手已经至少 28 大牌点，成局肯定，以后的叫牌应注意探查满贯。

二、1 阶低花开叫应叫人 PASS 的几种情况

1 阶低花开叫不逼叫，同伴 5 点以下为了安全必须 PASS。这样极少会丢局,因为开叫人持好牌会用 2♣开叫。但是,用 3 张低花套开叫同伴 PASS 后,是否会出现用一个比敌方张数少的花色打 1 阶低花定约的不利局面,对此通过如下分析可以打消顾虑。

1.敌方很可能争叫

最不利的情况是开叫人 12 点牌,没有 5 张高花套,只能开叫 3 张低花套,应叫人对这个花色不支持,弱牌 5 点以下只能 PASS。此时,联手最多 17 点,打这个定约是很危险。但是敌方联手至少有 23 点,应该会叫出一个花色或无将来争叫,开叫低花这一方不大可能争到定约。应叫人牌力越弱,敌方争叫的可能性越大。所以,几乎不会出现开叫方以联手不足 20 点的牌力打 1 阶低花定约的情况。

2.敌方不争叫

敌方不争叫(三个 PASS),说明敌方联手牌力不足 20 点,我方牌力强于敌方,即开叫人牌力约为 16 点以上。因为 16~18 点均型牌要开叫 1NT,所以此时开叫人如果牌力在这个范围,牌型必为非均型牌,这样低花套至少有 4 张(4-4-4-1 牌型),一般有 5 张以上。用这样的牌打 1 阶低花定约根本不用担心。如果开叫人 19~20 点均型牌,开叫 3 张低花套并成为定约人,敌方要拿 7 墩牌也是不容易的,除非同伴一无所有。如果是这样,敌方本来就可以叫出一个定约并有能力完成它。

3.敌方叫加倍

开叫人只有 3 张将牌,遇到敌方加倍,定约面临被惩罚的危险。这时开叫人可以叫再加倍呼救(SOS),要求同伴在有 4 张支持的情况下 PASS,否则叫出其他 4 张以上套。这样开叫方肯定能在 1 阶找出一个张数多于敌方的花色作将牌。敌方要是能够以劣势将牌防守被加倍的 1 阶定约赢得高额罚分(宕 2,敌方得 8 墩),说明敌方本来就有成局的实力。所以敌方极少会冒丢局的危险,来防守 1 阶低花定约。

三、选择应叫叫品的方法

由于开叫 1 阶低花的人牌力范围较宽,可能只是准备性开叫,应叫人暂时不能判断出联手牌力的准确情况,因此,应叫人必须首先设法将自己的牌情显示清楚,以便于开叫人计算联手牌力。应叫人的牌在同时满足几种应叫叫品的条件时,应叫人应本着利于叫清牌情和寻求有利定约的原则,从中选择最恰当的叫品。

考虑到联手25点进局和高花优先的原则，应叫人有4张以上的高花套应优先叫出，开叫人可能有4张高花套，应叫人叫出高花有利于寻求高花配合。

开叫人开叫的花色可能只有3张，所以应叫人对开叫花色无支持可言，如叫出低花首先保证自己有一定的长度，同时也说明应叫人没有4张以上高花套，即联手不再有高花配合的机会。这样，以后的定约一般只能在无将或低花之间选择。

应叫人作出无将应叫是限制性较强的叫品，没有4张高花套，牌力范围清楚，以后的叫牌请开叫人决定。

下面按照一盖一、二盖一、加叫同伴花色、应叫无将和跳叫新花这五种情况，分别讨论这几种应叫以后的叫牌方法。

一盖一应叫以后的叫牌

一、一盖一应叫的方法

开叫1阶低花的人可能有4张高花套，所以应叫人如果有4张以上的高级花色的话，应优先叫出这个高级花色以寻求配合。应叫人应叫1♥或1♠，表示6点以上，所叫花色为4张以上套。如果应叫1◆表示5张套，没有4张高花套。一盖一是逼叫。

下面是1♣开叫后，应叫人在不同情况下应叫的一些例子。

(1)♠Q 10 4 2　♥Q 10 9 6 3　◆J 8 7　♣2

叫1♥。5点牌并非绝对不能应叫，特别是在同伴开叫花色比较弱，同时自己又有好高花套时。此牌遇上同伴高限牌加上一个4张高花套足可进局。

(2)♠A 7 3　♥10 6 4　◆Q J 9 6 2　♣9 8

叫1◆。6点以上，5张以上◆，基本否定了有4张以上的高花套。6点应叫起维持叫牌的作用，同伴可能有20点牌。

(3)♠3　♥A 6 7 2　◆K J 10 7 2　♣9 8 4

叫1♥。有4张高花套要优先叫出，否则敌方一争叫，在弱牌的情况下可能再没有机会显示出有4张高花套。

(4)♠A K 10 7　♥Q 10 5 2　◆6 3　♣A 7 4

叫1♥。当有两个4张高花时，先叫1♥，以便同伴有4张♠套时叫出1♠。

(5)♠A Q 10 7 5　♥A J 7 6 3　♦6　♣3 2

叫1♠。有两个5张以上的高级花色,先叫1♠,下次再叫2♥,以便同伴挑选。

下面是1♦开叫后,应叫人在不同情况下应叫的一些例子。

(1)♠10 4　♥10 8 6 5　♦8　♣A K J 9 3 2

叫1♥。叫2♣必须11点以上,此牌8点不能叫二盖一,正好叫出4张高花套。

(2)♠K J 8 6　♥Q 7　♦6 3　♣A J 6 3 2

叫1♠。优先寻求高花配合,以后再决定是否叫出♣套。

一盖一是逼叫,应叫人牌力无上限,开叫人必须要维持叫牌,开叫人利用再叫可以进一步显示自己的牌情,为应叫人以后叫牌提供方便。开叫人的牌力划分为12~15点弱牌、16~18点强牌和19点以上特强牌三种情况。由于应叫人只保证是6点以上,因此开叫人持弱牌只能以最低水平维持再叫,持强牌可逆、跳叫显示,持19点以上特强的牌则联手已经达到成局标准,要通过逼叫至少要叫到局。一盖一以后的叫牌均为直截了当的自然实叫,各种方法都不难理解。下面介绍具体应叫方法。

二、开叫人持弱牌时的再叫

1.开叫人持弱牌时的再叫方法

开叫人持15点以下的弱牌,必须注意同伴一盖一应叫最低只有6点,所以开叫人再叫应保持最低水平,使叫牌不越过安全线。再叫应按照下述方式进行。

①对同伴的高级花色有4张支持时,将该花色加到2阶。

②当同伴应叫1♦或1♥时,若有4张的♥或♠,叫1♥或1♠。

③在2阶顺叫另一个低花,表示低花至少4-4套。

④再叫自己的5张以上好的♣或♦套。或者对同伴的♦有3张支持加到2阶。

⑤叫1NT,不属于以上情况的牌,一般为均型牌。

开叫人的牌如果同时满足以上多个叫品,应遵循高花优先的原则。

下面为开叫人开叫1阶低花,应叫人叫1♥后,开叫人持15点以下牌再叫的一些例子。

(1)♠K 8 6　♥K 10 8 7　♦A Q 6 3 2　♣3

叫2♥。表示弱牌，对♥有4张支持。联手找到4-4配合的高花。

(2) ♠K J 6 3　♥8 7　♦6　♣A K 8 5 3 2

叫1♠。优先叫出4张♠，应叫人可能有4张♠套。以后还有机会显示♣套。

(3) ♠8 6 3　♥A　♦K Q 10 8 4 3　♣Q J 2

叫2♦。表示弱牌，♦为5张以上的花色，高花没有配合。

(4) ♠7 4 3　♥2　♦A Q 9 8 6　♣A K 10 4

叫2♣。顺叫新花色表示弱牌，至少4-4双低花套。

(5) ♠K 10 8　♥A 10 2　♦Q 10 9　♣K Q 7 2

叫1NT。表示15点以下的均型牌，没有4张高花套，另一个低花一般也没有4张。

如果应叫人应叫1♦或1♠，开叫人再叫的方法与此类似。

2.开叫人示弱以后的叫牌方法

开叫人的所有示弱再叫均不逼叫。应叫人已经知道同伴是12~15点牌，以后的叫牌由应叫人决定，应叫人根据牌情可以分别采用以下方法。

①应叫人9点以下，认为成局无望应停叫或叫回将牌花色示弱。

②应叫人13点以上或牌点略低但牌型特别有利，可直接叫到局或继续叫新花色逼叫进局。

③应叫人持10~12点，应继续试探，邀请开叫人高限或中限时进局。

应叫人9点以下或13点以上时，因联手牌力能否进局明确，叫牌比较容易处理。惟应叫人10~12点，联手牌力在进周边沿的情况下，暂时不能确定是否进局，可以采用邀请叫或继续叫牌试探。

下面是开叫人示弱以后，应叫人有一定牌力时叫牌的一些例子。

例1	开叫人(13点)	应叫人(13点)	开叫人	应叫人
	♠K J 3	♠A Q 9 5 4	1♦	1♠
	♥10 7 2	♥K J 6	1NT	2♣
	♦A Q 8 6	♦4	2♠	4♠
	♣K 7 5	♣Q J 6 4	=	

应叫人叫1♠后，开叫人叫1NT表示没有4张♠支持，也没有4张♣套。应叫人叫2♣逼叫，开叫人叫2♠显示3张♠支持，应叫人发现♠是5-3配合后叫

4♠进局。

例 2	开叫人(13 点)	应叫人(11 点)	开叫人	应叫人
	♠K J 7 3	♠A Q 9 5	1♦	1♥
	♥2	♥K J 6 4	1♠	3♠
	♦A 8 6 5	♦10 4	4♠	=
	♣K Q 9 2	♣J 6 5		

开叫人再叫1♠表示4张♠,♥不配合,应叫人跳叫3♠表示4张支持,邀叫进局。开叫人看到自己的单张♥可以增加牌力,成局希望很大,于是叫4♠进局。

例 3	开叫人(12 点)	应叫人(12 点)	开叫人	应叫人
	♠A 10 8 2	♠K Q 9 6 4	1♦	1♠
	♥Q 7 6 4	♥K J 2	2♠	4♠
	♦A 8 6	♦K 9 5	=	
	♣Q 7	♣9 6		

开叫人再叫2♠表示4张支持。应叫人看到将牌5-4配合,如果叫3♠邀请,担心开叫人低限会不叫。此牌即便开叫人只有12点,成局的机会也是很大的,于是自己直接叫4♠封局。

例 4	开叫人(14 点)	应叫人(12 点)	开叫人	应叫人
	♠A 2	♠K Q J 4	1♣	1♠
	♥Q 10 8 2	♥J 9 4	1NT	2♦
	♦Q 7 6	♦A J 9 4 2	2♥	2NT
	♣A Q 9 7	♣6	3NT	=

开叫人叫1NT后,应叫人知道在高花中联手没有配合,再叫2♦逼叫。开叫人叫2♥后,应叫人叫2NT必然是邀请,否则开叫人叫1NT时应叫人就该PASS。此牌开叫人高限,当然要上3NT。

例 5	开叫人(15 点)	应叫人(12 点)	开叫人	应叫人
	♠A 6 2	♠K 10 4	1♣	1♦
	♥Q 10 4	♥J 9 3	2♦	2NT
	♦Q 8 7	♦A K J 9	3NT	=
	♣A Q J 9	♣10 6 2		

此牌应叫人12点,万不得已先用4张♦作1♦逼叫。开叫人叫2♦,显示有

3 张以上支持,没有 4 张高花套。应叫人再叫 2NT 为进局邀请,开叫人高限,正好叫出 3NT。

三、开叫人持强牌时的再叫

1.开叫人持强牌时的再叫方法

开叫人持 16 点以上强牌开叫 1 阶低花时,如果为均型牌必然是 19~20 点强牌(16~18 点均型牌应开叫 1NT),如果 16~18 点必为非均型牌。应叫人一盖一应叫后,开叫人再叫应逆、跳叫显示强牌,这时开叫人再叫应按下述方法进行。

①跳加叫同伴的高级花色,至少 4 张支持,进局邀请。

②跳叫出或在 2 阶逆叫出一个好的 4 张以上的新花色,16~17 点 4 张套应顺叫。

③跳叫自己的开叫花色,6 张以上。

④跳叫 2NT,显示 19~20 点均型牌,逼叫进局。

如果开叫人有 18 点以上,希望应叫人无论如何也要再应叫一次,必须采用逼叫。如果开叫人直接封局,表示 19 点左右(含牌型点),没有其他需要显示的牌型特征。

下面是 1 阶低花开叫后,同伴应叫 1♥,开叫人持强牌再叫的一些例子。

(1)♠J 8　♥K Q 8 7　♦A Q J 5 3　♣K 4

跳叫 3♥。表示 16 点左右(支持同伴花色应加牌型点),至少 4 张♥支持,邀请同伴只要不是 6~7 点就可酌情进局。

(2)♠K Q J 2　♥A Q 2　♦5　♣K Q J 10 6

跳叫 2♠。平叫 1♠不是逆叫,不是强牌表示。逆叫 2♠表示 16 点以上,且♠为 4 张套。

(3)♠Q 8　♥K 6　♦A Q J 9 7 6　♣K J 4

跳叫 3♦。表示强牌,♦为 6 张以上的好套,没有另一个 4 张高花套。邀叫。

(4)♠A Q 3　♥7　♦K Q J 3　♣A Q 6 3 2

逆叫 2♦。表示 16 点以上,5 张♣,4 张♦,高花没有 4 张套。

(5)♠K J 3　♥Q 6 2　♦A K 4　♣A Q 6 4

跳叫 2NT。表示 19~20 点均型牌。由同伴决定以后的叫牌。

(6)♠8 7　♥A　♦K Q J 9 5　♣A K 10 5 3

跳叫 3♣,表示 16 点以上,5-5 低花套。如果♣为 4 张,18 点以上叫 3♣,16~17 点以叫 2♣为好。

开叫人对 1♦或 1♠应叫后的再叫方法与此类似,这里不再举例。

2.开叫人示强以后的叫牌方法

开叫人示强再叫后,应叫人大致可以确定联手牌力并能决定定约。应叫人再叫方法如下。

①应叫人对于开叫人跳加叫高级花色的进局邀请,只要不是 6~7 点,均应进局。

②应叫人 6~8 点,联手牌力是否达到 25 点未定,可以示弱叫,维持叫牌。

③应叫人 9 点以上,联手达到 25 点,以后叫牌应直接进局或继续逼叫设法进局。

④应叫人 14 点以上,联手达到 31 点,应该试探满贯。

应叫人叫牌应自然地进行,弱牌应保持在最低水平叫牌,再叫高花表示 5 张以上。顺叫新花色为自然性,表示 4 张以上套。应叫人叫无将表示均型牌。应叫人叫出任何新花色都是逼叫,如果应叫人叫出的是联手中第四个花色,有可能是虚叫,即对这个花色不作任何保证,只起逼叫一轮的作用,开叫方如果叫出第四花色也是逼叫。这种用法一般出现在一方对最后定约已经有一定的考虑,希望再了解一些同伴的牌情,因此用第四个花色逼叫一轮。如果应叫人再叫时直接跳叫成局,则表示持 8~10 点弱牌,牌型有利。

下面是开叫人示强以后叫牌的几个例子。

例 1	开叫人(16 点)	应叫人(6 点)	开叫人	应叫人
	♠A 10 8 2	♠Q 9 7 6	1♣	1♠
	♥Q 5	♥J 6	3♠	=
	♦A 8	♦K 9 4 2		
	♣A Q 8 7 3	♣9 6 4		

开叫人再叫 3♠,邀请应叫人只要不是极弱的牌就要进局,应叫人只有 6 点,恰好是属于最弱的牌型,所以不能再叫。如果开叫人的牌再略好一些,希望应叫人有 6 点也要进局,不能采用邀请叫的方法,而应逼或直叫进局。

例 2　开叫人(17 点)　应叫人(8 点)　开叫人　应叫人

♠A J 6	♠K Q 9 4	1♦	1♥
♥K 7 3	♥Q J 10 6	3♦	3♠
♦A K Q 9 8 2	♦10 6	5♦	=
♣3	♣7 6 4		

开叫人叫 3♦为邀请叫,允许应叫人低限 PASS。应叫人再叫 3♠,表示不是低限,♠中略有实力。这样开叫人才敢叫上 5♦。

例 3

开叫人(18 点)	应叫人(10 点)	开叫人	应叫人
♠9	♠K 10 7 4	1♦	1♥
♥Q 2	♥K J 9 6 4	3♣	3NT
♦A Q J 6 2	♦K 4	=	
♣A K Q 10 7	♣9 6		

开叫人跳叫 3♣表示至少 4-4 双低花套,18 点以上强牌。应叫人计算联手牌力成局无问题,高花没有配合,自己能够对高花控制,选择 3NT 进局。

例 4

开叫人(19 点)	应叫人(6 点)	开叫人	应叫人
♠A K 6	♠9 4 2	1♦	1♥
♥A 9	♥Q J 7 6	2NT	3NT
♦A 8 7 3 2	♦K 10 9	=	
♣K J 3	♣7 6 4		

开叫人再叫 2NT,表示 19~20 点均型牌。应叫人牌型平均,选择 3NT 进局。

例 5

开叫人(16 点)	应叫人(11 点)	开叫人	应叫人
♠A Q 7 2	♠K 4	1♦	1♥
♥A 9 3 2	♥K Q 8 7 6	4♣ *	4NT?
♦A Q 8 6	♦K 9 4	5♣ *	6♥
♣8	♣7 6 4	=	

开叫人叫 4♣为爆裂叫,表示强牌,♥好支持,♣单缺,逼叫。应叫人看到♣无废点,联手接近 30 点牌,只要不缺控制满贯就有希望,于是叫 4NT 问 A,得知同伴有 3 个 A 后叫小满贯。应叫人如为弱牌应直接叫 4♥。

二盖一叫以后的叫牌

一、二盖一应叫的方法

1阶低花开叫后的二盖一应叫只有开叫1♦后应叫2♣这一种情况，这表明应叫人11点以上，有4张以上♣套，一般没有4张以上的高级花色。例如应叫人持牌如下面的情况。

(1) ♠10 8 3　♥A 6 2　♦A 6 3　♣Q J 7 4

叫2♣，显示11点以上，4张以上♣套，逼叫。

(2) ♠Q 6　♥K Q 7　♦A 5　♣K Q 8 6 3 2

叫2♣。16点，低花套不够坚强，先叫2♣逼叫，以后再设法显示牌力。

低花二盖一应叫后，开应双方牌力已经显示有23点以上，应该积极试探进局。在联手高花配合的机会已经非常小的情况下，此后叫牌目标首先应放在探查无将成局定约上。此时，两个低花已经叫过，以后双方再叫要注意显示高花止张的情况，同时显示出牌力的范围。当探明两人牌型互补，各门花色有止张，联手点力达到25点后，应以3NT进局。低花进局需要比无将进局更多的牌力保证，因此放在第二位考虑。下面详细介绍二盖一应叫以后的叫牌方法。

二、开叫人再叫的方法

开叫1♦应叫2♣以后，开叫人再叫应尽量显示清楚牌力和牌型情况。在应叫人显示11点的基础上，开叫人12~13点为低限，联手能否进局未定；14点以上为高限，联手达到进局牌力。开叫人16点以上为强牌，联手至少要叫到局，一般都要试探满贯。开叫人对2♣应叫的再叫方法如下。

①2♦——12~13点，♦为4张以上，或高花无止张，或非均型牌。

②2♥2♠——12点以上，该花色有止张，另一个花色没有止张，逼叫。

③2NT——12~13点，双高花均有止张，均型牌。

④3♣——14点以上，4张以上支持，高花无止张，逼叫。

⑤3♦——14点以上，单套牌型，较好的5张以上套，高花无止张，逼叫。

⑥3NT——14~15点，双高花均有止张，均型牌。

⑦跳叫新花——16点以上，4张以上套，开叫套较好，进局逼叫。

下面是1♦开叫后，同伴应叫2♣，开叫人再叫的一些例子。

(1) ♠K Q 8 2　♥8 7　♦A Q 5 4 3　♣J 4

叫2♠。显示12~15点牌力,♠有止张,♥无止张。

(2)♠K J 2　♥Q 10 6 2　♦K Q J 7 2　♣5

叫2NT。低限12~13点,双高花均有止张。

(3)♠Q 8　♥9 7 6　♦A K Q J 6　♣J 9 4

叫2♦。表示低限12~13点,高花无止张。

(4)♠10 8 7　♥9　♦A K J 8 5 3　♣A K 4

叫3♦。逼叫,表示高限14点以上,高花无止张,好♦套,准备低花进局。

(5)♠J 9 3　♥7　♦K Q J 6 3　♣A K 3 2

叫3♣。逼叫,表示高限,高花无止张,低花至少4-4套。

(6)♠Q J 3　♥A Q 6 2　♦A J 6 4　♣8 4

叫3NT。高限14~15点,各门花色有止张的理想牌型。

(7)♠8　♥K J 8 7　♦A K Q 5 3　♣K J 4

叫3♥。显示16点以上,4张♥,逼叫进局。应叫人如果是好牌,以后应试探满贯。

三、应叫人再叫的方法

开叫1♦应叫2♣以后,开叫人再叫已经基本叫清了牌情,以后应叫人不难作出选择。应叫人再叫完全采用自然的方法处理。

当开叫人再叫2♦显示没有高花止张后,应叫人如有双高花的止张,11~12点低限叫2NT,13~15点高限叫3NT。缺少高花止张低限可以不叫或叫回将牌花色,高限可以叫新花色逼叫,以继续探查低花成局的可能性。

当开叫人再叫2NT显示低限高花有双止张以后,应叫人13~15点可以3NT封局,11点不叫或叫回低花将牌示弱,12点酌情处理。如果叫新花色表示4张以上,逼叫进局。

当开叫人再叫2♥2♠显示有一个高花的止张后,应叫人必须再次应叫。如果是11~12点低限牌,有另一个高花止张在2阶叫出或叫2NT,否则最低水平叫回低花示弱。应叫人如果是13点以上,联手已经25点以上,有另一个高花的止张直接叫3NT或叫出这个花色逼叫;没有另一个高花的止张,应叫人准备打低花成局定约则可在4阶直接叫低花邀请。

当开叫人再叫低花显示14点以上高花无止张以后,请应叫人根据高花止张情况酌情叫牌,或叫3NT进局,或继续叫牌试探,叫4阶低花是进局邀请。

通过以上安排，联手的止张与点力就大致可以叫清楚了。低花二盖一以后的叫牌结果根据双方的牌情，理想的情况是 3NT，也可能打低花成局或不成局定约，牌力强时可以上到满贯，这些采用自然的叫牌方法均能实现。如果有一方计算出已经具备联手有成局或满贯的实力，该方应采用逼叫的方法主导叫牌进程。在叫牌过程中如果任何一方叫回低级花色，表示无额外牌力。至于联手 24~25 点，在四个花色止张不缺的情况下是否进局 3NT 颇费斟酌，建议根据具体牌情灵活决定。

下面是低花二盖一应叫以后叫牌的几个实例。

例 1	开叫人(12 点)	应叫人(11 点)	开叫人	应叫人
	♠K J 8 2	♠Q 7 4	1♦	2♣
	♥K 7 6 3	♥A 8 5	2NT	=
	♦A 8 6	♦K 4 3		
	♣J 5	♣Q 10 9 7		

此例开叫人再叫 2NT 表示 12~13 点，高花有止张。应叫人只有 11 点，考虑打 3NT 牌力不足，决定 PASS 只打 2NT。

例 2	开叫人(12 点)	应叫人(12 点)	开叫人	应叫人
	♠6 5	♠A K Q	1♦	2♣
	♥7 3	♥9 5 2	2♦ *	3♣
	♦K Q J 7 2	♦10 8	=	
	♣A Q 7 3	♣K 8 6 5 4		

开叫人再叫 2♦显示高花无止张，应叫人考虑难于成局，开叫人叫 2♦最低可能只有 4 张，故叫 3♣示弱，表示 5 张。开叫人弱牌应停叫。开叫人如果为高限可以在第一次再叫时直接叫 3♣或 3♦，请应叫人决定是否低花进局。

例 3	开叫人(14 点)	应叫人(11 点)	开叫人	应叫人
	♠A Q 7 3	♠K J 4	1♦	2♣
	♥7 3	♥9 5 2	2♠	3♣
	♦A K J 7	♦10 8 6	=	
	♣6 5 2	♣A K 8 7		

开叫人再叫 2♠显示有♠止张后，应叫人叫 3♣示弱，表示低限，同时否定有♥止张。开叫人见没有 3NT 机会，牌型平均，低花 5 阶成局希望不大，对♣支

持尚可，故对3♣止叫。

例4	开叫人(12点)	应叫人(13点)	开叫人	应叫人
	♠10 8 2	♠7 5	1♦	2♣
	♥Q J 5 2	♥A 6	2♥	4♦
	♦A Q 8 6	♦K 9 7 4	=	
	♣K 6	♣A Q 10 9 3		

开叫人再叫2♥后，应叫人叫4♦显示♦有4张支持，♠无止张，邀请开叫人低花进局。应叫人如果叫3♦表示弱牌止叫。开叫人低限牌，牌型平均失墩多，不能再叫。如果开叫人为高限或牌型再好一些，有意进局可以叫5♦。

例5	开叫人(12点)	应叫人(15点)	开叫人	应叫人
	♠K 8 3	♠6 4	1♦	2♣
	♥7 5 2	♥A J 6	2♠	3♥
	♦A Q 8 6 2	♦K J 4	3NT	=
	♣K 6	♣A Q 7 5 4		

开叫人的♠止张正是应叫人所需要的。为了保证3NT定约由位置合适的人来做，应叫人又叫出3♥逼叫，要求开叫人叫出3NT而成为定约人。

例6	开叫人(14点)	应叫人(12点)	开叫人	应叫人
	♠A 7 5 2	♠K 8 6	1♦	2♣
	♥K Q 7 3	♥9 5	3NT	=
	♦A J 8 7	♦Q 10 9 2		
	♣3	♣A K 8 5		

开叫人再叫3NT显示高限双高花有止张，应叫人弱牌无意满贯，正好停叫。

例7	开叫人(15点)	应叫人(11点)	开叫人	应叫人
	♠6 5 2	♠A K 8	1♦	2♣
	♥7	♥9 5 2	3♦	3♠
	♦A K Q 7 3 2	♦J 10 4	5♦	=
	♣A Q 7	♣K 8 6 5		

开叫人再叫3♦为自然性，表示高限牌，5张以上♦，无高花止张。应叫人再叫3♠显示牌力位置，否定有♥止张。开叫人♦花色为6张套，♥正好为单缺，叫5♦进局。如果开叫人牌型不好(例如有3张小♥)可叫回4♦，是否进局

请应叫人决定。

例 8	开叫人(17 点)	应叫人(12 点)	开叫人	应叫人
	♠6	♠9 8 4	1♦	2♣
	♥K 10 5	♥A Q 6	2♥	3♣
	♦A K Q 10 7 3	♦J 9	3♠ *	4♥
	♣A J 3	♣K Q 10 7 4	4NT?	5♦ *
			6♣	=

应叫人二盖一应叫后,开叫人产生满贯兴趣,2♥是逼叫,以探查同伴牌型。应叫人再叫 3♣显示 5 张好套,他的点力在♣和♥中。开叫人叫 3♠为第四花色逼叫,表示有满贯兴趣。应叫人叫 4♥显示有 A。开叫人问 A,得知联手有 3 个 A 后,叫到小满贯。

低花加叫以后的叫牌

一、低花加叫的方法

在 1 阶低花开叫之后,当应叫人没有 4 张以上高级花色,另外一个低花也不强时,如果对同伴低级花色有好的支持可以直接加叫低级花色。平加同伴开叫花色叫 2♣2♦表示 11 点以上,4 张以上支持,逼叫,一般否认持 13~15 点或 16~18 点均型牌(各门花色有止张,应该叫 2NT 或 3NT)。跳加同伴开叫花色叫 3♣3♦表示 6~10 点,5 张以上支持,阻击性。

下面是 1♣开叫后,应叫人在不同情况下加叫♣的一些例子。

(1)♠8 5 3　♥K 9 8　♦A 6 4　♣K Q 9 5

叫 2♣。高花不配合,12 点牌不能叫 2NT,只能叫 2♣逼叫。

(2)♠Q 8 6　♥7　♦10 6 3 2　♣A Q J 6 3

叫 3♣。本方没有高花配合,敌方肯定有♥配合,♣套联手至少 8 张,迅速跳叫 3♣,阻止敌方在低阶叫出高花套,同时显示 10 点以下的弱牌。

下面是 1♦开叫后,应叫人在不同情况下加叫♦的一些例子。

(3)♠9 6 4　♥A 7 3　♦A Q 8 6　♣J 10 4

叫 2♦。11 大牌点和 4 张♦,没有别的花色可叫。简单加叫低花,逼叫。

(4)♠3　♥7 2　♦A J 6 5 4　♣K J 8 3 2

叫 3♦。阻击性,6~10 点,不逼叫。这一加叫会给敌方争叫高花造成困难。

联手低花有配合的价值不如高花有配合那样大。高花有配合就可以立刻确定将牌花色，低花配合不一定立刻选择有将定约，而是应先探查有无3NT成局的可能。低花支持采用强牌平加逼叫、弱牌跳加叫阻击的方法。好牌低叫便于为探查无将定约留出叫牌空间，如果应叫人好牌一下跳叫到3阶，3NT以前的叫牌空间已经很狭小，难于安全探查另外三门花色的止张情况。在本方没有高花配合同时牌又不强时，敌方很可能有高花配合，所以当本方有一个配合良好的低花时，采用弱牌高叫可以起到阻击敌方叫牌的效果。下面分别介绍低花加叫以后的叫牌方法。

二、应叫人平加低花后的叫牌方法

1.开叫人的再叫方法

低花平加具有二盖一应叫的点力，为逼叫。低花成局要叫到5阶，一般需要29点牌，所以，尽管低花已经配合，还是应继续探查无将成局的可能性，特别是联手牌力在25~26点，打3阶无将牌力足够，打5阶低花牌力略显不足时。低花平加应叫后，联手牌力达到23点以上，打高花定约的机会已经基本不存在，因此以后叫牌应注意探查各门花色止张情况，一旦发现联手牌型互补时可以选择无将定约。这以后的叫牌完全是自然性的，双方要力求叫出其余花色的止张情况和牌力范围，其叫牌采用与低花二盖一应叫相类似的方法。开叫人第一次再叫方法如下。

①平叫花色——12点以上，该花色有止张，越过的花色无止张，逼叫。

②2NT——12~13点，低限均型牌，没有很弱的花色（例如双张小牌）。

③3NT——14~15点，均型，其余花色均有止张。

④跳叫新花色——16点以上，4张以上，开叫套是好套，进局逼叫。

下面是开叫1◆应叫2◆后，开叫人再叫的一些例子。

(1) ♠8 2　♥K Q 8 7　◆A Q 5 4 3　♣J 4

叫2♥。显示止张，牌力暂不定，逼叫。低花平加以后开叫人再叫高花不是逆叫。

(2) ♠A J 2　♥Q 10 6　◆Q J 7 2　♣K 5 2

叫2NT。低限牌，两个高花均有止张。

(3) ♠Q 8　♥J 9 6　◆A K J 7 6　♣J 9 4

叫3◆。其余三个花色均无止张。

下面是开叫1♣应叫2♣后，开叫人再叫的一些例子。

(1)♠J 9 3　♥J 7 3　♦K Q 6　♣A K 3 2

叫2♦。这不是逆叫，只是显示♦有止张，同时暗示至少有一个高花没有止张。

(2)♠K J 9 3　♥Q J 7　♦K 6 3　♣A 3 2

叫3NT。表示其余花色都有止张，高限牌。

(3)♠K 8 3　♥K J 10 8　♦5　♣A K Q J 4

叫3♥。跳叫新花色为逼叫，显示16点以上和一个4张高花套。告诉同伴联手牌力进局没有问题，请同伴注意试探满贯。开叫人如果叫2♥虽然也是逼叫，但不如叫3♥积极。

2.应叫人再叫的方法

开叫人再叫后，应叫人以后的叫牌采用自然的方法。如果开叫人再叫新花色显示止张的情况，应叫人叫牌也应在最低水平显示止张情况。应叫人持低限11~12点牌时，高花止张不缺时叫2NT，否则最低水平叫出有止张的花色，越过的花色表示没有止张，请开叫人继续叫牌。应叫人如果为13点以上高限牌，联手已经达到25点，应注意设法进局，叫3NT表示其余止张不缺。叫新花色永远是逼叫。在叫牌过程中如果任何一方叫回开叫花色，表示其他花色无止张，以后的叫牌是否进局请同伴考虑决定；而任何一方自愿地将低级花色加到4阶则是低花进局邀请。下面是低花平加叫以后叫牌的几个实例。

例1	开叫人(13点)	应叫人(12点)	开叫人	应叫人
	♠K 8 3	♠Q 10 5	1♦	2♦
	♥7 2	♥9 6 4	2♠	3♣
	♦A Q 8 6 5	♦K J 7 4	3♦	=
	♣K J 2	♣A Q 5		

开叫人再叫2♠显示有♠止张，无♥止张。应叫人再叫3♣显示有♣止张，没有♥止张，低限牌。应叫人如果有其余花色的止张，低限叫2NT，高限叫3NT。开叫人是低限牌，只好叫回3♦示弱，应叫人低限应该停叫。

例2	开叫人(13点)	应叫人(14点)	开叫人	应叫人
	♠10 2	♠7 5 3	1♣	2♣
	♥K J 4	♥A 6	2♦	2♥
	♦A Q 8	♦K 9 4	3♣	4♣

♣K 8 6 5 2	♣A Q J 9 7	5♣	=

此牌应叫人 14 点,♠无止张,第一次应叫没有叫 2NT 而叫 2♣逼叫。开叫人第二次再叫 3♣表示低限,无♠止张,暗示同伴低限可以停叫。应叫人叫 4♣表示高限,邀请开叫人酌情进局。开叫人看到♣至少 5-4 配合,♠双张,其他两个花色有好控制,应该进局一试。

例 3	开叫人(12 点)	应叫人(15 点)	开叫人	应叫人
	♠K 8 3	♠7 6	1♦	2♦
	♥7 2	♥A J 6	2♠	3♣
	♦A Q 8 6 2	♦K J 10 7 4	3♦	3♥
	♣K 6 5	♣A Q 4	3NT	=

开叫人再叫 2♠显示止张。应叫人知道打 3NT 定约没有问题,为请开叫人来做庄,应叫人没有直接叫出 3NT,而是叫 3♣和 3♥继续逼叫,把叫 3NT 的机会留给开叫人。

例 4	开叫人(14 点)	应叫人(12 点)	开叫人	应叫人
	♠6 5	♠A K 8	1♦	2♦
	♥10 7	♥A J 5	3♣	3NT
	♦A K J 7 3	♦10 6 4 2	=	
	♣A Q 10 3	♣7 6 4		

开叫人再叫 3♣表示♣有止张,高花无止张。应叫人高花不担心,联手至少 24 大牌点,要成局只能自己稍微冒险叫到 3NT。

例 5	开叫人(15 点)	应叫人(11 点)	开叫人	应叫人
	♠A 6 5 2	♠K 10 8	1♣	2♣
	♥K Q 7	♥9 5	2♥	2NT
	♦7 3	♦A K 8	3NT	=
	♣A Q 8 3	♣J 10 9 5 4		

此例开叫人高限,同伴只要有♦止张就可以打 3NT。如果开叫人叫 2NT 显示最多 13 点,应叫人 11 点牌可以 PASS。所以先叫 2♥逼叫,否认♦有止张。应叫人在低限牌的情况下,叫 2NT 显示其余花色的止张不缺,开叫人直接叫 3NT。应叫人如果叫 2♠则表示有♠止张没有♦止张。如果应叫人有♦止张没有♠止张,低限牌叫 3♣表示高花没有止张,暗示大牌都在低花;高限牌有♦止

张自然敢叫3◆。

例6	开叫人(13点)	应叫人(17点)	开叫人	应叫人
	♠K Q 2	♠A J 10	1◆	2◆
	♥7 5 2	♥9	2♠	3♣
	◆A 9 7 3	◆K Q J 10 8 2	3◆	4NT?
	♣K J 3	♣A Q 5	5◆ *	6◆
			=	

应叫人牌力极强，◆套特别好，故先用低花平加逼叫，探查开叫人牌情。开叫人叫2♠显示止张，应叫人由此判断出同伴♥花色中无浪费的牌力，再用3♣逼叫。开叫人叫3◆示弱。应叫人看到联手至少29点，牌型配合极好，问A后选择6◆小满贯定约。

三、应叫人跳加低花后的叫牌方法

低花跳加叫相当于阻击，以后的叫牌比较简明。开叫人低限12~13点应该停叫，开叫人牌情适合时，也可以直接封局止叫。开叫人的其他再叫均表示牌力较强有意进局，开叫人将低花加到4阶为直接进局邀请，请应叫人高限9~10点进局。开叫人再叫新花色为自然性，逼叫。以后，应叫人应自然叫出自己牌力位置，以便开叫人对能否进局进行判断，如果是9~10点高限牌，其余花色有止张可叫3NT，应叫人叫回将牌花色为示弱叫。

下面是几个应叫人跳叫低花后叫牌的实例。

例1	开叫人(19点)	应叫人(7点)	开叫人	应叫人
	♠K 5 3	♠A J 4	1♣	3♣
	♥A K 3	♥8 5 2	3♥	3♠
	◆J 7	◆10 9	4♣	=
	♣A K J 3 2	♣Q 10 9 5 4		

应叫人跳叫3♣后，开叫人再叫3♥逼叫，希望应叫人在高限同时有另外两个花色止张的情况下叫3NT。应叫人叫3♠表示只在♠有止张。开叫人见不能叫3NT，直接叫上5♣有风险，故叫4♣邀请同伴高限进局。应叫人牌太弱，只能PASS。

例2	开叫人(15点)	应叫人(9点)	开叫人	应叫人
	♠9 7 5 3	♠A 8 4	1◆	3◆

♥A 10 7 2	♥9 6	3♥	3♠
♦K Q 2	♦A 10 7 6 5	3NT	=
♣A Q	♣J 8 5		

应叫人跳叫3♦后，开叫人看到在♦可拿5墩的情况下，如果同伴有♠止张，打3NT有一定机会，故叫3♥试探。应叫人叫3♠显示有♠止张，开叫人如愿叫上3NT。如果应叫人♠无止张，最后叫牌会回到4♦。

例3

开叫人(17点)	应叫人(9点)	开叫人	应叫人
♠A 5 2	♠Q 10 4	1♣	3♣
♥K Q J 2	♥A 5	3♥	3♠
♦3	♦9 8 4	5♣	=
♣A Q J 8 7	♣K 10 9 5 2		

应叫人跳叫3♣后，开叫人强牌，再叫3♥逼叫。应叫人叫3♠表示有♠止张，否定♦有大牌，否则应该叫3NT。开叫人判断应叫人牌力都在有利的位置，故直接叫5♣。

例4

开叫人(19点)	应叫人(9点)	开叫人	应叫人
♠K J 7 5	♠A 8 4	1♦	3♦
♥A Q 10 7	♥6	3♥	3♠
♦K Q 7 2	♦A 9 6 5 3	4♣	4♠
♣A	♣J 8 5 3	5♣	5♥
		6♦	=

应叫人跳叫3♦后，开叫人叫3♥逼叫。应叫人叫3♠显示止张，同时否定了♣有大牌，否则应该叫3NT。开叫人产生满贯兴趣，扣叫4♣示A，应叫人扣叫4♠示A。开叫人关心同伴♥的情况，再次扣叫5♣显示有第二轮控制。应叫人扣叫♥显示有第二轮控制后，开叫人发现牌型配合非常好，毅然进贯。

无将应叫以后的叫牌

一、无将应叫的方法

1阶低花开叫后，应叫人作各阶无将应叫的方法如下。

①1NT——6~10点，无法进行一盖一和跳加叫的牌型，不逼叫。

②2NT——13~15点，均型牌，无4张以上高花，一般未叫花色均有止张。

③3NT——16~18 点,均型牌,无 4 张以上高花,未叫花色均有止张。

应叫人持 13 点以上均型牌,如果有 4 张高花套,应该先一盖一叫出高花逼叫,寻求高花配合,应叫人的牌力以后完全有机会可以显示出来。

下面是 1 阶低花开叫后,应叫人作各阶无将应叫的一些例子。

(1)♠Q J 3　♥10 7 6　♦K Q 6 2　♣8 4 2

1♣开叫后,叫 1NT。显示 6~10 点,没有 4 张以上高花套。4 张♦套一般没有必要叫出。

(2)♠8 5 3　♥J 8 3　♦4 2　♣K Q 9 6 5

1♦开叫后,6 点以上必须维持叫牌,叫 1NT。10 点以下不能叫 2♣。

(3)♠A 9 7　♥K J 2　♦Q 10 9　♣K 7 5 2

1 阶低花开叫后,应叫 2NT。一口叫清 13~15 点均型牌,请同伴决定以后的发展。

(4)♠K 9 3　♥A K Q　♦K 4　♣J 10 4 3 2

1♦开叫后,叫 3NT。应叫弱的♣花色没有意义,直接叫 3NT,显示 16~18 点均型牌。

二、1NT 应叫以后的叫牌方法

1NT 应叫显示应叫人最高 10 点,没有 4 张以上高花套。开叫人再叫可以按如下方法。

开叫人持 12~15 点弱牌时,联手牌力达不到成局水平,这时开叫人持均型牌应停叫,准备打 1NT。只有在开叫人牌型不平均,不适宜做无将定约时,可以最低水平再叫开叫花色显示 5 张以上示弱。开叫人顺叫出 2♣表示至少 4-4 低花套,牌力为 12~17 点,属于进局试探或有(非均型)牌型,允许应叫人在低限并对这个花色有支持的情况下停叫,否则应叫人应维持继续叫牌。

开叫人持 16 点以上强牌时,联手存在成局机会,不能对 1NT 停叫。开叫人持 16~17 点可以采用邀请叫,叫 2NT 表示半均型牌,跳叫开叫花色表示该套为 6 张以上好套,邀请应叫人高限进局。开叫人的逆叫和跳叫新花色均为逼叫,表示 16 点以上,请应叫人继续叫牌显示牌情,这以后的叫牌一般要到局。如果开叫人为 19 点以上,牌型适当可以直接封局止叫。

下面是 1NT 应叫后叫牌的几个实例。

例 1　开叫人(12 点)　应叫人(9 点)　开叫人　应叫人

♠A 6 5 3	♠J 4 2	1◆	1NT
♥7	♥A 8 6	2♠	2◆
◆A K 10 6	◆Q 5 4 2	=	
♣J 7 4 3	♣Q 9 2		

开叫人叫2♣显示至少4-4低花非均型牌,12~17点。应叫人9点牌需维持一轮,有3张或4张◆可叫2◆,开叫人止叫。如果开叫人再叫为2◆,表示低限,5张以上非均型牌,应叫人可以PASS。

例2	开叫人(17点)	应叫人(10点)	开叫人	应叫人
	♠A 10 7 6	♠J 4 2	1♣	1NT
	♥A 9	♥Q 6 5	2NT	3◆
	◆Q 7	◆A K 8 2	3NT	=
	♣A K 10 6 5	♣9 8 4		

开叫人持17点半均型牌叫2NT邀请,希望应叫人高限进局。应叫人叫3◆表示高限牌,开叫人放心叫出3NT。开叫人如果持19点左右的均型牌,可以直接叫3NT。

例3	开叫人(18点)	应叫人(7点)	开叫人	应叫人
	♠A K 6 5	♠J 4	1♣	1NT
	♥7	♥A Q 6	2♠	3♥
	◆A Q 3	◆9 5 4 2	3NT	=
	♣A J 10 7 6	♣9 8 4 2		

开叫人逆叫2♠显示16点以上,逼叫。应叫人叫3♥显示止张。开叫人叫3NT进局。如果开叫人再叫2◆,也属于逆叫。表示低花5-4套,16点以上。

例4	开叫人(17点)	应叫人(10点)	开叫人	应叫人
	♠A Q 5	♠7 2	1◆	1NT
	♥7 4	♥A Q 8	3◆	3♥
	◆A K Q 10 6 5	◆9 4 2	3NT	=
	♣Q 7	♣K J 5 3 2		

应叫人叫1NT,表示没有4张高花套,低花至少有7张。开叫人跳叫3◆,邀请应叫人高限设法进局,低限可以止叫。应叫人叫3♥,显示高限♥有止张。开叫人选择3NT进局。

三、2NT 和 3NT 应叫以后的叫牌方法

应叫人叫 2NT 表示 13~15 点,叫 3NT 表示 16~18 点,都表示均型牌,各门花色有止张,没有 4 张高花套。由于应叫人已经将牌型显示清楚,所以以后的叫牌由开叫人主导。

应叫 2NT 后,联手 25 点以上,开叫人应该选择安全的定约进局。如果开叫人在 3 阶再叫开叫花色,表示低限非均型牌,请同伴在无将局和低花局之间进行选择。

应叫 2NT 或 3NT 后,开叫人再叫 4♣为盖伯问 A,叫其他花色为逼叫或扣叫,表示有满贯兴趣。开叫人直接叫 4NT、5NT 为满贯试探叫。

下面是 2NT 和 3NT 应叫以后的几个叫牌实例。

例 1	开叫人(12 点)	应叫人(13 点)	开叫人	应叫人
	♠10 9	♠K Q 6	1♣	2NT
	♥7 6 4	♥A J 8	3NT	=
	♦A Q 3	♦K 8 4 2		
	♣A Q 9 7 5	♣10 4 3		

应叫 2NT 以后,开叫人判断联手至多 27 点,无高花配合,叫 3NT 满足。应叫人如果有的花色止张不好,应该避开直接应叫 2NT,用叫新花色的方法逼叫以便对特定花色进行探查,以求选择安全的定约。

例 2	开叫人(19 点)	应叫人(13 点)	开叫人	应叫人
	♠10 5	♠A K 4	1♦	2NT
	♥A 7	♥Q J 8	3♥	3♠
	♦A K Q 9 3	♦8 6 4 2	4♣	4♠
	♣A Q 9 7	♣K 10 3	6♦	=

应叫 2NT 以后,开叫人判断联手至少 32 点,足够叫满贯的牌力,只担心缺少♠的控制,故叫 3♥逼叫。应叫人叫 3♠显示♠有 A。开叫人继续扣叫 4♣。应叫人叫 4♠说明有♠AK。应叫 2NT 已经表明♦至少有 3 张,开叫人叫出 6♦。

例 3	开叫人(12 点)	应叫人(16 点)	开叫人	应叫人
	♠A Q 9	♠K J 7	1♣	3NT
	♥9 8 4	♥A 3 2	5♣	=
	♦6	♦A K J 9		

♣K Q J 10 7 5　　♣9 8 4

应叫人叫3NT以后，开叫人非均型牌，担心无将定约不安全，知道♣同伴至少3张，故直接叫5♣。

例4	开叫人(16点)	应叫人(16点)	开叫人	应叫人
	♠A Q 9	♠K 10 7	1♦	3NT
	♥9	♥A J 3	4NT	5♠ *
	♦A J 6 5 3	♦K 9 7	6♣	=
	♣K Q 7 3	♣A J 4 2		

应叫人叫3NT以后，开叫人算出联手32~34点，应该探查满贯。开叫人叫4NT为满贯试探叫，应叫人叫5♠显示有2个A，没有5张低花套。开叫人叫6♣表示4张套，应叫人正好有4张♣，故PASS。

跳叫新花色以后的叫牌

一、跳叫新花色的方法

当应叫人有16大牌点以上牌力，同时有一个6张以上至少是半坚强的好套时，可以跳叫这个花色，逼叫进局。如果应叫人的套只是一般的6张套，则建议仍然采用平叫新花色逼叫，以后应叫人通过示强显示额外牌力，或用逼叫手段掌握叫牌进程，同样能够找到最佳定约。

下面是1阶低花开叫后，应叫人跳叫新花色应叫的一些例子。

(1)♠A K Q 9 7 2　♥A K 6　♦J 8 3　♣3

1阶低花开叫后，跳叫2♠。16点以上，♠为可以独立作将牌的好套。逼叫进局。

(2)♠Q J 3　♥A K Q J 10　♦K Q 6 2　♣8

1♦开叫后，跳叫2♥。16点以上，♥是5张坚强套。逼叫进局。

(3)♠A K 8　♥J 8　♦4 2　♣A K Q 9 6 5

1♦开叫后，跳叫3♣。显示16点以上，♣至少为6张半坚强套。

二、以后的叫牌方法

1阶低花开叫应叫人跳叫新花色以后的叫牌方法，基本与1阶高花开叫应叫人跳叫新花色后的方法相同。应叫人跳叫新花色表示有一个可以独立作将牌的花色，联手已经28点以上，以后无论采用什么方式叫牌，都不可停留在成局水平以下。在将牌配合或有额外牌力的情况下，一般都要试探满贯。所以开叫人的再叫应围绕满贯探查进行。

当开叫人有应叫人花色的1张大牌时，低限12~13点应平加，14点以上应扣叫新花色。开叫人没有应叫人花色的大牌时，当自己的开叫花色是一个半坚强的6张以上套时，再叫这个花色。开叫人不支持应叫人花色同时自己也没有好套时，可最低水平叫无将。当开叫人牌力较强有满贯兴趣时，应扣叫新花色逼叫，以后酌情选择有将或无将满贯定约。

开叫人再叫以后，应叫人遇到开叫人扣叫，说明满贯在望，应该继续扣叫。遇到开叫人加叫将牌花色，应叫人无意满贯可以封局止叫，有意满贯应扣叫新花色。如果开叫人重复叫自己的开叫花色，应叫人支持该花色时低限加叫，高限扣叫新花色；不支持该花色，自己花色是坚强套时再叫这个花色，否则，无意满贯叫无将，有意满贯开始扣叫新花色。遇开叫人再叫2NT，应叫人的花色为坚强套时可以重复这个花色，否则，无满贯兴趣可以叫3NT，有满贯兴趣可以扣叫新花色。遇开叫人再叫3NT，应叫人无意满贯可以停叫，有意满贯应该继续扣叫。

下面是应叫人跳叫新花色以后叫牌的几个例子。

例1	开叫人(13点)	应叫人(16点)	开叫人	应叫人
	♠K 10 6	♠Q 9	1♦	3♠
	♥K 9 8 7	♥Q 4 3	3NT	=
	♦A K 9 4 3	♦Q 8		
	♣3	♣A K Q J 9 7		

开叫人再叫3NT表示低限牌，对应叫人的花色不支持，自己的套也不好，是否探查满贯请应叫人决定。应叫人见同伴无满贯兴趣，自己低限牌，故不再叫。

例2	开叫人(14点)	应叫人(17点)	开叫人	应叫人
	♠K 6 5	♠A 9 3	1♣	2♥
	♥3	♥A K Q 9 7 2	3♣	3♠
	♦A J 3	♦10 4	4♦	4NT?
	♣K Q J 10 9 2	♣A 8	5♦ *	7♣
			=	

开叫人叫3♣显示好♣套，对♥不支持。应叫人看出♣作将牌无失张，♥套

可树立，于是扣叫3♠示A。开叫人4♦示A后，应叫人立刻问A。问出1个A后，联手赢墩已经超过13个，于是叫出7♣。

例3	开叫人（14点）	应叫人（17点）	开叫人	应叫人
	♠6 5	♠A K J 10 9 3	1♦	2♠
	♥7 2	♥A K 6	2NT	3♥
	♦A K J 7 3	♦Q 8	4♠	4♥
	♣A Q 10 3	♣7 4	5♦	6♠
			=	

开叫人不支持应叫人的花色，自己也没有好套，先叫2NT。应叫人扣叫3♥表示满贯兴趣。开叫人牌略有余力，扣叫4♣示A，应叫人叫4♥表示有K。开叫人扣叫5♦后，应叫人放心叫到小满贯。

例4	开叫人（15点）	应叫人（16点）	开叫人	应叫人
	♠K 6 5	♠A 9 3	1♣	2♥
	♥Q 3	♥A K J 10 9 2	4NT?	5♠ *
	♦A 9 3	♦7 4	7NT	=
	♣K Q J 10 2	♣A 8		

开叫人通过自己有♥Q判断♥作将牌可以不失。并且只要问清A的个数就可以确定定约的水平，于是立刻问A。同伴有3个A，这样赢墩已经超过13个，于是叫出最安全的7NT大满贯。

由以上牌例可见，跳叫新花色至少要保证是半坚强的6张以上套，即用该花色作将牌可以保证将牌稳拿5墩。这对探查满贯非常重要。如果仅为显示16点以上而用一个不好的长套跳叫，开叫人在准备叫满贯时，仍然难于确定将牌花色是否存在失墩。

第六节　2♣开叫及以后的叫牌

自然制中1阶花色开叫是不逼叫的，所以凡是开叫人持独立可以成局或同伴稍微提供支持就可以成局的强牌，为防止同伴持5点以下的弱牌不叫而丢局，必须采用2♣逼叫性开叫的方法。例如开叫人拿到以下一手牌。

♠A K Q J 8 7 6 3　♥8　♦A　♣K Q 9

这手牌在同伴不提供任何帮助的情况下，开叫人独立就可以做成4♠。但是，如果开叫1♠，同伴5点以下可以不叫，这样就有丢局的危险。可是，如果开叫人担心丢局直接开叫4♠，则在应叫人有一定牌力的情况下可能失去探查满贯的安全叫牌空间。

为解决避免丢局与留有足够探查满贯的叫牌空间的矛盾，自然制专门用一种约定性2♣强开叫来解决这一问题。特别好的牌先开叫2♣，逼叫一轮，看看同伴的应叫情况后，再决定以后的叫牌走向，这样问题就得到较好的解决。

2♣开叫是自然制中最重要的约定性叫，它与精确制的1♣强开叫有相似之处，但是开叫标准比精确制要高，条件也比精确制要严格。本书介绍的2♣开叫的条件比老式自然制开叫的条件有了一定的改进，适当放宽了2♣开叫的使用范围，消除了自然制1阶花色开叫不逼叫造成的丢局隐患。

2♣强开叫的条件

自然制2♣开叫的条件为：21点以上任意牌型的牌，或有8~9个赢墩以上牌力至少为16点以上的强牌，逼叫。这实际上把一切开叫后担心同伴5点以下不叫而可能丢局的牌型都包括在2♣强开叫之中。

开叫2♣只表示强牌，没有表示牌型，更不表示♣套的情况。开叫方的牌情将在下一次叫牌中进行描述。2♣开叫的基本牌情和下一次再叫方法有以下几种情况。

①非均型牌，高花作将牌有8个以上的赢墩，低花作将牌有9个以上的赢墩，大牌点至少16点（15点以下用其他方法开叫）。开叫人先开叫2♣，下次开叫人最低水平叫出长套花色，继续逼叫。以后除非开叫人是低限，同时应叫人是无法提供赢墩的极弱的牌以外，这种牌一般要叫到成局以上的水平。

②均型牌，21~22点。开叫人先开叫2♣，下次再最低水平叫出无将，可以显示清楚牌情。以后的叫牌由应叫人决定。

③均型牌，25~27点，没有5张以上套。开叫人先开叫2♣，下次开叫人跳叫3NT。如果应叫人应叫3♣或3♦，开叫人用平加低花显示这种牌情。以后由应叫人决定是否进贯。

④4-4-4-1牌型，21大牌点以上，没有废点。开叫人先开叫2♣，下次开叫

人跳叫单缺花色显示牌情。以后应叫人可采用自然的方法选择将牌和定约。

⑤其他21点以上的牌型。例如5-3-3-2牌型,赢墩不足8~9个。开叫人先开叫2♣,下次开叫人根据应叫人应叫的具体情况酌情再叫。开叫人以后有5张以上好套可以平叫花色,5张套较弱可以叫无将。这样处理可以使应叫人有机会显示清楚牌力的高低,以最大限度避免丢局和丢贯。

以下是一些采用2♣强开叫的例子。

(1)♠A K Q J 10 7 4　♥8　♦A 3　♣Q 10 4

用♠作将牌有8个赢墩,16点牌,是开叫2♣的低限牌力。这手牌同伴只要有♣K J或♦K和♣J便可以成局。由此可见,只要牌型配合好,联手20点牌(甚至点力更低)即可打成一局。

(2)♠A 3　♥K Q 10　♦A K Q J 8 7 4　♣6

用♦作将牌有9个赢墩,16点以上,开叫2♣逼叫。同伴只要有♠K和♥J便可稳打5♦,或只要有♣止张,无需更多支持便可打成3NT定约。

(3)♠A K J 4　♥A Q 8 7　♦8　♣A Q J 7

4-4-4-1牌型,21点以上,先开叫2♣,下次跳叫♦,可以清楚地显示这种情况。

(4)♠K 7 4　♥A J 9 4　♦A Q 8　♣A K 7

21~22点均型牌,先开叫2♣,下次叫2NT。一口叫清牌情,请同伴决定以后的叫牌。

(5)♠A K J 4　♥A Q J　♦Q J 9　♣A K 5

25~27点均型牌,先开叫2♣,准备下次叫3NT。叫清牌情后请同伴决定是否进满贯。

(6)♠A K J 9 4　♥Q J 2　♦K 8　♣A K 5

21点5张高花的均型牌,赢墩不够8个,先开叫2♣,下次可叫2NT,同伴如果有4~5点会设法进局。此牌如果开叫不逼叫的1♠则存在丢局的危险。

(7)♠A　♥K Q 5　♦K Q 3　♣A Q J 10 6 2

低花赢墩不够9个,如果开叫1♣,同伴4~5点牌可能PASS,先开叫2♣,根据同伴应叫情况再决定以后的叫牌。

下面是几个虽然牌力很强,但不能开叫2♣的例子。

(1)♠Q J 7　♥A K J 8　♦A K Q 4　♣K 4

开叫 2NT。23~24 点的均型牌由 2NT 开叫专门解决。

(2)♠A J 7 4　♥8　♦A J 9 4　♣A K Q 7

开叫 1♦。只有 19 点,如果该牌同伴 5 点以下不叫,成局的前景不会太好。牌点不够 21 点时,4-4-4-1 牌型不能强开 2♣,否则会给同伴错误的信息。

(3)♠A K 8 5　♥A J 9 4　♦A Q 8 4　♣K

开叫 1♦。21 点 4-4-4-1 牌型,但单张是 K 使牌力打了折扣,不能强开 2♣。

(4)♠A K Q J 9 6 5　♥7 4 2　♦A　♣6 2

开叫 4♦。这手牌使用 4 阶高花转移叫不会丢局。牌点不到 16 点不能强开叫 2♣,否则应叫人会对开叫人的大牌点数造成误解,一旦试探满贯将造成危险。

对 2♣开叫的应叫方法

2♣开叫是逼叫,应叫人必须应叫,绝对不能 PASS。由于开叫人牌力很强,应叫人叫牌为利于满贯探查,牌力的强弱以 8 点为分界。应叫人应叫的方法如下。

①2♦——0~7 点,约定性,示弱应叫。下次酌情叫牌。

②2♥2♠3♣3♦——8 点以上,5 张以上套,进局逼叫。

③2NT——8~10 点,均型牌,进局逼叫。

④3♥3♠4♣4♦——11 点以上,5 张以上好套,有满贯兴趣。

⑤3NT——11 点以上,均型牌,有满贯兴趣。

应叫人持 0~7 大牌点的弱牌只能应叫 2♦,该叫品为虚叫,不表示所持♦花色的任何情况,只是为了维持叫牌,给开叫人再次叫牌提供机会。开叫人遇到同伴应叫 2♦应在以后的叫牌中谨慎行事,不至于把牌叫得过高。应叫人以后有机会来进一步显示自己的牌情,最大限度地发掘联手牌力的价值,把握住成局或满贯的机会。

应叫人的牌力在 8 点以上要采用示强叫,以自然的方式平叫花色或无将,既表示应叫人的牌力范围,又显示了应叫人的牌型。这样联手的牌力无论从点力还是从赢墩方面衡量均达到成局的水平,所以无论以后怎样叫牌,结果一定要叫到局。开叫人在有额外牌力时应注意探查满贯。

应叫人的跳叫花色表示有一个好的 5 张以上套,牌力在 11 大牌点以上,通知开叫人满贯在望。如果应叫人的长套质量不好则不要跳叫,可以用平叫花色显示牌型,以给开叫人留出空间显示牌情,以后应叫人或用其他方法显示有额外牌力,或由应叫人自己主导叫牌进程。应叫人的跳叫 3NT 表示 11 点以上均型牌,以后双方的叫牌将围绕满贯进行。

无论应叫人如何应叫,开叫人持非均型牌再叫应该叫出花色显示牌型特征,持均型牌再叫应该叫无将或以加叫同伴花色的方法显示均型牌。以后的叫牌在弱牌时要试探能否进局,强牌时要试探满贯。以下各节按照开叫人所持不同牌情分类详细介绍其叫牌方法。

开叫人平叫花色以后的叫牌

开叫人再叫以最低水平平叫一个花色,表示非均型牌,一般为 21 点以上。如果牌力低于 21 点(至少 16 点),则赢墩必须有保证,再叫高花表示以该花色作将牌有 8 个以上赢墩,叫低花表示以该花色作将牌有 9 个以上赢墩。开叫人平叫花色后,将牌花色基本确定,以后的叫牌比较容易掌握。应叫人为弱牌时,应根据能为开叫人提供的赢墩数来决定是否进局。应叫人为强牌时,可自然地显示牌情,准备探查满贯。

一、应叫人 2◆示弱后的叫牌方法

应叫人叫 2◆示弱,显示 7 点以下。以后,开叫人最低水平地叫出 2♥2♠3♣3◆,这是自然性再叫,显示 5 张以上好套,同时逼叫一轮。因为开叫人已经表示了有一个好的将牌花色,所以以后应叫人再叫要回答能否为开叫人提供进局所需要的赢墩数,如果有潜在的赢墩可叫出所在的花色。应叫人再叫方法如下。

①将同伴花色直接加叫到局。高限 5~7 点,应叫人可为同伴提供 2 个赢墩。

②平加同伴花色。有 1 个赢墩,可能是将牌中的 1 个大牌,或副牌的一个 A 或者 KQ。

③平叫新花,5 张以上带有大牌的套。

④最低水平叫无将。不属于以上情况的极弱牌,一般为 0~4 点。

应叫人再叫以后,开叫人可以根据应叫人的叫牌情况自然地叫牌。遇到应叫人平叫 2NT 或 3NT 作第二次示弱,开叫人最低水平叫回将牌花色为止叫,这

表示双方均为低限,定约可以停止在不成局的 3 阶高花或 4 阶低花的水平上。

在应叫人再叫以后,开叫人又叫出一个新花色为逼叫,表示第二套,套中有一定实力,如果应叫人对该花色有大牌支持,便能够增加赢墩数。这时,应叫人如果可以增加赢墩,再叫就可以封局;赢墩没变化就最低水平叫回将牌花色。这样就给应叫人判断手中仅有的大牌价值进一步提供了机会。如果应叫人在同阶低于将牌花色的水平再叫新花色,表示对开叫人的新花色不支持,但所叫花色有牌力,请开叫人斟酌考虑。

下面是一些应叫人示弱应叫以后叫牌的例子。

例 1	开叫人(19 点)	应叫人(1 点)	开叫人	应叫人
	♠K 6	♠10 5 4	2♣ *	2♦ *
	♥A K Q 8 7 4	♥9 5	2♥	2NT
	♦8 2	♦J 7 6 4	3♥	=
	♣A K 5	♣9 7 6 2		

应叫人叫 2NT 再次示弱后,开叫人只有 8 赢墩,看到成局无望,只能叫回将牌花色止叫。这手牌打 3♥如果宕一,说明敌方至少可以完成 3♠;如果宕二,敌方可以完成 4♠。所以打 3♥不吃亏。

例 2	开叫人(19 点)	应叫人(2 点)	开叫人	应叫人
	♠A K J 10 9 8 2	♠Q 3	2♣ *	2♦ *
	♥A 7 3	♥10 9 5 4	2♠	3♠
	♦A K	♦7 5 3	4♠	=
	♣8	♣9 6 4 2		

应叫人再叫 3♠显示有 1 个赢墩后,开叫人自己有 9 个赢墩可直接叫 4♠封局。如果开叫人只有 8 个赢墩,可以 PASS,就打 3♠。

例 3	开叫人(21 点)	应叫人(2 点)	开叫人	应叫人
	♠A K Q J 7 4	♠9 2	2♣ *	2♦ *
	♥K J 9 8	♥Q 7 2	2♠	2NT
	♦A K	♦8 7 5 3	3♥	4♥
	♣4	♣10 9 5 2	4♠	=

开叫人从应叫人叫 2NT 得知同伴牌极弱,但是如果有♥Q,成局还有希望,于是叫 3♥邀请。应叫人♥正好有 Q,于是叫出 4♥。开叫人♥为 4 张套,♠不

需要支持，改叫 4♠。应叫人如果♥没有大牌可以安全叫回 3♠。

例 4

开叫人(23 点)	应叫人(4 点)	开叫人	应叫人
♠A K Q J 7 5	♠9 4 3	2♣ *	2♦ *
♥Q 9	♥K J 7 5 2	2♠	3♥
♦A K Q	♦8 7	4♠	=
♣Q 4	♣10 9 2		

应叫人叫 3♥后，开叫人算出联手具有进局的牌力，♥花色可以发展出 1~2 个赢墩，故叫出 4♠进局。

例 5

开叫人(20 点)	应叫人(2 点)	开叫人	应叫人
♠K J 2	♠9 6 4 3	2♣ *	2♦ *
♥A Q	♥9 8 7 5	3♦	3NT
♦A K Q J 9 4 2	♦8 5	4♦	=
♣7	♣Q 5 3		

应叫人叫 3NT 表示极弱牌，高花没有牌力，开叫人叫回 4♦ 止叫。如果开叫人各花色有好的止张，可以选择打 3NT。

例 6

开叫人(19 点)	应叫人(4 点)	开叫人	应叫人
♠A J 7	♠9 8 6	2♣ *	2♦ *
♥10 5	♥K J 9 7 2	3♣	3♥
♦A	♦9 8 4	3NT	=
♣A K Q J 9 4 2	♣5 3		

应叫人叫出 3♥显示 5 张套，开叫人放心叫出 3NT。

二、应叫人示强后的叫牌方法

应叫人有 8 点以上作了示强应叫，以后的叫牌至少要到局。点力更高或牌型配合得非常好时，很可能有满贯。开叫人以后再叫比较简单，只要平叫花色显示牌型即可。应叫人则采用自然的方法继续显示牌情，其再叫牌的方法可以如下。

①平加同伴花色或再叫自己叫过的花色。没有其他的牌力，低限牌。

②平叫 3NT。低限牌，点力分散。

③平叫新花。扣叫，该花色有牌力，逼叫。

以后开叫人叫牌要注意寻找安全的成局定约和探查是否有满贯机会。如果开叫人重复叫将牌花色表示低限牌力，对满贯无兴趣。开叫人探查满贯可以采用扣叫新花色或者直接问 A 的方法。下面是一些应叫人示强应叫后叫牌的例子。

例 1	开叫人(19 点)	应叫人(8 点)	开叫人	应叫人
	♠9	♠K J 10 5 4	2♣ *	2♠
	♥Q 7	♥K 6 5	3♦	3♥
	♦A K Q J 9 3 2	♦7	3NT	=
	♣A K 10	♣J 9 5 2		

应叫人叫 2♠示强，开叫人叫 3♦显示牌型。应叫人再叫 3♥显示在该花色中有一定牌力。开叫人选择 3NT 进局，表示无满贯兴趣。应叫人低限不可再叫。

例 2	开叫人(17 点)	应叫人(8 点)	开叫人	应叫人
	♠A K Q J 9 6 3	♠8 4 2	2♣ *	2NT
	♥9 2	♥K Q 10 6	3♠	4♠
	♦A 10	♦Q J 9 4	=	
	♣K 2	♣8 7		

应叫人叫 2NT 示强，开叫人叫 3♠显示牌型。应叫人 4♠表示低限，开叫人也是低限，满贯无望，进局满足。

例 3	开叫人(16 点)	应叫人(8 点)	开叫人	应叫人
	♠A	♠Q 8 2	2♣ *	3♦
	♥K Q J 9 6 3	♥10 7	3♥	4♥
	♦9 4	♦K Q J 7 3	=	
	♣K Q J 3	♣9 6 4		

应叫人叫 3♦显示 8 点以上，♦为好套。开叫人叫 3♥显示牌型后，应叫人叫 4♥表示低限。以后开叫人低限正好不叫。

例 4	开叫人(19 点)	应叫人(10 点)	开叫人	应叫人
	♠A K Q J 9 6 3	♠8 2	2♣ *	2♥
	♥J	♥K Q 10 7 6 4	2♠	3♦
	♦A 10	♦K Q 9 5 2	3♠	4♣
	♣K J 2	♣—	4♦	5♦

		6♠	=

应叫人叫2♥示强，以后叫牌至少要到局。开叫人叫2♠后，应叫人再叫3◆表示该花色有一定牌力，开叫人再叫3♠确定将牌。应叫人扣叫4♣显示有♣第一轮控制，开叫人扣叫4◆显示有◆第一轮控制，应叫人扣叫5◆表示有◆K，同时否认有♥的第一轮控制，这样开叫人只能叫小满贯。

例5

开叫人（20点）	应叫人（11点）	开叫人	应叫人
♠K 10	♠A 9 6 2	2♣	3NT
♥7 4	♥K Q 5	4♣	4♠
◆A K	◆Q 10 9	5◆	5♥
♣A K Q J 10 7 2	♣6 4 3	6NT	=

应叫人叫3NT后，开叫人叫4♣逼叫，应叫人扣叫4♠，否定有♥A。开叫人再扣叫5◆，应叫人扣叫5♥显示有♥K。开叫人看到获得12个赢墩的机会很大，为防止同伴♥花色中只有一个K，叫出6NT请同伴做庄。

例6

开叫人（19点）	应叫人（11点）	开叫人	应叫人
♠A K Q J 9 6 3	♠8 2	2♣ *	3♥
♥J	♥K Q 10 7 6	3♠	4♣
◆A J	◆Q 5 2	4◆	4♥
♣K 10 5	♣A 9 4	4NT?	5◆ *
		6♠	=

应叫人叫3♥显示11点以上，开叫人叫3♠显示牌型后，应叫人扣叫4♣显示有♣A，开叫人扣叫4◆显示有◆A后，应叫人叫4♥表示没有其他牌力可显示。开叫人问A后冲上小满贯。

开叫人跳叫花色以后的叫牌

开叫人持4-4-4-1牌型，21点以上，开叫2♣后再跳叫单缺花色可以显示清楚牌型。应叫人只要牌型稍有配合，成局的机会很大。开叫人跳叫单缺以后的叫牌完全采用自然的方法，应叫人叫出一个成局定约为止叫。如果应叫人最低水平选择一个花色作将牌，表示持一手极弱的牌，有可能只有3张支持，以后开叫人如果为低限，允许PASS，将定约停止在成局水平以下。所以，如果应叫人有满贯兴趣，切不可最低水平叫出将牌花色，而应该直接叫4NT问A或采用逼叫的方法使开叫人继续叫牌。开叫人如果牌力极强，可以在应叫人选择将牌示弱以后继续扣叫或问A，主动进行满贯探查。

下面是开叫人跳叫花色以后的一些叫牌实例。

例1

开叫人(21点)	应叫人(3点)	开叫人	应叫人
♠A K J 4	♠8 7 6 2	2♣ *	2◆ *
♥2	♥Q J 9 8	3♥ *	4♠
◆A Q 7 6	◆10 5 3	=	
♣A K 9 5	♣10 4		

开叫人显示4-4-4-1牌型后，应叫人叫4♠，这比叫3♠的牌力略强，但仍然是弱牌。开叫人低限牌只能PASS。

例2

开叫人(22点)	应叫人(5点)	开叫人	应叫人
♠3	♠A 10 9 6 4 2	2♣ *	2◆ *
♥K Q J 7	♥6	3♠ *	3NT
◆A K Q 5	◆9 8 2	=	
♣A K 9 3	♣J 7 5		

应叫人的其他花色与开叫人的牌型配合作将牌难有作为，而♠套正好对开叫人的单缺形成弥补，应叫人认为3NT可一试。开叫人为低限，同意打3NT。

例3

开叫人(21点)	应叫人(1点)	开叫人	应叫人
♠A	♠7 6 4 2	2♣ *	2◆ *
♥K Q 8 4	♥9 5	3♠ *	4♣
◆A Q 6 3	◆J 8 5	=	
♣K Q J 5	♣10 9 8 4		

应叫人叫4♣是选择将牌，不是扣叫，也没有邀请的意思，开叫人低限牌只能PASS。当然，开叫人如果有额外牌力，例如再多几点，可以再叫5♣进局。

例4

开叫人(21点)	应叫人(8点)	开叫人	应叫人
♠K Q J 9	♠10 7 2	2♣ *	3◆
♥A K Q 8	♥6 4	3NT	=
◆7	◆A K J 9 8		
♣A Q 10 2	♣9 5 3		

当应叫人叫出3◆后，开叫人再显示◆为单缺已经没有意义。在应叫人可

以对◆花色弥补的情况下，开叫人正好可叫 3NT 示弱。应叫人为低限均型牌不应再叫。

例 5	开叫人(21 点)	应叫人(8 点)	开叫人	应叫人
	♠K Q J 5	♠A 10 6	2♣ *	2NT
	♥A K Q 9	♥J 10 5 3	4♣ *	6♥
	◆A Q 8 6	◆K 9	=	
	♣4	♣9 6 5 2		

在敌方持有一个花色全部 10 点牌，而我方在该花色上正好是单缺的情况下，我方只要有另外三个花色的 27 点牌（最多缺一个 K），就可以打小满贯。此牌应叫人在开叫人跳叫单缺后，算出联手 29 点以上，只丢失 1 墩♣，故放心叫上 6♥。

例 6	开叫人(22 点)	应叫人(9 点)	开叫人	应叫人
	♠K Q J 9	♠A 10 7 5 4	2♣ *	2♠
	♥8	♥A 9 6 3	4♥ *	4NT?
	◆A K Q J	◆5 2	5♥ *	5NT?
	♣A Q 10 2	♣J 8	7♠	=

应叫人算出联手至少 30 点，牌型配合好，满贯有望，故立即问 A 探查，得知 4 个 A 不缺后再问 K。开叫人将牌有 KQJ 配合，判断只要应叫人低花不超过 5 张或飞中♣K 两条件满足其一，大满贯就没有问题，于是加叫 7♠。

开叫人再叫无将以后的叫牌

开叫人再叫无将是指开叫人为 21 ~ 22 或 25 点以上均型牌，准备在应叫人 2◆示弱后再叫 2NT 或 3NT 的牌。在应叫人示强应叫后，有时开叫人均型牌可能不叫无将而作加叫，这类情况的叫牌也归入本节讨论。

一、开叫人再叫 2NT 以后的叫牌

1.应叫人示弱以后的叫牌

开叫人持 21 ~ 22 大牌点，均型牌时，如果应叫人叫 2◆示弱，开叫人再叫 2NT 就可以表示清楚这种牌。在有敌方争叫的情况下，如果开叫人有敌方争叫花色的好的止张，可以不受影响地叫 2NT。对于右手敌方作出的花色争叫，开叫人没有敌方花色的止张，可以用不叫显示这种牌型。对于左手敌方的花色争

叫,同伴 PASS 后,开叫人没有敌方花色止张不能叫 2NT,但仍然希望继续叫牌时,可以作技术性加倍,请同伴出套参与争叫。

开叫人再叫 2NT 显示清楚牌情后,应叫人可以用对开叫 2NT 以后叫牌的类似方法应叫,只是应叫人不再使用盖伯问叫,若叫 4♣为转移叫。这时主要应叫方法如下。

①不叫——弱牌,进局无望,就打 2NT。

②3NT——封局止叫。

③3♣——斯台曼约定叫,问高花。

④3◆3♥/3♠4♣——转移叫,5/6 张以上♥♠/♣◆套,要求同伴加叫成 3♥3♠4♣4◆。

下面通过一些牌例来说明。

例 1

开叫人(22 点)	应叫人(3 点)	开叫人	应叫人
♠A K J	♠9 8 7 4	2♣ *	2◆ *
♥Q J 6	♥K 7 2	2NT	=
◆A J 7	◆5 4 3		
♣A Q 8 4	♣9 5 2		

大牌全集中在一个人手中是个不利因素。在同伴无法上手,总由庄家一个人出牌的情况下,难于发展赢墩。所以,大牌偏在一边,就算联手达到 25 点,打成 3NT 的希望也不大。本例在开叫人显示 21~22 点均型牌后,应叫人 3 点均型牌不可再叫。

例 2

开叫人(21 点)	应叫人(3 点)	开叫人	应叫人
♠A K 3	♠Q J 9 5 2	2♣ *	2◆ *
♥K J 7	♥10 6 2	2NT	3♥ *
◆A Q 7 4	◆10 8 6 2	3♠	4♠
♣A 8 2	♣9	=	

开叫人再叫 2NT 显示 21~22 点均型牌以后,应叫人 3 大牌点,有 5 张高花套,有一个单张,应该进局。使用转移叫请开叫人做庄。

例 3

开叫人(21 点)	应叫人(4 点)	开叫人	应叫人
♠K Q J 2	♠10 8 7 4	2♣ *	2◆ *
♥A 9 8	♥K J 7 2	2NT	3♣?

◆A K Q 4	◆7 5	3♠	4♠
♣Q 4	♣9 5 2	=	

开叫人再叫 2NT 后，应叫人 4 点牌双高花应试探进局，使用斯台曼问叫找到 4-4 高花配合后，叫出成功率很高的 4♠定约。该牌如果开叫 1◆，应叫人不叫，就会丢局。

2.应叫人示强以后的叫牌

如果应叫人 8 点以上，叫出一个花色或者无将来示强，这样开叫人可能无法再叫 2NT。这种情况下开叫人可采用如下叫牌方法显示牌情。

①当应叫人叫 2♥2♠时，开叫人支持不好时叫 2NT。支持好时叫 3♥3♠。

②当应叫人叫 3♣3◆时，开叫人无论支持如何均叫 3NT。

③当应叫人叫 2NT 时，开叫人 21 点叫 3NT，22 点可以叫 4NT，探查小满贯。

④如果应叫人跳应叫显示 11 点以上，联手至少 32 点，以后的叫牌应该试探满贯。

开叫人叫出 2NT 或 3NT 以后，应叫人以后的叫牌保持自然含义，在联手已经 29 点以上的情况下，叫牌必须到局，牌力更强时应探查满贯。

下面是几个应叫人示强应叫以后的叫牌实例。

例 1	开叫人(21 点)	应叫人(8 点)	开叫人	应叫人
	♠K Q 8 5	♠A 10 9 6 3	2♣ *	2♠
	♥Q J 6	♥K 5	3♠	3NT
	◆K Q J 3	◆9 8 6	4♠	=
	♣A K	♣J 6 2		

应叫人叫 2♠示强后，开叫人叫 3♠实际就是显示了 21~22 点均型牌，♠有好支持。应叫人再叫 3NT 表示 5-3-3-2 牌型，低限牌。开叫人有 4 张♠支持，♣有将吃机会，故改叫 4♠。

例 2	开叫人(21 点)	应叫人(8 点)	开叫人	应叫人
	♠Q 10	♠J 6 2	2♣ *	2NT
	♥A K Q 7	♥10 8 5 4	3NT	=
	◆K 8 5	◆A 9 7		
	♣A Q J 4	♣K 9 2		

应叫人叫 2NT 后，开叫人认为联手 29~31 点，双方都是均型牌满贯希望不

大。根据牌型，开叫人只能叫 3NT。

例 3	开叫人(22 点)	应叫人(10 点)	开叫人	应叫人
	♠K Q 8	♠J 9 2	2♣ *	2NT
	♥A K 7 5	♥Q 8 7	4NT	5♥ *
	♦K Q 10	♦A 9 6	6♥	6NT
	♣A J 4	♣K 10 8 7	=	

开叫人有 22 点，应该叫 4NT 探查小满贯。应叫人如果只有 8、9 点应 PASS，有 10 点则按照有套、04、1、2 个 A 来回答。这里应叫人回答 5♥(3 级)表示有 10 点牌 1 个 A。开叫人算出联手 32 点和 3 个 A，可以叫小满贯，试叫 6♥ 寻求 4-4 配合。应叫人只有 3 张♥，改叫 6NT。

例 4	开叫人(21 点)	应叫人(8 点)	开叫人	应叫人
	♠A Q 8	♠J 7 6	2♣ *	3♣
	♥A Q 10	♥9s	3NT	=
	♦K Q J 9	♦8 5 2		
	♣Q J 6	♣A K 7 5 2		

应叫人叫 3♣，显示 8 点以上，5 张以上套。开叫人叫 3NT，显示 21～22 点均型牌。应叫人见联手最多 30 点，同为均型牌，无意满贯，选择 PASS。

例 5	开叫人(22 点)	应叫人(11 点)	开叫人	应叫人
	♠A K 8 2	♠Q 6	2♣ *	4♦
	♥A J 10	♥9 7 4	4NT?	5♦ *
	♦J 9 4	♦A K Q 8 7 5 2	5NT?	7♦
	♣A K Q	♣5	=	

应叫人叫 4♦，显示 11 点以上，♦为好套。开叫人算出联手 33 点以上，于是问 A 问 K 探查满贯。应叫人 7 张♦套非常坚强，得知联手不缺 A，积极叫出大满贯。这里开叫人叫 4NT 不是止叫，就算开叫人 4-4-1-4 牌型，但在联手至少 32 点的情况下，小满贯仍然存在希望。

二、开叫人再叫 3NT 以后的叫牌

1.应叫人示弱以后的叫牌

应叫人叫 2♦示弱，开叫人再叫 3NT，显示持 25～27 点均型牌，偶尔牌力会超过 27 点。

在有敌方争叫的情况下，如果开叫人有敌方争叫花色的好的止张，可以不受影响地叫 3NT；没有敌方争叫花色的止张，在同伴 2◆或 PASS 示弱后，开叫人如果希望继续叫牌可以叫加倍或使用扣叫逼叫。

开叫人再叫 3NT 后，定约已经成局，应叫人再叫可以把 3NT 定约修改为安全的有将定约。应叫人为高限牌力时，可以试探满贯。应叫人的再叫方法如下。

①不叫——弱牌，满贯无望，就打 3NT。

②4♣——斯台曼约定叫，问高花。

③4◆4♥/4♠5♣——转移叫，5/6 张以上♥♠/♣◆套，要求同伴加叫成 4♥4♠5♣5◆。

④4NT——6~7 点，均型牌，定量加叫，小满贯探查。

下面是几个应叫人示弱，开叫人叫 3NT 以后叫牌的实例。

例 1

开叫人(26 点)	应叫人(1 点)	开叫人	应叫人
♠K Q 10	♠J 8 7 5 2	2♣ *	2◆ *
♥A K Q J	♥10 8	3NT	4♥ *
◆K Q	◆7 6 2	4♠	=
♣A Q 8 3	♣9 6 4		

应叫人先叫 2◆示弱，待开叫人叫出 3NT 后，使用转移叫请开叫人做庄打 4♠定约。

例 2

开叫人(25 点)	应叫人(7 点)	开叫人	应叫人
♠A K J 5	♠Q 8 7 2	2♣ *	2◆ *
♥K Q	♥A 10 8 5 3	3NT	4♣?
◆K Q J 3	◆7	4♠	4NT?
♣A Q 8	♣J 9 4	5♠ *	6♠
		=	

开叫人叫出 3NT 后，应叫人算出联手 32 点以上，叫 4♣问高花，发现♠有 4-4 配合，问 A 后叫上小满贯。此牌如果♠没有配合，应叫人可以叫 6♥。

例 3

开叫人(25 点)	应叫人(7 点)	开叫人	应叫人
♠K Q J	♠8 7 2	2♣ *	2◆ *
♥A K 7 3	♥10 8	3NT	4♣?

◆K Q J	◆A 7	4♥	4NT?
♣A Q 8	♣K 10 9 5 4 2	5♠ *	6♣
		=	

开叫人叫出 3NT 后，应叫人看到小满贯的希望，先叫 4♣问高花，再叫 4NT 问 A，然后叫上小满贯。此牌如果开叫人只有 1 个 A，应叫人可以叫 5NT，这当然不是问 K，因为应叫人的 2◆已表示最多只有 1 个 A，开叫人会 PASS。

例 4 开叫人(26 点)	应叫人(6 点)	开叫人	应叫人
♠K Q 4	♠J 8 7	2♣ *	2◆ *
♥A K Q J	♥10 8 5	3NT	4NT
◆K Q 3	◆A J 7 6	5♠ *	6◆
♣A Q 8	♣10 9 6	6♥	6NT
		=	

应叫人叫 4NT 为小满贯试探叫，开叫人 26 点不能 PASS，叫 5♠显示有 2 个 A（回答：有套、04、1、2、3 个 A 可直接上 6 阶），开叫人算出联手 32 点，有 3 个 A，应该进贯。寻求 4-4 配合未成，最后只好打 6NT 定约。

2.应叫人示强以后的叫牌

开叫人 25~27 点均型牌，如果应叫人 8 点以上作了示强花色或无将应叫，这时联手超过 33 点，以后的叫牌至少要叫到小满贯。开叫人再叫可以遵循以下方法。

①应叫人应叫 2♥2♠时，开叫人在高限并有好支持（Q）的情况下，可以跳叫 4♥4♠，其余情况叫 3NT。

②应叫人应叫 3♣3◆时，开叫人在高限并有好支持（Q）的情况下，可以平叫 4♣4◆，其余情况直接探查满贯。

③应叫人应叫 2NT 时，开叫人 25~26 点直接叫 6NT，或叫 6 阶花色寻求 4-4 配合。开叫人 27 点跳叫 5NT，定量加叫，试探大满贯。

④应叫人应叫 3♥以上时，联手 36 点以上，以后叫牌围绕探查大满贯进行。

下面是几个应叫人示强后，开叫人属于叫 3NT 实力的牌探查满贯的叫牌实例。

例 1 开叫人(25 点)	应叫人(8 点)	开叫人	应叫人
♠A 10	♠K J 9 8 6 2	2♣ *	2♠

	♥A K Q 2	♥10 8	3NT	6♠
	♦K Q 5	♦A 9 7	=	
	♣A Q J 4	♣5 2		

开叫人再叫 3NT 显示对♠支持不好或低限牌。应叫人知道联手 33 点以上，大满贯希望不大，因没有什么可探查的，有 6 张♠套故直接叫 6♠。

例 2	开叫人(27 点)	应叫人(9 点)	开叫人	应叫人
	♠A Q 10 7	♠J 9 2	2♣ *	2NT
	♥A K Q J	♥10 8 5	5NT	6♥ *
	♦K Q 5	♦A 7 3	7♥	7NT
	♣A Q	♣K J 6 2	=	

在应叫人叫 2NT 后，开叫人算出联手 35~37 点，叫 5NT 探查大满贯。应叫人中限叫 6♥显示有 1 个 A。开叫人准备上大满贯，叫 7♥显示 4 张套。应叫人发现联手没有 4-4 配合，直接叫到 7NT。

例 3	开叫人(27 点)	应叫人(9 点)	开叫人	应叫人
	♠A Q 10 7	♠K 2	2♣ *	3♣
	♥A K Q	♥10 8	4♣	4NT?
	♦A K J	♦7 4 2	5♦ *	5NT?
	♣K J 5	♣A Q 9 8 6 2	6♦ *	7NT
			=	

开叫人越过 3NT 叫 4♣，显示 25~27 点，对♣有好支持。应叫人见大满贯有望，立刻叫 4NT 探查，判明联手有 4 个 A 和 4 个 K 后，放心叫到大满贯。

例 4	开叫人(26 点)	应叫人(11 点)	开叫人	应叫人
	♠K J 10 4	♠A Q 8 7 2	2♣ *	3♠
	♥A K J	♥9 8 4	5NT?	6♦ *
	♦A K Q	♦7 4	7NT	=
	♣K Q 5	♣A J 2		

应叫人叫 3♠显示 11 点以上。开叫人见大满贯有望，但是担心同伴将牌不好，故叫 5NT 进行大满贯探查，应叫人叫 6♦显示将牌中有 2 张大牌，开叫人放心叫到 7NT。

2♣开叫除用于以上四种情况以外，还可以用来处理一些其他 21 点以上的特殊牌,例如 28 点以上的均型牌、一手 10 个赢墩以上的特强牌和 21 点以上的其他牌型等。在这些情况下均可以先开叫 2♣,待同伴叫牌或敌方争叫后,再采取合乎逻辑的叫牌方法,灵活决定下一步的叫牌行动,这样能够最大限度地发掘成局或满贯机会,为难处理的牌寻找比较妥善的解决办法。

第四章　精确叫牌实战技巧

第一节　精确制开叫详述

开叫,就像战斗中打响的第一枪,其机会的把握是至关重要的。在力量明显强于对方时要主动出击;在“敌强我弱”的情况下则要隐藏自己的力量不被对方发现,或者采取非常规的进攻手段。

精确叫牌法中的1♥、1♠开叫是最自然的开叫,我们就从这里开始介绍叫牌法。

为行文方便,我们用“/”分割两个或多个并列的可选择的叫品;用 n 表示所叫花色的张数;用 p 表示大牌点数;用 k 表示大牌控制力。本体系中的“牌点”都指大牌点。有些叫牌体系将牌型也折算成牌点,本书虽然不采取加牌型计点的方法,但我们在设计体系时更加注意的是牌型而非大牌点。“牌型重于牌点”,初学者要牢记之。

阶高花开叫

精确叫牌法中的1♥、1♠开叫必须保证5张或更多,大牌点不超过15点。根据不同的牌型,大牌点下限有所不同。

开叫1♥/1♠的条件:

① $p12\sim15, n\geqslant5$;

②$p=11, n\geqslant6$ 或有5-4以上两套牌;

③$p=10$,集中在5-5或6-4以上两套牌中。

1阶高花开叫一般为6~8输墩。下面是开叫1♠或1♥的例子:

(a) ♠A K10 8 4
♥Q 10
♦7 6 4
♣K 8 6

12 点,5332 牌型,开叫 1♠。这手牌为 8 输墩,是开叫 1♠的下限。

(b) ♠9 8 5 3 2
♥K Q J 6
♦6
♣A K 8

开叫 1♠。无论高花套的质量多么差,只要有 5 张高花,就应该开叫该花色。这手牌不能开叫 1♥(开叫高花保证 5 张)。这手牌只有 6 输墩。

(c) ♠10 2
♥K J 8 3 2
♦A Q J 8
♣5 3

虽然只有 11 点,但有 5-4 两套,且牌点集中于两套花色中,开叫 1♥(优先开叫高级花色)。这手牌为 7 输墩。

(d) ♠A Q 10 8 3
♥9 6 3
♦K J 7 5 2
♣——

尽管只有 10 点,但集中于 5-5 两套中,牌型又十分好,开叫 1♠。这手牌只有 6 输墩。

(e) ♠K J 8 6 3
♥A Q J 10 4
♦7 2
♣3

开叫 1♠(两套等长高花一般开叫较高的♠),准备以后有机会的话叫两次♥。5-5 两套通常开叫级别较高的花色。

(f) ♠A Q J 10 3
♥A K 10 8 4
♦8 2
♣3

开叫 1♠,下轮跳叫♥,以显示 5-5 以上两套强牌。这手牌为少见的 5 输墩。

(g) ♠K Q 10 8 7
♥A K Q 6 5 4
♦6
♣3

这样的怪牌型可以开叫最长花色 1♥,只要同伴应叫,就可以逆叫出♠并有机会时再叫一次♠,以显示 6-5 以上两套强牌。

牌(g)为罕见的 3 输墩。虽然仅 14 个大牌点,却有 4 个大牌控制力和两个单张,几乎可以独立成局,开叫 1♥或 1♠的缺点是遇到同伴弱牌不应叫就可能丢局了。因此,这样的强牌可以作逼叫性 1♣开叫。

(h)♠K 8 7　　　糟糕的牌型和极其分散的11点,◆Q J 双张的价值极差,不宜开叫。
♥K 10 7 6 4
◆Q J
♣Q 7 2

1NT 开叫

精确法开叫1NT要求的大牌点是13~15点,称为"弱无将"(相对于自然叫牌法16~18点开叫1NT的"强无将"而言)。本体系中的1NT开叫,比传统精确法要求略高,为"好的13点至差的16点"。

1NT开叫的条件:

①p14~15,平均牌型,没有5张高花,可以有5张低花;

②p=13,有5张低花套的5332型;

③p=16,4333型或两套低花的4432型。

下面几手牌是开叫1NT的例子:

(a)♠K Q 3　　　14点,4333型,开叫1NT。
♥9 8 3
◆K J 6
♣K Q 7 5

(b)♠K 8 5 2　　　15点,4432型,开叫1NT。
♥K Q 8 6
◆9 7
♣A K 5

(c)♠K 10 3　　　13点,有5张低花的5332型,开叫1NT。
♥K 3
◆Q J 9 7 6
♣A 8 5

(d) ♠A J 9 3　　虽然有 16 点，但牌型为 4333，开叫 1NT 而不开叫 1♣。
♥J 6 5
♦K Q 10
♣K Q 9

(e) ♠A Q 5　　16 点，低花 4-4，在我们的体系中也开叫 1NT。
♥K 8
♦K Q 10 4 2
♣K Q 10 5

(f) ♠A 9 8　　13 点的 4333 的牌型，传统的精确叫牌法是开叫 1NT 的，在我们的体系中开叫 4 张套的 1♦而不开叫 1NT。
♥9 8 6
♦A Q 5 2
♣K 9 3

(g) ♠A 9 8 2　　这样的 13 点 4333 牌型，宁可开叫 1♦而不开叫 1NT。不过，如果你与同伴约定开叫 1♦必须保证 4 张，这样的牌就只能勉强开叫 1NT 了。
♥Q 10 6
♦A 8 5
♣K 9 3

1NT 开叫的特点是牌型比较平均，大牌点比较分散。

2♣开叫

由于精确制中 1♣开叫表示 16 点以上的强牌，当持有♣套而牌点不足 16 点时，就不能开叫 1♣。精确制中用“2♣”来表示自然的♣开叫。但由于 2♣开叫的阶数较高，相应地对牌型要求也较高。

开叫 2♣的条件：

①p11～15，6 张以上♣套；

②p11～15，有 5 张以上♣，另有一个 4 张高花套；

③第一二家，持 7 张以上坚固♣套，10 点左右也可开叫 2♣；第三家只要有 10 点以上和好的 5 张♣，就可以开叫 2♣。

仅有 5 张♣，5332 型，不超过 12 点时可以不开叫；13～15 点可以开叫 1NT。11～15 点有 4 张♦、5 张♣时开叫 1♦。持有 5(♣)-5(高花)以上两套，一般应根据“高花优先”原则开叫 5 张高花，以后顺叫或跳叫♣。当然，如果 5 张高花套质量很差，也可以把它当成4张而开叫2♣。2♣开叫通常6~7输墩，8输墩很少见。第三家开叫2♣的条件可适当放宽。

(a) ♠A 7 8 ♥Q 10 ♦6 4 ♣K Q 10 8 6 4	11点，6张♣，开叫2♣。这手牌为7输墩，是开叫2♣中最差的牌。
(b) ♠A J 7 6 ♥10 8 ♦K 4 ♣K Q 10 8 4	13点，虽然只有5张♣，但另有4张高花，开叫2♣。
(c) ♠8 3 ♥K 2 ♦K J 8 2 ♣A Q 9 5 3	这手牌不能开叫2♣，只能开叫1♦。
(d) ♠K 8 3 ♥J 9 4 ♦Q 6 ♣A Q 7 5 2	只有12点，5332牌型，首家不开叫。这手牌为8输墩。如果是第三家或第四家，可开叫2♣。此牌再多1点就可以开叫1NT。
(e) ♠5 3 ♥8 6 ♦7 2 ♣A K Q 10 9 4 3	对这样坚固7张低花套，有的体系推荐开叫3♣，有的推荐开叫3NT。在我们的体系中，仍然开叫2♣。同伴如果叫出2NT，你就加到3NT。

1♦开叫

由于1♥/♠开叫和2♣开叫都要求是5张以上，如果再要求1♦开叫也为5张以上，这样有一些12~13点的牌就不能开叫了。因而在精确制中，不再强调1♦开叫一定保证5张，有4张♦就可以了。甚至，特殊情况下只有2~3张♦也可以开叫1♦。

开叫1♦大致有下列几种情况：

①p12~15，n≥4，但不符合1阶高花和1NT开叫的条件；

②$p=11$,$n\geqslant6$ 或有 5-4 以上两套牌;

③$p=10$,集中在 6-4 以上两套牌中,或者◆为坚固 7 张套。

④p12~13,平均型,◆不少于 2 张,有 4-4 两套不错的高花。

1◆开叫是半实叫,通常是 4 张以上套。但有时也可能只有两三张◆。当◆为 6 张或有 5-4 以上两个好花色时,11 点也可以开叫 1◆。坚固 7 张以上◆套 10 点左右也可以开叫 1◆。开叫 1◆通常为 6~8 输墩,个别情况下可能只有 4~5 输墩。

(a)♠A J 10 8
♥Q 3 2
◆K J 10 5
♣J 8

4432 牌型,12 点,开叫 1◆。这是正常开叫 1◆的最低限。这手牌为 8 输墩。

(b)♠K J 8 3
♥10 8 2
◆A Q J 8 5
♣3

虽然只有 11 点,但有 5-4 两套,且牌点集中于两套花色中,开叫 1◆。这手牌只有 7 输墩,比(a)要好。

(c)♠Q 10 8
♥K 6
◆K 10 8 6 5 3
♣A Q

14 点,6 张◆,开叫 1◆。不过,有不少人会开叫 1NT。我们也不反对持这手牌开叫 1NT。

(d)♠J 10 7 3 2
♥J 4
◆A K Q J 2
♣3

虽然有 5 张◆,但另有 5 张♠,优先开叫高花,开叫 1♠。以后有机会再叫两次◆,以显示 5-5 以上两套,低限牌力。

(e)♠K Q 9 8 6
♥7
◆A K 10 6 5 4
♣3

这手牌虽然只有 12 点,但仅 4 个输墩。可以开叫 1♠,只要同伴应叫或对方争叫,就跳叫 3◆,显示 5-5以上两套强牌。

但是,牌(e)开叫 1♠后,如果其他三家都 Pass,则可能错失成局的机会。一般来说,开叫 1◆而被三家都 Pass 的可能性没有开叫 1 阶高花后大。因此这样的怪牌型我们建议开叫 1◆。下轮逆叫或跳叫♠,第三轮再叫♠,以显示 6-5

以上两套的好牌。

(f) ♠8 3
♥K 2
♦K J 8 2
♣A Q 9 5 3

这手牌在上节曾出现过，不能开叫 2♣，只能开叫 1♦。

(g) ♠K 10 9 5
♥9
♦K J 10 8
♣A Q 7 2

4441 牌型，12~15 点，♦不是单张时，总是开叫 1♦。

(h) ♠K 8 5
♥A 8 7
♦K J 7 5
♣Q 8 2

13 点，4333，开叫 1♦而不开叫 1NT。本体系中 13 点开叫 1NT 需要 5332 牌型。

(i) ♠K Q 10 7
♥A K 8 4
♦8 7 5
♣6 3

这手牌在上篇中曾经出现过，我们建议开叫 1♦，即使两门低花交换，只有两张小♦，也可以开叫 1♦。此牌的特点是两门高花较好，而且只有 7 输墩。

(j) ♠Q 8 2
♥K 7 2
♦K J 8 7
♣Q J 8

极低的牌力，满手没有一个 A，不宜开叫。这手牌虽然有 12 个所谓的大牌点，但至少应计算为 9 输墩。

(k) ♠K Q 8
♥Q J 10
♦10 4
♣A 10 9 5 2

这样的牌，如果是首家或第二家，又不甘心 Pass，宁可开叫 1♦，第三家则可以开叫 2♣(理由以后再讲)。

(l)	(m)
♠9 8 2	♠9 8 2
♥A 7	♥7 2
♦K Q J 8 7 6 3	♦A K Q 8 7 6 3
♣8	♣8

这两手牌无论如何都要开叫。不少人会以这样的牌开叫 3♦，还有的拿牌

(m)开叫 3NT(赌博性 3NT)。我们认为,这样的牌最好还是开叫 1◆。只要同伴叫无将,就加到 3NT。如果对方争叫,你自己可以独立叫到 3◆,同伴的牌如果合适,他就可能叫到庄位有利的 3NT。

开叫花色及无将选择的原则

有时,是否开叫或开叫哪门花色(无将)处于边缘状态,一时难以确定;有时单凭大牌点和输墩计算不能正确估计一手牌的价值。下面介绍的几条原则可以帮助解决这些问题。

20 法则

把手中的大牌点和最长的两门花色的张数相加,达到 20 就可以开叫,不到 20 则不开叫。

上述牌例(a)~(g)都符合 20 法则,而牌例(h)不符合。同样,牌例(j)也不满足 20 法则。

高花优先原则

由于 4 阶高花定约比 5 阶低花容易完成,因而,几乎所有的叫牌体系都充分考虑高花开叫的优先权。精确制规定,开叫 1♠1♥必须是 5 张以上套,也是为了容易寻求高花成局定约而设计的。当同时符合高花开叫和低花开叫条件时,要优先开叫高花。

无将优先原则

打 3NT 成局仅需要 9 墩,一般比 11 墩的 5 阶低花容易完成。所以,如果同时满足无将开叫条件和低花开叫条件,只有 6~7 个输墩,要优先开叫无将;如果有 8 个输墩,应该开叫低花。

13 点与 8 输墩原则

有 13 大牌点,无论什么牌型,通常都要开叫。如果只有 11~12 点,输墩不超过 8 个,一般也要开叫,没有 5 张高花时可开叫低花。9 输墩的牌一般都不宜开叫。因而,8 输墩可以看成开叫的最低限度。

2NT 开叫

多数的叫牌体系,开叫自然 2NT 都允许有 5 张高花,大牌点一般在 20 点以上(有的可以到 24 点左右)。本体系 2NT 开叫的条件为:大牌点 20~22,平均牌型,其中 20~21 点可以有 5 张套,22 点一般不允许有 5 张套。

开叫 2NT 的牌型除任何 4333、4432 和低花 5 张的 5332 型外,还可以包括有 5 张不十分好的高花(A Q×××以下)的 5332 型,这一点与 1NT 开叫不同。例如:

(a)	(b)
♠Q 9 8 5 3	♠A J 8 5 2
♥9 6 3	♥K 10 5
♦K Q	♦A Q
♣A K 8	♣A K 8

牌(a)尽管♠套极差,却开叫 1♠而不开叫 1NT;牌(b)则以开叫 2NT 为好。这样约定主要是为了后续叫牌方便。

2♦开叫

前面几节讨论了精确制中所有自然性质的实开叫,但是有一种牌型没有包括在内,这就是 4-4-1-4 型(♦单张)。这样的牌型,牌力在 12~15 点时既不能开叫 1 阶高花,又不能开叫 2♣,更不能开叫 1♣、1♦或 1NT。精确制规定,这样的牌用约定性 2♦开叫。

当牌型为 4-4-0-5 时,虽然可以开叫 2♣,但是开叫 2♦却更好(特别是♣为 5 张弱套时)。2♦开叫通常为 6~7 输墩,以 6 输墩最为常见。开叫 2♦包括下述两种情况:

①12~15 点,4-4-1-4 型;

②11~15 点,4-4-0-5 型;

4-4-1-4 型 11 或 12 点,♦为单张大牌时其价值降低,以不开叫为好。13 点牌一定开叫。由于 4-4-0-5 牌型很好,11 点就可以开叫。

2♦开叫的限制性极强, 一声叫牌就几乎和盘托出了全手牌。

1♣开叫

1♣开叫是精确制叫牌的核心,其开叫条件为:16 点以上,除了满足 1NT 和 2NT 开叫条件的所有牌。

对于个别极特殊的畸、怪牌型,当牌点集中于一两个长套花色时,14~15 点且有 8 个以上做牌赢墩,有时也可以开叫 1♣,如牌例(g)。仅有 16 点的 4333

型或是两套低花的4432型，开叫1NT；而有20~22点时，平均牌型一律开叫简洁的2NT。

1♣开叫通常不超过6输墩。

下面是几手开叫1♣的牌例。

(a)♠K Q 9 5 3

♥K 8 6

♦Q 6

♣A K 8

17点，有5张♠，开叫1♣，下轮再叫♠。

(b)♠A Q 10 7

♥K Q 10 8

♦Q J 2

♣K 2

17~19点的平均型，总是开叫1♣，下轮再叫无将。这手牌即使再少一个大牌点(只有16点)，有这么好的两个4张高花，也开叫1♣，而不开叫1NT，以免丢局。

(c)♠A K J 832

♥K Q J 8 4

♦7

♣3

虽然只有14点，但却只有4输墩。从做庄的角度来看，这手牌不仅比牌(b)强，而且比牌(a)也要强得多。同伴只要配合一套高花，成局就没问题；而同伴若有两个A且能勉强配合一套高花，小满贯基本上是铁的。如果开叫1♠或1♥，同伴8点以下时一般不应叫，这样就可能错过成局的机会。对于畸、怪牌型，有14点和8个以上做庄赢墩就可以开叫1♣。

下面几手牌虽然都有16点或更多，但不开叫1♣：

(d)♠K Q 5 3

♥K Q J

♦A J 2

♣9 7 6

16 点的 4333 牌型，开叫 1NT。

(e)♠J 9 7 6

♥Q J 2

◆A K

♣K Q 5 3

16 点的 4432 牌型，只有一套脆弱的 4 张高花，开叫 1NT 而不开叫 1♣。

(f)♠K 10 2

♥K J 10 5 2

◆A Q

♣A K J

如果开叫 1♣，在同伴应叫 1◆“示弱”后再叫 1♥ 怕丢局，而又不够强跳叫 2♥。这牌虽然有 5 张高花套，但 20~21 点 5332 的牌，我们建议开叫 2NT。

(g)♠K J 8 7

♥Q

◆K 8 5

♣A K 9 4 2

可以开叫 1♣，不过最好当成只有 15 点而开叫 2♣。不要害怕丢局，同伴的牌如果弱到不足以对 2♣ 应叫的话，联手的牌是很难成局的，停在 2♣ 上十分安全。如果同伴能够对 2♣ 应叫，就很容易找到合理的成局或满贯定约。这手牌单张♥Q 是大缺点。

(h)♠K

♥A K Q J 8 4 3

◆Q J

♣8 3 2

这手牌在上篇曾经出现过，我们建议开叫 4♥。

阻击性开叫

前面几节讨论的开叫，绝大多数都是有 12 点以上大牌，称为正常开叫。有时，大牌点虽然不足，但牌型却占极大优势，如果主打，将有大量的做牌赢墩，而打防守的话很难取得几墩牌。例如持：

♠9 2

♥K Q J 8 7 4 3

♦Q 7

♣8 3

如果做♥定约,正常情况下可以赢得6墩,但如果打防守,可能一墩也拿不到。

这样的牌不开叫实在可惜,但如果我们仍然在1阶开叫,不仅会使同伴误认为你有正常开叫的实力,而且对方凭借较强的大牌实力和较少的♥输张也很容易争到合理的定约。因而,几乎所有的现代叫牌体系,都规定了牌力不够正常开叫而牌型特殊的牌可以进行非正常开叫。最常见的非正常开叫是2阶开叫、3阶开叫。牌型再特殊一些,还可以在4阶、5阶开叫(如上节牌h)。牌点较低凭好牌型和较多的做牌赢张在高阶上的开叫也称为抢先开叫或阻击开叫。

2♥/2♠开叫与2~3法则

开叫条件:大牌点不超过10点,且多数集中在一个好的6张以上高花套中,做牌赢张不少于5个,可以在2阶开叫2♥/2♠。

2阶高花开叫俗称弱二,属于抢占叫牌空间的抢先叫,具有阻击对方叫牌的作用。一般来说,开叫2♥/2♠要求其他三门花色中最多有1个K(不能有两个K或者一个A),另一门高花没有4张,通常不应该有缺门。因为如果其他花色有两个K或1个A(2控制),不仅主套中实力减弱,做牌赢墩减少,而且同伴可能想不到你有这么多的副牌实力,还有可能丢局。同样,另有一套4张高花或有1个缺门时,也不宜开叫2♥/2♠,以免错过以同伴的长套为将牌的成局机会。

为了避免被对方加倍而宕许多墩,开叫条件中规定了大牌主要集中在长套花色上,做牌赢张不少于5个。这是因为:一方面,你如果凭借极好的长套花色才能取得五六墩牌的话,对方凭大牌实力就能够完成一个合适的成局定约。对方完成成局定约能得到600余分或400余分(视局况而定),而在我们一方无局的情况下,如果打2♥/2♠被加倍宕2墩(取得6墩),对方才得300分(比他们应该得到的分数少100~300分),在复式赛中这就是很大的胜利;即使被加倍后仅得到5墩牌,对方得到500分,他们的得分比完成一个有局方的成局定约应该得到的分数还少100多分,比他们完成一个无局方的成局定约也多不了几十分。何况对方如果有实力拿到 8 个以上的防守赢墩,让他们做庄通常都会超额完成成局定约甚至能够完成满贯定约。另一方面，在我方有局的情况下,如果被加倍宕 3 墩,对方将得到 800 分,这可比他们成局的分数高得多。因而有局时开叫 2♥/2♠通常需要 6 个以上做牌赢张,即允许宕 2 墩。

这就是著名的 2~3 法则:在对方可能成局的情况下,抢打(争夺)一个定约,有局时允许宕 2 墩,无局时允许宕 3 墩。

当然,以上我们所说的“做牌赢张”没有考虑同伴的牌。这样规定是有道理的。其一,同伴的牌可能既无 A、K 一类的快速赢张又与你的牌不配合;其二,当同伴手中持有较强的牌和较多的快速赢张时便于计算联手有多少赢张,从而决定是否加叫到局或满贯定约。

本节开头给出的牌例中,即使把 1 张小♥换成其他花色,在本方无局时也可以开叫 2♥。7 张好花色通常都要在 3 阶开叫。

3♥/3♠开叫

开叫条件:有一个至少两张大牌领头的 7 张套,大牌点不超过 12 点,其他三门花色中不能超过 1 个控制(k≤1,),通常没有缺门,另一高花通常没有 4 张,要符合 2~3 法则。

3 阶高花开叫是典型的阻击开叫。由于一口气叫到 3 阶,使对方很难轻易开口,即使对方敢于争叫,也没有足够的空间来充分交换信息。所以 3 阶高花开叫的阻击作用很大。

3 阶高花开叫的条件与 1 阶、2 阶开叫的条件有部分重合,那么同时满足两个条件时开叫什么呢?

与 1 阶高花开叫条件重合的是大牌 11~12 点。如果牌力分散,主套中不超过 K Q 的实力,则以开叫 1 阶高花为好;如果牌点集中于主套中,则开叫 3 阶高花。

开叫 3 阶高花所要求的套,一般不劣于 K Q×××××,至少不能低于 K J 10××××。

有 7 张套通常开叫 3 阶高花而不作 2 阶开叫,除非是有局方而主套较差。下面是开叫 1♥、2♥、3♥的例子:

(a)♠A 8 3
♥K Q 10 9 8 4 3
♦K 7
♣3

有 12 点大牌且比较分散，开叫 1♥。这手牌不怕对方争叫，♠A、♦K×具有很高的防守价值。万一碰到同伴持有♠K♠Q、♥A 和♦A 这几张关键大牌，在你开叫 1♥后，可能叫到 6♥甚至 7♥；而你如果开叫 2♥或 3♥，同伴很可能放过，充其量也不过胆战心惊地加到 4♥。如果把♠A 换成一张小牌，这手牌就可以做典型的 3♥开叫了。

(b) ♠Q 3

♥K J 9 8 4 3 2

♦8 7

♣8 3

开叫 2♥。♥为 7 张弱长套，其做牌赢墩只能估计为 5 个。不过，无局时开叫 3♥也未尝不可。

(c) ♠7 3 2

♥A K Q 9 8 4 3

♦J 7

♣Q

开叫 3♥，甚至在无局时开叫 4♥。这手牌虽然有 12 点，但可能没有一个防守赢墩，而做牌赢张却有 7 个。

4♥/4♠开叫

开叫条件：n≥8，p8~12，大牌多数在长套花色中，其他三门花色中最多有 1 个 K，符合 2~3 法则。

这是纯粹的阻击叫，牌点一般在 12 点以下。不过，有时有 13 点或 14 点甚至更高些，但其他花色中有几张无价值的 Q 或 J，也可以作阻击叫。

(a)	(b)
♠9 8	♠9 8
♥A Q J 10 8 6 5 2	♥A K Q 10 8 6 5 2
♦K 6	♦A 6
♣8	♣8

牌(a)有 8 个做牌赢张，是典型的 4♥阻击开叫牌。即使把♦K 换成一张小牌，成为：

(c) ♠9 8　♥A Q J 9 8 6 5 2　♦7 6　♣8

也完全可以阻击开叫 4♥(无局时一定开叫 4♥)。

牌(b)有9个铁赢墩,当然足够开叫4♥,至少还多了一个♦A的实力。这牌开叫4♥的害处是,当同伴持有关键的几张大牌,例如持:

♠A 5 2　♥4 3　♦K Q 8　♣9 7 6 4 2

这样的牌时,与牌(a),(c)配合,打4♥非常理想,但与牌(b)配合,明显丢了6♥。

牌(b)如果"正常开叫"1♥,当同伴牌点很低时,例如仅仅有1张♦K或♠A时,很可能Pass,其结果不是本方丢了4♥,就是让对方顺利找到4♠或5阶低花定约。牌(b)开叫逼叫的1♣也不太合适,因为不仅与16点规定相差3点,而且这手牌太怪,有9个做庄赢张,但防守赢墩可能只有一个。这样的牌无论开叫不逼叫的1♥,还是开叫逼叫的1♣,都不能阻止对方找到合理的4♠或5阶低花定约,而当同伴决定加倍惩罚时,你又会左右为难。

有一个约定叫可以解决类似牌(b)这样的怪牌,我们在后面章节中再介绍。

3♣/3♦开叫

3阶高花开叫具有很强的阻击性,特别是开叫3♥后,对方要叫牌,就要在3NT以上了。而且,开叫3阶高花后,同伴是不会考虑3 NT定约的,如果有成局的可能,即使你开叫的高花他缺门,也可能加叫你的高花到局的。

3阶低花开叫没有3阶高花的阻击性大,因为对方还可以叫出3阶高花。另一方面,你3阶低花开叫后,同伴如果持有强牌,通常首先考虑的是否能打3 NT定约,而不是考虑把你的低花加叫到局。本体系规定,3♣/3♦开叫的条件:7张(不多也不少)坚强套(缺1个顶张大牌),没有4张高花,没有缺门,其他花色最多1个K。

例如:可以分别开叫3♦/3♣。

(a)	(b)
♠K 8 3	♠8 5
♥5	♥6 3
♦K Q 10 8 6 5 3	♦9 3
♣Q 9	♣A K J 9 8 6 3

这样规定的目的是:同伴如果其他花色有适当的止张,对你的长套花色有大(顶张)小双张支持,就可以一墩不失地通吃该花色;如果同伴有3张小牌,也可以在只失一墩的情况下做好该花色。要求不能有4张高花和缺门是防止错过其他更好的定约。因而我们的3阶低花开叫不仅具有一定的阻击性,还具有

一定的建设性。建议同伴的牌合适时叫出庄位有利的 3NT。

3 阶低花开叫可能有单张，也可能有 1 个 3 张高花套或另一套低花为 4 张，但不能有缺门，也不会有两个 3 张高花套。

(c) ♠5 3　♥8 6　♦7 2　♣A K Q 10 9 4 3

这手牌比开叫 3♣的套还要强，不少人用这样的牌开叫 3NT(赌博性 3NT)。在我们的体系中不采用赌博性 3NT 开叫，这牌我们推荐开叫 2♣，与我们最后介绍的那两副开叫 1♦的牌一样，如果有 3NT，最好让同伴做庄。

3NT 开叫与 5 阶低花开叫

早期的 3NT 开叫，要求面对同伴的白板牌也能自己拿到 8 墩，而且每门都要求有止张。如果是平均牌型，就必须有 25 点以上，如果有坚固的低花长套，牌点可以降低些，但每门花色都要有可靠的止张。

这样的机会太少了，即使碰到，也可以归到精确 1♣开叫中去。因而，渐渐地，许多叫牌体系把 3NT 开叫用于"赌博性 3NT 开叫"——有一套 AKQ 领头的坚固 7 张低花套，不开叫 3 阶低花而开叫 3NT。不同叫牌体系对赌博性 3NT 开叫的要求不尽相同，但都要求是 7 张坚固低花套。有的体系要求旁花有一个进张，有的体系对进张不做任何要求，其他花色的止张完全依赖于同伴或希望对方首攻错误，还要求同伴的低花不是缺门。如果同伴低花缺门，或者其他短花色没有止张，再撤退到 4 阶低花。

赌博性 3NT 开叫虽然具有很强的阻击性，但往往因庄位不利而宕掉定约。美国已故桥牌专家容 · 安德森(曾多年和魏重庆、杨小燕合作研究精确叫牌法)曾经亲身经历了这样一副牌。

例 1　北家发牌，双方有局

对方北家用传统的教科书式 3NT 开叫，表示一个坚固的低花套和一张旁花的进张，南家很满意地 Pass。结果，非常不幸，东家首攻♥Q 并立即席卷了 5 墩♥。

北：
♠A 4
♥7
♦A K Q J 10 5 2
♣9 5 2

西：
♠Q 8 6
♥A 8 6 3 2
♦9 7
♣K Q 6

东：
♠K 7 5 2
♥Q J 10 4
♦6 3
♣J 10 7

南：
♠J 10 9 3
♥K 9 5
♦8 4
♣A 8 4 3

而安德森他们这一桌，北家伯克维茨正常开叫 1♦，安德森一盖一应叫 1♠后，北跳叫 3♦，显示开叫的高限牌力和一个至少半坚固的 7 张♦长套。安德森顺势叫 3NT。结果，西首攻小♥，南北轻松得到 10 墩牌获得 630 分。

这副牌安德森他们一队赢就赢在庄位上。这并不是偶然的运气，因为赌博性 3NT 开叫人除了坚固的 7 张低花套以外，在其他花色中很少再有大牌，要完成 3NT 定约，同伴必须在其他花色中有一些大牌。这样，庄位（或首攻）往往成为成败的关键。赌博性 3NT 开叫必然让有分散大牌的一家成为明手，持有坚固低花长套而缺乏其他花色大牌的一家作为庄家。这样，防守方通常首攻一张 A，看了明手的牌后再决定是否转攻其他花色，这就很容易找到定约方的软肋。如果反过来由其同伴做 3NT，要安全得多。前面我们的 3♣/3♦建设性开叫也是这个意图。

在例 1 中，即使北家没有那张♠A，像 6.4 中牌（m）那样，仅仅有一套 7 张坚固的♦套，我们也建议开叫 1♦，并在同伴应叫 1♠后再叫 2♦，并坚持到 3♦，以显示坚固 7 张♦套。同伴的牌如果合适，也可能叫出庄位正确的 3NT，否则就停在比较安全的 3 阶低花定约上。

因而许多现代叫牌体系，摒弃了赌博性 3NT 开叫，而采用安德森和英国女桥牌专家萨缤·琴柯尔在《阻击叫 A 到 Z》中总结的 3NT 开叫标准，我们也采用之。

开叫 3NT 的条件：8 张以上质量一般的低花套，旁花没有 A 或 K（没有一个大牌控制），通常没有 4 张高花套，有利局况（无局对有局）时有 6 个以上做牌赢墩，同等局况时有 7 个做牌赢墩，不利局况（有局对无局）时有 8 个以上做牌赢墩。

这里推荐的 3NT 开叫标准与赌博性 3NT 开叫相差很大，所要求的低花套至少 8 张但较弱，旁花连一张 K 都可能没有。应叫人一般很少能够对 3NT 开叫 Pass，通常要转移到低花定约的。也就是说，这里推荐的 3NT 开叫是 4 阶低花转移开叫。

例如：都开叫 3NT。

(a)	(b)
♠Q 8 3	♠8
♥5	♥6 3
♦K Q 10 8 7 6 5 4 3	♦9 3
♣9	♣A Q 9 8 6 5 4 3

也许你会问,这样的牌为何不直接开叫4♣/4♦。这里有两个原因:其一,万一同伴的牌型合适,例如,两门低花都有A×或K××,高花有适当的止张或长度,还可能停在3NT上;其二,我们把4阶低花开叫作为一个特殊的约定叫来解决另一类特殊牌。另外,这样的牌以你的长套花色为将牌让同伴做庄,通常可以赢得有利的首攻。

如果低花套更长,做牌赢墩超过上述规定,但旁花没有控制,就可以开叫5阶低花。5阶低花开叫在无局时要求8个以上做牌赢墩,有局时需要9个做牌赢墩。不过,有利局况下凭借9张以上弱长套可以一口气阻击到5阶,而不用顾忌是否够8个做牌赢墩。

在有8张以上低花长套的情况下,如果旁花还有一张A或K,或者有一个不是很弱的4张高花套(例如Q 10 9 2),就不开叫3NT而是做正常的1♦或2♣开叫。

4阶高花转移开叫

我们曾经提到过这样一手具有9个做牌赢墩但可能只有一个防守赢张的怪牌:

♠9 8

♥A K Q 10 8 6 5 2

♦A 6

♣8

对这样的怪牌开叫问题,有一个称为南姆雅茨(Namyats或"反斯台曼")的约定叫可以解决。这是一种高花转移开叫。开叫4♣表示有♥长套;开叫4♦表示有♠长套。

4♣/4♦开叫条件:有一个至少两顶张大牌领头的8张以上高级花色套,该花色最多一输张,共有9个以上做牌赢张。

这种开叫与直接开叫4♥/4♠的区别主要是这里不是单纯的阻击叫。阻击开叫一般都带有牺牲的性质,通常满足2~3法则。而4阶高花转移开叫要求有9个做牌赢张,即几乎一手可以独立成局的牌。这种开叫是逼叫,同伴即使没有一个赢张,相应的高花是缺门也必须叫到4♥/4♠。在之前提到过这样两手牌:

(a)♠9 8　　(b)♠9 8

♥A Q J 10 8 6 5 2　　♥A K Q 10 8 6 5 2

◆K 6 ◆A 6

♣8 ♣8

牌(a)有8个做牌赢张,是开叫4♥的高限;牌(b)是开叫4♣的最低要求。

4阶转移开叫一般不超过15点,因为达到16点就应该开叫1♣了。不过有时16~17点(有一两个无用的Q、J),也可以用4阶高花转移开叫。4阶高花转移开叫后,如果同伴手中有一个A,通常是要探讨满贯的。

第三家轻开叫

由于第一家持11~12点的平均牌型时可能不开叫,但前两家Pass后,第三家若有10~12点也不开叫的话,就可能错过一个部分定约甚至成局定约,或者让对方轻易找到一个成局定约。

第三家持有正常开叫实力,按前述各节介绍的方法开叫;持有比正常开叫条件略低的牌力也可以开叫,这就是所谓的第三家轻开叫。

第三家开叫高花

如果前两家Pass,你只有10点左右,第四家可能持有强牌。这时有一个较强的4张高花(例如A K J 10)就可以开叫该花色。这样轻开叫的目的,一是为了争取部分定约,二是起到对第四家的阻击作用,三是指示同伴,当第四家最后成为定约人时首攻你所叫过的花色。

持有5张低花和4张高花作为第一家或第二家应开叫低花,但作为第三家,当5张低花较弱而4张高花较强且不超过13点时,可以开叫强4张高花,其目的主要是指示同伴首攻。例如:

(a)♠J 7 6 (b)♠A K Q 8

♥K Q 10 9 ♥J 7

◆9 6 4 ◆9 5

♣A 8 6 ♣Q 10 8 6 4

在第一家或第二家位置,持牌(a)不开叫,持牌(b)应开叫2♣,但在第三家位置,则分别开叫1♥和1♠。

如果有一个6张以上高花套,尽可能作2阶或3阶开叫。甚至,只有很强的5张高花,也可以在2阶开叫,以起到阻击第四家的作用。

(c)♠K Q 10 9 7 6 (d)♠7 6 4

♥9 6 3　　♥A K Q 10 8

♦J 4　　♦9 5

♣A 8 6　　♣Q 6 4

这两手正常1阶高花开叫的牌,在第三家都可以作2阶开叫。

第三家开叫1♦

第一家11~12点平均牌型通常不开叫,但第三家高级花色不强而且也没有5张♣时,只要有两张♦就可开叫1♦,例如下列两手牌在第一、二家位置不能开叫,但在第三家位置,却都可以开叫1♦:

(a)♠Q 10 5 3　　(b)♠J 8 6 5

♥A Q 6　　♥Q J 6 4

♦9 6　　♦A Q 9

♣Q J 8 6　　♣J 8

这两手牌轻开叫1♦的目的,是怕同伴也持有11~12点而首家未开叫。

第三家开叫2♣

第三家位置只要有5张较强的♣,牌点在10~15点之间,都可以开叫2♣。开叫2♣有一定的阻击作用,使第四家不能叫出1阶高花,而且由于同伴已经Pass,其牌可能很弱,2♣可能就是最后定约。如果开叫1♦或1NT,就很难停在2♣上了。但是,如果5张♣较弱,而有4张强高花,还是开叫1阶高花为好;如果持3-3-2-5牌型,牌点集中在两个3张高套上,可以开叫1♦。例如:

(a)♠J 8

♥8 6

♦K J 8 5

♣A K 8 7 6

这手牌作为第一、二家开叫1♦,但第三家应开叫2♣,使得第四家不能方便地叫出1阶高花。另外,这手牌如果第三家开叫1♦,并在同伴应叫1阶高花后再叫2♣,同伴如果♣和♦均为3张,可能会改叫2♦。

(b)♠A J 10

♥K Q 2

♦J 7

♣10 8 6 5 4

第三家开叫两张套的1♦(而不是开叫5张弱♣),然后放过同伴的任何应叫。

(c) ♠A K J 10

♥J 8

♦8 5

♣Q 9 7 6 3

这手牌在第一、二家的位置开叫2♣,但在第三家的位置可以开叫强4张套1♠。

第三家开叫2♦

如果有13~15点,牌型符合2♦开叫的要求,♦上无大牌,则开叫2♦,以便同伴牌型牌力合适时叫高花到局。如果仅有11~12点或更低,可以开叫较强的4张高花。如果两套高花质量差别不大,则以开叫1♥为宜,给同伴留下应叫1♠的空间。开叫1阶高花的主要目的是为了避免同伴牌力很弱时做2阶定约的风险。

第三家3阶以上开叫

第三家开叫3♣/3♦,不再是建设性开叫,因为同伴已经Pass过,不可能再有叫3NT的实力。因而只要有一个一般的7张以上低花套或坚固的6张低花,都可以开叫3阶低花,其目的主要为阻击第四家。

第三家其他的开叫,例如开叫1♣、1NT、2NT和3♥以上开叫都与首家开叫要求相同。

第四家开叫应注意的问题

如果前三家均未开叫,第四家仅有10点左右大牌和平均牌型,则可以肯定,其他三家也都是10点左右的平均牌型,这副牌几乎双方都没有成局的可能性。第四家只要Pass,这副牌本桌就不打了,双方都是0分。因而第四家开叫要保证能够得正分才有意义。第四家一旦开叫,其他三家也必然要纷纷表示自己的实力,定约很难停在2♠以下。而2NT以上的定约一般又是灾难性的。这时,拥有高花长套特别是♠套的一方就掌握了统治权,可以毫无顾虑地争到2♠。另一方要么眼睁睁地看着对方打比较安全的2♠定约;要么自己争上危险的3阶定约。因而,第四家如果只有10~12点,其牌型比较平均,♠的长度不超过 3 张，就不要勉强开叫了。

这就是权衡第四家开叫与否的“15 法则”：牌点数与♠的张数之和达到 15 就可以开叫，而小于 15 则不宜开叫。

那么，第四家有 13~15 点，♠单张或者缺门是否就一定不开叫了呢？我们的意见是：没有 5 张好花色不开叫；只要有一个好的 5 张套，特别是好的 5 张♣套，就要开叫(2♣)。当然，如果只有 10~12 点，♠少于 3 张，即使有一个 5 张花色套也还是以 Pass 为妙。

另外，第四家 2♥以上的开叫没有任何阻击意义，因为对方两人均不开叫，还阻击谁呢？

第四家开叫 2♥/2♠，只有这样一种意思：准备打该定约以取得正分。第四家开叫 2♥/2♠的牌力通常是 10~13 大牌点，6 张较好套或 7 张弱套，有 2 个防守赢墩。

第四家位置开叫 3 阶花色是很罕见的，特别是开叫 3 阶低花，几乎是没有必要的。持有这样的牌：

♠2

♥A K J 9 8 6 5 2

♦Q J 10 8

♣2

如果在一、二家位置，开叫 1♥；在第三家位置，可以开叫 4♥，这是阻击叫。但是，在第四家位置，没有必要开叫 4♥而冒得负分的风险。不过，如果开叫 1♥，可能会使对方容易地找到♣或♠的配合。所以在第四家位置，这样的牌可以开叫 3♥，表示自己基本上可以拿到 9 墩牌，同伴有一张 A 就会考虑加叫到 4♥的。

第二节　1♥/1♠开叫后的叫牌

本节从最自然的 1 阶高花开叫入手，介绍限制性自然开叫后应叫的基本原理和方法。这些原理或方法对以后许多章节都适用。我们有意将精确制叫牌的核心——1♣开叫后的叫牌放到稍后的章节介绍。

开叫1♥/1♠的条件：

①p12～15，n≥5；

②p=11，n≥6或有5-4以上两套牌；

③p=10，集中在5-5或6-4以上两套牌中。

由于1阶高花开叫保证了5张套，应叫人持弱牌且与开叫花色配合不好，成局无望时应Pass。下面的应叫及再叫是针对1♥开叫设计的，个别地方说明1♠开叫后的不同。

对1阶高花开叫的应叫分为加叫（包括直接加叫和间接加叫）、应叫新花、应叫1NT等。

如果与同伴的花色配合，但牌点并不高（不超过11点），可采用直接加叫的叫法。根据不同的牌力又可将直接加叫区分为简单加叫到2阶（平加叫）、跳加叫到3阶和直接跳加叫到4阶进局等情况。

对1♥开叫应叫新花，包括一盖一应叫1♠和二盖一应叫2♣/2♦。应叫新花的目的是为探讨成局或满贯的可能性。一盖一应叫至少要有8点；二盖一应叫至少要有12点。新花应叫的牌力几乎没有上限，所以一定是逼叫（开叫人必须再叫）。一盖一应叫可以是4张高花套；用低花作二盖一应叫通常为5张以上套或4张强低花套；对1♠开叫后应叫2♥必须是5张以上套，只要有12点以上，无论5张♥多么弱，都可以用来作二盖一应叫，这和开叫5张高花一样，目的是为寻求高花成局定约。

应叫人如果不曾Pass过，则一盖一应叫和二盖一应叫的牌力都没有上限，1都是逼叫，开叫人不能Pass。不过，一盖一应叫后应叫人不保证再叫，而二盖一应叫后应叫人承诺至少再叫一轮。事实上，由于二盖一应叫要求12点以上，联手的大牌点通常已经达到24点以上，只要能够找到配合，是应该至少叫到局的。因此，许多叫牌体系把二盖一应叫约定为逼叫到局。我们的体系也要求有保证进局的实力，除非通过两轮叫牌，应叫人发现双方花色配合不好而且都是低限，方可停在不成局定约上。成局以下开叫人没有停叫的权力。

如果既有4张♠又有4张以上的低花（例如♦），牌点又在12点以上，那么是一盖一应叫1♠，还是二盖一应叫2♦呢？这要根据具体情况来区别。原则上，先作一盖一然后再叫新低花，虽然继续逼叫一轮，但不保证逼叫到局，因而仅有12～13点且牌点比较分散时可作较经济的高花一盖一应叫和新低花再叫；

如果有 14 点以上且两门花色都很好，例如

♠K Q 9 6　◆8 3　◆A Q 10 7　♣A 10 6

可以首先应叫 2◆（明确 12 点以上），然后逆叫♠逼叫到局。如果应叫人的牌为

♠K Q 9 6　♥8 3　◆A J 7 6　♣Q 10 6

则应作一盖一应叫 1♠。

在传统的自然体系中，对 1 阶高花开叫应叫 1NT，表示牌力较弱（不超过 10 点大牌），配合较差，不逼叫；在传统精确体系中，对 1 阶高花开叫应叫 1NT，表示 8 点以上大牌，但不符合其他应叫条件或用其他应叫表示不清楚的特殊牌，1NT 应叫是非限制性的，因而是逼叫。在我们的体系中，规定 1NT 应叫为 8～12 点，不适合加叫和新花盖叫，而且有某种成局可能的牌。这样的 1NT 应叫就不是绝对的逼叫了，开叫人低限 5332 牌型可以不再叫。

下面以树结构的形式给出各种应叫及以后叫牌进程。当符合多种应叫或再叫条件时，我们把最基本的或应该优先采用的叫品放前面。标“★”的叫品是首次出现的约定叫或容易出错的地方，请您特别留意，初学者可以暂时不用。

我们首先从配合良好的高花加叫开始讨论。

高花加叫系统

1 阶高花开叫后，应叫人如果与同伴花色配合（不少于 3 张），牌点又不是非常低，首先应该想到的就是加叫同伴所叫的花色。根据配合情况，大牌点的多少和牌型情况，加叫又分为直接加叫和间接加叫。直接加叫又区分为简单加叫和跳加叫。

有少许点力和 3 张将牌配合（特别是有 1 个顶张大牌支持时），就可以简单加叫到 2 阶。简单加叫没有成局的欲望，而是为争夺部分定约（或防守）奠定一个基础。

简单加叫 2♥（2♠）

不超过 10 大牌点，通常有 3 张支持。如果有 4 张支持，一般不超过 8 大牌点。这种应叫是除 Pass 以外最弱的叫品，其目的主要是不让下家在 2♠ 以下出套。例如，

♠J 8 6 3　♥K 6 5　◆Q 6　♣10 8 5 3

持有就可以对同伴的1♥/1♠开叫分别加叫到2♥/2♠。

简单加叫一般情况下只有3张(通常带有1张大牌)支持,或虽有4张,但牌点很低。如果有4张将牌支持,又有9点以上,不能只加到2阶。

简单加叫的牌通常有9个或更多输墩。开叫人一般情况都不再叫了,只有持极强的牌力和极特殊的牌型,才可以直接叫到局或叫新花作为进局邀叫。开叫人再叫方法如下。

(1) Pass:开叫人一般不再叫。

*(2)再加叫至3♥ (3♠):在过去,开叫人再加叫1阶为邀叫,而在现代叫法中,通常是局况有利的阻击叫法。开叫人一般是低限牌力且有好的牌型,如将牌为6张以上套或5张好将牌另有一个5张弱长套,我们也采取这种叫法。

开叫人极强的牌可以通过下面的叫法直接到局或邀局。

(3)4♥(4♠):持有极强的牌(4~5输墩),基于同伴最弱的应叫牌力也基本可以成局。例如类似于一类的牌,可以在同伴简单加叫2♥后直接叫4♥进局。

(a)♠7　♥A Q J 9 6 5　♦K Q J 9 7　♣3

*(4)叫新花2♠/3♣/3♦/(3♥):p14~15,主要分布在两门花色中,所叫花色为第二套,当同伴在第二套中有顶张大牌支持时就基本可以成局。例如类似于下面两套牌型的强牌,可以再叫3♦。

(b)♠A 4　♥A Q 10 9 6　♦A J 9 7 5　♣2

这种叫法就是所谓的长门邀叫,是进局邀叫。要求应叫人对第二套有顶张大牌支持(不是张数支持)时叫进局。应叫人根据持牌情况作出下列选择:

A.Pass,第二套有4张以上小牌支持,第一套只有3小张,其他两门花色中可能有无用的废牌点。

B.3♥:第二套没有顶张大牌支持,止叫。

C.4♥:牌点主要集中在同伴叫出的两套花色中,特别是第二套一定要有一个顶张大牌。例如应叫人至少应有如下牌力:

♠J 8 6 3　♥K 6 5　♦Q 6　♣10 8 5 3

这里♥K 6 5和♦Q 6是对同伴的极好支持。

*(5)开叫人再叫2NT:高限的牌力和两门短花色有好的控制,另有一个4张以上弱套。如果应叫人有4张将牌或好的3张,即使牌点很低,只要有合适

的牌型就能成局,否则,完成 3 阶高花定约问题也不大。是问同伴单缺的叫法。例如,开叫人持有

(c)♠A K 10 9 6 2　♥9 8 7 5　♦10　♣A Q

这样的牌,在开叫 1♠同伴加叫 2♠后,不够直接叫 4♠,也没有第二套可以作"长门邀叫"。但可以通过 2NT 问单缺邀局,这同时也是逼叫。

对 2NT 再叫,应叫人不能 Pass。没有单缺花色时叫回开叫花色到 3 阶停叫。如果有单缺花色,在 3 阶叫出该花色(报单缺)。

如果该单缺花色正是开叫人所希望的,就叫到局,否则改回原花停叫。例如,开叫人持牌如上,在开叫 1♠,同伴应叫 2♠后,再叫 2NT 问单缺。应叫人如果叫 3♣或 3♦,开叫人叫回 34 停叫。如果应叫人能够叫 3♥,开叫人可放心叫到 4♠,哪怕应叫人仅仅持有:

(d)♠8 7 5 4	或	(e)♠Q 8 7
♥6		♥6
♦Q 8 7 6		♦K 8 7 6
♣J 9 5 3		♣K 9 5 3 2

完成 4♠定约都是很容易的。

跳加叫到 3 阶或 4 阶

如果对同伴开叫的高花有 4 张支持,且有一定的大牌实力或好牌型(特别是有另一长套或单缺花色),就应该考虑成局的可能,而不应该简单加叫到2 阶。

跳加叫 3 阶为邀叫,通常为 4 张以上将牌支持,8~10 点,7~8 输张。

跳加叫到 4 阶高花成局就是要打该定约。可能是比邀叫的实力强些(11~12 点或 6 输张)或虽然大牌点很少,但有极佳的牌型。

这两种跳加叫都没有满贯的意图,通常不超过 3 个控制(最多一个 A 和一个 K)。

这里我们强调,跳加叫一般有 4 张以上支持。这样保证联手的将牌至少为 5-4 配合。只有 3 张将牌支持,哪怕有 11~12 点也不要跳加叫。在成局的边缘,5-4 以上将牌配合远远比 5-3 配合高一个 Q 以上的价值。请看以下几例,西均开叫 1♠。

例 1	西家	东家
	♠A K 9 8 4	♠Q 6 3 2

♥K J 4　　　　♥8 5 3

♦7 6　　　　　♦K 9 2

♣Q 9 6　　　　♣K 8 4

东家有 8 点大牌和 4 张♠支持，但 4333 牌型，不宜跳加叫，只能加叫 2♠。

例 2　西家　　　　　东家

♠A K 9 8 4　　♠7 6 3 2

♥K J 4　　　　♥8

♦7 6　　　　　♦A Q 9 3 2

♣Q 9 6　　　　♣K 10 3

东虽然只有 9 点，但牌型很好，跳叫 3♠绰绰有余。甚至可以直接跳叫 4♠到局。

例 3　西家　　　　　东家

♠A K 9 8 4　　♠7 5 6 3 2

♥K J 4　　　　♥8 3

♦7 6　　　　　♦A K 9 5 3

♣Q 9 6　　　　♣10

东持这样的牌跳叫 4♠非常理想。

例 4　西家　　　　　东家

♠A K 9 8 4　　♠Q J 6

♥K J　　　　　♥5 3

♦8 6 4　　　　♦J 10 5 3

♣Q 9 6　　　　♣A K 8

东有 13 点和 3 张好将牌支持，但由于牌型过于平均，通常是不可能有满贯前景的，可以直接跳叫 4♠到局。不过最好还是跳叫 3NT 让开叫人选择（关于对 1 高花开叫应叫 3NT 以后还要详细讨论）。

例 5　西家　　　　　东家

♠A K 9 8 4　　♠Q 7 6 3

♥K J 4　　　　♥3

♦7 6　　　　　♦A 8 5

♣Q 9 6　　　　♣A K 10 8 5

这样的牌就不要直接加叫♠，而应该考虑试探满贯了。这牌可以从二盖一应叫2♣开始。

在跳加叫3阶邀叫后，开叫人高限牌力或牌型很好，可以叫到局，否则停叫。无论是跳叫3阶还是4阶，开叫人除非持有强牌，通常是不考虑满贯的。

如果开叫人有很强的两套，输张不超过5个，可以采用下面的叫法，作为满贯邀叫。

(1)叫新花：强两套牌，其他两门控制很好(有单缺)，期望同伴在第二门花色上有一张Q就可以叫到满贯，否则改叫原花色到局停叫。这也是长门邀叫。

(2)直接叫满贯：基于同伴4张将牌支持就可以完成。

*(3) 4NT：黑木问叫。基于同伴的4张将牌支持，就有11个以上做牌赢张，但担心一门或两门花色没有控制。为避免叫到小满贯后快速输掉两墩或叫到大满贯后快速输掉一墩，可以通过黑木问叫这个约定叫来核查联手是否有足够的控制张。

例6

西家	东家
♠A J 10 9 7 4	♠K 8 5 3
♥8	♥Q 10 9 7
♦10	♦A J 2
♣A K J 9 7	♣8 6

叫牌过程：

西	东
1♠	3♠
4NT(黑木)	5♥(有2个A或1个A及将牌♠K)
6♠(正是我希望的!)	—

西家虽然只有13点，但6115牌型，牌点全部集中在两长套中。按输墩计算法虽然有5输墩，但在同伴4张将牌支持的情况下，自己一手至少有9个做牌赢墩。无论东应叫3♠还是4♠，西都可以用4NT进行问叫。东按约定回答，叫5♥表示有两个“关键张”(两张A或一张A一张将牌K)且没有将牌Q。

无论东持有♠K、♦A或♥A中的哪两张，只要将牌不是3-0分布，6♠都是铁的。即使将牌为3-0分布(概率约22%)，也还有约一半的机会能完成6♠。也就是说，西家知道东家有两个关键张和4张将牌支持时，完成6♠有九成的把握。

在4NT黑木问叫以后，东家如果回答只有一个关键张，西家也应该能完成5♠定约。

关于黑木问叫，我们推荐采用罗马关键张黑木问叫(RKCB，简称罗马关键张问叫)，并用坎特方式回答，其基本回答方法如下：

5♣：1或4个关键张；

5♦：3或0个关键张；

5♥：2个关键张，但没有将牌Q；

5♠：2个关键张，有将牌Q(或联手至少10张将牌)。

所谓的"关键张"是指A和将牌K。一副牌有5个关键张。在没有缺门的情况下，一般来说，小满贯定约至少需要4个关键张，大满贯需要5个关键张齐全。

为便于记忆，坎特把这个约定总结为1430规则——正好是有局方完成高花小满贯的得分。即升一级表示1个或4个关键张；升两级表示3或0个关键张；升三级和升四级都表示2个关键张，前者没有将牌Q后者有将牌Q。

应叫2NT/3NT

杰可贝2NT

过去的许多叫牌体系，包括一些自然叫牌体系和传统的精确叫牌体系，对1阶高花开叫跳应叫2NT，表示16点以上平均牌型的强牌，逼叫到局并有满贯意图。由于这种情况出现的概率很低，而且也完全可以由其他逼叫手段来代替，渐渐地，跳叫2NT不再表示16点以上的强牌了。关于应叫2NT，目前有两种约定比较常用，一种是表示邀请进局的平均牌型(12点左右)，一种就是下面要介绍的杰可贝2NT(Jocby Two No Trump)。这也是一种约定叫，是逼叫到局的强加叫，表示比前面的直接加叫要强的牌。这是一种间接加叫。

应叫2NT的条件：有5个以上控制，对开叫花色有4张支持。

杰可贝2NT应叫的牌力没有上限，绝对逼叫，开叫人再叫应该描述牌情：

*(1)叫3阶新花：所叫花色单张或缺门；

(2)跳叫开叫花色到局：低限开叫的牌，牌型没有特色，对满贯不感兴趣。

(3)在3阶重叫开叫花色，牌型没有特色，但高限开叫，4个以上控制(至少

1 个 A,2 个 K)。

*(4)跳叫新花色:牌点集中在 5-4 以上两套,有 4 个以上控制。

杰可贝 2NT 应叫以后,双方任何不到局的叫品都是逼叫。开叫人直接叫开叫花色到局表示最差的牌;在 3 阶叫开叫花色则表示高限牌力和较多的控制;3 阶叫新花表示所叫花色单缺,此后应叫人再叫新花为扣叫,希望开叫人顺路扣 A;跳叫新花色表示 5-4 以上两套和 4 个以上控制。即使开叫人直接跳叫到局表示对满贯没有兴趣,应叫人仍然可以叫 4NT 进行罗马关键张问叫。

应叫 3NT

不同叫牌体系,对 1 阶高花开叫应叫 3NT 有不同的约定。我们采用下面简单的约定:

应叫 3NT 的条件:13~15 点,对开叫花色有 3 张支持,4333 牌型,牌力比较分散。

这种应叫只有一个目的:让开叫人选择 3NT 还是 4 阶高花定约。特别是开叫人也为平均牌型且双张花色上有大牌时可以停在 3NT,否则,不平均牌型和普通的开叫实力,改回 4 阶高花。只有开叫人持有极强的两套牌时,才可以试探满贯。

例如前面曾经出现的牌例 4:

♠A K 9 8 4	♠Q J 6
♥K J	♥Q 5 3
♦8 6 4	♦J 10 5 3
♣Q 9 6	♣A K 8

西开叫 1♠,如果东应叫 4♠,要丢失 3 墩♦和 1 墩♥,但如果东跳叫 3NT,西 Pass,3NT 定约几乎可以摊牌。如果西家的牌非 5332,或虽然 5332 但双张是两张小牌,就应该改成 4♠。

另外,如果应叫人只有 3 张将牌支持,11~12 点,简单加叫到 2 阶有可能丢局,而又不够跳叫,这样的牌我们从应叫 1NT 开始。以后会再详细讨论这类问题的。

斯普林特约定叫

应叫人如果对开叫花色有 4 张及以上支持,有一个单张或缺门,大牌 12~

15 点,这样的牌,成局根本没有问题,满贯的希望也很大。关键要看单缺花色对同伴是否有用。斯普林特(Splinter)约定叫(或称为爆裂叫)就是解决这类问题的。这也是一种间接加叫。

该约定叫的基本叫法是采用双跳新花色的方式报出单缺花色。例如,在 1♥开叫后,应叫 3♠/4♣/4♦都是斯普林特,同样,对 1♠开叫应叫 4♣/4♦/4♥也是斯普林特。

斯普林特约定叫是一种很有效的显示极配的叫牌手段。如果在应叫人的单缺花色上,开叫人有三四张小牌,且又不是开叫的最低限,其他两门的控制较好,则联手 25 点以上,大牌集中于三门花色中,这三门花色可能就没有输张;同时,应叫人有足够的将牌可以用来将吃定约人那一门花色的小牌,产生大量的赢墩。在这种情况下,当应叫人的那门花色为单张时基本上可以完成小满贯定约,缺门时很可能有大满贯。另一方面,开叫人如果在同伴单缺花色中有大牌,则大牌实力与同伴的短套控制重复,该花色有大牌时,其他三门花色中的实力必然大大降低。因为应叫人的牌力通常也不超过 15 点,则总共不超过 30 点的大牌分散在四门花色中,基本上没有完成满贯定约的希望,这时开叫人应叫回将牌花色而止叫。

(1)叫回开叫花色:止叫。低限,其他两门花色控制很差或同伴单缺花色上有重复大牌。

*(2)叫新花:扣 A,希望同伴进一步扣 A。

+(3)4NT:高限,同伴单缺花色无大牌,黑木问叫。

**经黑木问叫后,开叫人叫同伴单缺花色为大满贯邀叫。要求应叫人单张叫小满贯,缺门叫大满贯。

例 7　西家持牌:

♠A Q 9 7 5

♥10 7 6

♦K Q 3

♣K 2

东家持牌:

①♠K 10 4 3　　　　②♠K 10 4 3

♥2　　　　　　　　♥—

◆A 8 7 2　　　　◆A 8 7 2

♣A Q 9 8　　　　♣A Q 9 8 3

当东家持牌为①时，叫牌进程可能为：

西	北	东	南
1♠	(2♥)	4♥(斯普林特)	—
4NT(黑木)	—	5◆(3 关键张)	—
6♥(邀叫)	—	6♠(♥单张)	—
—	=		

由于东家♥不是缺门，在西家用 6♥作大满贯邀叫时，东简单叫回 6♠止叫。当东的牌为②时，在西的 6♥之后，东可直上 7♠。

4NT 黑木问叫

应叫人一般不直接进行黑木问叫，除非仅仅需要知道开叫人有少量的几个关键张就有满贯定约。这时的“将牌花色”一定是开叫人的花色。例如，在西开叫 1♥后，东持：

♠6　♥A Q 8 2　◆K Q J 9 8 6　♣A 8

可以直接叫 4NT 进行黑木问叫。

东持有两个关键张，如果西有三个关键张(♠A、♥K、◆A)，7♥定约就是铁的；如果西只有两个关键张，6♥的问题也不大；即使西家只有一个关键张，5♥也应该能够完成。但如果西家的牌为：

♠K Q J　♥J 10 9 7 6　◆5　♣K Q J 4

那就只有指望对方首攻♣或飞中♥K 来完成 5♥定约。

跳加叫 5♥(5♠)满贯邀叫

将牌有 3 张以上小牌支持(无顶张大牌)，其他三门花色都有第一控制(有缺门)，并且有一套坚固的低花套，可以提供大量赢张，不适合用黑木问叫，可以直接加叫将牌花色到 5 阶，作满贯邀叫。

例如，东持：

♠A K 3　♥10 8 4 2　◆A K Q 9 8 2　♣—

在同伴开叫 1♥后,是否有满贯,关键要看同伴将牌的质量了。如果开叫人只有一个顶张大牌,应停叫;有两个则叫到小满贯;有三个则可直接叫到大满贯。

(1)Pass:将牌为 Q J×××以下;

(2)6♥:将牌为 K Q×××以上;

(3)7♥:将牌为 A K Q×××以上。

5NT 大满贯逼叫

将牌为 3 张以上且有一顶张大牌支持,点力充足,其他三门花色都有第一控制(包括缺门),并有一个可以提供大量赢张的长套,只担心将牌存在输张,可以叫 5NT 作为大满贯逼叫。

例如,东持:

♠A K 3 ♥K 10 8 4 ♦A K Q 9 8 2 ♣—

就可以在同伴开叫 1♥后用 5NT 作大满贯逼叫。

开叫人将牌有两个顶张时叫 7♥,否则叫 6♥。

直接跳加叫到 5 阶作满贯邀叫或直接叫 5NT 作大满贯逼叫,一般都有缺门,主要关心将牌质量,这时用黑木问叫不能澄清同伴的“关键张”是在将牌上还是在你所缺门的花色上。

当然,理论上也还存在开叫人所叫的花色只有 5 张小牌的可能,但由于应叫人拿了其他花色的多数大牌,开叫人开叫的花色只有 5 张小牌几乎是不可能的。如果使用“排除性关键张问叫” 就能避免这种可能。

新花应叫及再叫

由于开叫 1♥保证 5 张,应叫人如果牌点很低,与开叫花色不配合(即使单张甚至缺门)都不应该应叫,尽量使定约停在最低水平上。新花应叫的目的是探讨成局定约或满贯定约而不是改善部分定约。

一盖一应叫 1♠

同伴开叫 1♥,你有一套♠好花色,联手有成局的可能,就可以一盖一应叫 1♠。这种应叫并没有牌力上限(非限制性),因此一定是逼叫。

一盖一应叫的低限是 8 大牌点,所叫花色至少 4 张,牌点再低就可以不应叫了。

(1)开叫人再叫 1NT:普通的 5332 牌型(无论♠是双张还是 3 张)。

A.Pass: p8~10,平均牌型,同伴花色通常为双张。

* B. 2♣:可能是第二套(有时可能只有 3 张),再逼叫一轮,等待开叫人进一步表述牌情。但若下轮再叫 3♣,表示 4 张♠和 6 张以上♣,且不逼叫了(牌力不足以二盖一应叫)。

①2◆:低限,较好的 3 张◆;

②2♥:低限(11~13 点),5332 牌型,没有 3 张好◆,♠为双张;

③2♠:有 3 张♠支持;

④2NT: 5332 牌型,高限(14 至 15 点);

⑤3NT:♥为坚强的 5 张套,两门低花都有止张。

* C.2◆:第二套(保证 4 张),逼叫一轮。但若下轮再叫 3◆,表示 4 张♠和 6 张以上◆,且不逼叫了(牌力不足以二盖一应叫)。

* D.2♥:大概只有 2 小张♥支持,无意进局(不反对改 2♠)。

E.2♠:$n \geq 5$,非逼叫。

F.2NT: $p11 \sim 12$,牌型适合打无将定约,邀叫。

G.3NT/4♥/4♠:止叫。

* H.3♥:×配合,$p10 \sim 12$,间接跳加叫,邀局。开叫人普通的高限牌力和较好的控制即可叫到局。

* I.跳叫 3♠:$p \geq 14$, 6 张以上强套,进局逼叫。

* J.3♣/3◆:通常为 5-5 以上两套,至少 5 张♠,低花强 4 张,p≥14,进局逼叫。

(2)开叫人再叫 2♣/2◆:第二套,n≥4,非逼叫。

A.应叫人再叫 2♥为弱牌,可能只有 4 张♠和 2 张♥,希望定约停在 2♥或 2♠。

B.应叫人再叫 2NT/3♥/3♠为邀叫;再叫 3NT/4♥/4♠为止叫。

* C.应叫人加叫低花或叫新花色(第四花色)为逼叫。

(3)开叫人重叫 2♥:$n \geq 6$ 或 $p14 \sim 15$,强 5 张♥套。有 6 张♥和 4 张低花时优先叫 2♥,同伴只要有 X×两张支持就可以打♥定约。

(4)开叫人跳叫 2NT:平均牌型,最高限牌力(p=15)并有较好的 5 张♥和较多的中间张,牌情大至为:

♠10 7　♥A Q J 10 3　◆K 10 9　♣A J 8

应叫人通常应选择 3NT、4♥、4♠进局。如果牌力确实还不能成局,则可 Pass(大概原来应叫 1♠有问题)。其他任何不成局叫品都是逼叫并作为满贯试探的开始。

(5)加叫 2♠:4 张支持。由于 1♠应叫只保证 4 张,开叫人 4 张才能直接加叫。

应叫人弱牌可停在 2♠;叫 4♠为止叫;*其他叫品均为逼叫。

*(6)跳叫 3♣/3◆:显示强 5-5 套。

(7)跳叫 3♥:7 张以上好套。

(8)跳叫 3♠:好的 4 张以上支持,♥为 K Q 10××以上好套,牌型通常为 5422。如果是 5431,则 3 张套上无大牌。

(9)双跳 4♣/4◆:爆裂叫,对♠有 4 张支持,♥为坚强套,所跳花色单缺,另一花色有 A 或 K Q。基于同伴最低的应叫,也能完成高花成局定约。例如开叫人持有:

♠Q 10 7 4　◆K Q J 10 7　◆A K 7　♣8

就可以在开叫 1♥,应叫 1♠后跳叫 4♣,表示满贯意图。

二盖一应叫

如果应叫人也具有开叫实力(12 点以上),联手的大牌点就达到 24 点,至少 23 点,如果还有配合,就满足了成局的基本要求。因而,本体系中,二盖一应叫通常是进局逼叫。

二盖一应叫的花色通常为 5 张或更长套,特别对 1♠开叫用高花二盖一应叫 2♥,必须是 5 张套。应叫低花,可以是强的 4 张套。

但是,并不是有了 12 点和一个 4 张低花就一定用二盖一应叫。如果你的牌力加上同伴可能的低限开叫不足以成局,可以从其他应叫(一盖一,1NT 等)开始。

开叫 1♥,同伴二盖一应叫 2♣/2◆后开叫人再叫按下列次序选择:

(1)重叫 2♥:低限,无 4 张比开叫花色级别低的新花,示弱。

(2)2◆(在 2♣后顺叫新花):n≥4。

*(3)逆叫 2♠:p14~15,n≥4,或强 3 张♠,但另一门无止张。

(4) 2NT:高限,牌型较平均。

(5)在2♣应叫后跳叫3♦或在2♦应叫后叫3♣:强5-5套。

*(6)加叫低花:♥很好,低花有X×××以上支持,鼓励探贯。

(7)跳叫3♥: p14~15,6张以上两张套。

(8)跳叫3NT: p14~15,♥为坚强套,5332型。

应叫人再叫新花或无将仍逼叫,加叫开叫花色至少逼叫到局。

(9)超过3♥跳叫新花3♠/4♣/4♦:爆裂叫,开叫花色坚强,对同伴应叫花色有4张以上支持,所跳叫花色单缺。

二盖一应叫后,无论开叫人再叫什么,应叫人都会至少再叫一声的。也就是说,二盖一应叫承诺再叫,而且,只要没有叫到局,应叫人的任何再叫都是逼叫。成局以下开叫人没有停叫的权力。

1NT应叫及再叫

传统的精确体系中对于1♥/1♠开叫应叫1NT几乎没有上限,因而是逼叫性质的,表示8点以上大牌,不符合加叫条件或直接加叫描述不清,也不能或不宜以长套花色作逼叫的所有牌。1NT应叫并不一定表示平均牌型,甚至可以有单缺花色或有7张以上弱长套。当然,对1♥开叫应叫1NT,一定没有4张♠。我们的体系中,1NT应叫表示有某种成局的可能,但牌力还不足以达到逼叫成局。因而允许开叫人低限平均型停在1NT上。并不是有8点牌就一定要应叫,应叫的目的是为了寻求成局定约,如果没有成局的希望,定约还是停在较低的阶数为好。下面举几个牌例,同伴均开叫1♥。

(a) ♠K 8 7
♥Q 3 2
♦Q 8 3
♣A J 8 6

分散的12点大牌和X××三张♥支持,简单应叫2♥可能会丢局;应叫3♥应该有4张支持;二盖一应叫2♣实力又略为差些。可以先应叫1NT,并在开叫人再叫2♣或2♦后跳3♥,这是间接加叫,表示3张将牌支持,邀局;同伴的再叫如果是2♥或更高,则应直接进局。在我们的体系中,这手牌不能应叫自然的2NT,因为2NT已经约定为杰可贝强加叫了。这手牌如果再多一张♠J或者♦

J，应叫3NT很理想。

(b) ♠A Q 8

♥10 3 2

♦9 8 4

♣K 10 7 6

应叫1NT。同伴的再叫如果是2♣或2♦，应改叫2♥而停叫；同伴若能跳叫3♥，可加叫进局；同伴如果逆叫2♠或跳叫3♣，也可以叫4♥进局；但同伴如果跳叫3♦，则应叫回3♥。

(c) ♠K 8 6

♥8 3

♦Q J 6 2

♣Q 8 7 6

Pass。不要因为有8点就一定要应叫，此牌几乎没有成局的可能。

(d) ♠Q 9 3

♥7

♦A Q 9 8 5 4

♣Q 7 4

应叫1NT。单张♥和10点大牌并不是自动应叫1NT的条件。这手牌的特点是有一个低花长套，运气好的话可能会有3NT定约，但牌力不够二盖一应叫。这样的牌应叫1NT，同伴2♣后再叫2♦；同伴如果再叫2♥，那一定是低限6张套，Pass算了；如果同伴的再叫超过2♥，就要考虑成局了。

(e) ♠8

♥K 10 7 6

♦A 8 5 2

♣K 10 8 3

同伴开叫1♥后可直接跳叫4♥"封局止叫"。如果同伴开叫1♠可以试应叫1NT。同伴再叫2♣或2♦后可Pass；如果同伴能再叫2♥，可以跳叫4♥进局；同伴若能跳3♣/3♦可叫3NT。同伴如果坚持叫2♠，那一定是6张套，应Pass而让他打2♠，2NT不会比2♠好。

1NT应叫后，开叫人如果不是极低的开叫点力和极其平均的牌型，应尽量再叫一轮。11～12 点,5332 牌型或高花 4-5 可以 Pass。

(1)开叫人再叫 2♣/2◆(/2♥):第二套,通常,n≥4,万不得已可以叫 3 张好低花。

A.应叫人再叫 2♥(可能只有两三张小牌张支持)为止叫;

B.应叫人再叫 3♥为间接加叫,X 三张支持,10～12 点,邀叫。

C.应叫人不超过开叫花色叫新低花:8～11 点,有两张大牌领头的 6 张套,但不逼叫。

*D.在下面的叫牌进程后应叫人再叫 2♠或 2NT:

开叫人	应叫人
1♥	1NT(否定有 4 张♠)
2♣/2◆(n≥4)	2♠*(逼叫)/2NT(邀叫)

在开叫人再叫 2 阶低花后,应叫人如果看不到成局希望,应该停叫或改回 2♥停叫。但这时出乎意料地叫出 2♠,肯定不是自然性质的(1NT 已经否定了 4 张♠)。这是一种约定叫,表示 10～12 点,同伴所叫低花有较弱的 5 张以上,邀 3NT。开叫人高限可以加到 3NT,低限改回 3 阶低花停叫。

应叫人再叫 2NT 则表示 11～12 点,未叫花色有止张,这也是邀 3NT,开叫人低限牌力可以 Pass,如果再叫 3 阶低花,那一定是 5-5 以上套了。

(2)开叫人再叫原花 2♥:6 张以上,11～13 点。

(3)逆叫 2♠:14～15 点,4-5 以上高花套。

(4)加叫 2NT:14～15 点,牌型比较平均(可以有 4 张低花)。

(5)跳叫 3♥:14～15 点,6 张以上好套。

(6)跳叫 3NT:14～15 点,♥A K Q××以上。

(7)跳叫新花 3♣/3◆:5-5 以上强套。

在(1)(2)后,应叫人低限且与开叫花色配合不好可 Pass;在(3)～(6)后,开叫人已经表示高限,注意成局的可能。

关于新花再叫和第四花色逼叫

掌握新花再叫原理和正确使用第四花色逼叫是叫牌的基本功。特别是在精确制应用高度的限制性开叫原则之后,正确掌握这些方法是安全准确地探讨合理定约必不可少的手段。

关于叫新花

精确制的开叫条件限制性很强，开叫人再叫新花只是描述牌情而不是逼叫，即使开叫人跳叫新花表示5-5以上两套也只是邀叫，应叫人认为成局无望时也可以停叫。

一盖一应叫和二盖一应叫的牌力只有下限，通常没有上限，特别是二盖一应叫，有时牌点可达到20多点。因此，不仅规定第一轮应叫是逼叫，而且只要应叫人再叫的叫品没有到局，仍然是逼叫。一盖一应叫后应叫人再叫新花是否逼叫，搭档之间应该约定。我们约定，在下面叫牌进程中，应叫人再叫2♣/2♦都逼叫一轮。

开叫人	应叫人
1♥	1♠
1NT	?

但仅仅是逼叫一轮而已。通常应叫人的牌不足以逼叫成局，否则就应该先二盖一应叫了。当然如果应叫人跳叫新花色，就至少逼叫到局了。

应叫人第四花色逼叫

应叫人第四花色叫牌通常出现在以下叫牌进程之后：

西	东
开叫1♦/1♥/1♠(一花)	应叫新花(二花)
再叫新花(三花)	?

开叫人通过两轮叫牌，叫出了两套花色，应叫人也叫出一套花色，这时三套花色已经自然地表示出来了，应叫人如果再把第四花色(往往是低花)作为自然叫品来寻找配合是不现实的。如果其他花色不配合，应叫人的第四花色较好，通常应该选择无将定约。

这样，第四花色作为自然叫品就几乎没有什么价值。因而许多现代的叫牌体系都把此时的第四花色应叫作为技术性逼叫。只要没有合适的自然叫品能够把手中的牌表示清楚，或怕同伴认为没有配合而停叫时，都可以采用第四花色逼叫，作为逼叫进局的一种过渡叫或试探满贯的前奏。通常可以表示如下几种情况：

A.第四花色上只有A×、Q×(×)、J××一类的牌，欲打3NT定约，需要同伴该花色有一张大牌。这是最常见的一种情况。

B.第四花色是短套且没有大牌,想进一步知道同伴的两套花色的情况或对应叫花色的支持情况,以第四花色作过渡叫。

C.配合开叫方的一套花色,提前顺路在较低水平上扣叫(下轮再表示配合哪套花色)。

在应叫人作了第四花色逼叫后,开叫人的再叫按如下顺序选择:

①加叫同伴的第一花色。如果同伴的第一花色是用2♥作二盖一应叫的,则有X×或×××就可以加叫;如果同伴的第一花色是用1♠作一盖一叫出的,有X××就可加叫。这是同伴最乐意听到的。

②再叫自己的6张高花,使同伴知道只要有X×两张支持就是好的配合。

③再叫第二套明确表示5-5以上两套,对同伴的花色不配合。

*④叫无将,表示第四花色上至少有一大牌。

**⑤"加叫"第四花色,表示配合同伴应叫的花色,第四花色上有A,是扣叫。

关于开叫人叫第四花色

开叫人叫第四花色与应叫人叫第四花色的意义不同。根据不同的叫牌进程,"第四花色"表示不同的含义。从逻辑上讲,这时"第四花色"表达的意思应该是清楚的。

(1)示弱性的过渡叫

叫牌过程:	西	东
	1♥	1♠
	1NT	2♣(逼叫)
	2◆*	

西家开叫1♥后再叫1NT表示5332牌型。东家的2♣一般不保证张数,是逼叫。这时西应该按下列顺序选择再叫:

A.2♠:有♠X××三张支持,间接加叫;

B.2♥:低限,没有3张好低花。

C.2NT:高限,两门低花都有止张。

D.3♣:牌力较高且♣有X××支持,由于前面已经叫过1NT,同伴不会指望你有4张♣。

*E.2◆:不满足以上条件,这仅仅是一个表示弱牌的过渡叫。◆上通常有

大牌，但牌力不足以叫 2NT。

东家得到此信息后，如果有进局的实力就应该跳叫进局，否则应该叫 2♥（两三张小牌支持）、2♠（5 张以上）或 3♣止叫；如果叫 2NT，表示 12 点左右，邀 3NT。

（2）“第三套”逼叫

叫牌过程：	西	东
	1♥	1♠
	2♦	2NT
	3♣ *	

前两轮西家的叫牌表明持有 5-4 以上两套红牌。东家如果低限且没有 3 张以上♥支持，第二轮应该 Pass 或者改叫 2♥、2♠发出停叫信号。现在东家越过 2♥、2♠而叫 2NT，表示牌点较高但没有 3 张♥支持，♠也不值得再叫（4 张或较弱的 5 张），♣一定有好的止张，邀叫 3NT。西如果低限可以 Pass，中等以上实力通常应该叫到 3NT 或者有 3 张♠时叫 3♠，也可以再叫 3♦表示 5-5 以上套。但西家此时出人意料地叫出第四门花色“3♣”，一定是表示不满足仅仅打 3NT 定约。这个“3♣”并不一定表示“第三长套”，但可以肯定在♣上有大牌，等待同伴进一步选择。

（3）扣叫

叫牌过程：	西	东
	1♥	1♠
	1NT	3♣（强 5-5 以上套）
	3♦	

东的 3♣表示很强的 5-5 以上两套花色，至少逼叫到局。西在 1NT 示弱以后，通常应该选择同伴的一套花色或叫 3NT。此时再叫第四花色一定是表示配合一套后的提前扣叫。

在同伴表示过两强套后叫第四花色

下列叫牌过程最后的叫品（划线的），都是表示两套强牌的第二套，肯定是 5 张好花色，从而间接说明第一套是更强或更长的套（第一套无论是开叫的 1♦还是一盖一应叫，都肯定不会只是 4 张）。

① 西　　　　东

1♥　　　　1♠/1NT

3♣/3♦　　　　3♦

② 西　　　　东

1♠　　　　2♣

3♦/3♥

③ 西　　　　东

1♠　　　　2♦/2♥

3♣(至少强4张)

④ 西　　　　东

1♦　　　　1♥

2♠(6张以上♦,5张以上♠两套)

⑤ 西　　　　东

1♥　　　　1♠

1NT　　　　3♣/3♦

⑥ 西　　　　东

1♠　　　　2♣

2♦　　　　3♥

上述各叫牌过程只有①中东可能仅8~11点,且与开叫人两套花色均没有好的配合而不足进局。例如:

西	东
♠4	♠K Q J 7 6 5
♥K Q 7 6 2	♥8 3
♦A K J 6 5	♦9 2
♣9 2	♣Q 7 5

叫牌过程:

1♥　　　　1♠

3♦　　　　3♥

—

在西家表示强5-5以上两套后,东家如果有♣较好的止张,可勉强叫3NT,如果有3张♥支持,也肯定会加叫到4♥。以上两个条件都不满足,再叫6张♠

的意义也不大，为了不至于西持更强的牌时丢局，勉强叫出3♥维持一轮。西家的牌跳叫新花中已经表示清楚了，既然同伴没有呼应成局，及时Pass是明智的选择。即使东家坚持叫3♠(应该有7张)，西家这样的牌也以Pass为好。

除①和④以外其余各叫牌过程中，两家都具有开叫或二盖一应叫的实力，通常都应该至少叫到局。由于其中一家明确表示了5-4以上两套强牌，最后定约一般应选择这两套花色中的一套。只有当其同伴也恰好持有另两门长套时才选择无将或者持有7张以上套时才坚持打自己的花色。这时联手的牌处于极端失配状态，定约不宜叫得过高，27点左右能成局就不错了。

在一家表示两套强花色后，另一家直接叫到局的叫品，包括叫3NT、坚持叫自己的花色进局和加叫同伴花色进局等，都是牌力叫尽的表示，往往是止叫；改叫同伴第一花色也可能是只有两张的勉强配合(被迫叫出，如上例)，这一点与主动间接加叫表示3张支持是不同的，应特别注意。

那么，当同伴表示过两套强牌后你能够配合一套又该如何叫呢？当配合不甚好，控制力极少，满贯几乎不可能时，直接加叫进局止叫。否则可用以下满贯叫牌法：

(1)叫第四花色为扣叫，表示有该花的A，至少配合一套，下轮加叫同伴花色为明确将牌而并非止叫。将牌明确后再叫任何其他花色都是扣叫。

(2)加叫同伴高花到5阶或加叫低花到4阶是小满贯邀叫，表示没有第四花色的A，但在其他两门花色中有四个以上控制力(即两个A或一A两K以上)。

(3) 4NT黑木问叫。这是针对同伴第二套为将牌的问叫。即使配合第一套，也约定第二套的K为关键张。问过以后，叫同伴的任一花色为止叫。

跳应叫新花色

20世纪80年代以前的一些叫牌体系，用跳叫表示逼叫进局以上的好牌：跳叫2NT表示16点以上平均型，跳叫新花表示16点以上，所叫花色为6张以上好套。

但是，在同伴已经开叫的情况下，应叫人再持有16点以上的概率太低了，即使真的持有16点以上，我们总可以通过二盖一应叫逼叫到局的。“好牌慢叫”是现代叫牌的重要思想。因而，许多现代叫牌体系逐渐放弃了跳叫表示强牌的叫法，而赋予其他的意义。我们已经明确跳叫 2NT 为杰可贝约定叫，是有 4 张配合的成局逼叫。本节讨论跳叫新花的问题。

不同流派的叫牌体系对跳叫新花有不同的约定。除了传统的表示 16 点以上和好套的强逼叫外，常见的还有以下 4 种：

①弱阻击：除了一个破烂的 6 张以上套外几乎一无所有。

②建设性应叫：6 张以上好花色，8～11 点（不够二盖一应叫），其他花色缺少大牌控制张。

③"伯根加叫"：同伴开叫高花后跳叫低花 3♣/3♦，表示 4 张将牌支持，不同的邀叫实力，而直接跳加叫 3♥/3♠则是阻击叫。

④"迷你斯普林特"：在 3 阶跳叫单缺花色，表示邀叫实力，比正常爆裂叫的牌点低些（10 点左右）。

第一种弱阻击的危险性较大，后两种叫法比较复杂，都牵涉到直接加叫 3 阶高花和二盖一低花应叫后的再叫结构，我们不推荐采用。本体系采用的是比较自然的建设性应叫。我们前面的加叫系统和二盖一应叫也是按照与建设性新花跳应叫配套设计的。

对 1♥开叫跳应叫 2♠

对 1♥开叫应叫 2♠，表示♠为至少 2 个顶张的 6 张以上套，对同伴开叫的花色最多两小张支持，其他两门花色中连一个 K 都没有（可以有一两张 Q、J）。除了 4♠外，没有其他成局的愿望。这是建设性应叫。例如：

(a)♠A Q J 9 6 4　♥8 3　♦9 7 6　♣9 2

或　(b)♠K Q 10 9 6 4　♥8　♦Q 9 7　♣9 8 2

开叫人如果对♠没有配合，通常应该 Pass 而让同伴打 2♠定约（哪怕♠缺门）。开叫人如果对♠有一定支持（3 小张或双张有一顶张以上），低花控制好，可以考虑加叫 4♠或 3♠邀叫。加叫 4♠需要类似于下面的牌（c）或牌（d）。

(c)♠K 3 2　♥Q J 10 9 6　♦A K 5 4　♣7

或　(d)♠K 2　♥J 10 6 5 4　♦A K 10 8　♣A 8

如果开叫人持有这样的牌：

(e)♠K 2　♥A Q J 10 9　♦8 7 6　♣K 7 6

就应该对 2♠建设性应叫 Pass。

而持有类似于下面（f）的牌，可以考虑加叫 3♠邀叫：

(f)♠K 3 2　♥K Q 10 6 5　♦A J 2　♣5 2

跳应叫低花

在 1♥/1♠开叫后,跳应叫 3♣/3♦也是建设性应叫,表示具有一个可以进行 3 阶阻击开叫的低花套,其目的是邀请低点力 3NT。跳叫 3 阶低花通常要求是两个顶张领头的 7 张套(其他花色可以一无所有)。如果只有 6 张,则需要 3 顶张。下面 3 手牌在同伴 1♥或 1♠开叫后都可以跳叫 3♣或 3♦:

(a)♠9 2　♥8 3　♦9 6　♣A Q J 9 7 6 4

(b)♠9 7　♥8　♦K Q J 9 6 4 2　♣Q 9 8

(c)♠9 7　♥9 2　♦A K Q J 6 4　♣9 8 6

这 3 手牌当同伴有合适的大牌时都可能完成 20 点左右的 3NT。但这 3 手牌都不满足二盖一进局逼叫。有的叫牌体系对这样的牌是应叫 1NT 再叫 3 阶低花的,但没有直接跳叫 3 阶简洁。更重要的是,这样叫到的 3NT 庄位有利(开叫人成为庄家)。

我们约定这样的牌直接跳叫 3 阶低花,开叫人认为能够完成 3NT 定约,可以直接叫出来;否则 Pass 让应叫人打低花定约。只有开叫人其他花色有好的控制才可以考虑 5 阶低花局甚至满贯问题。

如果有分散的 10 点左右和一个不强的 6 张低花套,就应该先应叫 1NT,如果有机会,再叫出低花套。

曾 Pass 过后的应叫

你首轮没有开叫。同伴作为第三家开叫 1♥或 1♠,可能是正常的开叫,也可能是轻开叫(只有 10 点左右,开叫的高花可能只有 4 张)。应叫人如果有 11~12 点,则当同伴是开叫的高限时联手就有成局的牌力;当开叫人是低限开叫但配合良好时也可能成局;但如果是轻开叫,特别是开叫 4 张套时,叫到 3 阶可能就过头了,因而,对第三家开叫的应叫与第一、二家开叫后的应叫不完全相同。

由于应叫人最多 12 点,除了有良好的配合一般是不足成局的,这时应叫 1NT 或应叫新花,无论是一盖一还是二盖一,都不逼叫,开叫人低限,配合不好可停叫;高限或有好的配合可以再叫。应叫人有 11~12 点和好的配合,如果缺乏控制,也不必跳加叫到 3 阶了。反之,如果对开叫花色有 4 张以上支持,牌型较好,即使牌点很低也可以关煞性地加叫或跳加叫。因而,邀叫的牌就要采取约定法了。对第三家开叫后应用最多的约定叫是“迷你斯普林特”和“朱锐”约定叫。

迷你斯普林特

由于你首家没有开叫3阶低花,因而这时跳叫3阶低花就不是前面所说的建设性应叫了。这时单跳新花就可以约定为爆裂叫。该约定叫有一个好听的名字——迷你斯普林特(Mini-Splinter)或“小斯普林特”,表示有接近开叫的实力,对开叫花色有4张支持,所跳花色为单张或缺门。开叫人应该根据自己的牌情,改叫3阶原花色停叫或直接叫到局停叫,在极其特殊情况下还可以试探满贯。

朱锐约定叫

如果应叫人有接近开叫实力(11~12点),对开叫花色有4张或以上支持,没有单缺花色,不能用迷你斯普林特,但可以使用朱锐(Drury,有的译作“德鲁利”)约定叫。应叫2♣并不表示♣套,而是技术性逼叫,用来询问开叫人是正常开叫还是轻开叫。应叫2♣绝对逼叫一轮。

朱锐约定叫2♣后,开叫人再叫2◆是约定叫,与◆花色没有关系,只表示是轻开叫,应叫人通常应该叫回开叫花色停叫。

如果开叫人再叫不是2◆,表示非轻开叫,应叫人可以直接叫到局或进一步试探成局的可能。

除了2♣作为朱锐约定叫以外,应叫其他花色都是自然实叫,不逼叫;应叫1NT也不逼叫。不过,开叫人如果是正常开叫的实力,通常应该维持一轮叫牌。

几条重要的叫牌原则

宾主原则

在叫牌过程中,如果一家作了限制性很强的叫牌,则他以后再叫时只能根据同伴的需要进一步描述手中的牌情或把前面没有显示的多余实力在安全的条件下显示出来,其叫品通常都不是逼叫。相对来说,在作了限制性不强的叫品以后,再叫的自由度就较大,可以作出各种邀叫、逼叫或止叫。

再叫的自由度与原先叫品的限制性成反比。限制性较强的叫品之后,再叫的自由度较小,通常充当“宾”角;作出限制性不强的叫品之后,再叫的自由度较大,往往充当“主”角。1NT开叫是限制性很强的叫品之一,开叫人在以后的叫牌过程中只能处于“宾”位。

精确制的1阶高花开叫的限制性也较强,而所有新花应叫的限制性相对较小。例如西开叫1♥,明确表示了12~15点(好牌型的11点当成12点看待),5张以上♥。东应叫1♠表示4张以上♠,8点以上大牌(无上限),这时西家的牌型牌力限制较死。相对来说,东家的牌型牌力限制较松,他再叫的自由度就较大。西家的再叫只能是:1NT表示平均型;2♣/2♦表示4张套;2♥表示6张套;或者加叫2♠表示4张以上支持。即使西家跳叫3♣/3♦表示5-5以上两套或跳叫3♥表示7张套以及跳叫3♠表示最高限的牌力和极好的支持,也都是“显示叫”而并非逼叫。在西家作出各种再叫之后,东家根据持牌情况可以作出以下示弱的叫品:Pass、平加叫♥或再叫♠;也可以作出如下邀叫性叫品:叫2NT、跳叫3♥或3♠;还可以叫(或跳叫)新花进行逼叫;更可以叫3NT、4♥、4♠等成局定约止叫。

精确制中除1♣开叫外的所有开叫限制性都较强,以后多数处在“宾位”。1♣开叫不仅是逼叫性的,而且在以后的叫牌进程中一般都处在“主位”。其他开叫后的各种逼叫性应叫的牌力牌型范围都相对较大,应叫人以后一般处在主位。当问叫发生后,问叫人处于主位。当然,特殊情况下主宾地位随着叫牌的进展也可能会交换。

不重复原则

叫牌过程中一个叫品如果传达了某一特定信息,以后的叫牌就尽量不要再重复这个信息了。例如,西开叫1♥,明确表示至少5张♥,在东应叫1♠后,西的♥如果确是5张,一般不要再叫2♥了;东应叫1♠表示4张以上♠,8点以上,逼叫一轮,东如果是低限牌力,下轮就不能再逼叫了。

有了不重复原则,“重复”叫牌就是为了补充强调某一信息。仍以上面西开叫1♥,东应叫1♠为例,如果第二轮西仍叫2♥,这一定是强调♥的张数至少6张,否则应该在1NT、2♣、2♦、2♠等叫品中选择;跳叫3♥,通常是7张以上套。同样,如果东家第二轮仍然叫2♠,那也一定是强调5张以上套(应叫1♠仅保证是4张)。

上面的“不重复”与“重复”都是对紧接的两轮叫牌而言的,中间间隔其他叫品后重复前面所叫的花色一般不是强调该花色而是没有其他合适叫品但又想维持叫牌继续。例如:

西　　　　　东

♠K 9　　　　♠Q 8 7 4 2

♥A K J 8 3　　♥Q 6

♦J 7 4　　　♦9 2

♣K 3 2　　　♣A Q 6 4

叫牌过程：

1♥　　　　　1♠

1NT①　　　　2♣②

2♥③　　　　2♠④

3♠⑤　　　　4♥⑥

—⑦

①5332 牌型。

②逼叫一轮。

③既不能加叫♣（非高限牌力），也不能间接加叫 2♠（没有 3 张），又不能叫 2NT（♦太弱），在同伴的逼叫后又不能停叫。

④再叫 2♠，明确 5 张♠和 4 张♣，牌力不足以逼叫成局。

⑤3♠比 3♣更具有建设性。

⑥既然同伴不能叫 3NT，♦上就没有大牌。打♥定约，双张将牌可以控制第三轮♦。

⑦同伴的 5-2-2-4 牌型昭然若揭，4♥应该比 4♠好。

追加原则

在叫牌过程中，随着叫牌的进展，在已经显示实力的基础上追加多余牌力比修正减少牌力要容易得多。也就是说，前一二轮的叫牌可以适当保守一些，以后的叫牌适当积极是一种好的策略。如果你前面把牌叫得“很强”，以后无论怎么示弱，同伴可能会“步步紧逼”，使定约叫上不安全的高度。

下面的牌例就应用了追加原则：

西　　　　　东

♠6　　　　　♠Q 10 8 4

♥A K 10 8 3　　♥9 6

♦K J 8 7 4　　♦A Q 5 3

♣K 9　　　　♣A 8 7

叫牌过程：

1♥	1♠①
2♦②	2NT③
3♣④	4♦⑤
4♥⑥	5♣⑦
6♦⑧	

①不要应叫 2♦。仅有 12 点时应叫 4 张高花比 4 张低花要好，其目的是寻求 4-4 配合的♠定约。

②可以跳叫 3♦。但是由于同伴所叫的♠仅单张小牌，是不利因素（同伴的♠K、Q 可能无用），故暂且低叫 2♦。不要害怕东家停叫，因为他如果只有 8~10 点而且多数长在 4 上，就难以成局；同伴如果有 10 点以上会再叫一次的。你恐怕最想听到的是同伴间接加叫♥或直接加叫♦了。

③可以加叫 3♦。但是，如果开叫人是低限，可能对 3♦停叫，这就不如叫更富有建设意义的 2NT。虽然没有明确对♦的支持，但却肯定了♣有大牌。

④是该显示强牌的时候了！既然同伴有 10 点以上，♣又有大牌，3NT 应该不成问题，开叫人此时再叫"第四花色"是显示该花色上有大牌。

⑤太好了！同伴的牌型有可能是 1-5-4-3，或 0-5-4-4，那么 5♦应比 3NT 好做。但如果还是软绵绵地加叫 3♦，同伴可能停叫，而加叫 5♦又等于堵住同伴的嘴。越过 3NT 而叫 4♦表示了对♦的极好支持和一定的满贯愿望。

⑥将牌明确后的扣叫。

⑦有♣A，但肯定没有♠A。

⑧由于♠上有一个输张，大满贯是不可能。同伴的 4♦跳叫保证了有一顶张的 4 张以上支持，而且其♥不应该有 3 张。现在不叫 6♦更待何时？

牌叫得非常细腻！充分体现了先柔后刚的叫牌风格。

速达原则

如果在同伴的限制性叫牌之后，已经看到合理的最佳定约，而又不可能再叫到更高的其他定约时，应立即跳叫到该定约，免得节外生枝。这便是速达原则。速达原则的另一种解释是：一下子消耗掉大量的叫牌空间，表示对其他定约均不感兴趣。有时这还是一种阻击手段，其同伴一般不能再叫牌。前面对 1

阶高花开叫后直接跳加到局或跳叫 3NT 都是根据速达原则作出的。

另外,凡是占用大量叫牌空间的约定叫,都应该是包含准确的特定信息的限制性叫牌,如斯普林特约定叫、4 阶低花转移开叫等。这些约定叫利用一声叫牌就能把牌型牌力和盘托出,同时也把进一步叫牌的权力交给同伴。

经济原则

与速达原则相反,有些牌的最后定约不是一下子就能看到,需要经过多轮互相交换信息才可能找到最佳定约,这就需要利用经济原则慢慢寻找最佳配合。例如西开叫 1♥,东持有:

♠K J 8 6

♥8

♦K 9 3

♣A J 7 5 3

这副牌的最后定约既可能是 3NT、4♥、4♠、5♣等成局定约或满贯定约,也可能根本就不能成局。虽然东家的牌既满足应叫 1♠的条件又满足应叫 2♣的条件, 但还是第一轮应叫 1♠,以便同伴作出示弱性的 1NT 再叫后叫出温和的 2♣。如果东家第一轮作二盖一的 2♣应叫,在西叫出 2♦或 2♥后东再叫 2♠便构成逆叫,这是逼叫到局的叫法,东家的牌力还没有那么强。如果东家的牌是:

♠K J 8 6

♥8 3

♦K J 9

♣A Q 7 5

则不仅可以而且应该第一轮就应叫 2♣,因为在西家最低限和配合极差的情况下 3NT 定约也几乎是铁的。二盖一应叫等于给开叫人吃了一个定心丸:“我有 12 点以上,这副牌一般情况下至少要叫到局的。”

另外,在探讨满贯的过程中的扣叫,也要充分遵守经济原则。

如果叫牌中采取了“不经济”的叫品,无非有下列几种情况:

①已经看到最后定约的“速达”;

②是高度浓缩信息的约定叫;

③没有“更经济”的叫品可用。

对方参与叫牌后的应叫

前面我们讲的各种叫法都是“旁若无人”地假设对方不参与叫牌来设计的。但桥牌是由四个人来打的,对方一定会尽其所能参与叫牌(争叫)来干扰我们或争夺定约的。因而好的叫牌体系必须具有较强的抗干扰性。我们的体系在设计时充分注意到这一点。虽然有时会因为对方的干扰而不可避免地难以把牌叫清楚,但许多情况下,我们可以利用对方的争叫把牌叫得更准确。

1♥/1♠—“加倍”—应叫

首先应该知道,在几乎所有现代叫牌体系中,对 1 阶高花的直接“加倍”都不是惩罚性质的,而是技术性加倍。通常表示该花色较短,其他 3 门花色都比较好的类似于 4441 牌型且有开叫实力,有时可能表示具有 16 点以上的强牌。

应叫人在叫牌之前就已经知道开叫人和加倍者都有 12 点以上,第四家和你一样在这副牌中是“弱者”。这时许多应叫叫品的含义与上家不加倍时不相同。

A.Pass:弱牌,配合不好;或者牌力较强,但与同伴花色配合不好,陷阱式 Pass(下轮可加倍惩罚对方)。

B.加叫(跳加叫):配合较好或很好,牌点较低,关煞叫,有时是纯粹的阻击叫。

*C. 1NT/2NT/3NT:表示如果没有对方的加倍可以凭实力加叫 2♥/3♥/4♥的牌,而非阻击叫。

*D.叫新花:所叫为 6 张以上套,不希望同伴再叫。

注意:这时即使“二盖一应叫”也不是逼叫。

E.跳叫新花,好的 7 张以上套,建设性,希望同伴略有配合和其他花色有大牌快速赢张加到局,否则停叫。

F.再加倍:p≥11,有下列几种情况:

①配合,下轮加到局为止叫,扣叫为逼叫,4NT 为黑木;

②配合不好,下轮惩罚加倍对方或叫无将;

③有一好套,下轮叫出,相当于正常二盖一应叫。

同伴“再加倍”后,开叫人一律 Pass,而以静观动。

1♥— 争叫 1♠—应叫

A.Pass:弱牌,配合不好。

B.加叫:一声叫足。

C.叫新花:竞叫,n≥5,与同伴花色配合不好,非逼叫。

D.跳叫新花:建设性。

E.叫无将:对方所叫花色有止张,自然实叫。8~10 点叫 1NT;11~12 点叫 2NT; 13~15 点叫 3NT。

F.加倍:技术性,可表示多种意思:

①否定加倍 p8~10,对方争叫花色较短,未叫花色较好。下轮只能加叫或 Pass。

②先加倍后出套:p≥11,下轮叫新花相当于正常二盖一应叫,逼到局。这时处于“二夹一”的局面,有 11 点就可以考虑进局。

*③下轮叫无将:p≥12,与同伴花色配合不好,对方所叫花色止张也不够好(如 Q 等)。

G 扣叫 2♠:这是最强的应叫,p≥12,进局逼叫。通常对方花色无止张,与同伴花色配合也不够好,希望同伴有止张时叫无将,否则叫出第二套或重叫 6 张以上原套。

*H.跳扣叫 3♠:将牌强配,斯普林特扣单缺。

1♥—争叫 1NT—应叫

对方争叫 1NT 通常具有开叫强无将的实力,即 16~18 点(至少 15 点),在开叫花色中至少有一个止张。应叫人更容易判断这副牌最终定约属于哪一方。

如果应叫人牌点很低,与开叫花色配合不好,就不要叫了;如果同伴开叫花色不少于 3 张,有短套,尽管大牌点很少,也可以加叫同伴花色;如果具有一定实力,可以加倍惩罚;叫新花也不逼叫,而是建设性的。

A. Pass:无牌可叫。

B.加叫(跳加叫):与同伴花色配合,有一定的牌型优势。

*C.加倍:惩罚性,10 点以上大牌,牌型比较平均。没有好的成局以上定约。

D.叫新花/跳叫新花:弱牌长套/建设性,均不逼叫。

1♥—争叫 2♣/2♦—应叫

基本与争叫 1♥的应叫相似,能够加叫同伴花色尽量加叫。加倍一般为否定性,表示对同伴花色不支持,对未叫花色感兴趣,联手的牌力超过平均点力(应叫人至少 9 点),开叫人的牌合适时可以考虑放罚。叫无将为自然性质,邀叫。新花为建设性,不逼叫。

偶尔,对方争叫花色是你的长套,可以先 Pass,等待叫牌进一步发展,如果下家也 Pass,开叫人通常有平衡加倍的义务,你可放过转化为惩罚性。

1♥—争叫 2NT—应叫

对方争叫 2NT,通常是“不寻常 2NT 争叫”,表示有 5-5 以上两套低花,希望其同伴叫出合适的低花。

A.Pass:无牌可叫。

B.加叫(跳加叫):配合同伴花色,低花较短。

C.3♠(新高花):好的 6 张套,建设性应叫(邀 4♠)。

D.3♣/3♦:扣叫,该花较短,p≥12,进局逼叫。

*E.加倍:p≥10,主要在两套低花中,惩罚性。

F.3NT:在两门低花中有较好的止张,止叫。

1♥—争叫 2♠以上—应叫

对方跳争叫 2♠通常为好的 6 张以上套,跳叫 3♣/3♦一般都是 7 张以上好套,并且有单缺花色。如果把定约让给对方,他们将有很多的做牌赢张,而我方的大牌可能也取得不了几个防守赢墩。

在与同伴花色配合时,哪怕只有 3 张小牌,也要加叫同伴的花色,因为该花色所缺的大牌在下家手中的可能性较大,同伴做庄时飞牌有利;如果与同伴花色配合不好,自己有一个长套,有邀叫成局的实力,可以叫新花(不逼叫);如果有合适的牌力和适当的止张,可以叫 3NT;如果与同伴花色配合,对方所叫花色为单张或者缺门,有逼叫成局和试探满贯的实力,可以在 4 阶扣叫。

最后考虑的才是加倍,通常表示与开叫花色配合不好,对方争叫花色中不一定有赢张,未叫花色均有长度(至少 4-4)和实力。

开叫人根据情况可以叫出新花(或 3NT)或 Pass 进行惩罚。

究竟多高阶数的加倍是直接惩罚性,牌手们掌握的标准很不一致。牌手水平越高,约定的阶数可能越高。一般可以认为,对 3♠及以下的加倍为否定性,对再高的花色或无将争叫的加倍可以认为是直接的惩罚性。当然,否定性加倍的阶数越高,同伴将其转化为惩罚性的可能性就越大。

第三节　1◆开叫后的叫牌

由于1◆开叫可能是◆长套，也可能只有两三张◆，因而其应叫方法与1♥/1♠开叫后有所不同，不过多数叫法还是相似的。本节中与前面一些叫牌原理相同或相近的地方，我们就不详细讨论了，相信你通过前面的学习对这些内容已能理解，不相同的地方我们则适当加重笔墨。

限制性应叫

跳加叫

由于同伴1◆开叫并不保证◆是长套，因而一定要有6张以上或较强的5张支持才能跳加叫。

跳叫3◆通常是5张以上，弱牌，阻击叫；跳叫4◆是邀叫；直接跳叫5◆是关煞叫，根据"速达原则"进行的封局止叫或提前牺牲。

跳加叫的牌力难以作出具体规定，靠牌手的经验根据比赛形式、局况来确定。应注意的是，开叫人可能只有两三张◆，跳加叫通常应该至少有6张以上◆。

精确制规定"加叫"2◆属于无限牌力的应叫，我们将专门论述。

应叫无将

对1◆开叫应叫无将和对高花开叫应叫无将大不相同。

对1◆开叫应叫1NT，表示9~10点，无4张高花，无意进局；应叫2NT表示11~12点左右，邀3NT；应叫3NT表示13~15点，均型牌。所有无将应叫均没有值得叫出的4张高花，而且都不逼叫。

应叫1NT后开叫人的再叫

注意，同伴应叫1NT，否定了持有4张高花。

(1)开叫人通常Pass，或者再叫2♣表示愿意打2阶低花(低花不少于4-4)，再叫2◆表示6张以上套。

(2)跳叫3♣表示低花至少5-4，14~15点，邀3NT。

(3)跳叫3◆表示13~15点，6张以上好套，邀3NT。

(4)直接跳叫3NT表示6张以上坚固◆套。

(5)再叫2♥/2♠表示14~15点,4-5两套好花色,邀3NT。

应叫2NT后开叫人的再叫

(1)低限牌力通常Pass。

(2)再叫3♣表示9张以上低花,11~12点,不逼叫。

(3)再叫3♦为6张以上套,11~12点,不逼叫。

(4)再叫3♥/3♠表示14~15点,4-5两套好花色,逼叫到3NT。

(5)叫3NT/5♦为止叫。

(6)再叫4♣表示9张以上低花,14~15点。逼叫到4NT。

应叫3NT后开叫人的再叫

开叫人通常不叫。任何再叫都是满贯兴趣,逼叫到4NT。

(1) Pass。不是极好的牌型就打3NT定约。

(2)再叫4♣表示两门低花9张以上,有满贯兴趣,逼叫到4NT。

(3)再叫4♦表示6张以上好♦,有满贯兴趣,逼叫到4NT。

应叫人没有满贯兴趣叫4NT或5♣/5♦停叫。如果叫4♥/4♠,则是配合同伴低花满贯兴趣的扣叫。

注意:这里开叫人和应叫人都是有限牌力,特别是应叫人是均型。4NT不是黑木问叫。4♣也不是盖伯尔问A而是第二套。

一盖一应叫

对1♦开叫一盖一应叫包括应叫1♥和1♠。与开叫1♥后应叫1♠一样,所叫花色为4张以上套(4-4高花叫1♥),8点以上大牌,为了寻求4-4配合的高花定约,逼叫一轮。但如果同伴是第三或第四家开叫(你已经Pass过),他就没有再叫的义务了。

第二轮再叫如下:

(1)在应叫人一盖一应叫1♥后,开叫人再叫1♠:有4张♠,不区分高低限,原则上逼叫一轮。

A.1NT: p8~10,对♦及♠均无4张支持。不逼叫。

B.加叫2♦:n≥4,不逼叫。

C.加叫2♠:n =4,不逼叫。

D.重叫2♥:p 8~11,n≥5,不逼叫。

＊E.2♣:第四花色,逼叫一轮。

F.跳叫3♣: 5-5以上套,逼叫到局。

G.2NT/3♦/3♥/3♠等:自然叫,邀局。

H.3NT/4♥/4♠/5♦等:止叫。

I.Pass:即使开叫人高限也无进局实力,♠不少于3张。

(2)开叫人再叫1NT: p 11~13,平均牌型,对同伴花色没有4张支持,也没有5张低花。

A. Pass:满足于1NT定约。

＊B.2♣:相当于斯台曼,询问开叫人的牌情。

①开叫人第三轮叫2♦:4432牌型(两套低花),同伴高花2张,另一高花3张;

②加叫同伴花色:3张支持;

③在1♦-1♠-1NT-2♣后叫2♥:4张♥。

C.改叫2♦:n≥4,希望停在2阶。

D.重叫自己的花色2♥(2♠): p8~11,n≥5,不逼叫。

＊E.在1♦-1♠-1NT后平叫新高花2♥:4张以上♥,5张以上♠,不超过11点大牌,不逼叫。

F.跳叫新低花3♣: 5-5以上强套,逼叫。

G.跳叫或逆叫新高花:5-4以上强套,12点以上,逼叫。

H.跳叫自己应叫的高花到3阶:至少6张强花色,逼叫到局。

I.3NT/5♦或跳叫自己的高花到局:止叫。

(3)开叫人平加2♥(2♠): n=4,低限牌力。

(4)开叫人跳加叫3♥(3♠),n=4,♦为5张以上好套(或4441)。

(5)开叫人再叫2♣/2♦:p 11~13,所叫低花5张。

A.Pass:无成局实力。

B.改叫2♦:4张以上♦,♣为单缺或两小张,应叫高花也只有4张,希望停在2♦或同伴有3张高花支持时改到2阶高花停叫。

C.重叫2♥(2♠):n≥5,非逼叫。

D.2NT:第四花色止张很好,邀3NT。

E.平叫第四花色2♠(2♥):第四花色逼叫。

F.加叫3♣:至少Q××支持,第四花色无止张,邀3NT。

G.跳加叫 3◆或跳叫自己叫过的花色 3♥/3♠:邀局。

H.跳叫新花色 3♠/3♥:5-5 以上双高套,逼叫。

I.3NT/5♣/5◆或跳叫自己的花色到局:止叫。

(6)开叫人逆叫或跳叫另一套高花 2♥/2♠:类似于 6.4 中牌例(e)那样 6 张◆和 5 张高花的强牌。

(7)开叫人跳叫 2NT:高限,◆A K Q××以上坚固套。

(8)开叫人跳叫 3◆:高限,◆K Q J××以上坚强套,邀 3NT。

(9)开叫人跳叫 3♣:p14~15,n≥5 或 n≥4(坚强),自然叫。

*(10)开叫人双跳新花 3♠(3♥)/4♣:爆裂叫。对应叫人高花有好的 4 张支持,所双跳叫的花色为单缺,◆为坚强 5 张套。

在开叫人爆裂叫以后,应叫人如果没有满贯意图,简单叫自己的高花到局;叫另一花色或加叫◆为满贯意图。

二盖一应叫

精确制中对 1◆开叫的二盖一应叫包括 2♣应叫和 2◆应叫。虽然 2◆应叫表面上是“加叫”,但我们仍然把它作为二盖一应叫,因为开叫 1◆并不保证◆长套,而应叫 2◆不仅要求 4 张以上,重要的是必须有 12 点以上,即满足对自然的 1 阶开叫作二盖一应叫的要求。对于 1◆开叫应叫 3◆反而是较弱的牌力,这是所谓的颠倒低级花色应叫(Inverted Minor Suit Raises)。二盖一应叫低花通常否定有 4 张高花。

与 1 阶高花开叫后二盖一应叫低花一样,应叫 2♣或 2◆需要 12 点以上牌力和 4 张以上好套。除了所叫的 4 张低花套外,应叫人的牌型可以是多样的,而且后续叫牌也灵活多样;相比之下,开叫人只能机械地、根据同伴的要求把自己手中的牌型牌力报清楚。因而这种二盖一应叫同时带有一定的问叫性质。

应叫 2♣

应叫 2♣的条件:12 点以上大牌,没有 4 张高花,有 4 张以上♣。询问开叫人高花止张和牌力,目的主要在于寻求 3NT 或低花定约。

2♣应叫是进局逼叫,同时也是问叫。开叫人再叫的首要任务是回答高花止张情况,让应叫人决定打无将还是低花定约。

(1)开叫人再叫 2◆:低限,两门高花均无止张。

(2)开叫人再叫 2♥/2♠:低限,所叫高花有止张,另一高花无止张。

(3)开叫人再叫 2NT:低限,两门高花均有止张。

(4)开叫人再叫 3♣:高限,4-5 以上低花,两门高花均无止张。

(5)开叫人再叫 3◆:高限,5 张以上◆,两门高花均无止张。

(6)开叫人再叫 3♥/3♠:高限,所叫高花有止张,◆为 5 张以上好套。

(7)开叫人再叫 3NT:高限且双高花均有止张。

只有在(1)、(2)以后,应叫人再叫 3♣/3◆为止叫(确实难以进局);其他各种再叫均逼叫到局。在各种回答之后,应叫人叫 4♣/4◆均为显示满贯兴趣的自然叫,逼叫。

应叫 2◆

应叫 2◆的条件:12 点以上大牌,没有 4 张高花,有 4 张以上◆。

2◆应叫也是问叫,开叫人的回答与 2♣问叫后基本相同。

(1) 2♥/2♠:低限,所叫高花有止张,另一高花无止张。

(2) 2NT:低限,双高花均有止张。

(3)3♣:高限,低花 4-5 以上,两门高花无止张。

(4)3◆:两门高花无止张(不区分高低限)。

(5) 3♥/3♠:高限,所叫高花有止张,◆为 5 张以上好套。

(6) 3NT:高限且双高花有止张。

对 2◆问叫的回答,除了用 3◆表示两门高花均无止张(不区分高低限)以外,其他回答与 2♣,问叫后完全相同。

偶尔,开叫人持有 5-5 以上两套强低花或者有 7 张以上强◆,两门高花上无任何大牌,在同伴 2♣/2◆问叫后还可以主动越过 3NT 跳到 4♣/4◆,表示对低花满贯有强烈的兴趣。

注意:对第三或第四家的 1◆开叫, 应叫 2♣/2◆不再是问叫,而是表示 n≥5,p9~11。开叫人持低限应 Pass,高限可依上述低限叫牌原则再叫。

跳应叫新花色

跳叫 2♥/2♠/3♣仍然为建设性应叫,好的 6 张以上套。

对 1◆开叫不用爆裂叫,因为 1◆开叫不保证是长套。

对方参与叫牌后的应叫

同伴开叫1◆，上家加倍或争叫后，应叫人的叫牌原则与同伴开叫1阶高花后相似，不过要注意同伴的◆不保证是长套。

1◆—"加倍"—应叫

对方对1◆的加倍通常是技术性的，表示◆较短，具有开叫实力，也可能持有16点以上。

A.Pass：弱牌，没有值得叫出的长套；或者牌力较强，但◆较短，陷阱式Pass（下轮可加倍惩罚对方）。

B.加叫2◆：与没有加倍不同，这里表示有5张以上◆的弱牌。

C.跳加叫3◆：6张以上，10点左右，建议开叫人叫3NT或停在3◆；加叫5◆为7张以上的关煞叫。

*D.1NT：8~10点，高花较差，4张以上◆。

*E.2NT：11~12点，4张以上◆，希望打2NT、3◆或3NT定约。

F.3NT：要打。

G.叫新花1♥/1♠/2♣：所叫为6张以上套，非逼叫。

H.跳叫新花，好的7张以上套，建设性应叫，希望同伴略有配合和其他花色有快速赢张加到局，否则停叫。

I.××：p≥12，通常◆较短。准备惩罚对方或叫到成局定约。

应叫人再加倍后，开叫人如果◆为5张以上可Pass。否则，叫出其他的4张花色或1NT(4333牌型)。

1◆—争叫1♥/1♠—应叫

A.Pass：弱牌，没有值得叫出的长套。

B.加叫(跳加叫)：5张以上支持，加叫2◆为弱牌；加叫3◆为邀叫3NT；加叫5◆为关煞叫。

需要注意的是，由于对方已经叫出一套高级花色。如果应叫人牌点很低(对方可能有边缘高花局)，不要暴露◆长套的配合，以免促成对方叫高花成局。

C.叫新花：5张以上套，◆较短，不希望同伴再叫。

D.跳叫新花：◆较短，所跳花色6张以上，建设性。

E.叫无将：对方花色有止张，自然实叫。

F.加倍:否定性,通常有另一套高花。

G.扣叫对方花色:12 点以上,进局逼叫。通常对方花色没有止张,未叫高花有 4 张。

1◆—争叫 1NT 以上—应叫

注意对 1NT 争叫的加倍一定是惩罚性;对 2♣~3♠争叫的加倍为否定性,表示有相应的实力和未叫高花。

第四节　1NT 开叫后的叫牌

无论自然叫牌法还是精确或其他叫牌法,1NT 开叫都要求是平均牌型,大牌实力则依体系的规定有所不同。传统的自然叫牌法规定为 16~18 点,但现在采用 15~17 点的越来越多;传统的精确叫牌法采用的是 13~15 点,有的也用 12~14点或 14~16 点的。

对 1NT 开叫后的应叫结构,可以不依体系而独立存在。常见的有两种结构,一种是以杰可贝高花转移叫为主的结构,一种是以双路斯台曼问叫为主的结构。这两种结构各有千秋,双路斯台曼结构简明;转移叫结构对庄位有利,也便于对满贯定约的探讨。

传统精确叫牌法开叫 1NT 为 13~15 点,采用 2♥/2♠/3♣/3◆止叫(弱牌 5 张以上套)和 2♣/2◆双路斯台曼问叫。应叫 2♥/2♠/3♣/3◆表示弱牌,所叫花色是长套,要求同伴停叫。2♣和 2◆都是斯台曼问叫,前者是 11 点以下,俗称“弱斯台曼”,有邀叫成局的涵义;后者为 12 点以上,俗称“强斯台曼”,逼叫到局。几乎所有 12 点以上逼叫成局的牌都从 2◆应叫开始。

这种叫法很简明,但弱止叫庄位不利,也不便于特殊牌型探讨边缘的成局或满贯定约。因而现代许多打精确的牌手也改用转移叫结构。本体系采用高花转移叫结构。

加叫无将

本节介绍的精确叫牌体系开叫 1NT 的条件是“好的 13 点至差的 16 点”。应叫人如果也是平均牌型且不超过 8 点大牌,通常应 Pass;12 点左右平均牌型通常直接叫到 3NT。应叫人如果牌点很少(7 点以下),有一个 5 张以上高花套,可通过高花转移叫,使开叫 1NT 的同伴成为 2 阶高花定约的庄家。不过,如果牌点很少且有一个低花长套,除非 1NT 被加倍,一般不试图“改善定约”。

本体系中,加叫无将都是自然意义,除了加叫 5NT 为大满贯逼叫外,其余各阶的无将加叫都不逼叫。

A.应叫 2NT: 9~11 点,通常没有 4 张高花。邀 3NT。

B.应叫 3NT:平均牌型,好的 10 点到一般的 15 点,满足于 3NT。开叫人不能再叫。

C.应叫 4NT:p16~18,k≥5,平均型,限量加叫,小满贯邀叫,同时询问开叫人的牌情。

注意:这里应叫 4NT 不是黑木问叫。事实上,在两手都是平均牌型的情况下,即使有 4 个 A 也不一定就有满贯定约。平均牌型的牌,赢墩主要靠充足的大牌点数保证。

4NT 邀叫以后,开叫人通过下列叫法可以区别出各种情况:

①Pass: p 13~14,或 p =15,但牌型为 4333。

*②5♣: p=15,4432 型,有包括♣在内的两套。

*③5♦:p=15,4432 型,有♦和任一高花。

*④5♥: p=15,4432 型,两套高花。

⑤6♣/6♦:p=15,所叫低花为两张大牌领头 5 张套。

⑥6NT: p=16,或 p 14~15 但有一个坚强的 5 张低花套。

在应叫 4NT 后,开叫人若只有 13~14 点,可以 Pass 而打 4NT 定约;16 点可直接接受邀请叫到 6NT。由于无论花色小满贯还是无将小满贯,都需要 12 墩牌,开叫人在 15 点且有 5 张低花时应选择低花满贯定约。开叫人持有 4432 牌型的机会是相当多的,我们这里的设计可以使开叫人方便地把高限两个 4 张套表示出来,以使应叫人判断是否有满贯。应叫人的大牌如果是控制张(A、K)长在开叫人的短套中而次级大牌(Q、J、10)长在开叫人的两个 4 张套中,这副牌的实力至少可以增加一个 K 的价值,31~32 点完成小满贯通常不成问题;反之,在开叫人的 4 张套中应叫人是两三张小牌,而次级大牌集中在开叫人的短套中,这副牌的实力要减掉一个 K 的价值,32~33 点也难以完成小满贯。

在开叫人显示两套牌后,如果没有满贯希望,应叫人可以 Pass,也可改叫另一套或无将而止叫。

这里显示两套牌的方法是：明确表示有这一门花色和一门级别较高的花色。具体来讲就是，叫♣表示有包括♣在内的任意两套；叫◆表示有◆和任一门高花；叫♥表示两套高花。这种显示两套牌的约定以后我们还会遇到，而且是贯穿全书的。

D.应叫 6NT：p 19~20，止叫。

E.应叫 5NT：p 21~22，大满贯逼叫。

①6NT：p=13~14。

②7NT：p=16。

*③6♣/6◆/6♥：p=15，4432 牌型（两套含义同上）。

④7♣/7◆：p=15，5 张低花套。

F.应叫 7NT：23 点以上。

高花转移叫

应叫人有一个 5 张高花套，通常都是从转移应叫开始的。

应叫 2◆：至少 5 张♥，要求开叫人转移叫出 2♥；

应叫 2♥：至少 5 张♠，要求开叫人转移叫出 2♠。

采用高花转移应叫，可以是很弱的牌（准备停在转移花色），也可以是邀叫成局或以上实力。开叫人通常应无条件接受转移而叫出 2♥或 2♠，哪怕只有两张小牌。只有开叫人高限，持有 4 张转移的花色和好的控制，不怕同伴很弱的牌打 3 阶高花定约，才可以（并不是一定）超过转移花色叫牌。

接受转移后的再叫

应叫人如果牌点很低（不超过 8 点），在同伴接受转移后 Pass，将定约停在比较安全的 2 阶高花上。如果有邀叫成局或逼叫成局实力，采用以下叫法：

A.2NT：9~10 点，5332 牌型，邀局。

开叫人低限可停叫或改回 3 阶高花停叫，高限选择 3NT 或转移的高花进局。

B.加叫转移花色到 3 阶：6 张以上好套，但点力较低，邀叫。

C.3NT：进局实力（p11~15），5332 牌型，让开叫人选择停叫或改叫 4 阶高花。

D.叫新花 2♠/3♣/3◆/3♥:通常为第二套(n≥4),逼叫一轮。

*E.跳叫新花(3♠)/4♣/4◆/(4♥):转移花色6张以上,所跳花色单缺(类似于爆裂叫),11~15点分散在三门花色中,有满贯兴趣。

开叫人无满贯兴趣(如在同伴单缺花色上有大牌,转移花色只有两张等)可简单叫回4阶高花。

F.跳叫转移花色到局:6张以上花色,11~15点,至少3个控制,没有单缺(大致为6322)牌型,不反对开叫人高限配合且控制较好时试探满贯。应叫人是6张以上套少于3个控制(不可能有满贯)时不采用这种叫法,而是用将要在后面介绍的德克萨斯转移叫。

超转移

高花转移叫只表示有一个5张高花套,可能是弱牌长套型,也可能是邀叫或成局以上实力。开叫人通常是简单接受转移,把控制叫牌进程的主动权交给应叫人。

但是,如果是在同伴应叫2◆表示♥长套后,开叫人持有如下的牌,简单接受转移就可能错过成局的机会。

(a)♠A Q 10 5　♥K 9 5 2　◆A Q 9　♣7 6

(b)♠6 3　♥Q 9 5 2　◆A K 7　♣A Q 10 7

(c)♠K Q 10　♥A 9 6 5　◆A 7 2　♣K 9 5

(d)♠A Q 10　♥A K 9 2　◆Q 5　♣9 7 6 5

对于这样好配合多控制的高限牌,可以进行超转移——超过2♥叫牌。超转移要求一定有4张(或更多)将牌支持,并表达如下三个意思:①如果应叫人不是绝对的弱牌,希望有关键的大牌或有用的单缺花色时叫到局;②如果应叫人具有逼叫成局的实力,则作为满贯试探的前奏;③即使应叫人牌力很弱,也愿意打3阶高花定约。

(1)开叫人超过转移花色叫非转移花色2♠/3♣/3◆:4432牌型,转移花色有4张,所叫为4张好花色,例如上述的牌(a)叫2♠,牌(b)叫3♣。这是长门邀叫,希望应叫人牌力很弱停在3阶转移花色;对该花色有一张大牌支持(不是张数支持)和比较好的5张将牌花色时进局;如果应叫人本来具有成局以上实力,可以试探满贯。

A.应叫人叫2NT /3NT:表示只有成局实力,对同伴所叫花色没有大牌支持，要求开叫人叫回转移花色。

B.加叫同伴邀叫花色，对邀叫花色有一顶张大牌支持（不保证张数），逼叫到转移花色4阶，希望开叫人能顺路扣叫其他花色。

＊＊C.不超过3阶转移花色叫其他花色（如果有空间）：逼开叫人叫转移花色。有两种意义：①弱牌，开叫人叫转移花色后停叫；②如果在开叫人叫出转移花色后再叫牌，则是逼叫到局，并显示满贯意图。当然，如果长门邀叫的花色紧挨着转移花色，已经没有空间，则应叫人在3阶叫出自己的长套花色也要求开叫人停叫。

(2)开叫人再叫2NT：没有适合长门邀叫的4张套，可能为16点的4333牌型或4432牌型，但另一4张为弱套。如上述牌(c)或(d)。

在开叫人2NT后，应叫人采取如下叫法：

A.不超过转移花色叫新花3♣/3♦/(3♥)：该花色可能有实力，也可能是纯粹的过渡叫，逼开叫人叫转移花色，然后弱牌停叫；再叫新花或3NT则逼叫到局，并显示满贯意图（从而肯定“过渡叫”的花色有实力）。

B.应叫人叫3NT：5332牌型，只有成局实力，希望开叫人叫4阶转移花色停叫。

＊C.超过转移花色叫3♠/4♣/4♦/(4♥)：爆裂叫，5431或5440牌型，所叫花色单缺，逼叫到局，显示满贯意图。

注意这里叫新花的原则：将牌确定后，顺路叫新花为过渡叫，该花色可能有实力；而超过转移花色叫新花，无论是跳叫4♣/4♦/(4♥)还是平叫3♠，都是显示单缺的爆裂叫。这个原则以后我们还要运用。

德克萨斯高花转移叫

应叫人如果有一个6张以上高花套，牌力基本达到成局要求，但没有满贯兴趣，可以直接在4阶进行德克萨斯(Texas)转移叫：

应叫4♦：转移到4♥；应叫4♥：转移到4♠。

4阶高花转移叫带有关煞性，没有满贯意图，其牌力比2阶转移后跳叫到局要低。开叫人必须无条件接受转移。而首先2阶转移后跳叫到局，则不反对开叫人高限、配合良好、控制较多时试探满贯。

建设性跳低花应叫

传统的精确叫牌法跳叫 3♣/3♦是“弱牌止叫”,即应叫人牌力很弱但持有一个 6 张以上的低花套,开叫人只能 Pass。

在我们的体系中,1 阶花色开叫后采用了建设性跳叫。这里 1NT 开叫后也把跳叫 3♣/3♦作为建设性应叫,表示有一个 6 张以上坚强低花套(缺少 1 个顶张大牌),邀同伴有一张大牌支持和其他花色有止张时叫 3NT,否则就停在 3 阶低花上。例如持有可以在同伴开叫 1NT 后分别跳叫 3♦/3♣作为建设性应叫。

如果开叫人持牌为

(a)♠Q 7 5　♥9　♦A Q 10 9 5 2　♣7 6 4

(b)♠5 3　♥2　♦J 5 2　♣K Q 10 9 7 6 2

就比较容易完成 3NT 定约。而如果开叫人的牌为

(c)♠J 10 8 4　♥A K 10 8　♦K 3　♣A 8 3

(d)♠A 10 4 2　♥A K 10 8　♦K 3　♣J 8 3

就应该不接受同伴的建议而停在同伴的 3 阶低花上。

跳叫低花作为 3NT 建设性应叫通常为 6 张坚强套,8 点左右;如果是 7 张,牌点可能只有 5~6 点。长套的质量必须在同伴有大小双张的情况下能够通吃。如果长套上缺少两个顶张大牌,就不能跳叫 3 阶低花。例如

(e)♠Q 7 5　♥9　♦K J 10 9 5 2　♣7 6 4

在同伴开叫 1NT 后只能先 Pass。如果对方争叫,再表示你有弱长套。

如果持有 6 张以上的高花套,则不采用“建设性应叫”,而是从高花转移叫开始。

斯台曼问叫

由于 1NT 开叫人手中没有 5 张高花,但往往有 4 张高花,为了使开叫人表示手中的 4 张高花(或表示没有 4 张高花),应叫人用一个人为的叫品“2♣”作为过渡,这便是著名的斯台曼(Stayman)约定叫。这里,“2♣”是虚叫,并不表示♣的任何情况。

在我们的体系中使用斯台曼问叫要求保证至少有一个 4 张高花套,或者有 4-4,4-5 两套高花,也可能还有 5 张低花。

对斯台曼问叫的后续叫牌如下：

(1)开叫人再叫2◆：无4张高花套，◆为3~5张。

A.Pass：p 8~9，◆不少于4张。

＊B.2♥：p≤9，两门高花至少4-4，希望做2阶高花定约。

开叫人有3张♥时Pass，只有2张♥时改叫2♠。

C.2NT：p 10~11，邀3NT。

＊D.3♣/3◆：所叫低花5张，另有一套4张高花，进局逼叫。

＊＊E.3♥/3♠：所叫高花4张，另一高花5张(或更多)，进局逼叫。这种叫法称为斯莫伦转移叫(Smolen Transfen Bid)。

F.3NT：12点左右，通常是4-4高套，满足3NT定约。

(2)开叫人再叫2♥：n=4，可能还有4张♠。

A.Pass：满足此定约。

B.2NT：没有4张♥，肯定有4张♠，邀叫。

C.3NT：没有4张♥，肯定有4张♠，成局实力。

D.3♥/4♥：有4张♥支持，邀局/止叫。

＊＊E.2♠(另一高花)：约定叫，至少有4张♥支持，具有成局以上实力，有满贯意图，要求开叫人开始扣A。

开叫人从花色级别最低的A扣起，如果没有其他花色的A，有将牌花色A时叫回到将牌花色，一个A都没有叫3NT。

＊F.3♣/3◆：所叫低花5张，另有一套4张高花，进局逼叫。

＊G.跳叫3♠/4♣/4◆：同意♥为将牌，爆裂叫，单缺。

H.4NT：以♥为将牌的罗马关键张黑木问叫。

(3)开叫人再叫24：n=4，肯定没有4张♥。

应叫人的再叫与(2)相似，后续叫牌也完全相同：没有4张♠支持时(肯定有4张♥)再叫2NT/3NT为邀叫/止叫。有4张♠支持时再叫3♠/4♠为邀叫/止叫。再叫低花，表示5张且另一高花4张，成局以上实力。再叫另一高花，是约定叫，表示对开叫人所叫高花有至少4张支持，有满贯意图，希望开叫人从最低的花色开始扣叫(扣A)。

＊(4)开叫人再叫2NT：5张♣的5332牌型。

A.Pass：没有进局实力，满足于该定约。

B.3♣/3NT:止叫。

C.3♥/3♠:所叫高花4张,另一高花5张,斯莫伦转移叫。

D.3◆:好的4张以上◆和4张不明高花,逼叫。

在开叫人回答以后,应叫人如果看到成局定约而满贯没有希望,就应该选择合适的花色(或3NT)进局。如果主动越过3NT叫4阶低花或越过配合的高花叫新花,则是满贯兴趣;4NT为以配合花色为将牌的罗马关键张问叫。

盖伯尔问叫

有时,应叫人有一个很好的6张以上套且其他花色有较好的控制,完成4阶高花、4NT或5阶低花成局不成问题,只需开叫人有一两个A,就可能有满贯,可采用约定叫来问A。由于1NT开叫后4NT应叫已经用于小满贯邀叫,在1NT开叫后,用4♣作为问A的约定叫,称为盖伯尔(Greber)问叫。

对1NT开叫直接应叫4♣,是盖伯尔问A。

盖伯尔问A的回答非常简单,根据手中A的个数加级回答:

4◆:没有A;

4♥:1个A;

4♠:2个A;

4NT:3个A。

经盖伯尔问叫和回答后,应叫人再叫4♥/4♠/4NT/5◆和任何满贯定约为止叫;叫5♣不是止叫而是继续问K。对于♣长套但联手缺2个A时,往往只能停在4NT上。

低花问叫

在使用杰可贝高花转移叫和斯台曼高花问叫的结构中,应叫2♠这个叫品被空闲下来了。我们可以利用这个叫品表示对低花感兴趣的牌。这通常有如下两种情况:

①5-5以上两套低花的弱牌,希望停在3阶低花定约;

②有一套或两套低花,15点以上,对低花满贯感兴趣。

应叫2♠同时也是对开叫人的问叫。开叫人回答如下:

(1) 2NT:没有4张低花。

A.应叫人如果是①的牌,再叫 3♣,让开叫人 Pass 或改 3◆。

B.应叫人叫 3NT:止叫。

C.应叫人叫 3◆:表示单套◆或两套低花,逼叫到局。

D.应叫人叫 4♣:单套♣,满贯意图,逼叫到 4NT。

E.应叫人叫 4◆:单套◆,满贯意图,逼叫到 4NT。

F.应叫人叫 4NT:两套低花,小满贯邀叫。

(2)3♣/3◆:4 张低花。

A.应叫人如果是①的牌停叫,但如果有 9 点左右集中在 5-5 两低套,可以考虑加到 5 阶。

B.应叫人叫高花为扣单缺,强烈的满贯兴趣。

对方参与叫牌后的应叫

1NT—加倍—应叫

对方对 1NT 开叫的加倍一般为惩罚性,通常有开叫强 1NT 的实力(16 点以上均型)或 13 点以上且有一个可以进攻的好长套。

应叫人如果能有 10 点左右的牌,可以肯定下家几乎是一手白板。无论主打还是防守,联手有 25 点左右大牌,在二夹一的局面下赢得 10 墩左右是轻而易举的,因此可以叫再加倍。

不过,多数情况下应叫人也是弱牌,这时应叫的主要目的是找一个比较安全的部分定约。其应叫方法与没有加倍时略有不同。

A.Pass:弱牌,没有除♣以外的 5 张套。

只要第四家一叫牌,开叫人一律 Pass;如果第四家放罚,开叫人有 4 张♣或 5 张◆时叫 2♣/2◆;无低花套时可“再加倍”为 SOS 求救信号,逼同伴出最低的 4 张套,直到在 2♠以下找到 4-3 以上配合为止。当然,应叫人如果真能有 7~8 点,在开叫人平衡“再加倍”后可 Pass。

B.再加倍:9 点以上,平均牌型,并准备惩罚对方的任何再叫。

* C.2♣/2◆/2♥:分别转移到 2◆/2♥/2♠。

* D.2♠:仍然表示对低花感兴趣的强牌,低花问叫。

E.3♣/3◆仍然是建设性应叫。

* F.2NT:几乎一手白板,但有 5-5 以上两套低花,让同伴选择 3♣或 3◆

定约。

1NT—争叫 2♣/2♦/2♥/2♠—应叫

我们首先假设对方的争叫是自然意义，即所叫的花色为实套。

1NT 遇到争叫后，不存在 2♣作为斯台曼问叫的空间了，同时转移叫也难以实施，因而在同伴 1NT 开叫，上家花色争叫以后，应叫人采用自然叫。

A.Pass，p≤7，无 5 张套；或者准备防守。

*B.2 阶水平叫花色 2♦/2♥/2♠：n≥5，弱牌，止叫。

C.3 阶水平叫花色 3♣/3♦/3♥/3♠：n≥5，自然实叫，邀叫实力 。

D.跳叫花色到局：6 张以上好套，成局实力，没有满贯兴趣。

*E.3NT：牌型平均，牌力够成局，无 4 张未叫高花，对方所叫花色只有两三张小牌，止张依赖于同伴的 1NT 开叫。

*F.扣叫对方花色：p≥10，对方所叫花色通常较短，至少有一套未叫 4 张高花，问开叫人高花或止张情况，逼叫到局。

**G.2NT：转移到 3♣，莱本索尔（Lebensohl）约定叫，是逼叫而不是自然邀叫。通常表示弱牌，有一个低于争叫花色的 6 张以上长套。

关于莱本索尔约定叫及后续叫牌，将在后面详细讨论。

H.加倍：p≥8，不得已而为之的叫品，通常不够逼叫成局，让同伴选择合适的部分定约或惩罚对方。对低花加倍表示高花为 4-4，至少 4-3；对 2♥加倍表示有 4 张♠；对 2♠加倍表示有 4 张♥。

过去的许多叫牌体系约定，1NT 开叫遇争叫后，“加倍”为惩罚性。但由于 2 阶惩罚的风险较大，故现代越来越多的牌手将其改为与技术性。我们这里的“加倍”是建设性加倍，只是表示有一定牌力（联手至少 21 点）和未叫高花，如果有其他叫品可用，尽量避免加倍。加倍后，开叫人通常应该叫 4 张高花，适合防守的牌也可以 Pass。

那么，如果上家争叫的花色正好是你的强套怎么办？如果本方有局，牌力够 3NT，要先应叫技术性的 2NT（逼叫），待同伴转移到 3♣后再叫 3NT，表示对方争叫花色有止张，愿意打 3NT 定约。如果牌力不足 3NT，或者对方有局，可以与 1 阶高花开叫对方 2 阶争叫后相似，先 Pass，如果下家不叫，开叫人能平衡加倍，你可以转化为惩罚了。

莱本索尔约定叫

基本含义

莱本索尔约定叫的基本含义是:在同伴 1NT 开叫,上家争叫 2 阶较高级别花色后,应叫人如果有一个较低级别的长套,则技术性地应叫 2NT,开叫人必须无条件转移到 3♣。如果应叫人是♣套则停叫,否则改正到自己的长套停叫。

这是一种同伴开叫 1NT 后争夺部分定约的有效手段。例如:

东家持牌:	叫牌过程:			
(a)♠J 2	西	北	东	南
♥9 7	1NT	2♥	2NT *	—
♦8 3 2	3♣			
♣K 9 8 7 5 2				

东的这个 2NT 便是莱本索尔约定叫,西必须无条件转移到 3♣,东 Pass。如果东持:

(b)♠Q 2

♥9 5

♦K J 9 8 7 2

♣7 3 2

则在同伴 3♣后改叫 3♦,开叫人必须停叫。

在这个基本约定的基础上,可以派生出许多其他的含义。

弱牌直接 2 阶止叫

应叫人如果有高于对方争叫花色的 5 张套,而且是弱牌,则直接在 2 阶叫出,是弱牌止叫。例如:

(c)♠8 2

♥K J 9 7 5 2

♦9 2

♣Q 7 3

在同伴 1NT 开叫,上家争叫 2♣/2♦后,就可以叫 2♥,这是弱牌止叫。但如果上家争叫的是 2♠,可以叫 2NT,同伴义务性地“转移”到 3♣后,你再叫 3♥,止叫。

直接在3阶叫花色为邀叫

如果有5张以上套和邀叫进局实力，则直接在3阶叫出自己的长套，表示邀叫实力。例如：

(d) ♠A 7 2

♥K J 9 7 2

♦9 5

♣J 3 2

在同伴1NT开叫，上家争叫2♣/2♦后，直接跳叫3♥进行邀局。

如果对方争叫的是2♠，牌(d)直接在3阶叫3♥也是邀叫，而牌(c)不能在上家2♠争叫后直接叫3♥，可以(并非一定)先叫2NT，待开叫人转移到3♣后再叫3♥止叫。

准备打3NT，谁有止张

在对方争叫花色后，一个重要的问题是我们能否打3NT，如果准备打3NT，谁手里有止张？

如果应叫人没有止张，但有未叫的高花，可以3阶扣叫对方花色，同时问高花和止张。开叫人优先报4张高花，如果开叫人没有4张高花而且对方花色有止张，自然叫出3NT。

但是，如果应叫人有成局实力，但没有4张高花。例如持有：

(e) ♠A Q 2

♥K J 7

♦9 7 5

♣K 9 3 2

在同伴1NT开叫，上家2♦争叫后怎么办？由于没有4张高花，不适合加倍，叫3♣不仅严重歪曲牌型，有可能误导同伴试探满贯而超过3NT。

使用莱本索尔约定叫的牌手，持这样的牌会直接叫3NT，表示没有4张未叫高花，对方花色也没有止张的成局实力牌。通常来说，开叫人有对方争叫花色的止张，应该满足于3NT定约。万一开叫人也没有止张，就可以考虑选择4-3配合的高花了。

那么，应叫人持有：

(f) ♠A 7 2

♥K 9 5

♦K J 9

♣Q 7 3 2

在1NT开叫,2♦争叫后就不能直接封3NT了,而是绕个弯:先技术性地应叫2NT,开叫人转移3♣,应叫人再叫出3NT表示有止张。

是否有满贯兴趣

一般情况下,对方能够争叫,我方满贯的希望比较渺茫。但是,如果应叫人持有这样的牌:

(g) ♠A J 3 2

♥K Q 9 7 2

♦9 2

♣K 7

在同伴1NT开叫,上家争叫2♦后,满贯的希望还是很大的。

持牌(g)可以扣叫3♦,并在同伴再叫3NT后停叫;再叫3♥/3♠后用4NT进行关键张问叫。

而持有这样的牌:

(h) ♠A 7

♥K Q J 9 7 2

♦9 3 2

♣K 3

可以先技术性地应叫2NT,同伴叫出3♣后,再出人意料地跳叫4♥,表示比直接跳叫4♥要好的牌和轻微的满贯兴趣。

莱本索尔约定叫具有很大的优势。但凡是约定叫都会牺牲一个自然叫品,莱本索尔约定叫的代价是牺牲了愿意做2NT定约这个自然叫品。这点牺牲是值得的,因为2NT定约本身就是一个食之无肉、弃之有味的"鸡肋"。在防守方有长套花色时做无将定约主要看对方的花色能否守住,如能守住的话往往可以取得9墩以上的牌(丢了3NT),如果守不住,往往完不成2NT定约。

那么,持有9点左右,牌型平均,在对方花色中有赢张,就要选择防守了。如果开叫人能平衡加倍,更是求之不得。

1NT—争叫 2NT 或 3♣以上—应叫

争叫 2NT 通常表示双低套(也有约定为任意两套的),争叫 3♣~3♠通常为 7 张以上单套(阻击或建设性争叫)。

采用与开叫 1 阶高花对方高阶争叫后相似的处理方法:成局的叫品为止叫;不成局的叫品为邀叫;扣叫对方花色逼到局;"加倍"为建设性(保证至少一套未叫高花),不得已而为之。建设性加倍的阶数越高,开叫人放罚的可能性越大。

对抗技术性争叫的策略

以上我们都是假设对方采用自然花色争叫。许多牌手在 1NT 开叫后采用约定性争叫,而且约定性争叫五花八门,我们不可能也没有必要一一研究其对策。对抗约定性争叫的原则是:如果对方虚叫的花色正好是应叫人的长套,可以加倍(敌虚我实),让开叫人叫出该花色;应叫人"扣叫"对方暗示(相当于对方叫过该花色)的某花色为逼叫,问开叫人 4 张高花或对方所表示花色的止张;应叫人在 2 或 3 阶叫非对方表示的花色,仍然为弱牌止叫或邀叫;应叫人叫 2NT,仍然可以表示有较低级别的弱长套。取消"谁有止张"的规定,直接跳叫 3NT 或任何花色成局为止叫。

第五节　1♣开叫后的叫牌

1♣开叫是精确体系的惟一非限制性开叫,其应叫和后续叫牌都比较繁杂。

开叫 1♣的条件: 16 点以上,除了满足开叫 1NT 和 2NT 条件以外的牌,都开叫 1♣。

对 1♣开叫的第一轮应叫

1♣是逼叫性虚开叫,只表示 16 点以上,而与♣花色无任何关系。开叫人的♣可以是缺门,也可能持一手可以成局的极强牌。因此,应叫人即使持一手白牌(一个大牌点都没有)且持有♣长套,也有应叫一轮的义务而不能 Pass。

示弱应叫

如果应叫人的牌力不足 8 点,应该首先示弱。精确制是通过虚叫 1◆来示弱的,与所叫的◆花色没有任何关系。

示强花色应叫

应叫人如果有 8 点以上，联手至少 24 大牌点，达到成局的基本要求，后续叫牌的目的主要是寻求配合，并探讨是成局还是寻求满贯的问题。

应叫人在有 8 点以上大牌的同时，如果有 5 张以上高级花色，则直接在 1 阶叫该花色 1♥/1♠；如果是低级花色，则应叫 2♣/2◆。注意这里的 2♣不是对 1♣开叫的加叫，因为 1♣开叫是虚叫。同样也不把 2◆应叫看成跳叫新花，而是正常出套，因为 1◆应叫已经作为示弱的虚叫了，出◆套就必须在 2 阶了。示强应叫 1♥/1♠/2♣/2◆的牌力没有上限。示强应叫后，通常至少要叫到局的。

建设性应叫 2♥/2♠

如果有一个 6 张以上高花套，但只有 5~7 点大牌，当然可以示弱应叫 1◆。不过，如果有限的几点大牌绝大多数都在高花长套上，直接应叫 2♥/2♠更好：明确表示有一至少 1 个顶张大牌领头的 6 张套，对其他花色都没有好的支持。如果开叫人有一定的配合和其他花色的控制，建议打该花色成局或者满贯定约；否则，就停在 2♥/2♠上。

应叫 2♥/2♠的条件：5~7 个大牌点，至少 Q J 领头的 6~7 张套。

这种直接在 2 阶跳叫高花的应叫与本体系中 1 阶花色开叫后跳叫新花色的应叫相似，是建设性的，不过这里的牌点更低些。有些精确叫牌体系中还用 3 阶跳叫表示 7 张以上套，我们不采用这种叫法，而把 3 阶跳叫留作他用。当然，如果有一个六七张低花套而牌力不足正常应叫，就只能从 1◆示弱应叫开始。

应叫无将

如果应叫人 8 点以上，但没有 5 张以上花色，就叫无将。与 1 阶高花开叫应叫无将不同的是，这里不是邀叫成局，而是探讨什么样的成局定约好以及是否有满贯的问题。因而应叫无将的牌力可以较宽。

应叫 1NT

我们采用杨小燕推荐的叫法，应叫人 8~13 大牌点，应叫 1NT。这样约定的好处是，如果开叫人是低限（16~18 点）平均型，基本上就只是一个成局定约。如果开叫人不是低限，应叫人又是 11~13 点，通过本体系表示两套牌的叫法，可以方便地寻找 4-4 配合的满贯定约。

应叫 2NT

如果应叫人 14 点以上（无上限），应叫 2NT。

只要双方都不是最低限，联手牌力就达到了满贯的要求。

应叫 3NT

如果应叫人有一个 A K Q××××这样的低花套，当然可以示强应叫该花色。不过，如果其他花色中没有大牌控制，也没有缺门，我们建议应叫 3NT。

如果开叫人对 3NT 停叫，则强牌成为明手(庄位不利)，这是这种 3NT 应叫的瑕疵；但其优点更加突出：明确告诉同伴，有一个可以立即取得 7 墩的低花套(只要开叫人不是缺门)，其他花色没有控制，是停在 3NT 还是叫到满贯或该花色 5 阶定约，由开叫人决定。

如果坚固长套在 8 张以上或在其他花色中有 A、K 或缺门，这副牌通常有满贯，应正常示强应叫而不作 3NT 应叫。

强牌 4441 型应叫问题

在上述各种应叫中，还有一种情况没有包括，这就是 8 点以上的 4441 牌型。这样的牌不能用正常的花色示强应叫，因为没有 5 张花色，也不能应叫无将，因为不是平均牌型。

对于这种牌型的强牌，许多体系都采用特殊的叫法。传统的叫法是"假示弱"：第一轮首先应叫 1◆(和示弱应叫一样)，第二轮再跳叫单张或无将(同伴所叫花色单张时跳叫无将)，也有约定直接跳叫单张的，还有约定跳叫比单张级别低一级的花色，这样便于开叫人进一步问叫。但跳叫 2 阶高花表示单张和建设性应叫相冲突。

我们这里首先推荐如下简单的处理方法。

A.仅仅有 8~9 点，特别当单张是一张 K、Q 或 J 时，当成 7 点应叫 1◆，然后根据开叫人的再叫灵活处理。

B.如果单张为低花，应叫最强的 4 张高花 1♥/1♠，如果两套差不多，应叫 1♥。

C.如果高花单张，叫另一高花 1♥/1♠。

D.如果牌点比较分散，单张为大牌，9~13 点叫 1NT，14 点以上叫 2NT，把那个单张大牌看成是两小张。

即用较好的 4 张高花冒充 5 张高花应叫，或者用单张大牌冒充双张。这样应叫虽然对牌型有一定歪曲，但影响不大，一般情况都能应付，何况 4441 强牌出现的概率很低，普通爱好者没有必要去用复杂的约定叫。

示弱应叫 1◆以后的叫牌

1◆示弱应叫与◆花色没有关系,开叫人必须根据牌情作出再叫。

开叫人再叫 1♥/1♠

表示下列情况之一:

①通常为 5 张以上套,大牌点不超过 21 点,不足 8 个赢墩;

②如果 4441 牌型或有 5 张低花套,可以叫 4 张较好的高花。

开叫人所作的 1 阶高花再叫通常是 5 张套,特殊情况下也可能只有 4 张,原则上逼叫一轮。由于开叫人的牌点不超过 21 点,而且没有 8 个做牌赢张,应叫人 4 点以下又不配合可以 Pass。5~7 点就要设法应叫一次。

应叫人再叫如下:

A.在 1♥后叫 1♠:p5~7,n≥4。

B.1NT,p 5~7,配合不好。

C.加叫:p 0~4,,n≥4 或 p5~7,3 张支持。

D.跳加叫:p 5~7,n≥4。

E.二盖一再叫 2♣/2◆(/2♥):p 5~7,n≥5。

开叫人再叫 1NT

开叫人再叫 1NT,表示 16~19 点的平均牌型(只有 16 点时应该有 5 张低花套或好的 4-4 两套高花),非逼叫。

应叫人不超过 4 点大牌而且没有特殊牌型可以 Pass。如果有 5~7 点或者有好牌型,可以仿照 1NT 开叫后的应叫再叫:

A.Pass: p≤4,没有长套花色。

B.2♣:斯台曼问叫。

C.2◆/2♥:杰可贝高花转移叫。

D.2♠:有 5-5 以上两套很弱的低花,问开叫人低花情况并准备停在 3 阶低花定约。

E.2NT: 6~7 点,邀叫。

F.3◆/3◆:4~6 点集中在 7 张单套低花中,建设性。

G.3NT:有个两顶张大牌的 5 张以上低花套。

开叫人再叫 2♣/2♦

开叫人如果只有 16 点 5 张低花的 5332 牌型，再叫 1NT；有强 4 张高花和 5 张低花，通常用卡纳佩方法应叫高花，因而再叫 2♣/2♦，通常为 6 张以上低花，或者 5 张套，不适合 2NT 开叫。2 阶低花再叫一般不足 8 个赢墩，不逼叫。

开叫人跳叫 2♥/2♠/3♣/3♦

22 点以上大牌而且有 8 个以上做牌赢张，所跳花色通常为 6 张以上好套（如果是 5 张套，该花色最多一输张）。逼叫。

在开叫人跳叫高花 2♥/2♠后，应叫人可采取如下比较自然的叫法：

A.叫 2NT：支持差（两小张或更差），其他花色也没有实力。

B.叫新花：支持差，所叫花色至少有 K 或 A（不保证是长套），希望对开叫人确定成局或满贯定约有所帮助。

C.加叫到 3♥/3♠：有 3 张小将牌或大小双张以上，其他花色至少还有一个 K 的实力。

D.加叫到 4♥/4♠：有 2 张以上将牌支持，其他花色没有 A 或 K。

提示：在开叫人跳叫高花 2♥/2♠后，应叫人加叫也是“颠倒加叫”：弱牌勉强配合应直接加叫到局，加叫到 3 阶，表示配合，而且其他花色至少有一个 K。

在开叫人跳叫低花 3♣/3♦后，应叫人应优先在 3 阶叫出一个比较厚实的较高级花色（哪怕只有 J 10××），以便让开叫人决定是否叫 3NT。如果决定加叫开叫人的低花，也采取“颠倒加叫”：加叫到 4 阶表示配合，其他花色至少有一个大牌控制；加叫到 5 阶是没有其他实力。

开叫人再叫 2NT

开叫人再叫 2NT，为 22~23 点，牌型比较平均，可以有 5 张高花套（强度不够跳叫 2 阶高花），非逼叫。

应叫人的再叫与 1NT 后相仿，主要目的是探讨成局定约。

A.Pass：$p \leqslant 2$，牌型平均。

B.3♦/3♥：高花转移叫，可能是很弱的牌（准备停在 3 阶高花）；也可能 5~7 点，成局实力。

C.3NT：满足于此。

＊E.3♣：相当于斯台曼问叫。具有成局实力，但不适合上述叫牌的，都可以从 3♣开始。

注意：由于开叫人可能有 5 张高花，3♣问叫后的回答方式与 1NT-2♣后有所不同。对可能有 5 张高花的高花问叫，比较好的叫法是傀儡斯台曼（Pupper Stayman）约定叫回答。

开叫人再叫 3NT

20 点左右，有一坚固低花套，各门花色都有止张，或者有 24～26 点，平均型。

应叫人如果能判断同伴是凭借坚固低花套叫 3NT 的，可以 Pass。如果应叫人有 6～7 大牌点，特别是低花上有大牌时，要考虑同伴是 24 点以上的平均型，可以用高花转移叫、4NT 邀叫或者 4♣做斯台曼问叫进行满贯探讨。

A.4♦/4♥：高花转移叫。

B.4NT：小满贯邀叫。

C.4♣：斯台曼问叫。

①4♦：24～26 点，没有 4 张高花（应叫人 4NT 为止叫）。

②4♥/4♠：24～26 点，所叫高花为 4 张套或 5 张套（应叫人 Pass 或改 4NT 为止叫，叫 5 阶低花为配合后的扣叫）。

③4NT：27～29 点。

④5♣/5♦：20 点左右的坚固低花长套。

另外，在极其罕见的情况下，在 1♣开叫 1♦示弱应叫后，开叫人直接叫 4NT 不是问 A，而是表示自己一手近 30 点，可以取得 10 墩的平均型，只要应叫人有 1 个 K 或 2 个 Q 就可以打 6NT，是小满贯邀叫。同样，直接跳 5NT 是大满贯逼叫（同伴白板牌也能完成 6NT）。

开叫人双跳 3♥/3♠/4♣/4♦

由于单跳花色表示 22 点以上大牌和 8 个以上赢张的强牌，我们约定双跳花色表示 22 点以上，4441 或 4450 的强三套牌，同伴只要一门花色有 4 张配合，就可以进局的强牌。所跳花色单缺（爆裂叫），其他三门花色中至少有 7 个控制。

应叫人再叫如下：

A.选择一套配合的花色进局：三套花色中不足 4 点。

B.直接叫到小满贯：有 5 张将牌，三门花色中 5～7 点，至少 1 个 K。

C.选择一门高花到 5 阶：有 5 张将牌，三门花色中有 5～7 点，但最多 1 个

K,小满贯邀叫。

＊＊D."加叫"同伴单缺花色:该花色只有几张小牌,其他三门花色中5~7点,有2个K或1个A,大满贯逼叫。

开叫人叫级别最低的花色,缺门叫到7阶,单张叫到6阶。应叫人Pass或改正到合适的花色。

开叫人跳叫4♥/4♠/5♣/5♦到局

20点左右,7张以上套,能独立成局的牌。

应叫人如果只有一两个Q、J甚至一张K,都可以Pass,如果有两个K或一个A,可以考虑满贯。

示强花色应叫以后的叫牌

在同伴1♣开叫后,应叫人只要8个大牌点以上而且有一个5张以上套(p≥8,n≥5),就可以应叫出这个花色了。这时联手至少有24大牌点,只要找到配合,成局应该没有问题。不过,确实有这样的尴尬局面:开叫人只有16点而应叫人仅仅8点,又没有配合较好的花色而叫到3NT。这是精确制的盲点之一。不过,我们的体系适当避开了这个盲点,因为只有16点的平均牌型我们多数情况下是开叫1NT的,1NT开叫后同伴8点平均型是应该可以Pass的。

应叫1♥(1♠)后的叫牌

颠倒加叫

开叫人如果与应叫花色配合,自己没有5张以上套,可以按以下方式再叫:

(1)加叫到4♥/4♠:X××以上支持,p16~20,通常不超过4个控制,无意上贯。

应叫人只有牌力很强时(15点以上),才可以试探满贯。

(2)跳加到3阶:自然意义,p18~20,X××以上支持,5个以上控制,鼓励同伴牌力不是较弱时试探满贯。

应叫人低限(8~10点)可以简单叫到局,止叫;叫新花可约定为长门(小满贯)邀叫;4NT为罗马关键张黑木问叫。

＊(3)跳叫新花(2♠)/3♣/3♥/(3♥):将牌至少K J支持,p16~20分布在三门花色中,爆裂叫(注意不必"双跳")。

＊＊(4)加叫到2阶2♥/2♠:3张以上支持,p≥21,至少有两门边花控制

很好且有大量做牌赢张，主要关心开叫人将牌质量（将牌问叫）。

对将牌问叫，应叫人加级回答：

A.升一级：n≥5，无顶张（5~6 张无顶张）；

B.升二级：n=5，1 顶张（5 张 1 顶张）；

C.升三级：n=5，2 顶张（5 张 2 顶张）；

D.升四级：n≥6，1 顶张（6 张 1 顶张）；

E.升五级（即再叫将牌花色）：n≥6，2 顶张（6 张 2 顶张）；

F.升六级：n≥5，3 顶张（5 张以上，3 顶张）。

提示：对将牌问叫回答的口决是：0，1，2；1，2，3。

经将牌问叫后，开叫人再叫如下：

* * ①叫新花为边花控制问叫（加级回答）；

②直接叫 4♥/6♥ 等为止叫；跳 5♥ 为小满贯邀叫——将牌如仅有回答的低限 Pass，否则叫 6♥；

③5NT 为大满贯逼叫——将牌有余力叫 7♥，否则叫 6♥；

④6♣/6♦（比将牌花色级别低的新花）：大满贯逼叫——副牌有余力可显示叫出或直接叫 7♥，否则叫 6♥停叫；

⑤4NT（可在边花问叫后）：罗马关键张黑木问叫。

将牌问叫是精确制基本的问叫，但注意不要滥用，必须满足“3 张以上支持，p≥21，至少有两门边花控制很好且有大量做牌赢张，主要关心开叫人将牌质量”的条件。如果不打算采用这一约定叫，开叫 1♣的一方要避免简单加叫同伴花色，以免造成误解。

新花再叫

开叫人再叫新花 1♠/2♣/2♦/2♥：n≥5，牌力没有上限。因而是逼叫。如果不习惯用精确问叫，可以按照前面几节介绍的方法和原则，用自然叫牌法进行再叫。

应叫人自然叫牌的原则是：

①加叫开叫人花色：表示配合；

②再叫自己的花色：自己的花色 6 张以上；

③最低水平叫无将：不配，低限；

④跳叫 3NT：不配，即使开叫人是低限也有打 3NT 的实力；

⑤叫新花:第二套,或配合开叫人花色的提前扣叫。

不过,现代精确体系在示强花色应叫以后,都采取人工的约定叫方法,在叫到成局之前就探讨有无满贯的可能。

再叫 1NT

如果开叫人没有长套,对同伴的花色配合也不够好,可以再叫 1NT(牌力可以无上限),是逼叫,等待应叫人进一步表明牌情。

应叫人可以仿照 1 阶高花开叫应叫 1NT 后的再叫来叫牌(这里不允许 Pass)。即:叫新花通常是第二套,再叫原花色为 6 张套,加叫 2NT 表示平均牌型(无第二套),跳叫原花表示 7 张以上好套等。

应叫 2♣/2◆后的叫牌

应叫 2♣/2◆,表示 8 点以上,所叫花色是 5 张以上套。但如果只有 8 点和 5332 牌型,5 张低花又不好,也可以应叫 1NT 而不叫 2 阶低花。

对 2♣/2◆应叫,开叫人的再叫与 1♥/1♠应叫后相似:再叫 2◆/2♥/2♠为自然出套(* *可以约定为配控问叫);叫 2NT 为进局逼叫,(* *可以约定为控制力问叫);* *加叫 3♣/3◆为将牌问叫,并有满贯意图;跳加叫到 4♣/4◆是自然意义的满贯兴趣,应叫人如果有兴趣可以扣叫新花;而直接叫 3NT 或加叫同伴花色到 5 阶则表示只有 1♣开叫的低限牌力,对满贯没有兴趣。

无将应叫以后的叫牌

应叫 1NT 后的叫牌

应叫 1NT 的条件:p8~13,4333 或 4432 牌型。如果只有 8 点和 5332 牌型,5 张低花又不好,也可以应叫 1NT。但如果 5 张套较好,或者有 9 点以上,就该应叫低花了。

有许多精确体系应叫 1NT 限制在 8~10 点,本体系用的是 8~13 点平均型,这是比较现代的约定。后续叫牌如下:

(1)开叫人再叫 2◆/2♥/2♠/3♣:n≥5,牌型牌力无上限,自然出套,逼叫。* *亦可约定为配控问叫。

(2)开叫人再叫 2♣:斯台曼问叫。

A.应叫人叫 2◆:p8~10,无 4 张高花。

B.应叫人叫 2♥:p8~10,4 张♥,不排除还有 4 张♠。

C.应叫人叫2♠:p8~10,4张♠,肯定没有4张♥。

应叫人牌点在8~10点之间,只有以上3种回答方式。

开叫人如果看不到满贯前景,可以选择3NT或加叫应叫人的高花到局止叫。如果有满贯前景,可以通过以下途径探讨:

①2NT:逼叫(**亦可约定为控制力问叫)。

②叫新花:逼叫(**亦可约定为边花控制问叫)。

③4NT:配合应叫人的高花,罗马关键张黑木问叫。

D.应叫人叫2NT: p11~13,4333型。

开叫人再叫3♣:问哪门花色为4张。

应叫人3♦/3♥/3♠/3NT分别报♦/♥/♠/♣为4张。

开叫人再叫3NT或加叫同伴的花色到局或贯为止叫;再叫4NT则是配合应叫人所表示的4张花色为将牌的罗马关键张黑木问叫。

E.应叫人叫3♣/3♦:p11~13, 所叫低花4张并另有一个4张较高级花色套。

开叫人叫3NT或5阶低花为止叫;叫3♥/3♠为4张花色,如果该高花应叫人也正好是4张,则加叫到4阶,否则叫3NT。

F.应叫人叫3♥:p11~13, ♥+♠两套。

开叫人叫3NT/4♥/4♠为止叫;再叫3♠为确定将牌(**亦可约定为问将牌强度),此后可叫4NT做罗马关键张黑木问叫。

如果在应叫人3♥(表示♥+♠)后,开叫人叫4NT,为同意♥将牌的罗马关键张黑木问叫;开叫人叫4♣或4♦,则是有满贯意图的逼叫(**亦可约定为打♥或♠定约的边花控制问叫)。

应叫2NT后的叫牌

应叫2NT的条件:14点以上大牌,4333或4432牌型。

2NT应叫的牌力没有上限,联手牌力至少达到了30点,应该进入满贯叫牌领域。后续叫牌如下:

(1)开叫人再叫3♦/3♥/3♠, n≥5, 自然出套(**亦可约定为配控问叫)。

(2)开叫人再叫3♣:斯台曼问叫。

A.3♦:p 14~15,无4张高花。

B.3♥/3♠：p 14~15，n=4。

如果应叫人只有14~15点，再叫不超过3♠，以便使开叫人也是低限时停在成局定约。

C.3NT：p≥16，4333型(绝对不是止叫!)。

开叫人叫4♣：问哪门花色为4张(注意不是问A)。

应叫人4◆/4♥/4♠/4NT分别报◆/♥/♠/♣为4张。

D.4♣/4◆：p≥16，所叫低花4张，另有一个4张较高级花色。

E.4♥：p≥16，♥+♠两套。

注意，这里3NT及以上的回答都表示应叫人也有16点以上，至少应该叫到小满贯的(除非通过罗马关键张问叫发现缺2个关键张)。因此，开叫人叫4阶高花是选定将牌而不是止叫。将牌选定以后，双方都可以用4NT作罗马关键张问叫。如果没有明确将牌，开叫人叫4NT则是针对应叫人所叫出的花色的罗马关键张问叫。

应叫3NT后的叫牌

应叫3NT的条件：有一门A K Q领头的7张坚固低花套，其他花色无A、K，无缺门。

开叫人如果看不到满贯前景，应Pass或选5阶低花定约。

(1) Pass：无进贯实力，低花无缺门，其他三门均有止张。

(2) 4♣/4◆：其他每门花色都有顶张大牌，所叫低花只有2~3张小牌(肯定是应叫人的花色)，希望应叫人能扣叫单张而探讨低花满贯。

(3) 4NT：小满贯邀叫，要求应叫人另外有1个Q就叫到6NT。

(4) 5NT：大满贯逼叫，要求应叫人另外有1个Q就叫到7NT。

(5) 5♣/5◆：高花止张不足(如一门为K××)，选择5阶同伴花色成局。

建设性应叫2♥/2♠以后的叫牌

2♥/2♠跳叫是建设性应叫，所叫花色6~7张，5~7点大牌主要集中在该套中。

对建设性应叫，开叫人如果不配合(即使该花色缺门)，而且没有看到成局的可能，就应Pass而让应叫人主打其长套花色。开叫人再叫原则如下：

(1) Pass：低限不配。

(2)加到局:止叫;加到3阶:邀局;加到5阶:邀小满贯;5NT:大满贯逼叫。

*(3)直接叫3NT或其他花色到局、贯为止叫。

(4)叫新花2♠/3♣/3♦(/♥):配合应叫花色,有满贯兴趣。逼叫到局(**可约定为边花控制问叫)。应叫人比较自然的叫法如下:

A.加叫同伴所叫花色:该花色有Q或J;

B.扣叫单缺;

C.叫无将:无单缺,其他花色略有点力;

D.重叫自己的花色:其他花色几乎无点力,无单缺。

(5) 2NT:问单缺及主套质量。

A.3阶新花:所叫花色单缺;

B.3阶原花:无单缺,主套K J××××以下;

C.3NT:无单缺,主套至少K Q××××;

D.4阶新花:主套至少K Q××××,报缺门。

(6) 4NT:以应叫人花色为将牌的罗马关键张黑木问叫。

对方参与叫牌后的应叫

许多牌手喜欢在对方精确1♣开叫后进行干扰,认为这将会影响对方正常叫牌。诚然,有时他们的确能够干扰我们的叫牌,不过多数情况下我们对这些争叫(或加倍)可以不予理会,就当对方没有叫牌一样,有时我们还可以利用对方的插叫把我们的牌叫得更清楚。

1♣—×—应叫

对方加倍1♣,有的表示有开叫实力,有的表示双高套,还有的表示♣套等。如果其加倍表示特定花色(如两套高花或♣),则应叫时可以当作对方叫了该花色处理,此时应叫无将一定要在对方表示的花色中有止张。如果叫对方表示的花色,则相当于扣叫。

对方加倍表示开叫实力后的应叫

A.Pass:0~4点,极弱牌,由于对方的加倍使得开叫人还有叫牌机会,因而极弱的牌可以放过去。

*B.1♦:5~8点,示弱虚叫。下轮可以根据情况Pass、加叫或叫出自己的花色(或无将),同伴不会把你的牌想象的多么好。

C.2♥/2♠:仍然为建设性应叫。

D.1♥/1♠/2♣/2♦:9 点以上,所叫花色 5 张以上。如果对方不再争叫,我们后面的叫牌就像对方没有加倍一样。

E.1NT:9 点以上,对高花无兴趣(低花通常 4-4,或有一个 5 张弱低花套,另一低花 3 张两大牌)。

F.××:9 点以上,对高花有兴趣。

我们有了 1♦表示 5~8 点的示弱虚叫约定,这里的直接出套,叫 1NT 和再加倍都表示 9 点以上,而 8 点牌可以先示弱虚叫 1♦了,我们的体系又一次利用对方的加倍避开了前面提到的“盲点”。

对方加倍表示♣套后的应叫

应叫人这时 Pass,仍然表示 0~4 点,1♦仍然表示 5~8 点。叫 1NT,一定表示有♣止张;叫 2♣不是出套而是“扣叫”,可能♣只有几张小牌或 A×,对 3NT 感兴趣,希望开叫人有止张时叫无将;再加倍表示两套高花都为 4 张以上,强烈希望同伴叫高花;1♥/1♠/2♦仍然是 9 点以上和 5 张以上套。

对方加倍表示双高花后的应叫

对方加倍 1♣表示的双高花,并不见得会有多强,甚至有人两门高花都是 4 张小牌也加倍。不过,我们应叫 1NT 应表明两门高花都有止张,而叫 1♥/1♠相当于扣叫,表示该高花无止张,另一高花为好的 4 张以上;2♣/2♦仍然是 5 张以上花色,9 点以上大牌;2♥/2♠仍然可以作为建设性,只要同伴有大小两张支持就有成局的可能。

1♣—争叫 1♦~1♠—应叫

我们假设对方进行的是自然争叫。

A.Pass:0~4 点,极弱牌可以放过去,对方的争叫使得开叫人还有叫牌机会。

不过有时对方正好叫到你的长套上,不能直接加倍,可以陷阱式 Pass,以后放过同伴的平衡加倍或主动叫 3NT。当然,如果对方再叫该花色,就可以直接加倍了。

B.叫 NT:自然叫,对方争叫花色有止张,5~8 点叫 1NT,9~10 叫 2NT,11~12 点叫 3NT。

C.×:技术性,5~8 点,对方争叫花色没有止张,自己可以有 5 张花色(下轮可以视情况叫出或隐蔽起来),目的是开叫人低限时停在部分定约上。

D.叫花色:9 点以上,5 张以上套,进局逼叫。

E.扣叫对方花色:9 点以上,对方争叫花色短,对其他花色均有支持。逼叫进局。

* F.跳叫 2♥/2♠:仍然为建设性。

不少人在对方开叫 1♣后采用约定性争叫表示特定的两套牌。这时应叫人叫无将,一定要求两套花色有止张;加倍表示希望同伴叫另外两门花色之一;扣叫一门表示另一门有止张,希望同伴有扣叫花色的止张时叫无将;直接叫花色(非对方表示的花色)仍然是 9 点以上出套,扣叫或直接出套都逼叫到局。

我们又一次利用了对方的争叫把牌叫得更加清楚。

1♣—争叫 1NT—应叫

对方争叫 1NT(或 2NT),一般表示有两套低花。也许可能会有人表示有 16~18 点的平均牌型,我们不必管它,因为在同伴开叫 1♣后,上家也拿到 16 点的可能性太小了,如果真的是这样,你一定不会超过 8 点,最好 Pass,这副牌的大牌位置对我们一方不利。可能还有人表示一般的开叫实力、平均牌型,对付这样的叫牌用上面介绍的一般方法就可以了,权当他作了“1 无花色”争叫。不过此时加倍是惩罚性的。

下面的讨论是针对 1NT 表示 4-4 以上双低套(不寻常 1NT)约定设计的。

A.Pass:0~4 点的极弱牌,或者有惩罚对方任一门低花的实力,陷阱式 Pass,准备放过同伴的平衡加倍,或下轮主动叫 3NT。当然,如果对方再叫低花,就可以直接加倍了。

B.加倍:5~8 点,对高花感兴趣。

* C.“扣叫”2♣/2◆:当对方表示出两套花色后仍然叫其中一门,为扣叫,该花色较短,另一门对方的花色一定有止张,至少有一套未叫花色,9 点以上,进局逼叫。

D.2♥/2♠:直接出套仍然是 9 点以上,进局逼叫。

E.3NT:自然叫,9~11 点,局况为己方有局对方无局,惩罚对方不利时主动争取成局定约。

1♣—争叫 2♣~2♠—应叫

对付对方的 2 阶争叫,我们采取类似于 1NT 开叫对方 2 阶争叫后的莱本索尔叫牌法。

A.Pass：无 5 以上张套，或者准备打防守。

B.叫 2 阶较高花色：弱牌，p≤8，n≥5。

C.叫 3 阶任意花色：p≥9，n≥5，进局逼叫。

D.×：技术性，p5~8，保证有至少一套未叫高花。

E.3NT：p9~11，牌型比较平均，保证对方花色 1 个止张。

F.扣叫对方花色：p≥9，对其他花色均有支持，进局逼叫。

*G.2NT：与 1NT 开叫对方 2 阶争叫后的莱本索尔约定叫相似，通常有 6 张以上较低的弱长套。

对于此处的莱本索尔约定叫，当开叫人 20 点以下时必须叫 3♣并以停在同伴的长套上为止。开叫人如果持有几乎一手可以成局的强牌（至少 8 个赢张），可以叫出除 3♣以外的叫品并逼叫一轮。

1♣—争叫 3♣以上—应叫

对方跳叫到 3 阶，一般是凭 7 张以上套和有利的局况进行的阻击叫，简单地加倍惩罚是不可取的。

A.Pass：弱牌，无套可叫或者准备防守。

B.3NT：p9~11，对方所叫花色有止张。

C.叫花色：p≥9，n≥5，进局逼叫。

D.扣叫对方花色：p≥9，对其他花色均有支持，进局逼叫。

E.加倍：与 1NT 开叫对方 3 阶争叫后的加倍相似，是最后才考虑的“建设性加倍”，不承诺在对方花色中有赢张，但保证有一定的实力（6 点以上）和至少一个 4 张未叫高花套。

第六节　2♣、2◆及 2NT 开叫后的叫牌

2♣开叫后的叫牌

开叫 2♣的条件：

①p11~15，6 张以上♣套；

②p11～15，有5张以上♣，另有一个4张高花套；

③第一二家，持7张以上坚固♣套，10点左右也可开叫2♣；第三家只要有10点以上和好的5张♣，就可以开叫2♣。

加叫

加叫3♣：8～11点，3张以上支持，没有4张高花，不逼叫；跳加叫到5♣为关煞叫。

加叫3♣后，开叫人低限就不再叫，极好的牌可以考虑叫3NT或5♣。加叫5♣后，开叫人通常无条件Pass。

应叫无将

应叫2NT：10～11点，牌力分散，一般没有4张高花，邀3NT；应叫3NT：12～15点，牌力分散，牌型平均。

无将应叫都不逼叫。

应叫花色

这里所说的应叫花色，不包括应叫2♦（2♦应叫另有重要用途）。由于2♣开叫后应叫的空间小了，应叫高花的含义也需要作出调整。

高花"二盖二"应叫2♥/2♠不再作为逼叫，而是表示10点左右，所叫花色是一个5张套或较弱的6张套，仅仅作为微弱的建设性试探；而跳应叫3♦/3♥/3♠是兴趣较高的邀叫，表示1 2点左右，所叫花色是一个6张以上好套，比较强烈的进局邀叫。

开叫人根据自己的持牌情况可以Pass或加叫到局。如果开叫人叫3NT，那一定是♣为7张以上坚强套，其他两门都有止张。

2♦问叫

精确制2♣开叫占用了比较大的叫牌空间，仍然通过自然叫很难在3NT以下充分交换信息，因此，除了上述几种比较明确的限制性描述叫牌外，不适合描述性的牌就用问叫。对精确制2♣开叫，通过虚叫2♦进行问叫，询问开叫人的详细牌情。2♦问叫通常具有逼叫进局的实力，一般要求12点以上大牌，当应叫人牌型较好（如♦较短，对♣有一定支持）时，牌点可以适当降低。

2♦是一个约定叫，与♦花色本身没有关系，等待开叫人进一步描述牌情。开叫人按下述约定回答：

（1）2♥/2♠：报4张高花套。

应叫人2NT、3♣不逼叫,3NT或加叫高花到局为止叫,叫新花逼叫。

(2) 2NT:虽然没有4张高花,但两门高花均有止张。

* 应叫人可再叫3♣:续问3张高花。

①3♥/3♠:所报高花三张,另一高花两张。

②3NT:高花3-3。

(3)3♣:n≥6,至少一门高花无止张。

* 应叫人可再叫3♦:续问哪门有止张。

①3♥:♥有止张,♠无止张。

②3♠:♠有止张,♥无止张。

③4♣:双高花无止张。

(4)3♦:4-6低套。

(5) 3♥/3♠:6张以上强♣套和5张较弱的高花套。

(6)3NT:♣为坚固套,没有4张高花。

经过2♦问叫以后,应叫人如果看到了最后定约,则应直接叫到。

无论开叫人如何回答,应叫人叫新高花仍然逼叫,表示比直接出套强的牌。加叫应叫人表示的高花,仍然用“颠倒加叫”:加叫到3阶逼叫到局且有满贯的意思;加叫到4阶表示没有满贯兴趣。当然,如果应叫人看不到成局的可能,就应该要么对同伴的2阶高花Pass,要么改成3♣。

如果应叫人准备以♣或♦为将牌探讨满贯,可以主动越过3NT叫4♣表示配合,或叫4♦表示自己是真正的♦套,然后双方再叫高花均为扣叫。

如果开叫人表示过4张高花,或者表示过对应叫人高花的支持,应叫人叫4NT,是以该花色为将牌的罗马关键张问叫。

2♦开叫后的叫牌

2♦开叫的条件:

①4-4-1-4牌型,12~15点,如果♦为单张大牌,至少有1 3点;

②4-4-0-5牌型,11~15点。

5张高花开叫制度处理4441牌型开叫都是比较特殊的。本体系与多数精确制叫牌体系一样,对于11~15点的4441牌型是这样处理的:♦不是单张时开叫1♦,♦是单张时开叫2♦。对于4-4-0-5牌型,虽然按前面的规定可以开叫2♣,但除非5张♣极强而高花套很弱,开叫2♦效果会更好。2♦开叫是本体系中限制性最强的叫品，可以同时把手中的四门花色一次叫出。在2◆开叫后，确定最后定约的权力掌握在应叫人手中。

非逼叫性应叫

由于开叫人的牌型牌力已经十分明确，应叫人看到最后定约时可采用速达原则一次叫足。甚至，在局况有利时还可以提前牺牲。

A.应叫2♥/2♠/3♣：p≤10，牌型和牌点分布不理想（如◆上有大牌），所叫花色可以是3张套，止叫。

B.3♥/3♠/4♣：p9~11，所叫花色至少4张，邀叫，要求开叫人高限或◆无大牌时加叫到局。

C.4♥/4♠/5♣：关煞叫，封局止叫。

＊D.Pass：p≤12，6张以上◆，♥和♠都不超过2张。

＊E.3◆：p11~13，◆K Q J 10××以上，邀3NT。

开叫人低限或◆缺门Pass，高限而有一张◆时叫3NT。

F.3NT：◆至少有两个止张，自然的封局止叫。

2NT问叫

应叫2NT，是2◆开叫后惟一的逼叫叫品，3门花色中至少12点大牌（不包括◆的牌点），询问开叫人的确切牌型和点力。

不同流派的精确体系对2NT问叫的回答方式有不同的规定，我们采取下面简明而好记的定式回答：

(1)3♣：4405牌型，低限（p11~12）；

(2)3◆：4414牌型，p13~14，而且◆为单张大牌；

(3)3♥：4414牌型，低限，◆为单张小牌；

(4)3♠：4414牌型，高限（p13~15），◆为单张小牌；

(5)3NT：4414牌型，p=15，◆为单张大牌；

(6)4♣：4405牌型，高限。

即，4405牌型叫♣，低限叫3♣，高限叫4♣；4414牌型，◆为单张小牌时叫♥或♠（低限叫级别低的3♥，高限叫级别高的3♠）；如果4414牌型，◆为单张大牌，低限（13~14点）叫3◆，高限（15点）叫3NT。

经过以上问叫和回答后，问叫人可以采取如下叫法：

A.直接停叫；

B.改正为某一合适定约而停叫；

C.4NT 为黑木问叫，如果开叫人第二轮叫过♣、♥或♠，4NT 问叫就是针对该花色为将牌的罗马关键张问叫，否则，仅回答 A 的个数；

D.跳叫 5 阶高花是针对该花色为将牌的满贯邀叫；

E.5NT 是大满贯逼叫。

在 2◆开叫后，对方加倍，通常表示有◆套的“实加倍”，我们可以不理会这一加倍而叫出 2♥/2♠/3♣作示弱止叫或直接跳叫进局止叫；也可以叫 3♥/3♠/♣邀叫。不过，这时叫 2NT 不是上面的约定问叫而是表示◆有较好止张的自然叫(位置在持长套◆者的下方，有◆K J 10×就很理想)，而以“再加倍”代替原“2NT”问叫。

在对方争叫后，除扣叫对方花色为逼叫、4NT 为黑木以外，所有其他的叫品都是止叫；“加倍”为惩罚性。

2NT 开叫后的叫牌

传统的精确制 2NT 开叫沿袭了过去的自然叫牌法，为 22~24 点平均牌型。现代叫牌制度多数都倾向于降低无将开叫的点力。

本体系对平均牌型开叫无将或再叫无将是这样处理的：

①12~13 点，开叫 1◆/1♥，并在同伴一盖一应叫后再叫 1NT；

②平均牌型，14~15 点、有 5 张低花的 13 点，或没有 5 张套及两个好 4 张高花的 16 点，开叫 1NT；

③17~19 点，开叫 1♣，并在同伴 1◆示弱应叫后再叫 1NT；

④20~21 点，直接开叫 2NT，可以有 5 张高花；

⑤22~23 点，开叫 1♣，并在同伴 1◆示弱应叫后再叫 2NT，可以有 5 张高花。

另外需要注意的是，在之前章节中已经说明，开叫 1♣，同伴应叫 1♥/1♠后，再叫 1NT，可以是上述③的牌，也可以是更强的牌，因而没有必要跳叫 2NT 而浪费空间。同样，在同伴应叫 2♣/2◆后，再叫 2NT 也可能只有③那样的牌。

2NT 开叫与开叫 1♣并在同伴 1◆示弱应叫后再叫 2NT 仅仅相差 2 点，其应叫及后续叫法也十分相似。

应叫人的叫牌

A.Pass：没有成局的可能，也没有可以转移的长套。

B.3◆/3♥:高花转移叫,分别表示5张以上♥/♠套。

C.3♣:斯台曼问叫。

由于2NT开叫可以包含5张高花套,对于斯台曼问叫,简单的叫法是用3◆表示无高花套,3♥/3♠分别表示4张(或5张)高花。但是,这种叫法不能区分4张或5张套,这对于成局定约(3NT或4高花)的影响也许还能够忍受,但对于满贯定约,影响就十分大了。为此,许多现代叫牌体系都把这里的3♣作为傀儡斯台曼问叫。

2NT开叫后仍然可以用3♠表示低花兴趣的牌。

*D.3♠:8点以上,有1套5张以上好低花或4-4以上好套,对低花满贯感兴趣。

①开叫人叫3NT:表示对满贯没有兴趣,要么是低花不超过3-3,要么是控制数不超过6个。

应叫人没有满贯实力应该Pass。如果再叫4♣或4◆,表示单套低花的满贯邀请;如果加叫到4NT,是两套低花的满贯邀请。

②开叫人再叫4♣/4◆:所叫花色至少4张,有满贯兴趣。

应叫人叫4NT或5阶低花为止叫;叫高花为扣叫。

③开叫人再叫4♥/4♠套,低花不少于4-3,有满贯兴趣,扣A。

④开叫人再叫4NT:低花不少于4-3,对低花满贯有兴趣,两门高花都有A。

⑤开叫人再叫5♣/5◆:所叫低花为5张套,至少7个控制。

E.3NT:止叫。

F.4♣:盖伯尔问A。

G.4NT:平均牌型,p10~12,小满贯邀叫。

H.6NT:平均牌型,p13~14,满足于此。

I.5NT:p≥15,大满贯逼叫。

傀儡斯台曼

傀儡斯台曼广泛应用于包含5张高花的无将开叫后。在我们的叫牌体系中,开叫1♣—应叫1◆—再叫2NT,或者直接开叫2NT,都可能有5张高花套,因而采用3♣做傀儡斯台曼问叫比较合适。问叫人保证至少有一套4张高花。

开叫人按如下约定回答:

(1) 3♥/3♠:所叫花色为5张套。

应叫人可选择3NT或加叫高花,如果叫新花,则是配合高花的扣叫,显示满贯兴趣。

(2) 3NT:无4张高花套。

应叫人没有满贯实力时通常Pass。

(3)3◆:有一套或两套4张高花。

对3♣问叫,回答3◆表示有一套或两套4张高花。为了让开叫人成为庄家(避免强牌成为明手),应叫人采取如下转移叫法:

A.3♥:有4张♠套,要求开叫人没有4张♠时叫3NT,有4张♠叫3♠(应叫人有满贯兴趣可以在4♠以下顺路扣叫低花控制)。

B.3♠:有4张♥套,要求开叫人无4张♥叫3NT,有4张♥时叫4♥或顺路扣叫低花控制。

C.3NT:满足于此。

D.4♣:高花4-4,有满贯兴趣(开叫人有兴趣可以扣◆控制)。

E.4◆:高花4-4,没有满贯兴趣。要求开叫人叫出4张高花。

傀儡斯台曼还可以用于包含5张高花的1NT开叫后。由于本体系开叫1NT一般没有5张高花,就不详细介绍了。

第五章　桥牌坐庄技巧

庄家坐庄本领的高低，打牌路线是否正确，考虑问题是否周到，将直接关系到竞赛的成败，责任重大。每一个桥牌手都需要不断学习并提高坐庄的本领，掌握各种坐庄技巧。在临场时，应努力做到以下几点：

(1)要对叫牌过程进行回忆分析，从而对防守方的牌情有所估计。

(2)认真琢磨对方的首攻，并从中分析得出某些信息。

(3)在概率论的基础上，计算联手所能得到的赢墩数。同时计算一下输墩数，计划完成牌约如何发展赢墩等。

(4)在打第一张牌前就要制订一个全盘的打牌计划，其中包括如何发展和开拓赢墩，采取什么打法确保在安全的前提下完成和超额完成牌约。如果客观上牌约已注定打不成，则应考虑如何减少损失。

(5)当出现意外的牌情，与预先设想的打牌计划不符合时，要采取新的措施，如修订打牌计划、更改打牌路线，力求牌约的完成。

打牌时，庄家的任务是努力去完成牌约，也就是千方百计去取得牌约要求的赢墩。庄家坐庄的基本技巧有两点：一是应用各种技巧发展牌约要求的赢墩；二是安全第一，尽可能采取成功概率最大的安全打法。

第一节　大牌赢墩产生的技巧

发展大牌赢墩

第 1 副牌，北发牌，双方无局，北首叫：

	北	
	♠A K J 8 2 ♥A 10 ♦J 9 4 ♣A K 8	
♠9 6 ♥J 5 3 ♦K 7 5 ♣J 10 9 7 3	北 西　　东 南	♠Q 10 4 3 ♥Q 9 7 4 2 ♦A 8 6 ♣4
	♠7 5 ♥K 8 6 ♦Q 10 3 2 ♣Q 6 5 2	

北	东	南	西
1C	—	1D	—
2S	—	2NT	—
3NT	A.P.		

西首攻♣J。怎么坐庄？

首先你要计算一下赢墩数，你可得 2 墩黑桃、2 墩红心和 3 墩梅花，还需要发展 2 个赢墩。

如果能飞中♠Q（成功概率为 50%），或对方黑桃是 3－3 分布（概率为 35.53%），很有可能发展 1～2 个赢墩。是否有成功概率为 100%的方案？有，在方块套中具有 Q J 10 9 连张大牌，只要能立即连续出方块牌，逼出对方的两张大牌◆A K，就有把握地发展 2 个赢墩。虽然要脱手两次，但对方无论是进攻黑桃、红心，还是梅花都不怕，都能守得住。因此，你应用♣A 赢得首攻，马上出方块。

树立长套赢墩

第 2 副牌，南北有局，东首叫：

	♠4 3 ♥10 5 ♦J 6 2 ♣A K 5 4 3 2	
♠Q J 10 6 5 ♥K 7 4 ♦Q 9 5 ♣J 9	北 西　　东 南	♠9 8 7 ♥Q 9 8 2 ♦K 8 7 ♣Q 10 8
	♠A K 2 ♥A J 6 3 ♦A 10 4 3 ♣7 6	

东	南	西	北
—	1C	—	2C
—	2H	—	3C
—	3NT	A.P.	

西首攻♠Q。

第一轮庄家♠K取得,已有黑桃2个、红心1个、方块1个、梅花2个共6个赢墩,尚缺三个赢墩,怎么办?必须树立明手的梅花长套赢墩,对方的5张梅花只要是2-3分布(概率为67.83%)就有希望。打牌顺序如下:

在打第二轮时,马上出♣6,明手不打♣A,也不打♣K,而是跟小牌。庄家有意让对方取得这一墩,这是因为明手缺乏进手张,为了能兑现梅花长套赢张,必须使明手的♣AK既作为进手张,又可以用来肃清对方的梅花大牌。由于顺利地树立梅花长套,庄家共得♠AK、♥A、♦A、♣AK以及3个梅花长套赢墩,共得9墩,完成了牌约。

飞张发展赢墩

“飞张”这个术语是由英语“finesse”的音译“飞内斯”沿用下来的,它是越过对方大一点的牌,而能用一张比对方小一点的牌来取得赢墩的打法。在坐庄打法中,飞张术是应用最广泛的一种打法,也是发展赢墩最基本的手段。因此学习掌握飞张术,熟悉各种不同牌组结构的飞张技巧,是很重要的。

第3副牌,东西有局,南首叫:

♠6 5 4
♥A 8 7 3 2
♦J 6
♣K Q J

西	北/西/东/南	东
♠9 2		♠K 10 8
♥10 9		♥Q 5 4
♦A K Q 9 5		♦10 8 7 2
♣7 4 3 2		♣8 6 5

♠A Q J 7 3
♥K J 6
♦4 3
♣A 10 9

南	西	北	东
1S	—	2H	—
3H	—	3S	—
4S	A.P.		

西首攻♦K，后又打♦A，然后出♣2。牌约能否完成，要看能否飞中♠K和♥Q了，只要飞中其中的一个，牌约准成。明手♠J赢进，出黑桃暗手用J飞东家的K成功。明手中出♣10，明手♠Q进手，再由明手出黑桃，暗手用Q飞东家的K成功。再拔♠A把对方的将牌肃清，然后用♥A进入明手，出小红心，暗手用♥J飞东家的Q又成功。由于♠K和♥Q都飞中了，庄家本来只有(黑桃1，红心2，梅花3)6个赢墩，现在共得11个赢墩，超额一墩完成牌约。

将吃树立长套发展赢墩

第4副牌，双方有局，西首叫：

♠A K 7 6 2
♥10
♦A 6 4 2
♣J 5 4

西	北/西/东/南	东
♠J 3		♠Q 10 9 4
♥6 5 3		♥4 2
♦Q J 10 9		♦5 3
♣Q 10 3 2		♣K 9 8 7 6

♠8 5
♥A K Q J 9 8 7
♦K 8 7
♣A

北	东	南	西
1S	—	3H	—
3S	—	4NT	—
5H	—	5NT	—
6D	—	7H	—
			A.P.

南主打7♥牌约，西首攻♦Q。方块套中有一输张需要解决，唯一的办法是从明手的黑桃长套中发展出一个赢墩来。在有将牌约中，要充分发挥将吃在树立长套中的作用，通盘考虑进手张的使用顺序。在条件许可的范围内需采取足够的安全措施来预防出现奇型牌时可能带来的危害。打牌路线确定以后，需要计划好桥路（进手张）及安全的打法。

首先你必须用手中的♦K胜首攻，然后拔♠AK（对方6张黑桃4－2及3－3分布的概率为83.98%），暗手用将牌A将吃一轮黑桃，西黑桃告缺垫了张梅花。你吊将用♥10进入明手，暗手再用将牌K将吃一轮黑桃，然后暗手吊将肃清对方的将牌，利用♦A最后一个进手张进入明手，兑现第5张黑桃赢张垫去手中的方块失张。圆满完成大满贯牌约。

短套将吃发展赢墩

由于增加了将吃因素，因此它比无将牌约在坐庄打法中更为复杂。不仅要掌握无将牌约中所采用的打法和技巧，而且还需要掌握正确使用将牌的方法和技巧。

在有将牌约中，首先遇到的问题是要不要马上吊将。下面介绍在不同的情况下如何正确处理是否吊将的例子。

第6副牌，东西有局，东首叫：

北：
♠Q J 4
♥7 6 4
♦A 8 5 2
♣A Q 4

西：
♠5
♥K J 8 5
♦K Q J 9
♣J 9 8 3

东：
♠9 8 3
♥Q 10
♦10 6 4 3
♣K 10 7 2

南：
♠A K 10 7 6 2
♥A 9 3 2
♦7
♣6 5

北	东	南	西
	—	1S	—
2D	—	2H	—
4S	A.P.		

西首攻♦K。你用♦A胜首攻后怎么打？你可能有4个失张，但红心套为3－3分布则只失2墩，梅花套如能飞中则可一墩不失，也就是说情况对你都有利

时你只失 2 墩,超额 1 墩完成牌约。而情况对你不利时你会失去 4 墩,牌约将宕 1。

如果你马上肃清将牌,并分别在红心套和梅花套中试试你的运气,结果红心套是 4-2 分布,梅花又没有能飞中,牌约宕 1。实际上你不需要碰运气,你应该在用◆A 得进后先不要吊将而是打红心,用♥A 赢进后再出红心先送给对方得这一墩。对方最好的防守是吊将,你得进后再打一轮红心送给对方,对方会继续吊将进你手。如果发现红心套并不是 3-3 分布,这时可以用明手的大将牌将吃你手中的最后一张红心。这样就可以有把握地取得 10 个赢墩,完成牌约。

长套将吃发展赢墩

有将牌约可以利用将吃(Raff)失张来发展赢墩。在一般情况下,要让持短将牌的那一手来将吃旁套失张更有利,而用持长将牌的那一手来肃清对方的将牌。有时需要采取交叉将吃的打法。如持短将牌的那一手能够用来肃清对方将牌时,有时要用长套将牌的那一手来将吃失张更有利。这种打法称为反桌为主打法(Dummy Reverse)。例如:

第 7 副牌,双方有局,南首叫:

北	东	南	西
		1C	—
1NT	—	4NT	—
5D	—	7S	A.P.

北:
♠J 9 8
♥Q 4 3
♦A J 7 6
♣Q 8 5

西:
♠7 6 2
♥9 8 7 5
♦K Q 10 8 5
♣3

东:
♠4 3
♥K J 10 2
♦4 3 2
♣9 7 6 4

南:
♠A K Q 10 5
♥A 6
♦9
♣A K J 10 2

你打 7♠牌约,西首攻◆K。

持手中的牌来看红心套中的一个失张似乎很难解决,大满贯牌约将要大败了。但是如果你仔细分析一下明手的牌你就会发现用暗手的大将牌能够将吃三轮方块失张,并用明手的三张将牌来肃清对方的将牌,则牌约可以完成,因为暗手的一个红心失张可以从明手的第三轮吊将时垫掉。

具体打法是:明手♦A 胜首攻后,出方块暗手♠A 将吃,♠5 吊将至明下,暗手用♠K 再度将吃方块,出♠10 吊将,明手♠J 进手,暗手用♠Q 将吃明手的最后一张方块失张,然后出小梅花明手用♠Q 进手,用明手最后一张将牌肃清对方的将牌,并垫掉庄家的一个红心失张。最后兑现暗手的梅花长套,明手得 3 墩将牌,暗手将吃得 3 墩,连同 5 墩梅花和 2 个 A 共 13 墩。要掌握反桌为主的打法,需要打破只从暗手的角度来考虑失墩和赢墩的习惯。

第二节　坐庄的安全打法

在坐庄时经常会遇到安全打法的问题。根据牌约的要求有时需要在某一花色套中一墩不失,有时允许失一墩但不能失两墩;有时打某一张牌是较安全的,但打另一张牌就可能有危险,情况是复杂多样的。庄家在确定打牌路线时如果有几种打法可供选择,应充分考虑哪种打法比较安全。在条件许可的范围内尽可能提高完成牌约的安全程度。这种为了围绕提高完成牌约的安全程度所采取的打法称为安全打法(Safety Play)。

在采用安全打法时,不仅需要具有牌张分布的概率知识(详见第一章),还得非常熟悉桥牌的记分法。

安全打法第一

小概率事件在客观上是可能发生的,不容忽视。

第 7 副牌,双方有局,南首叫:

南	西	北	东
1C	—	2NT	—
3S	—	4S	—
6S	A.P.		

北：
♠K 10 6 5
♥A Q 6
♦K J 5 2
♣9 2

西：
♠Q J 8 4
♥8 7 5
♦10 8
♣J 8 7 3

东：
♠—
♥J 10 9 4
♦9 6 4 3
♣Q 10 6 5 4

南：
♠A 9 7 3 2
♥K 3 2
♦A Q 7
♣A K

西首攻♣J，你用♣A 拿住。这副牌怎么打？这副牌在辅牌中不存在输张，问题在于如何处理好将牌。

联手共有 9 张将牌，如果防守方所持的 4 张将牌是 2–2 分布（概率为 40.7%），你只要用♠AK 吊两轮将就可肃清，这样将可超额 1 墩完成牌约。超额 1 墩多得 30 分，在队式比赛中意义不大。如果对方所持的将牌是 1–3 分布（概率为 49.74%），这样吊将，你虽失去 1 墩将牌，但牌约仍可完成。但是如果对方的将牌是 0–4 分布（概率为 9.57%），你用 AK 吊将后会失去 2 墩将牌，你的小满贯牌约就会宕 1 墩，不仅得分为 0，而且无局时将丢 980 分，有局时将丢 1250 分，还得被罚分；无局时输 50 分，有局时输 100 分，不赢反输，损失实在太惨了！这种情况是绝不允许出现的。虽然 0–4 分布的可能性只有 9.57%，但这种小概率事件是客观上可能发生的事，不能忽视。因此你在坐庄时必须考虑上述因素，一定要采取安全的打法。

安全的打法是由手中出♠2，当西跟♠4 时，明手应出♠10 飞，而不是出♠K。如果♠10 被东的 Q 或 J 得去，则对方还剩 2 张将牌，你可以用 AK 把它们全部肃清，完成小满贯牌约。如果在你手中出♠2 时西将牌告缺，那就知道对方的 4 张将牌全部集中在东家。明手就打♠K，再由明手出小将牌，暗手盖吃东出的牌，这样就可以保证将牌只失 1 墩，确保牌约的完成。

采取安全打法时，有可能少得一个超墩。此例中如对方的将牌是 2–2 分布，用♠A K 吊将可得 13 墩。但安全打法可确保 12 墩。桥牌队式比赛场的记分方法告诉我们,千万不要因小失大。由此可见安全打法的重要性。

叫牌时应考虑进手张

打桥牌时规定在打牌过程中谁家取得赢墩,谁就具有下一轮的出牌权,取得出牌权的这张牌称为进手张(Entry)。在坐庄时有时需要从暗手出牌,有时则需要从明手出牌,能否在恰当的时候由需要出牌的那一手出牌,往往关系到牌约的成败。因此进手张(桥路)是至关重要的问题,不仅坐庄时需要对进手张做出最妥善的安排,往往需要在叫牌时就给予充分的考虑。如果缺乏进手张会造成桥路不通,而桥路不通是庄家的大忌。很多牌手由于对进手张的问题缺乏考虑而遭受重大损失。请看下例:第5副牌,北发牌,N-S有局:

北	东	南	西
1C	—	7NT	A.P.

北:
♠KQJ10982
♥—
♦AKQJ103
♣—

西:
♠—
♥1098765
♦2
♣1098765

东:
♠76543
♥4
♦987654
♣2

南:
♠A
♥AKQJ32
♦—
♣AKQJ43

南家坐庄打7NT大满贯牌约,西首攻♥10,由于桥路不通,无法进入明手兑现黑桃、方块赢墩,再加上红心、梅花套的分布失匀,庄家只取得9墩牌,大满贯宕4墩。

南北联手虽然持有全部大牌共40个大牌点,但是南家是怪牌型,有黑桃孤张、方块缺门;而且北家也是怪牌型,红心、梅花也缺门,因此南家叫无将牌约是致命的错误。

打牌时更应考虑进手张

第6副牌,东西有局,东首叫:

♠A 3 2
♥8
♦J 8 4
♣A 10 9 8 3 2

西		东
♠K 8	北	♠J 10 9 7 6
♥9 6 5 4	西　　东	♥Q J 10 7
♦9 7 6		♦A K 5
♣J 7 6 5	南	♣4

♠Q 5 4
♥A K 3 2
♦Q 10 3 2
♣K Q

东	南	西	北
1S	×	—	3C
—	3NT	A.P.	

南家做 3NT 牌约庄，西首攻♠K，你计划怎样打？现有 7 个赢墩，如何发展 2 个赢墩？一定要依靠明手的梅花长套。

这手牌如果对进手张没有周密的安排就会招致失败。首先，你不能打明手的♠A 来赢得第一墩，而应忍让；如果西继续攻黑桃你就用手中的♠Q 赢进。这样就可以保护住明手的♠A，使它成为树立明手梅花长套的一个至关重要的进手张。其次，打出♣K 后接着出♠Q 时，应该用明手♣A 盖吃进手（预防梅花套 1-4 分布），从明手继续出♣10，逼出对方的♣J。这样你可以确保得到 9 个赢墩。如果你一开始就不假思索地满足于用♠A 盖吃对方的 K，很可能使明手的梅花长套成为废牌；同时你还要考虑对方的梅花套如果不是 2-3 分布（67.83%）而是 1-4、0-5 分布（共 32.17%）时的安全打法。

忍让与止张

打无将牌约时，当对方的进攻正是你最薄弱的环节时，你需要采取先礼后兵的战术，不应轻易或过早地把你在该花色套中的止张用掉，坚持到比较安全的恰当时机才打出你的止张，这就是忍让止张打法（Hold up play）。这样往往可以切断对方的桥路，瓦解其攻势，从而争得时效，伺机反攻。第 7 副牌，南发牌，双方有局，南首叫：

	北	
	♠7 6 4 2 ♥9 6 ♦K J 10 9 ♣K Q 7	
西 ♠J 10 8 5 ♥K J 8 4 3 ♦5 4 ♣3 2		东 ♠Q 3 ♥Q 10 2 ♦A 7 3 ♣J 9 8 6 4
	南 ♠A K 9 ♥A 7 5 ♦Q 8 6 2 ♣A 10 5	

南	西	北	东
1C	—	2D	—
2NT	—	3NT	A.P.

西首攻♥4，东出♥Q，南家怎么坐庄？

你在红心套中只有♥A 一个止张，对方击中了你的薄弱环节。正确的打法是不用 A 盖吃，而是跟小，东继续攻红心时再跟小忍让，直至第三轮才用♥A 吃进。然后打方块，东用◆A 进手后已打不出红心，桥路已被切断，不论东换出什么牌都无法击败牌约了。

当然如果持红心长套的那一方同时持有◆A 的话，牌约是注定打不成的。

规避（趋利避害）打法

在坐庄时需要采取措施充分发挥自方大牌的作用，努力使己方大牌不被对方的大牌吃掉，也就是要防止危险方进手攻击己方的弱套，这就是规避（趋利避害）打法（Avoidance Plag）。

第 11 副牌，双方无局，南首叫：

	♠Q 4 ♥K Q 9 5 3 ♦A K 3 ♣8 5 2	
♠A J 9 6 3 ♥10 2 ♦7 6 5 ♣J 7 4	北 西 东 南	♠10 8 5 ♥J 7 6 4 ♦Q J 9 ♣Q 10 9
	♠K 7 2 ♥A 8 ♦10 8 4 2 ♣A K 6 3	

北	东	南	西
		1NT	—
3H	—	3NT	A.P.

西首攻♠6，明手出♠Q 赢得了这一墩。这时你已有 8 个赢墩(黑桃 1、红心 3、方块和梅花各 2)，手中还剩余♠K 7 两张，如果以后东有机会取得出牌权并从他手中出黑桃的话回黑桃套就会被攻破。因此，你要切断使东取得出牌权的机会。你需要在红心长套中发展 1 个赢墩才能完成牌约，不能简单地想象对方 6 张红心时 3-3 分布(概率仅 35.53%)，要采取安全打法，特别要预防东家持有 4 张红心且其中还有一张比 9 大的牌，这张大牌就可能成为东的进手张。为了预防这个潜在的危险，第二轮明手应出♥3，当东跟小牌时你手中出♥8，让西赢得。西如出黑桃不仅不会对你造成危害，反而可超额 1 墩完成牌约。当东出大牌 10 或 J 时，你出 A 赢进，继续出 8，明手用 K Q 赢进，若东有♥4 张且其中有♥J 10 两张大牌，此牌约难以完成。若西有♥4 张且有 1 或 2 张 J 10 大牌，最后第 4 张♥送 1 墩给西，同样能完成牌约，不会造成危害。

保持将牌的控制

在打有将牌约时应始终保持将牌对局势的控制作用(Main-taining Control)，要保持足够的将牌长度，使之能肃清对方的将牌。要预防将牌有可能分布失匀，不要轻易地进行将吃，从而缩短或削弱吊将能力，以致造成失控。

第 4 副牌，双方有局，西首叫：

北	东	南	西
			1H
—	2H	4S	A.P.

♠9
♥7 6 4 3
♦A K 10 9 4
♣Q 4 3

西		东
♠Q 4 3 2	北	♠6 5
♥K Q J 10 9 2	西　东	♥A 8 5
♦6 5	南	♦Q J 8 7
♣A		♣7 6 5 2

♠A K J 10 8 7
♥—
♦3 2
♣K J 10 9 8

你打4♠牌约,西首攻♥K。

看来梅花套中有一失张,将牌中最多失去1墩,完成牌约似无问题。于是你将吃♥K后拔♠AK吊将,对方的♠Q没有被打下,怎么办?应采取安全打法,预防将牌失控,6张将牌4-2分布的概率是48.45%,而3-3分布的概率只有35.53%,因此不能继续吊将了,若续出♠J吊将,发现对方的将牌是4-2分布,已经来不及,将牌就要失控了。西♠Q进手后续攻红心,东出♥A,你只能将吃,并用最后一张将牌吊出西的将牌。这时双方都没有将牌了,但是你还得逼出对方的♣A才能取得梅花赢墩,对方用♣A进手后,先于你兑现了红心赢墩,牌约宕三。

正确的打法是,出将牌AK吊两轮将后停止吊将(保持将牌长度),先打梅花骗出对方的♣A,对方会继续攻红心来缩短你的将牌,你将吃后仍打梅花大牌,让对方将吃你两个梅花赢张,你手中仍持有两张将牌,可以再将吃两次对方的红心长套进攻。这样你就会只失去2墩将牌和1墩梅花。完成4♠牌约。

剥光投入打法

在打有将牌约时,有计划地把将牌以外的一套或两套花色打光,使明暗手都成为缺门,然后让对方进手,逼迫对方只能出对你有利的副牌,你不仅可以自由飞牌,还可以一手将吃,另一手垫失张。这种打光旁套,迫使对方进手后出对你有利的牌的打法称为剥光投入打法(Elimination and Throw in)。

正确地应用剥光投入打法可以使你避免不必要的飞张，避免由于对大牌位置判断不准而造成的失误。

第 11 副牌，双方无局，南首叫：

北	东	南	西
		1C	—
3NT	—	6H	A.P.

	北	
	♠A 9 8 ♥K 10 9 8 ♦K 6 2 ♣K J 3	
西 ♠Q J 10 ♥6 3 2 ♦J 9 5 3 ♣Q 6 2		东 ♠7 4 3 2 ♥7 ♦Q 10 8 7 ♣9 8 5 4
	南 ♠K 6 5 ♥A Q J 5 4 ♦A 4 ♣A 10 7	

你打 6♥牌约，西首攻♠Q。黑桃套中有一失张，梅花套中缺 Q，如果能飞中 Q 牌约无问题。问题是你从哪个方向飞呢？这对谁来讲都是个难题。你可以采取剥光投入的打法来解决这个难题，具体打法是♠A 胜首攻后，吊三轮将，拔◆AK，暗手将吃一轮方块，此时你已剥光◆套，然后拔♠K，从手中出♠5 投入给西的♠J，他不好办了。如出梅花你就可以自由飞张，不用猜 Q 的位置了；如出方块你可以明手将吃，手中垫去梅花失张，都可以确保牌约的完成。

第三节 坐庄读牌技巧

任何叫品，无论是有将还是无将，平叫还是跳叫，以至于加倍（再加倍）还是不叫，都是一种信息。在叫牌时对方曾做过实质性叫牌，或未参与过叫牌，都在一定程度上显示他们的牌情。在打牌时，防守方的出牌、跟牌和垫牌也都会提供某些牌情信息。庄家首先要养成读牌的习惯，善于洞察防守方的牌情。当然，高明的防守人也需要掌握读牌术，透视庄家的牌情。但由于主动权往往在牌约方，所以一位庄家在掌握明暗手的 26 张牌后，还要通过对防守方在叫牌和打牌的过程中所提供的信息进行计算分析，从而透视了解对方手中的 26 张牌，掌握对方的牌情，做到知彼知己，并据此制定正确的打牌路线。这样就可以在谋求最大成功的可能性中大大减少判断失误，提高牌约的成功率，打成一般桥牌手往往完不成的牌约。

读牌技巧有以下几方面的内容：(1)通过读牌分析推算出对方持牌的牌型；(2)计算判断某些大牌的位置；(3)对防守方的牌情进行综合分析和逻辑推理，寻求最佳的打牌路线。

牌型推算

依靠平时的努力，养成通过读牌推算防守方所持牌的牌型的习惯。观察注意防守方所出的每一张牌，进行计算，并结合叫牌中所得到的信息，就有可能通过几轮出牌以后推算出防守方的牌型，这是坐庄技巧的重要素质之一。如果你能确切地掌握对方的牌型，无疑会在很大程度上提高完成牌约的成功率。

牌型推算的方法很简单，无非是 13 以内的加加减减。每一花色套都有 13 张牌，如得知某一防守家在此花色套中的张数，就可计算得知另一防守家在此花色套中的张数。还有每一家都持有 13 张牌，如知道一家三门花色套的张数，则剩下那一花色套的张数也就可计算得知。虽然并不是每一副牌都具有推算出对方全部牌型的条件，但只要你善于掌握和养成分析推算牌型的方法和习惯，必然会使你完成很多原来打不成的牌约。

【例 1】第 13 副牌，双方有局，北发牌：

北	东	南	西
1D	/	1H	4S
5H	A.P.		

	♠A ♥Q 10 8 7 ♦A Q 7 5 ♣A J 10 7	
♠K Q 10 8 7 5 4 3 ♥2 ♦K J ♣6 2	北 西　　东 南	♠J 6 ♥A J 9 5 ♦8 6 3 ♣Q 8 5 4
	♠9 2 ♥K 6 4 3 ♦10 9 4 2 ♣K 9 3	

注：自然叫牌法。

法国年轻桥牌高手达默尔在第二届世界锦标赛（在英国诺丁汉市举行）中获得最佳坐庄奖。

阿根廷队与法国队对抗，开闭室的叫牌经过相同。开室西家首攻♠K，庄家达默尔以明手A吃后出♣7，手中♣9飞过；出♠让明手将吃，♥10吊将飞过并得墩；明手出♣J，东放小，又飞过，再出♣10到K，西无法将吃。以下庄家出◆，西家出J，明手放Q飞过，东跟◆6想表示双张，但庄家不为所动；拔♣A垫一◆，拔◆A，击落西家的◆K，将牌再给2墩，完成牌约。

达默尔从西家的叫牌推断他的牌型很可能为8-1-2-2，◆为K J双张，实际上也只有这种情况，牌约才能成功。若西家的牌型为7-1-3-2，◆Q飞过后局势为：

西	北 / 南	东
	♠ ♥Q 8 ♦A 7 5 ♣A	
♠Q ××× ♥ ♦K × ♣	北 西　　东 南	♠× ♥A J 9 ♦J ♣Q
	♠ ♥K 6 4 ♦10 9 4 ♣	

庄家无法避免丢失2墩♥和1墩◆，牌约要下一。

【例 2】第 6 副牌,双方有局,东发牌:

	北		
	♠9 8 7 5 ♥A J 8 3 ♦K Q 7 ♣8 2		
西		东	
♠ ♥10 9 6 2 ♦A J 10 8 6 5 4 ♣5 4		♠K J 4 2 ♥K Q 7 4 ♦2 ♣A 9 6 3	
	南		
	♠A Q 10 6 3 ♥5 ♦9 3 ♣K Q J 10 7		

北	东	南	西
	1C	1S	2D
4S	A.P.		

注:自然叫牌法。

西家首攻♣5,东♣A 得后回♦2,西 A 吃住,再回♦,东将吃,然后出♣3,西跟 4,庄家该怎么打?

博比·沃尔夫是唯一在世界上三种桥牌大赛都曾获得冠军的人。他多次代表美国队获得世界队式赛冠军,曾获 1974 年世界双人赛冠军和 1972 年世界男女混合双人赛冠军,称得上是一位了不起的超级明星。他曾经这样说:“(从叫牌及打牌中)光判断几张大牌位置是明显不够的,还得描绘出对手的牌型分配,成功的秘诀就在这里。”

这副牌沃尔夫坐庄,防守方一上来就连得 3 墩,庄家必须在将牌上一墩不失。

只见沃尔夫以♥5 到明手♥A,出♠9,东出小,南也放小飞过。西家示缺以后,再续飞东♠,完成牌约。沃尔夫的推理是:东以 1♣开叫,而♣只有 4 张,♦为 1 张,两门高花共 8 张,如一门有 5 张以上,必不开叫 1♣,故东家牌型为 4-4-1-4,♠K J 必在东家。

说穿了并不稀奇,但在牌桌上能经常做出如此准确的判断,并不容易。

【例 3】第 7 副牌,双方有局,南发牌:

北	东	南	西
		1NT	/
6NT	A.P.		

北:
♠Q J 10 9
♥K 7 3
♦A Q J
♣A 10 2

西:
♠K 7 5
♥J 10 9 8 6 4
♦9 7 3
♣6

东:
♠6 2
♥5
♦8 5 4 2
♣Q 9 8 7 4 3

南:
♠A 8 4 3
♥A Q 2
♦K 10 6
♣K J 5

注:自然叫牌法。

这是乔治·贝农兰在朋友为他庆祝百岁生日那天打的一副牌。

西家首攻♥J,乔治坐庄。用明手的♥K 拿下,马上飞♠;西家♠K 赢进后续出♥10,乔治用♥Q 得进,东家垫♦2。兑现三墩♠,再打三轮♦;再从手中出一张小♣,明手用♣A 拿后,未见西家出♣Q,就回打♣2,这时乔治对东家说:“我要飞你的♣Q。”东家跟小,乔治用♣J 飞到赢墩,完成小满贯牌约。

当西家打第二墩♥时,东家告缺,说明西家有 6 张♥,三轮♠、三轮♦西家都有跟出,西家的牌型已得到确定 6331,出第一张♣时,西家跟出他的唯一一张♣6,东家持有♣Q 已确定。

【例 4】第 7 副牌,双方有局,南发牌:

北：
♠K 10 7
♥A K 5 3
♦K J 6 3
♣5 4

西：
♠6
♥10 8 7 2
♦4 2
♣K 10 8 6 3 2

东：
♠Q 9 5 3 2
♥Q J 9 4
♦8 7
♣A Q

南：
♠A J 8 4
♥6
♦A Q 10 9 5
♣J 9 7

北	东	南	西
		1D	/
1H	/	1S	/
3D	/	4D	/
5D	A.P.		

5♦牌约,西首攻♠6,东出♣A,又出♣Q,赢得 2 墩后换出♥Q;明手♥A 得进后,庄家用♦AK 吊两轮将,都跟出;这时牌约能否完成全看是否能飞中♠Q。黑桃套可进行双向飞张,你打算飞谁家的♠Q 呢?

在进行关键性的飞张前你应尽可能地去查明并推算防守方的牌型。你应使暗手将吃一轮红心,明手将吃一轮梅花,这时发现东没有梅花跟出,而是垫了张♠2;你拔♥K,暗手再将吃明手的最后一张红心,东西家都跟出。这时防守家的牌型就完全可以推算出来了:已知东家持 2 张将牌、2 张梅花和 4 张红心,剩下的 5 张牌必然全是黑桃;同时得知西持 6-4-2-1 牌型,黑桃为单张。牌型清楚后,正确的打牌路线也就产生了:先打♠K,西家单张不是 Q;然后明手出黑桃,当东跟出小牌时你完全有把握暗手用♠J 飞,成功率为 100%。

暗手将吃红心,明手将吃梅花,并不是为了发展赢墩,而是为了尽可能查明对方的牌型,为决定飞谁的♠Q 创造条件。

如果不是通过读牌进行牌型推算,只凭猜测♠Q 的位置,就有 50%的可能会猜错。

【例 5】第 2 副牌，南北有局，东发牌：

	北	
	♠7 3 ♥K 8 6 5 ♦K Q 8 3 ♣K 7 2	
西 ♠J 10 9 8 6 4 ♥9 4 ♦J 10 9 7 6 ♣		东 ♠Q 2 ♥10 3 ♦5 4 2 ♣A Q 9 8 5 3
	南 ♠A K 5 ♥A Q J 7 2 ♦A ♣J 10 6 4	

北	东	南	西
	/	1C	/
2NT	/	3H	/
4H	/	6H	A.P.

西首攻♠J，东出♠Q，你用♠A 得进后吊两轮将，东西都跟出。看来小满贯牌约能否完成，取决于能否处理好梅花套中的飞张问题。在打梅花飞张前，你应尽可能探明对方的牌型。打法顺序如下：拔◆A、♠K，明手将吃一轮黑桃，东垫 1 张♣3；打◆K、◆Q，暗手垫去 2 张梅花；明手接着出第四轮方块时，东又垫了张♣5，这时庄家该怎样打？如果你能认真进行读牌的话，你就会知道完成牌约已不成问题。因为东手的牌型已被查明，他持有 2 张将牌、2 张黑桃和 3 张方块，他必然还持有 6 张梅花，同时也得知西家为 6-5-2-0 牌型，梅花为缺门。因此你会放弃在梅花套中进行飞张（失败）的打法，在明手打出第四轮方块时暗手不将吃，投入西家，继续再垫掉 1 张梅花，让西赢得这一墩。

西赢进后就被投入，无论回出黑桃或方块，都会给庄家造成明手将吃暗手再垫最后一张梅花失张，小满贯牌约 100%完成。如果你没有认真地进行读牌并掌握对方的牌型，贸然进行梅花飞张就会丢失小满贯牌约。

【例 6】第 7 副牌，双方有局，南发牌：

北：
♠K 7 2
♥A Q 9 3
♦A 9 5
♣4 3 2

西：
♠9 6
♥J 8 7 5
♦8 2
♣K Q J 9 6

东：
♠Q J 10 5 4
♥6 4
♦Q J 10 3
♣10 5

南：
♠A 8 3
♥K 10 2
♦K 7 6 4
♣A 8 7

北	东	南	西
		1NT	/
3NT	A.P.		

西首攻♣K，接着续攻♣Q，庄家忍让两轮，在第三轮用♣A 得进，东在西出第三轮梅花时垫♠5。你已有 8 个赢墩，如果方块套或红心套有一门是 3-3 分配(35.53%)的话都可以建立第九个赢墩，或者能判断出♥J 的位置，也可完成牌约。你当然应先试方块套，从手中出小方块，西跟出小牌，明手用♦9 飞，东用♦10 得进转攻♠Q，你再忍让一轮，用♠K 吃进东续攻的第二轮黑桃。然后拔♠A 和♦AK，发现西在出第三轮黑桃和第三轮方块时垫去 2 张梅花。这时西的牌型已清清楚楚了，他肯定持有 5 张梅花、2 张黑桃和 2 张方块，剩下必然是 4 张红心。你应从手中出♥10，明手打♥A，再回打♥K，如果没有打下东的♥J，就从手中出♥2，明手用♥9 飞，成功率有 100%，可确保 9 个赢墩。

由于庄家采取了一系列核查推算对方牌型的措施，因此能在不需要进行猜测的情况下确保牌约的完成。首先忍让两轮梅花，既是为了切断对方的桥路，也可探明梅花的分布情况；后来在趋避法的原则下，先送出一墩方块和忍让一轮黑桃，也是为推算出对方牌型创造条件。

并不是每一副牌都有条件探明对方的全部牌型，但是只要你养成读牌的习惯，在条件许可的范围内尽量努力去探明对方的牌型，你就可以在很多情况下取得重要的牌型情报，使你采取成功率最大的打牌路线。

【例 7】第 7 副牌,双方有局,南发牌:

	北	
	♠5 4 ♥K 9 8 3 2 ♦A J 8 7 ♣A 3	
♠K Q J 3 2 ♥J 5 ♦ ♣K Q J 6 4 2	北 西　东 南	♠10 9 6 ♥7 ♦Q 10 9 4 3 2 ♣10 9 8
	♠A 8 7 ♥A Q 10 6 4 ♦K 6 5 ♣7 5	

北	东	南	西
		1H	2C
4H	/	/	4S
5H	A.P.		

如防守方在叫牌过程中曾做过争叫,只要你能坚持读牌的习惯,必然会在很大程度上帮助你推算出防守方的牌型。

5H 牌约,西家首攻♠K,你忍让一轮,西家转攻♣K,你用♣A 吃进,吊两轮将,东家在你第二轮吊将时垫方块,如何继续坐庄?

西家叫过两次牌,分别是梅花和黑桃,应该持有 10 张以上黑牌,跟出过两轮将牌,最多只有一张方块。你可以用投入法来解决方块失墩,马上出♠A,续出黑桃给明手将吃,出小方块给庄家的♦K;西家告缺,出梅花投入对方:不是西家赢进后出黑桃或梅花牌给庄家将吃垫牌,就是东家赢进后出♦给你自由飞牌的机会,从而完成牌约。

大牌计算

庄家为了制定正确的打牌路线,有时需要推算对方的牌型,有时还需要知道某些关键大牌的位置。以下重点举例说明大牌位置的计算方法。

任何叫牌体系都对开叫和应叫具有的牌力作了规定,因此在叫牌过程中防守方所作的叫牌(包括 Pass),均会说明他手中的牌力范围。在打牌过程中防守方所出的牌张,以及相互间打出的信号,也会提供大牌位置的信息。

作为庄家,应善于应用读牌技术,掌握分析这些信息,培养进行 40 以内加加减减的计算习惯,从而采取正确的坐庄打法。

【例 1】第 11 副牌,双方无局,南发牌:

			北	东	南	西
	♠Q 5				1S	2D
	♥A 10 9 3 2		/	/	2S	/
	♦8 4		3S	/	4S	A.P.
	♣10 6 3 2					
♠J 6	北	♠10 9 8				
♥K 5 4	西　　东	♥Q J 8 7				
♦A J 10 9 6 3 2	南	♦K 7				
♣K		♣J 9 7 5				
	♠A K 7 4 3 2					
	♥6					
	♦Q 5					
	♣A Q 8 4					

西首攻♥4,庄家该怎么打?

鲍勃·哈曼是当今世界桥坛的顶尖高手,25 岁时就获得 1964 年奥林匹克桥牌团体赛亚军,后来和博比·沃尔夫搭档,多次获世界冠军。哈曼的打牌信条是:"透视敌方的牌型。"他是这样说的,也是这样做的。

这副牌哈曼坐庄,打牌前他做了如下推理:此牌必失 2 墩♦,1 墩♣,要完成牌约,必须假定东西家♠为 3-2 分配;西首攻♥4 给出这样一个信息:西没有♦AK 连张而东也不可能有♥KQJ875(因为这样的话东也会争叫的)。所以西手中至少有一张♥大牌,也许他有♥K××,Q××,或 KJ×,西作争叫可能有 6 张以上方块,假设西持 2 或 3 张♠,大半有 3 张♥,因此♣必短,可能是 K×,甚至是单张 K;而东家如有♣K、♦K,加上红心大牌,似乎应该叫牌,因此哈曼断定♣K 在西家。

哈曼用明手♥A 吃住首攻,出小♣到暗手♠A(为防止西♣K 单张),西家♣K 果然应声落下。现在只能假设西有 2 张♠,于是拔♠A,出小♠到明手♠Q,再出小♣,暗手 8 飞过;拔♠K 后摊了牌。这里,庄家的推理起了关键作用。如果

♣K 第一轮不落下,庄家可从手上出小梅花送给西家♣K,看来危险的牌却万无一失。

【例 2】第 13 副牌,双方有局,东发牌:

	北	
	♠K 5 3 ♥K Q 2 ♦A Q J 10 6 3 ♣6	
♠8 7 6 ♥9 8 4 ♦7 5 4 ♣A 10 8 4	西 东	♠10 4 ♥A J 10 3 ♦K ♣K Q 9 7 3 2
	♠A Q J 9 2 ♥7 6 5 ♦9 8 2 ♣J 5	
	南	

北	东	南	西
	2C	/	/
×	/	2S	/
3D	/	3S	/
4S	A.P.		

4♠牌约,西首攻♣A,然后转攻♥9,东用♥A 吃掉明手的♥Q,并续攻♥J,明手♥K 吃进。庄家连吊三轮将肃清对方的将牌,并从暗手出◆9,西跟◆4,庄家应怎样打?

你已失去 2 墩,如果能飞中◆K 则可利用明手的方块长套垫去手中的红心和梅花失张,可超额 1 墩完成牌约,如飞不中则牌约必宕。在进行飞张前应对防守方的大牌分布情况进行计算。你和明手共持有 23 点,故防守方持有 17 点;西已表明有♣A 4 点,如果西还持有◆K 则共有 7 点,东就只有 10 点,而东曾开叫过 2♣,他手中的点不会少于 11 点。因此,可以得知◆K 不会在西手,必在东手,在方块套中进行飞张是注定要失败的。结论是明手应打◆A。你很幸运,东的◆K 为单张,应声跌落;你超额 1 墩完成了牌约。

用◆A 打下单张◆K 的成功率是很小的,但比进行毫无希望的飞张打法要优越得多。

【例 3】第 12 副牌，南北有局，西发牌：

北	东	南	西
			1C
/	1D	1S	2D
2S	/	4S	A.P.

北：
♠J 9 6 3
♥A 10 7 5 3
♦10 9 4
♣J

西：
♠K
♥K J 6 2
♦A K Q J 3 2
♣8 3

东：
♠7 4
♥8 4
♦8 7 5
♣A 10 9 7 6 5

南：
♠A Q 10 8 5 2
♥Q 9
♦6
♣K Q 4 2

西首攻◆K，赢得后续攻◆A，庄家将吃；出♣2，东出♣A 盖吃明手的♣J，然后回出♥8，你出♥9，西用♥J 盖，明手♥A 吃进。这时庄家应怎样打？

你已失去 2 墩，红心套中还有一个输张，要设法使将牌不失一墩才能完成牌约。防守方共有 3 张将牌带 K，如果能飞中♠K，将牌可一墩不失。于是你从明手出♠J，东跟出♠4，这时你是让♠J 飞过去呢还是用♠A 敲？从牌张分配的概率来考虑，应采取飞张打法。但在采取这一关键性行动前，应先对叫牌和打牌过程中得到的信息加以分析：南北合计有 19 点，西曾做过 1♣强开叫，东示弱应叫 1◆。在简易精确叫牌法中，开叫 1♣表示≥16 点，因此东家最多 5 点。他已出过♣A，不可能还有♠K 了，因此不能飞牌应出♠A 敲，希望西持单张♠K，判断正确，果然成功。

读牌推理

作为一个桥牌手，不仅要具有良好的记忆力，而且还要锻炼培养丰富的想象力和进行逻辑推理的能力。

在坐庄时，并不是每一副牌都有条件能够推算出对方的全部牌型或大牌位置。但是一个成熟的桥牌手往往会从一些容易被人忽视的、微小的蛛丝马迹中得到某些信息，并能通过分析推理和科学设想掌握对方的牌情，从而制定出正确的打牌路线。

【例 1】第 7 副牌，双方有局，南发牌：

北	东	南	西
		1S	/
1NT	/	3S	/
4S	A.P.		

北：
♠J 9
♥K 4
♦J 10 8 7 6
♣A 7 6 4

西：
♠K 4
♥Q 10 8 7
♦K 9 5
♣K Q 9 3

东：
♠2
♥A 9 6 5
♦Q 4 3 2
♣J 10 8 2

南：
♠A Q 10 8 7 6 5 3
♥J 3 2
♦A
♣5

牌约 4♠，西首攻♦5，庄家首轮♦A 吃进后，应该出什么？看看你的想法和贝拉多纳是否一致？

这是 1965 年欧洲世锦赛上的一副牌，坐庄的贝拉多纳看到有失 3 墩红心和 1 墩♠的危险，为了保证让明手将吃一次♥，南以♣A 到明手出♥4！如东家放小，西♥Q 吃进后，不能回出将牌。如东以♥Q 吃进第一轮♥，庄家的♥K、J 也可以得到 1 墩♥，完成牌约。

贝拉多纳的打法出乎你的意料吗？

【例 2】第 15 副牌，南北有局，南发牌：

北	东	南	西
		1C	/
2C	/	2NT	/
3NT	A.P.		

北：
♠K 7 2
♥Q J
♦7 4 2
♣K 10 9 3 2

西：
♠9 5 4
♥K 4 2
♦Q 10 8 3
♣Q 6 4

东：
♠Q J 6 3
♥A 10 8 7 6
♦J 9 6 5
♣

南：
♠A 10 8
♥9 5 3
♦A K
♣A J 8 7 5

西首攻◆3，东跟◆J，庄家用◆K 得进，计划怎样打？

很幸运，西没有击中你的薄弱环节，如果首攻红心，牌约马上会被击败。看来你现在可取得 2 墩黑桃、2 墩方块和 5 墩梅花，打成牌约应无问题。但是还需要预防有一防守家持 3 张梅花带 Q，在这种情况下你需要正确地判断出谁家有可能持 3 张梅花，好对他进行飞张。如果你判断西有可能持 3 张梅花就应先打♣A，用明手的♣10 对西进行飞张；如判断东持 3 张梅花，则应先打明手的♣K，用暗手的♣J 对东进行飞张。如果判断错了，牌约要宕的。对方没有参与叫牌，而且又只出了一轮牌，根据什么来进行判断呢？应对西首攻的◆3 进行分析：因为◆3 是西家方块中最小的一张牌，显然西是从 4 张方块套中选择的首攻牌张，说明西在旁的花色套中没有长于 4 张的均匀牌，缺门的可能性很小。如果有一家持梅花缺门，应是东家。得出这一结论后，正确的打法也就产生了：先拔暗手的♣A，如东真为缺门时，就对西进行飞张，100%会成功。

这一牌例说明，通过对防守方首攻的第一张牌进行认真分析，有时可得知某一关键大牌的位置。

【例 3】第 4 副牌，双方有局，西发牌：

北	东	南	西
			/
/	1D	1S	2D
2S	/	4S	A.P.

北：
♠A 4 3 2
♥Q 6 3
♦Q 6 4 3
♣Q 6

西：
♠K Q
♥J 10 7
♦J 10 2
♣J 9 8 3 2

东：
♠8
♥K 9
♦A K 9 7 5
♣K 10 7 5 4

南：
♠J 10 9 7 6 5
♥A 8 5 4 2
♦8
♣A

4♠牌约，西首攻◆J，明手出◆Q，东出◆K 赢得后再出◆A，庄家将吃；吊将，西跟♠Q，明手♠A 吃进，东跟出♠8。庄家如何继续打？

你已失去一墩，将牌中还有一个失墩。需要解决的矛盾是如何使红心套只失一墩。如果能预先得知东西两家谁家持有♥K，将会使你在红心套中采取正确的打法。

对方还持有♠K、♥K和♣K三张关键大牌，根据东曾做方块开叫以及西曾应叫过2♦的情况来看，这三张大牌不可能全在东手，因为在这种情况下西就不够应叫2♦的牌力了，合理的估计是西持有这三张K中的一个。如果能探明♣K及♠K的位置，就可知道谁持有♥K了。

♠K的位置很容易查明，你只要再吊一轮将便可得知。但是要得知♣K的位置，你应趁明手出牌的机会从明手打♣Q，采取火力侦察，如东持有♣K他必然会用K盖的；如东跟出小牌则表明西持有♣K，然后吊将看谁持有♠K。如果查明东同时持有♣K及♠K，则可以判断♥K在两手中，你就应先打♥A，然后出红桃。当西出小牌时，明手出♥Q。如查明西持有♣K和♠K中的一个，则表明♥K在东手，你唯一有成功希望的打法是在打第二轮红心时明手出小牌，希望东持有♥K双张。

当吊第一轮将牌明手用♠A赢得后，不能继续吊将，否则明手就会由于缺乏进手张而无法打♣Q进行火力侦察了。

【例4】东西有局，南发牌：

北：
♠9 6 5 3
♥J 10
♦7 5 4 3
♣A K 10

西：
♠A 7
♥9 8 7 3 2
♦10 9
♣9 8 7 2

东：
♠J 10 2
♥A K 6 5
♦K 8 6
♣6 4 3

南：
♠K Q 8 4
♥Q 4
♦A Q J 2
♣Q J 5

北	东	南	西
		1C	/
1NT	/	2C	/
7H*	/	4S	/
	A.P.		

*表示4张S，否认4张H。

4♠牌约,西首攻♥9,东出♥K赢得后回出♣3。庄家计划怎样打?

牌约前景很不乐观,明暗手的牌型相同,谁也帮不了谁的忙,红心套中还有一个必失墩,而且将牌A在外,方块套中还不知是否能飞中◆K,形势是严峻的。

如果♠A和◆K都在东手则只要这两个花色套都为2-3分布,可以利用明手的梅花大牌作为进手张对东进行飞张。但东已表明持有♥A、K,如果还持有♠A和◆K大牌他不会不做开叫的,因此此路不通。西必然持有这两张大牌中的一张,或者这两张大牌都在西手中。如果西同时持有♠A和◆K,则牌约注定是打不成的。要想打成牌约,应设想西只持有这两张大牌中的一张。

西如果持◆K,牌约仍然无望,因为即使西持的◆K为单张,你仍然要失去2墩红心、1墩将牌和1墩方块。只有在西持有♠A,东持有◆K和♠J10,并且这两门牌均为2-3分配时,牌约才有可能完成。

庄家应采取的正确打法是,明手用♣10进手后出♠3。如果东跟出小牌,暗手就出♠8飞,如果飞张失败,牌约打宕了,你完全可以心安理得,因为谁也不可能打成这个牌约。

当牌约只有在某种合理设想的条件下才有可能打成时,应大胆去设想并实践之,因为这毕竟是唯一的机会。

第四节 桥牌概率的应用

打桥牌的每一个环节中都会遇到概率问题,需要应用概率的知识来进行处理。如:如何选择合理的牌约、如何制定打牌路线、如何综合利用各种成功的机会等问题,都涉及桥牌概率。虽然很多桥牌爱好者不一定熟悉如何进行概率计算,但他们在实践过程中按积累正确的经验打牌,正好符合概率的理论。例如有5张将牌在外,其中有一张是Q,他知道采取飞牌的打法要比用A、K打下Q的成功率大。当然在牌桌上你不可能对各种成功的或失败的机会进行精确的计算之后再去打牌,只有在平时较多地去熟悉和掌握多种牌情的概率,如再能知道一些桥牌概率的计算方法,这样才能在临场得心应手地加以运用,不断地提高桥技水平。

需要指出的是,桥牌概率只有在大量实践中才能体现出它的正确性来,实践的次数越多,就越能显示概率的正确性。另外,桥牌的内容是多方面的,它不仅涉及数学概率,而且与心理因素、信息判断等都有关系。因此要善于把桥牌概率知识和其他方面的桥牌技巧结合起来应用,这样才能取得理想的效果。

现从桥牌中的牌张分配概率、单张打法考究、如何优选坐庄路线以及正确运用概率打牌等四个方面进行阐述。

牌张分布概率

牌张分布概率计算是一个数学问题,概率不需要打牌时当场计算,而是直接利用已经计算好的结果。我们只需要记住一些常用的牌张分布概率就可以了。在对方两人持有的牌张数已经确定的情况下,如何分布在两人手中的基本概率(详见第一章)在打牌实践使用中会逐渐熟悉,但有一个规律应该立刻记住:当对方持有的牌张数目为 4、6、8 偶数时,可能性最大的分配是偏离均等位置最近的那一种分配;当对方持有的牌张数目为 3、5、7 奇数时,接近均等分配的可能性比其他分配的可能性大得多。当对方持有的牌张数目为 2 时例外:1-1 分配的可能性(52%)略高于 2-0 分配的可能性(48%)。

当知道对方某个花色的牌张数以后,通常就可以使用概率打法来处理这个花色,以获得最高的成功率。

单套牌的打法

下面分析单套牌中最常见的几种情况。

(一)对方有含 K 的 2 张牌

对方一个花色只有 2 张牌,其中 1 张牌是 K。K-*(即 1-1 分布)的概率为 52%,K*-0(即 2-0 分布)的概率为 48%,而 2-0 分布又有一半机会 K 在 A 的下家,这样飞牌的成功率只有 24%。所以,拔 A 硬打掉 K 的成功率(52%)比飞中 K 的成功率要高一倍多。

(二)对方有 3 张牌

对方一个花色有 3 张牌,这时的分布概率是:2-1 为 78%,3-0 为 22%。需要研究的情况有以下三种:

(1)对方一个花色含有 K 和 Q 的 3 张牌

对方 3 张牌中同时带 K 和 Q 的正确打法只有一种,就是从 A 的对面出牌飞牌,这样只丢失一墩的成功率最高。

(2)对方一个花色含有 K 的 3 张牌

假设庄家和明手的牌为:

A Q 10×××

J 9××

对方 3 张牌 2-1 分布的概率为 78%,3-0 分配的概率为 22%。要想捉到 K,可以拔 A 敲,也可以飞牌,但哪一个成功的概率更高一些?全部 2-1 分布的可能性如下(以 K32 这样 3 张牌为例):K3-2、K2-3、32-K、2-K3、3-K2、K-32。拔 A 硬打才能奏效,其成功概率为 78%的 1/3 即 26%。而采用飞牌成功的条件为 K3-2、K2-3、K-23,成功的概率为 78%的 1/2,即 39%,再加上3-0分布(K32-0、0-K32)概率 22%的一半(即 11%),总概率可达到 50%。可见飞牌成功概率约是硬敲成功概率的 2 倍。

(3)对方一个花色含有 Q 的 3 张牌

假设庄家和明手的牌为:

A K J×××

10 9××

正确的打法是先出 A,如果对方都跟出则再出 K 就敲下 Q,如果一家为缺门,剩下的问题就是飞中或送一墩。只有对方 3-0 分布,同时 Q 在 AK 后面的情况会丢失一墩牌,其概率为 22%的一半,即成功的概率为 89%。

假设庄家和明手的牌为:

A J×××

K 10 9××

正确的打法仍然是先出一张大牌,只有对方 3-0 分布,同时 Q 在未出的那张大牌后面的情况会丢失一墩牌,其概率为 11%,即成功的概率为 89%。但是如果能判断出哪一个防守方最可能缺门,先出他下家的那一张大牌可以进一步提高成功率。

(三)对方有 4 张牌

对方一个花色有 4 张牌。这时的分布概率是:3-1 (50%)、2-2 (40%)、4-0 (10%)。需要研究的情况有以下两种:

(1)对方的 4 张牌是 J 10 9×庄家丢失一墩牌出现 4 张牌全在一个人手中,

概率为 10%。

(2)对方的 4 张牌是 Q×××

假设庄家和明手的牌为:

A 10×××

K J 9×

拔 AK 硬敲双张 Q 的概率高,还是先拔一张大牌然后再飞 Q 的概率高?拔 AK 硬敲 Q 的成功概率是 40%+12.5%(3-1 分布单张 Q 的概率)+5%(4-0 分布概率的一半,兑现单张发现缺门后可飞牌)= 57.5%。采用先拔一张大牌然后再飞牌的成功率是 5%(4-0 分布概率的一半)+12.5%(3-1 分布单张 Q 的概率)+18.725%(3-1 分布剩余部分)+20%(2-2 分布概率的一半)= 56.225%。所以硬敲的成功率稍微比飞牌成功的概率高一点。这就是所谓 8 飞 9 不飞的依据。

(四)飞牌的成功机会

(1)单飞

单飞是飞外面的一张大牌,如果大牌的位置合适,就能够飞中,所以,成功的机会是 50%。

(2)双飞

飞外面的两张大牌,例如一个花色联手持:

A Q 10

×××

要想得到 3 墩牌,必须 K J 都在西手中,这样成功的机会大约是 25%(≈50%×50%)。

要想得到 2 墩牌,必须 K J 有一张在西手中即可,这样的机会大约是 75%。

坐庄路线的优选

坐庄时往往存在几种不同的打法可供选择,在没有其他信息可供参考的情况下,可以选择成功概率最高的打法。

【例 1】第 14 副牌,双方无局,东发牌:

	♠J 10 ♥J 7 3 2 ♦10 9 6 4 ♣A 8 5			
♠8 2 ♥Q 8 5 4 ♦J 7 ♣J 9 7 4 3	北 西　　东 南	♠K 5 ♥K 9 6 ♦Q 8 2 ♣K Q 10 6 2		
	♠A Q 9 7 6 4 3 ♥A 10 ♦A K 5 3 ♣			

北	东	南	西
	1C	×	3C
/	/	4S	/
5C	/	6D	6S
A.P.			

西首攻♥5,这是最让庄家头痛的首攻,明手放小,东家♥K,庄家♥A 吃住;南似乎要输♥、♠各一墩。但庄家毫不气馁,拔 AK 之后,以♥10 投出,西家♥Q 得后已被投入;无论回什么,明手都能进手,飞死东的♠K,同时♣A 和♥J 可垫去手中的输张。

这是北美范德比尔特大赛中,加拿大队的雷纳在对抗美国凯茨队时的一次出色表演。

【例 2】第 5 副牌,南北有局,北发牌:

	♠A 9 6 5 ♥K 9 ♦A Q 7 5 2 ♣A 8	
♠ ♥ ♦ ♣	北 西　　东 南	♠ ♥ ♦ ♣
	♠K Q J 10 7 ♥A 8 7 6 ♦K 8 6 ♣9	

北	东	南	西
1C	/	1S	/
2S[1]	/	3D[2]	/
4C[3]	/	4H[4]	/
5D[5]	/	6C[6]	/
6H[7]	/	7D[8]	/
7S[9]	A.P.		

注:(1)将牌问叫。 (2)5 张将牌,2 大。

(3)有第一轮控制。 (4)有第一轮控制。

(5)有第一轮控制。 (6)有第二轮控制。

(7)有第二轮控制。 (8)有第二轮控制。

(9)副牌均有第一、二轮控制,将牌又极配,大满贯。

南打7♠,西首攻♠2,东垫♣,如何坐庄?有以下两种打法可供选择:

打法一:肃清对方将牌,然后连打三张♦大牌做好♦套,用两个♦长套赢张垫掉庄家♥失张,这种打法的成功率为对方♦2-3分布的概率,即68%。

打法二:先不吊将牌,而是用明手的大将牌将吃掉暗手的两个♥失张。这个打法只有在西的♥为单张(3.5%)或缺门(0.25%)的情况下失败。对方有7张♥,西出现单张、缺门的概率为(3.75%),即只有3.8%的可能性出现失败。所以,这种打法的成功概率非常高,约为96%。

通过对比,应该采用打法二。

【例3】第3副牌,东西有局,南首叫:

北		北	东	南	西
♠A 9 7 5		北	东	南	西
♥Q 10 9				1C	/
♦10 8 2		1NT	/	2H	/
♣Q 7 6		3H	/	4H	A.P.

北

西　　东

南

♠3
♥A K J 7 6
♦J 7 6
♣A K 5 3

南打4♥,西首攻♠K,如何坐庄?

3墩♦是必丢的,有以下两种打法可供选择:

打法一:先肃清对方将牌,打♣的3-3分布,把第13张♣做大,这样只丢3墩♦。♣3-3分布的概率是36%,这种打法的成功率也为36%。

打法二:采用反明手打法,先不吊将牌,用暗手的大将牌将吃掉明手的三个♠失张,然后用明手的大将牌负责清光对方的将牌。这个打法要求对方的将牌2-3(概率为68%)分布,成功概率也为68%。

通过对比,采用打法二的成功率高得多。

【例 4】第 15 副牌,NS 有局,南发牌:

北		北	东	南	西
♠A 7 3		1C	/	1NT	/
♥9 5 2		2C	/	2D	/
♦K		3C	/	3NT	A.P.
♣A K Q 7 6 2					

北
西　　东
南

♠Q J 5
♥7 6 4
♦A J 10 2
♣9 5 3

南打 3NT,西首攻♥3,东出♥A,回攻♥Q,再出♥小,西♥K 得进;防守方连得 4 墩红心(明手垫∏,暗手垫◆)后;转攻◆,如何坐庄?

现在看庄家有 9 个赢墩,即 1 墩♠、2 墩◆和 6 墩♣,但暗手的桥路有问题,◆A 难以兑现,有两种打法可供选择:

打法一:明手◆K 上手,兑现♣AK,希望对方♣12-2 分布,这样暗手♣9 可以上手兑现◆A;再用♠A 把牌交给明手,兑现其余♣赢墩完成牌约。♣2-2 分布概率是 40%,这种打法的成功率也为 40%。

打法二:用暗手◆A 超吃◆K,然后出♠Q 飞牌,这个打法要求♠K 在西手中,成功率为 50%。

通过对比,采用打法二的成功率高一些。

正确应用概率打法

在很多情况下,只凭成功率的高低确定打牌路线是不够的,而应该对叫牌过程中得到的信息以及打牌过程中掌握的情况进行综合分析,从中寻找最佳打法。

【例1】第1副牌,双方无局,北首叫:

♠10 5
♥K 9 8 6 5
♦A K 7 5
♣Q 10

北	东	南	西
1H	1S	3C	/
3D	/	4C	/
5C	/	6NT	A.P.

北
西 东
南

♠A K
♥7 2
♦Q 8 6
♣A K J 9 6 3

南打6NT,西首攻♠8。现在看庄家有11个赢墩,即2墩♠、3墩♦和6墩♣,完成牌约有两种打法可供选择:

打法一:打对方♦3-3分布,把第四张♦做大。3-3分布概率是36%,这种打法的成功率也为36%。

打法二:飞♥K,理论上成功的概率为50%。但从东争叫过这一点看,外面的10点牌应该都在东手中,这样飞♥K不可能成功。

通过分析,只能采取打法一,打法二的实际成功率几乎没有。

【例2】第7副牌,双方有局,南首叫:

北:
♠J 7 5 3
♥8 4
♦K 9 7 4 2
♣A 5

北	东	南	西
		1S	/
3S	/	4S	A.P.

西:
♠8
♥K Q J 6 3
♦Q 8 3
♣10 9 6 2

东:
♠Q 2
♥A 10 9 5
♦J 10
♣K J 8 7 3

北
西 东
南

南:
♠A K 10 9 6 4
♥7 2
♦A 6 5
♣Q 4

南打4S,西首攻♥K,东出10鼓励,西再打♥Q,然后转攻♠2,应该如何坐庄?

庄家已经丢失2墩♥,还可能丢失1墩♦和1墩♣。西出♣提供了飞♣K的机会,似乎有50%的成功率。但是应该看到,西极少可能有♣K而转攻♣,若有,他应该第二轮让东进手然后出♣,因此飞♣成功的可能性很小。

完成牌约只能寻找其他办法。如果东持♣K同时只有2张♦,就可以对他采用消去投入法。明手用♣A赢进,清光将牌,再兑现♦A、♦K,然后出♣Q投给东。东上手后打不出♦,只能出♥或♣给庄家将吃垫牌,牌约就可以完成。虽然东持1~2张♦的概率不太大,但这是目前状态下最可能成功的打牌路线。

第五节 擒将打法

在打有将牌约时,有时庄家将牌中缺少一张大牌,而用连续吊将的方法无法将其捕获。如果牌约要求将牌一墩不失,就需要用专门的擒将打法来捕捉防守方的将牌。

擒将打法也称为“将牌围剿法”或“将牌捕捉法”,是终局打法的一种。使用这种打法多半是由于对方的将牌分布不均,有一方较长并有大牌,这样单纯依靠吊将无法捉住对方的将牌;或者庄家缺少两张大牌,主动吊将无法全部捉住对方的将牌。下面介绍常见的几种擒将打法。

飞牌擒将法

飞牌擒将法是指在终局打法中,利用副牌形成对防守方将牌的飞牌,捕获防守方的将牌。

【例 1】第 11 副牌，双方有局，南发牌：

北：♠K J 10 8　♥J　♦Q 10 9 6 5 4 3 2　♣—

西：♠4　♥Q 10 9 7 6 5　♦K 8　♣A K Q 6

东：♠Q 7 5　♥K 4　♦J　♣J 8 7 5 4 3 2

南：♠A 9 6 3 2　♥A 8 3 2　♦A 7　♣10 9

北	东	南	西
		1S	×
4C (1)	5C	×(2)	/
5H (3)	×	××(4)	/
6S (5)	A.P.		

注：(1) 双跳♣单缺，♠极配。　(2) 表示♣没有浪费的牌力。

(3) 扣叫，♥有控制。　(4) ♥有第一轮控制。

(5) 同伴♣上没有点，6♠机会非常大。

贝拉多纳坐北，葛罗佐坐南，这两位被誉为世界最强对子的牌手经过漂亮的叫牌，达到了这副小牌贯牌约。让我们看葛罗佐是如何把这一漂亮的表演继续下去的。

西首攻♣K，明手将吃后葛罗佐想到西家对 1♠ 做技术性加倍，♠可能较短，于是明手出♠10 飞过；得墩后出♦A，再小♦送出。西家再出♣迫明手将吃。此时东剩两张牌，明手只剩单张♠K。葛罗佐从明手连出♦，东如将吃，庄家♠A 盖将吃，再吊将以♠K 下桥，出完♦，牌约确保完成。

【例 2】第 1 副牌,双方无局,北发牌:

	♠K 3 ♥6 5 3 ♦K Q J 10 ♣K Q 6 3	
♠5 ♥A K 8 7 2 ♦9 7 6 3 ♣J 9 8	北 西　　东 南	♠J 7 6 2 ♥Q 10 4 ♦A 8 5 ♣7 4 2
	♠A Q 10 9 8 4 ♥J 9 ♦4 2 ♣A 10 5	

北	东	南	西
1D	/	1S	/
2C	/	3S	/
4S	A.P.		

南打 4♠。西连打三轮♥,庄家第三轮将吃,并开始吊将。打掉♠AK 后,发现东有 4 张将牌。现在已经丢失 2 墩♥,♦还要必失 1 墩,将牌不能再输了,庄家立刻出♦,东忍让一轮,庄家再打♦,东用♦A 赢得。无论东打♦或♣,庄家上手后,都要让明手再打♦并暗手将吃(虽然♦是大牌),但要把自己的将牌缩短为 2 张,与东的将牌一样长。然后打♣,并在第三轮出小让明手用♣Q 上手。擒将的一切准备工作都很顺利。明手打出最后一张♦时,庄家的将牌 Q10 位于东的 J7 之后,牌约顺利完成。

擒将打法首先要求将牌分布满足一定的条件,其次要用“缩将法”把将牌缩短到与上家对方一样长,还要求有一个下桥的进手张去实现飞牌。此外,对副牌的分布也有一定的要求。

【例 3】第 1 副牌,双方无局,北发牌:

北	东	南	西
1S	/	2C	/
2NT	/	4NT	/
5H	/	7C	A.P.

西	北	东
	♠A J 10 4 3 ♥Q J 6 ♦A 6 2 ♣6 3	
♠K Q 9 6 5 ♥8 5 3 2 ♦10 9 7 ♣8		♠7 2 ♥10 7 4 ♦8 5 4 3 ♣J 9 4 2
	♠8 ♥A K 9 ♦K Q J ♣A K Q 10 7 5	
	南	

南打 7♣。西家首攻♠K,明手用♠A 赢得首攻后,立刻出♠让庄家将吃一次,这在明手进张不足的情况下是十分必要的。此牌唯一的危险是防守方将牌分布不均。西若持有长将牌牌约必宕,因此庄家需要重点防备东持长将牌(4 张带 J)。庄家大吊两轮将牌,第二轮时西示缺。完成牌约唯一的机会就是采用擒将法,这就必须把将牌缩到与东的将牌一样长。所以,庄家需要进入明手再出♠让庄家将吃一次,但是这个时机要掌握好(先打光东 3 张套的花色是关键,这有一定的偶然性)。

如果东的牌型是 2-3-4-4 分布,最理想的时机是兑现♥AK 后,用♥Q 进入明手,然后再出♠请庄家将吃,东此时只能垫♦。如果没有打光♥,在明手出♠让庄家将吃时,东会垫一张♥,以后牌约方就会因无法安全地兑现♥赢张而失败。最后庄家兑现完♦第二轮止于明手,当明手打出♠时,庄家的 Q 10 位于东的 J 9 之后,这样牌约顺利完成。

如果东的牌型是 2-4-3-4 分布,正确的打法是在第二次将吃♠之前,必须先兑现完东 3 张♦套赢墩,以防东利用明手出第三张♠暗手将吃的时候垫去♦。像【例 1】的东为 3-3-3-4 牌型怎样打都没有问题;像【例 2】的东为 2-3-4-4牌型,关键是能否正确地先打光东 3 张套(红心)的花色,带有一定的偶然性。

扼杀擒将法

有时对方将牌虽不长，但牌约方有大将牌的那一手的将牌更短，吊将和飞牌都无法捉住对方的那张大将牌；或者两防守人各有一张大将牌，主动吊将必丢一墩。这时可以采用“扼杀法”，借副牌来穿攻对方将牌，逼迫防守方处于出大将牌就被捉、垫小将牌以后大将牌也不保的局面。

【例 1】第 3 副牌，东西有局，南发牌：

	♠A K 7 4 3 ♥A 6 4 ♦K 7 3 ♣J 10	
♠Q J 10 9 8 ♥K 8 7 2 ♦9 6 4 ♣4	北 西　　东 南	♠6 2 ♥ ♦J 10 5 2 ♣K Q 9 8 6 3 2
	♠5 ♥Q J 10 9 5 3 ♦A Q 8 ♣A 7 5	

北	东	南	西
		1H	/
2S	/	3H	/
4H	/	4NT	/
5H	/	6H	×
A.P.			

南做 6♥，西首攻♠Q，乔治·特隆是 20 世纪 60 年代的法国著名专家牌手，在巴黎的一次友谊赛牌局中，完成了上述被加倍的 6H 牌约。

明手♠K 得了第一墩牌，庄家从明手继续出♠A，手上垫一张小♣，为了做好明手最后一张♠，南继续从明手出第三张♠，东家垫一♣，做好♠垫掉另一张小梅花的希望破灭了。这时牌约成功与否似乎就看♥一飞了，南家将吃第三张♠之后，手上出♥Q，西放小，明手也放小，东家又垫一张♠，给庄家又一打击。一般人这时会摊牌，承认一下了。但特隆并不是一般的牌手，只见他续出将牌 J 得墩，然后出♦A、♦Q，第三张♦明手 K 得，出第四张♠手中将吃，此时四家所剩的牌为：

♠7
♥A
♦
♣J 10

西		东
♠J ♥K 8 ♦ ♣4	北 西　　东 南	♠ ♥ ♦J ♣K Q 8

♠
♥10 9
♦
♣A 7

庄家拔♣A 后，送出一张小♣，西家只能垫♠J，东得墩之后无论回♦还是回♣，南手中都用♥10 将吃，西家的大将牌♥K 被活活闷死了，异常精彩。这种“闷杀绝招”打法的机会非常少，在实战中哪怕只打出一次，就可以引以为荣了。

【例 2】第 1 副牌，双方无局，北发牌：

♠Q J 10 9 8
♥A 5
♦A 10
♣A K 8 2

西		东
♠A K 5 3 2 ♥K 4 3 ♦9 5 ♣7 4 3	北 西　　东 南	♠7 6 4 ♥ ♦J 8 7 6 4 3 2 ♣Q J 10

♠
♥Q J 10 9 8 7 6 2
♦K Q
♣9 6 5

北	东	南	西
1C	/	1H	/
1NT	/	3H	/
3NT	/	4H	/
4NT	/	5C	/
5H	/	6H	×
A.P.			

6♥牌约，被西加倍。西首攻♠K，庄家用♥6 将吃；暗手出♥2，西跟♥4，明

手用♥5 飞，赢了这墩。东暴露出将牌缺门，这样明手的单张将牌♥A 无法击落西有保护张的♥K。

庄家开始打♠，暗手将吃，希望对方♠是 4-4 分布，这样就可以用第五张♠垫去♣输张。用◆A 到明手，再打♠，暗手将吃。兑现◆K，出♣到明手，再打第四张♠，暗手将吃，发现西有 5 张♠。树立♠垫♣的路又走不通，剩下唯一的希望是采用“将牌扼杀法”。庄家再出♣到明手，再打第五张♠暗手将吃，再出♣脱手。东得到这墩牌后的形势如下：

	北	
	♠ ♥A ♦ ♣8	
西 ♠ ♥K 4 ♦ ♣		东 ♠ ♥ ♦J 8 ♣
	南 ♠ ♥Q J ♦ ♣	

东出◆J，庄家将吃。西如果出♥K 超将吃，明手出♥A 盖吃；西如果出♥4，明手垫♣8；西的♥K 被扼杀了。应该看到，这种打法成功的关键是倒数第三轮♣投入给东。如果投入到了西手，西会出小将牌逼出♥A，♥K 仍然是赢墩。

有时防守方有 5 张将牌，其中包括 QJ，这 5 张将牌比较常见的分布形式是 2-3分布，大牌分开，庄家希望将牌一墩不丢。我们知道这种结构庄家先吊将是必失一墩将牌的。但是，只要副牌的牌型合适，庄家同样可以采用“扼杀法”借副牌的穿攻作用将东和西的将牌全都捉住。

【例 3】第 15 副牌，南北有局，南发牌：

北：♠K 9 6 4　♥A　♦A Q J 2　♣K 9 6 3

西：♠J 8　♥Q J 9 2　♦10 9 7　♣A 8 5 2

东：♠Q 7 3　♥10 7 6 5　♦8 5 4　♣10 7 4

南：♠A 10 5 2　♥K 8 4 3　♦K 6 3　♣Q J

北	东	南	西
		1NT	/
2D	/	2S	/
4C	/	4H	/
5C	/	5S	/
6S	A.P.		

南打 6♠，西首攻♥Q。庄家看到♣必输一墩外，将牌中可能还有一个输墩。寄希望防守方持♠QJ 双张而用♠AK 吊将，这种打法成功率低于 20%。庄家决定按照对方将牌 Q×-J××、♥4-4、♦3-3、♠为 4-3 分布，采用将牌扼杀法来试一试。

明手♥A 赢得首攻，出小♣给暗手♣Q 被西用♣A 得去。西出♦10 暗手用♦K 赢得，兑现♥K，明手垫小♦。出♥让明手将吃，明手出小♣让暗手♣J 上手，再出♥让明手将吃，到此为止一切顺利，防守方♥都跟出。明手出♣9 暗手将吃（缩将打法），暗手出♦送给明手的♦A，再兑现♦Q。现在的形势如下：

北：♠K 9　♥　♦　♣K

西：♠J 8　♥　♦　♣8

东：♠Q 7 3　♥　♦　♣

南：♠A 10 5　♥　♦　♣

明手出♣K。东陷入两难境地，如果出♠Q 将吃，暗手盖♠A，以后庄家再飞西的♠J；如果出小♠将吃，暗手用♠10 赢，以后防守方同样一墩也得不到。

使用这种打法必须先假设防守方的牌型满足一定的分布，然后按照这个牌型分布打牌，成功的关键是实际情况与假设相同。

【例 4】第 13 副牌，东西有局，南发牌：

	♠A 10 9 6 ♥A 9 8 4 ♦K 8 2 ♣A 9	
♠J 4 2 ♥Q 10 3 2 ♦J 9 4 ♣Q 10 8	北 西　　东 南	♠Q 3 ♥J 7 6 5 ♦10 7 5 ♣J 7 6 4
	♠K 8 7 5 ♥K ♦A Q 6 3 ♣K 5 3 2	

北	东	南	西
		1NT	/
2D	/	2S	/
4C	/	4H	/
5C	/	5D	/
7S	A.P.		

南打 7♠，西首攻♦4。叫牌有点冒，但也不是没有机会。庄家知道用♠AK 吊两轮将击落♠QJ 双张的成功率不高，决定试一下擒将打法。这要求对方牌型分布为：♠为 Q-J×，♥为 4-4，♦为 3-3，♣为 3-4，只有这样才能把对方大将牌扼杀。

暗手♦A 赢得首攻，兑现♥K，出♦3 明手用♦K 得。明手兑现♥A 庄家垫♦6，再出红桃庄家将吃；庄家出小♣明手♣A 上手，再出♥暗手将吃；庄家兑现♣K，再出小♣明手将吃。明手出♦庄家♦Q 得，现在残局如下：

♠A 10 9
♥
♦
♣

♠J 4 2 ♥ ♦ ♣	北 西　　东 南	♠Q 3 ♥ ♦ ♣J

♠K 8
♥
♦
♣5

南出♣5，西陷入两难境地：如果出♠J，明手用♠A 盖吃，以后庄家再飞东的♠Q；如果出小♠，明手出♠10，防守也到此结束。

投入擒将法

投入擒将法是消去投入打法中的一种。其打法特点与投入法相同，但因其是针对将牌的投入打法，特专门介绍。

【例 1】第 15 副牌，南北有局，南发牌：

♠9 4 2
♥K Q
♦A K 8 3
♣A 9 8 6

♠Q 10 ♥J 10 7 4 3 ♦9 4 ♣K Q 3 2	北 西　　东 南	♠K J 8 7 5 3 ♥ ♦Q 10 7 2 ♣J 7 4

♠A 6
♥A 9 8 6 5 2
♦J 6 5
♣10 5

北	东	南	西
		2H	/
4H	A.P.		

西家首攻♣K，明手♣A得后出♥K吊将，东示缺，庄家该怎么打？

南的弱二开叫似乎不符合一般教科书的规定，但到了某一位专家手中，叫牌是可以灵活运用的，北家持一手6个控制，自然加叫到4♥。

♥的5-0分配使得这副看似必成的牌陷入困境，庄家♠、♦、♣似乎各有一个输墩，而♥似乎要输两墩！

庄家贝拉多纳是意大利队员，连续16次获世界团体冠军，牌艺高超。此时他态度从容，面不改色，第三墩从明手出一小♣，东家J取得。回小♠，庄家A取。♥Q到明手，打♣9，垫去手上的小♠，送给西的♣Q；西出♠Q，南手中将吃；连出♦AK，又出♣8垫去手中♦J输张；剩最后3张牌时，庄家手中为♥A 9 8，西手中还有♥J 10 7；明手出♦，南出♥8将吃，必得2墩。全牌只输1墩♥，2墩♣而完成牌约，太精彩了！

【例2】

	北	
	♠5 ♥3 ♦A Q 10 9 7 5 4 ♣A 6 3 2	
西 ♠J 9 7 ♥Q 9 7 2 ♦K J ♣K Q 10 5		东 ♠K 10 8 6 3 2 ♥J ♦8 6 ♣J 9 8 7
	南 ♠A Q 4 ♥A K 10 8 6 5 4 ♦3 2 ♣4	

桥牌世界明星辈出，意大利一位年仅18岁的牌手在这副牌中表现了高超的技艺。

这是在波罗那举行的一次青年双人锦标赛，只有意大利的卡壳·科特兰尼超额2墩完成牌约，他是这样打的：

西首攻♣K，明手以♣A吃住首攻，出♠庄家放Q飞过；拔♠A，又让明手将吃第三张♠；明手出♣南将吃，拔♥A，见东跌出♥J；庄家手上出♦，明手Q飞过；再出♣庄家又将吃，庄家再出♦到明手A，再将吃♣回手后，西和庄家的牌为：

无关紧要

♠
♥Q 9 7
♦
♣

北
西　　东　无关紧要
南

♠
♥K 10 8
♦
♣

庄家出♥8，西被投入，只能得1墩将牌。小将超2完成牌约，太精彩了！

第六节　庄家紧逼挤牌法

紧逼法也称“挤牌”，是打牌技巧中很重要的一项内容。紧逼法迫使对方在垫牌时垫掉赢张或垫掉赢张的保护张，从而使庄家做出用其他打法难以做出的赢张。紧逼法属于终局打法中的一种，属于比较高级的打牌技巧，应在掌握其他打牌技巧的基础上学习紧逼法。

先看一个例子，当牌局进入如下残局：

北：
♠
♥A J
♦4
♣

西：
♠5
♥10
♦9
♣

东：
♠
♥K Q
♦K
♣

南：
♠10
♥3
♦J
♣

还剩下最后3墩，庄家(南)出♠10，明手垫♦4，东家处于被紧逼的状态中，无论东垫什么牌，庄家都可赢得最后2墩牌：假如东家垫♦K，南家♦J就大了；假如东家垫♥Q，庄家出♥3到明手兑现♥A，击落♥K后，再用♥J赢得最后1墩。

牌局构成紧逼态势要有以下四个条件：

(1)威胁张——紧逼方持有对被紧逼一方有潜在威胁的牌张，例如上例的♦J和♥J(其中必须有一张位于被威胁方的下家)。

(2)紧逼张——迫使对方垫牌的牌张，例如上例的♠10。

(3)进手张——紧逼方必须有能进入持有威胁张一手的进手张，例如上例通过暗手的♥3送到明手的♥A。

(4)发动时机——通常情况下，在终局中庄家只缺一个赢墩，对方不能有进手的机会，且手中不能有无用的闲张。例如上例，在剩余3墩中，庄家有大牌赢张♠10和♥A。只缺一个赢墩，挤牌过程中防守方无法进手，庄家出♠10挤牌时，东的牌全都是有用不该垫的忙张，没有闲张。

根据构成紧逼诸基本要素的不同特点和实现紧逼后的目的，紧逼可以分为多种类型，比较常用的紧逼有：单紧逼、双紧逼、三重紧逼和复合紧逼等。以下只介绍几种最为常见的紧逼方法。

单紧逼

单紧逼是针对一个防守人实施的紧逼，使其不能同时保护两门花色。

实施单紧逼一般应具备以下条件：

(1)一个防守人必须要同时兼顾防守两门花色；

(2)进入挤牌残局时庄家只缺少一个赢墩；

(3)至少有一个威胁张位于这个防守人的下家；

(4)庄家和明手之间有进手张(桥路)。

【例1】第1副牌，双方无局，北发牌：

	北		东	南	西
	♠A 10 6 3 ♥A K Q ♦A K Q J ♣9 6				
♠K Q J 2 ♥8 7 ♦9 6 5 ♣J 8 7 3	北 西　　东 南	♠8 7 ♥J 10 5 4 2 ♦10 8 2 ♣10 4 2			
	♠9 5 4 ♥9 6 3 ♦7 4 3 ♣A K Q 5				

北	东	南	西
1C	/	1NT	/
6NT	A.P.		

南打 6NT，西首攻♠K。庄家有 11 个顶张大牌赢墩，第 12 个赢墩使用常规的方法无法树立，因此只能采用（紧逼）挤牌法，只要西有全部♠大牌的同时还有 4 张♣，挤牌就能成功。具体打法是：第一轮庄家忍让，西继续攻♠Q，明手用♠A 赢得。连打♥A K Q 和♦A K Q，形成如下残局：

	♠10 6 ♥ ♦J ♣9 6	
♠J ♥ ♦ ♣J 8 7 3	北 西　　东 南	♠ ♥J 10 ♦ ♣10 4 2
	♠9 ♥ ♦ ♣A K Q 5	

当明手打出紧逼张♦J 时，东垫♥，暗手垫♠9，西被挤。如果垫♠J，会让明手的♠10 成为赢墩，所以只能垫♣套的护张♣3，这就使暗手的第四张♣5（威胁张）成为赢张，完成 6NT 牌约。

【例 2】第 13 副牌，双方有局，北发牌：

	北	
	♠A K 8 6 4 ♥A 6 4 3 ♦K 7 ♣3 2	
西 ♠Q J 10 9 ♥J 9 5 2 ♦J 5 4 ♣9 7		东 ♠7 ♥Q 10 8 ♦Q 10 9 8 6 2 ♣6 5 4
	南 ♠5 3 2 ♥K 7 ♦A 3 ♣A K Q J 10 8	

北	东	南	西
1S	/	3C	/
3H	/	4C	/
5C	/	5D	/
7C	A.P.		

7♣大满贯牌约，西首攻♠Q，你只有 12 个赢墩。黑桃套中存在一个失墩需要解决，但是任何坐庄打法都无能为力，只有求助于紧逼打法。明手具有黑桃和红心长套，它们可以成为对西的威胁张，因此应设法寻求单紧逼的途径。联手具有 8 张黑桃，因此明手的♠8 是对持有≥3 张黑桃那一防守家的威胁张。从首攻的牌张来看，西是被威胁家；明手的♥6 也是一个威胁张，但任何防守家都能对它进行防守。因此当你用♠A 赢进后，应马上肃清对方将牌，然后打♥K 和♥A，暗手将吃一轮红心，这样就只有持≥4 张红心的那一家能守住红心套了，希望也是西家，对西家施行单紧逼的条件就具备了。于是你打♦AK 并兑现全部将牌，在你打最后一张将牌梅花 8 紧逼张时，四手牌残局如下：

	北	
	♠K 8 ♥6 ♦ ♣	
西 ♠J 10 ♥J ♦ ♣		东 ♠ ♥ ♦Q 10 9 ♣
	南 ♠5 3 ♥ ♦ ♣8	

西家被紧逼，不论他垫掉哪一张高花，都会让庄家得到所有剩下的赢墩，完成牌约。

【例 3】第 11 副牌，双方无局，南家发牌：

	北	
	♠A 8 4 2 ♥K J 9 ♦J 8 4 ♣A 6 4	
西 ♠K Q 10 9 ♥10 7 4 ♦9 6 5 2 ♣J 8		东 ♠7 6 5 3 ♥5 2 ♦Q 10 7 ♣Q 10 9 3
	南 ♠J ♥A Q 8 6 3 ♦A K 3 ♣K 7 5 2	

北	东	南	西
		1H	/
1S	/	2C	/
3H	/	6H	A.P.

阿瑟·罗宾是美国 20 世纪 60 年代著名牌手，他以出奇的好运而出名。但是从 10 墩牌到 12 墩牌，除了运气之外，还得有高超的技巧才行，请看阿瑟是怎样完成 6♥牌约的。

西首攻♠K，计有 5 墩♥，两低花各 2 墩，加♠A 共 10 墩。反明守打法可以得 11 墩牌，但第 12 墩牌呢？也许♣是 3-3 分配（成功率也只有 35.5%），也许两门低花色存在紧逼。因此南以♠A 吃住首攻，以♥3 将吃一张♠，然后出小♣，明手放小，东♣9 得进，回出♣（最凶的回攻），明手♣A 得进，出小♠，手中♥A 将吃，出♥6，明手♥J 得，明手再出最后一张♠，手中♥Q 将吃。拔♦AK，此时，留下的牌是：

♠
♥K 9
♦J
♣6

西		东
♠	北	♠
♥10 7	西　东	♥5
♦9 6		♦Q
♣	南	♣Q 10

♠
♥8
♦3
♣K 7

庄家手中出♥8，西出7，南闭上眼睛，从明手出♥9（运气）飞过；得墩后出♥K，此时东已受紧逼，南顺利完成牌约，庄家运气是好，但技术更高。

【例4】第2副牌，NS有局，E发牌：

北：♠K Q J 10 5 3　♥J　♦A Q 8 3　♣A J

西：♠9 8　♥Q 9 8 3　♦10　♣K Q 9 8 7 4

东：♠6 4 2　♥2　♦J 9 7 6 4 2　♣5 3 2

南：♠A 7　♥A K 10 7 6 5 4　♦K 5　♣10 6

北	东	南	西
	/	1H	1NT[1]
×	2D	4H	/
4NT[2]	/	5C[3]	×
5D[4]	/	5H[5]	/
5N[6]	/	6D[7]	/
7S	A.P.		

注：(1)表示手中有一长套，不是16~18点的正常争叫。

(2)黑木关键张问叫，问A或♥K。

(3) 2A 和♥K。

(4)有没有♥Q?

(5)没有♥Q。

(6)有没有别的 K。

(7)有◆K。

美国牌手劳斯(北)和潘达(南)以漂亮的叫牌叫到了无懈可击的大满贯牌约,他们获得了 1986 年最佳叫牌奖。确实这副牌牌约机会很大,如果♥为 3-2 分配或◆4-3 分配或♥长的一方有 4 张◆,或者就是实际这样的牌也可以。

东首攻♣2,西出♣Q,庄家潘达从叫牌中得知西持♣长套,北♣A 得后,连吊将牌,东家垫去◆4 和♣5 3,西垫去 4 张♣,庄家认定东有◆止张,因此庄家连拔◆AKQ,打成以下局势:

	♠ ♥J ♦8 ♣J	
♠ ♥Q 9 ♦ ♣K	北 西　　东 南	♠ ♥2 ♦J 9 ♣
	♠ ♥A K 10 ♦ ♣	

西家被紧逼,西持有♣K,不能垫。只有垫♥的♥3 保护张,这样就没有办法挡住庄家的♥10 威胁张升级为赢张,完成大满贯牌约。

【例 5】第 12 副牌,南北有局,西发牌:

	♠Q 7 5 ♥K 8 3 ♦A Q J 6 ♣A Q 5		
♠A K J 8 4 3 ♥2 ♦8 5 ♣9 7 4 3	北 西　　东 南	♠10 ♥7 6 ♦K 9 7 3 2 ♣K J 10 8 2	
	♠9 6 2 ♥A Q J 10 9 5 4 ♦10 4 ♣6		

北	东	南	西
			2S
×	/	4H	A.P.

西开叫 2♠是弱二开叫。北作技术性加倍后,南直接作♥成局叫。西连打黑桃顶张大牌并出第三轮黑桃,东将吃并回出将牌红心。

如果能飞中◆K,或者♣K,即可得到 10 墩。但从叫牌中得知西手中已不会有 K,否则他会开叫 1♠,而不作弱二开叫了。因此不应采取飞张打法。在东持有这两个 K 的情况下也无法对他实行单向紧逼,因为他位于明手的下家,南从手中打紧逼张时,明手要先于东进行垫牌,东可跟着明手进行垫牌。

在这种情况下打紧逼,可以采取维也纳战术(Vienna Coup)。

具体打法是利用明手的♣Q 和手中的◆10 作为威胁张对东实行单紧逼。先打掉◆A(这是维也纳战术的特点),然后连续吊将,明手垫方块。在打最后一张将牌前四手牌如下:

西	北 / 南	东
	♠ ♥ ♦ ♣AQ5	
♠ ♥ ♦ ♣974	北 西　东 南	♠ ♥ ♦K ♣KJ
	♠ ♥5 ♦10 ♣6	

在打出紧逼张♥5时明手垫♣5，东就受紧逼了。如垫梅花J，则♣K就失去了保护，如垫◆K，庄家手中◆10就会成为赢张。

维也纳紧逼打法的特点是在实行单向紧逼前要预先采取消除堵塞的措施。在【例5】中如不先拔掉◆A，则在打出紧逼张时明手垫牌会产生困难，就无法使手中的◆10对东起到威胁作用。

在某些情况下，由于缺乏紧逼张无法对防守家进行紧逼，这时应设法让对方的一家兑现他的赢墩使另一防守家受到紧逼。

双紧逼

双紧逼也称为双向紧逼或双重紧逼。这种紧逼是针对两个防守人同时实施的紧逼，紧逼涉及三门花色（分别用A、B、C表示）。一个防守人在A和B两门花色中受紧逼，另一个防守人在B和C两门花色中受紧逼。双紧逼是两个单紧逼的组合，每个单紧逼各针对一个防守人，庄家有一个双重威胁张（B花色）和两个孤立的威胁张（A花色和C花色）。

例如残局如下：

	♠ ♥6 ♦8 7 ♣Q 5	
♠ ♥J 8 7 ♦Q 9 ♣	北 西　　东 南	♠ ♥Q 9 5 ♦ ♣J 9
	♠J ♥A K 3 ♦ ♣4	

还剩下最后 5 墩,该庄家(南)出牌。庄家现在有 4 个赢墩,防守方两家将处于被紧逼的状态。南出紧逼张♠J,西安全地垫◆9,明手垫◆7,东家首先被紧逼,东为了守住♣,垫去一张♥5。然后南再出♣4,这时西被紧逼,为保留◆Q也垫去一张♥7。由于防守方东家要防守♣,西家要守住◆,结果♥无人看守。庄家得到了最后 3 墩♥。

这个例子中,双重威胁张是♥3,两个孤立的威胁张是◆8 和♣5。

双紧逼分为同时型和非同时型两种类型。上例对两个防守人的紧逼不是同时出现在打出一张紧逼张的时候,属于非同时型双紧逼。下面是一个同时型双紧逼的例子。

还剩下最后 4 墩,该庄家出牌。庄家现在有 3 个赢墩,防守方两家均处于被紧逼的状态。南出◆A,西在两个花色中被紧逼,明手跟◆8,东家也在两个花色中被紧逼。无论他们怎样垫牌,庄家都可以得到最后 3 墩。这个例子对两个防守人的紧逼是同时出现在打出一张紧逼张◆A 的时候。

	♠ ♥ ♦8 ♣A K 5	
♠ ♥A ♦ ♣Q 9 6	北 西　　东 南	♠A ♥ ♦ ♣J 10 5
	♠K ♥K ♦A ♣4	

【例 1】第 5 副牌,南北有局,北发牌:

	北	
	♠A 3 ♥Q 6 3 ♦A 9 7 2 ♣K 8 7 6	
西 ♠8 5 ♥A K J 8 2 ♦J 6 5 ♣Q 9 3		东 ♠10 7 ♥10 7 5 4 ♦Q 10 8 4 ♣J 10 2
	南 ♠K Q J 9 6 4 2 ♥9 ♦K 3 ♣A 5 4	

北	东	南	西
1NT	/	3S	/
4S	/	4NT	/
5H	/	5NT	/
6D	/	6S	A.P.

南打6♠，西首攻♥K后转攻将牌。庄家有11个赢墩，第12个赢墩只能通过挤牌获得。现在明手的♥Q是对西的威胁张，如果东要保护♦，防守方谁也顾不上♣了。于是庄家先打五轮将牌，再兑现♦AK，第三轮♦将吃到暗手。

出现如下残局：

	北	
	♠ ♥Q ♦9 ♣K 8	
西 ♠ ♥A ♦ ♣Q 9 3		东 ♠ ♥ ♦Q ♣J 10 2
	南 ♠K ♥ ♦ ♣A 5 4	

庄家打出挤牌♠K时，西先受到了紧逼，为看住♥Q，只能垫保护张♣3；明手丢掉♥Q，东又受到了紧逼，为看住♦9，只能也垫保护张♣2。这样庄家可以再拿到3墩♣完成牌约。

【例 2】双方有局，东发牌：

	♠K 7 6 3 ♥6 4 ♦8 3 2 ♣A J 5 4	
♠10 9 5 ♥A 7 5 3 ♦Q 9 6 ♣10 6 2	北 西　　东 南	♠Q J 4 2 ♥10 ♦K J 10 5 4 ♣K Q 8
	♠A 8 ♥K Q J 9 8 2 ♦A 7 ♣9 7 3	

北	东	南	西
	1D	×	/
1S	/	2H	/
3D	/	3H	/
4H	A.P.		

1988 年最佳坐庄奖为挪威牌手罗尼获得，他成功地以交叉十字紧逼完成了 4♥牌约。

西首攻♦6，罗尼以♦A 吃住首攻后，出♥K，西家♥A 得，连出两轮♦，南将吃后再吊将打成如下局势：

	♠K 7 6 3 ♥ ♦ ♣A J 5	
♠10 9 5 ♥3 ♦ ♣10 6 2	北 西　　东 南	♠Q J 4 2 ♥ ♦ ♣K Q 8
	♠A 8 ♥9 8 ♦ ♣9 7 3	

庄家出♥9，西跟♥3，北垫♣5，东陷入困境，如垫♠，明手可做好第四张♠，无奈东垫♣8；庄家再出♥8，此时西如垫♣，庄家让明手垫♠，出♣到 A，再送出♣J 做好手中♣9。西只能垫♠5，明手再垫♣J，东家无奈，又垫♣Q，罗尼拔♣A、♠K、♠A，手中只剩♣9 7，西剩♣10 6，东已无♣，庄家一定可以再得一

墩♣。

这种交叉紧逼在实战中很少出现，罗尼技术运气都不错，才得此殊荣。

【例3】

♠QJ62
♥A7
♦A9753
♣65

西		东
♠107	北	♠3
♥Q93	西　东	♥J10852
♦QJ106	南	♦842
♣8742		♣QJ103

♠AK9854
♥K64
♦K
♣AK9

清华大学教授王建华先生是世界“紧逼权威”，他发现了新的“撞击紧逼”，并著有《桥牌超级挤压法》，在国外出版。

这副牌是王教授在实战中的杰作：明手摊下牌来后，王先生后悔没停在7♠上，尽管如此，王先生还是用“双紧逼”完成了这个最高大满贯牌约。

南打7NT，西首攻◆Q，南◆K得后，连打♠，打完5墩♠后，见西家一直垫♣，就连拔♣AK，至如下局势：

♠
♥A7
♦A97
♣

西		东
♠	北	♠
♥Q93	西　东	♥J1085
♦J10	南	♦
♣		♣Q

♠8
♥K64
♦
♣9

庄家出♠8，西先被挤压，只能放弃护张♥3，明手垫♦7，东家垫一小张♥。但庄家出♥给A，再拔♦A，现在轮到东家吃苦头了。他不能垫♣，只能再垫♥护张♥6，庄家放弃♣9，手中♥K 6已经做大，完成最高大满贯7NT牌约。

【例4】第7副牌，双方有局，南首叫：

	北	
	♠A K 8 3 ♥10 9 6 3 ♦A ♣Q 8 7 6	
西 ♠J 9 6 5 ♥K Q 8 2 ♦9 6 5 3 2 ♣		东 ♠Q 10 7 4 ♥7 5 4 ♦8 ♣J 10 9 3 2
	南 ♠2 ♥A J ♦K Q J 10 7 4 ♣A K 5 4	

北	东	南	西
		1C	/
3D	/	4C	/
4S	/	5C	/
5H	/	7NT	A.P.

南打7NT，西首攻♥K，庄家用♥A赢得。现在庄家有12个赢墩，如果♣套2-3分布，牌约安全。于是解封♦A，并打♣A，西垫了一张♥。下面只能通过挤牌获得第13墩牌。西必持有♥Q，暗手的♥J是对西的威胁张，第四张♣是对东的威胁张。庄家兑现♦时，防守方谁也没有力量保护♠。于是庄家兑现两张大♣，再兑现全部♦赢墩，当打到最后一轮♦时，出现如下残局：

	北	
	♠A K 8 3 ♥ ♦ ♣	
西 ♠J 9 6 ♥Q ♦ ♣		东 ♠Q 10 7 ♥ ♦ ♣J
	南 ♠2 ♥J ♦4 ♣4	

庄家打出挤牌张♦4 时,西先受到了紧逼,为看住♥J,只能垫♠6;明手垫掉♠3,东同时受到了紧逼,为看住暗手的♣,只能垫♠7。这样明手的三张♠全部成了大牌,大满贯完成。

双向紧逼在打牌过程中不需要对防守方的垫牌作更多的计算,只要盯住西没有垫♥Q,东没有垫两张♣,就知道明手的威胁张♠8 必然能发展成为赢墩。

三门紧逼

三门紧逼是指在三门花色中对同一个防守人自动进行紧逼,使这个防守人被迫垫掉赢张或垫掉赢张的保护张,使庄家多产生至两个赢墩。

三门紧逼的条件是:一个防守人需要防守三门花色,紧逼方至少有两个单张威胁张和一个紧逼张,而紧逼方的同伴有一个具有进手张的双张威胁。局势如下:

西	北	东
	♠A J ♥8 ♦7 ♣	
♠K Q ♥A ♦A ♣	北 西　　东 南	♠ ♥ ♦ ♣
	♠2 ♥K ♦K ♣A	

南打出紧逼张♣A,西在三个花色中都受到紧逼,只能垫一张♠。南用♠2 送给明手♠A,♠A 敲下♠K,♠J 获得一墩。原来庄家只有两个赢墩♠A 和♣A,通过挤牌多产生一个赢墩♠J。

这里两个单张威胁张是♥K 和♦K,一个双张威胁是♠A J,进手张♠A。

在少数情况下,三重紧逼可以多产生两个赢墩。看下面的两个例子。

各有 5 张牌的残局如下：

西	北/南	东
	北：♠A ♥A J 10 ♦2 ♣	
♠ ♥K Q ♦K Q ♣A		♠ ♥ ♦ ♣
	南：♠2 ♥2 ♦A J ♣K	

南打出♠2，西在三个花色中都受到紧逼。如果垫一张♣A，会使暗手的♣K 成为赢张，也成为第二个紧逼张；如果垫一张◆Q，会使暗手的◆J 成为赢张，同时也成为第二个紧逼张；如垫一张♥，会使明手的三张♥都成为赢张。庄家原有大牌赢墩 3 个，结果赢了 5 墩，用三门挤牌多赢得 2 墩。

这里单张威胁张是♣K，一个双张威胁是◆A J，一个三张威胁是♥A J 10，进手张是◆A 和♥A。

各有 6 张牌的残局如下：

西	北/南	东
	北：♠K Q ♥A K 10 9 ♦ ♣	
♠A ♥Q J 2 ♦K Q ♣		♠ ♥ ♦ ♣
	南：♠2 ♥3 ♦A J 10 ♣A	

南打出紧逼张♣A,西在三个花色中都受到了紧逼,无论西垫哪一张,庄家都会赢得全部牌墩。庄家原有大牌赢墩4个,结果赢了6墩,用挤牌多赢得2墩。

这里三个威胁张都是多张的,进手张是♥A。

通过以上例子可以看出,三重紧逼的形式比单紧逼和双紧逼要灵活多变。三重紧逼根据不同牌情,可以多产生一至两个赢墩。

【例1】第11副牌,双方无局,南发牌:

北	东	南	西
		1C	/
1D	2H	/	/
2S	3H	3NT	A.P.

北:♠A Q 9 7 ♥3 ♦A 8 6 4 2 ♣9 3 2

西:♠J 8 6 4 ♥10 ♦Q 10 7 3 ♣K Q 8 6

东:♠10 5 2 ♥A K Q 9 8 5 2 ♦J 9 ♣7

南:♠K 3 ♥J 7 6 4 ♦K 5 ♣A J 10 5 4

西首攻♥10。

隆·安德森是美国年青一代中的高手,他经常在杨小燕女士率领的“精确叫牌”队打牌,但这副牌他叫的是自然制。

头三轮东家连拔♥A K Q,西垫掉一张♣和一张♦,北家也同样垫牌,第四轮东出♣,安德森放小,西家♣Q得后,回出♦,南用♦K吃住东家的♦J,这时,各家牌为:

北:♠A Q 9 7 ♥ ♦A 8 6 ♣9

西:♠J 8 6 4 ♥ ♦Q 10 ♣Q 8

东:♠10 5 2 ♥9 8 5 2 ♦9 ♣

南:♠K 3 ♥J ♦5 ♣A 10 5 4

庄家拔♥J,西陷入三门花色被紧逼的困境中:如果西放弃♣护张垫♠,明手垫♦6,西将被第四张♠再次挤住,不得不再放弃◆或♣中一门的止张送给南第九墩牌；如果西垫◆或♣，则明手的◆A 8 6或暗手的♣A 10 5都已做好，庄家一下多得2墩牌，已经完成牌约。

这种三门花色连续紧逼通常更多出现于桥牌著作，实战例子相当罕见。

【例2】第3副牌，东西有局，南发牌：

北：
♠A 8 3
♥J 10 6 3
♦A 5 3
♣A Q 8

西：
♠9 6 5
♥8 2
♦9 6 2
♣7 6 4 3 2

东：
♠Q J 7 4
♥7
♦Q J 8 4
♣K J 10 9

南：
♠K 10 2
♥A K Q 9 5 4
♦K 10 7
♣5

北	东	南	西
		1H	/
2C	/	2NT	/
3H	/	4C	/
4D	/	7NT	/
/	×	A.P.	

南打7NT，东作了加倍。西首攻明手叫过的花色套♣7，东的加倍说明看不见的大牌都在他手中，庄家用♣A赢得首攻后开始计算：现在有11个赢墩，看来只能通过挤牌产生2个赢墩。庄家打完第五轮♥，出现如下残局：

北：
♠A 8 3
♥
♦A 5 3
♣Q

西：
♠9 6 5
♥
♦9 6 2
♣6

东：
♠Q J 7
♥
♦Q J 8
♣K

南：
♠K 10 2
♥4
♦K 10 7
♣

现在庄家打出挤牌张♥4，北垫♠3，东受到了紧逼：假设他垫♠7，庄家可打三轮♠，明手垫掉◆3，东再次受到紧逼，这次他只能垫◆8。这样庄家又取得最后3墩◆，大满贯完成。假设东一开始垫◆8，庄家可打三轮◆，东在♠和♣上再次受到紧逼，庄家仍可取得最后3墩。

牌约方的三个威胁张♣Q、◆10和♠10都是针对东的。所以东被两次紧逼，每次紧逼都使庄家多产生一个赢墩。在三门紧逼下，东无论怎样垫牌，都无法摆脱被重复紧逼的境地，最终会使庄家多产生出2个赢墩。

【例 3】第 15 副牌，南北有局，南发牌：

	北	
	♠A J 8 6 ♥Q 6 3 ♦7 5 3 ♣A 8 5	
西		东
♠K Q 10 9 ♥A ♦K Q 9 6 ♣K Q 10 3		♠7 5 4 3 2 ♥7 2 ♦10 8 4 2 ♣7 6
	南	
	♠ ♥K J 10 9 8 5 4 ♦A J ♣J 9 4 2	

北	东	南	西
		1H	×
××	1S	2H	3S
4H	/	/	4S
×	/	5H	×
A.P.			

南打 5♥，西作了加倍。西首攻♠K，西的加倍说明看不见的大牌都在他手中。庄家现在有 6 墩♥和 3 个 A，缺的 2 墩只能通过对西家挤牌产生。暗手将吃首攻的♠K，然后吊将，西♥A 赢进后出♣K，明手的♣A 忍让一轮[若西续出♣Q，逼出明手的进手张(唯一的)桥路断了，三重紧逼就无从说起了]。西改出◆K，南用◆A 吃进，兑现将牌赢墩，在打最后一张将牌前，出现如下残局：

	北	
	♠A J 8 ♥ ♦ ♣A 5	
西		东
♠Q 10 ♥ ♦Q ♣Q 10		♠ ♥ ♦ ♣
	南	
	♠ ♥8 ♦J ♣J 9 4	

当庄家打出挤牌♥8 时，西在三个花色中受到了紧逼：假设他垫♠，明手垫♣，明手的♠全部成为赢张；假如他垫◆，明手垫♠，然后庄家可以用◆J 二次紧逼；西不得不在两个黑花色中垫一张牌，结果庄家同样 5 墩全得；假如他垫♣，

那么暗手的♣全好了。总之在三门紧逼的压迫下,西无论怎样垫牌,都无法避免最后 5 墩全部归庄家所有。

复合紧逼

复合紧逼也称复式紧逼,它由三门紧逼和双紧逼复合组成。这种紧逼是针对两个防守人实施的紧逼,先进行三门紧逼,再进行双紧逼,从而能产生一个赢墩。

实施复合紧逼的条件是:进入挤牌残局时庄家只缺少一个赢墩;一个防守人防守两门花色,另一个防守人防守三门花色;紧逼方有两个双向威胁张和一个单向威胁张,单向威胁位于受其威胁的防守人的下家;庄家和明手之间至少有一个进手张。例如:

	♠ ♥× ♦K × × ♣K × ×	
♠ ♥× ♦J × × ♣J × ×	北 西　　东 南	♠A ♥ ♦Q × × ♣Q × ×
	♠K ♥A K ♦A × ♣A ×	

暗手打出紧逼张♥A,西暂时没有受到紧逼,但东家在三门花色中受到紧逼。为了避免庄家立刻在♠中取得赢墩,他只能放弃一门低花中的防守。此时暗手兑现东放弃防守的这门花色的 A 和 K,只让西还持有该花色的止张。这样暗手再打出♥K,现在东在♠和一门低花,西在两门低花中均受到紧逼,庄家可赢得全部的赢墩。

可见,实施复合紧逼的步骤是先进行三重紧逼,使被紧逼人放弃一门花色的防守,该花色转换为另一防守人的单向威胁张,然后再对防守方进行双紧逼。

【例 1】第 3 副牌，东西有局，南发牌：

北：
♠A 3
♥A 9 6 5 3
♦10 5 3
♣A 7 6

西：
♠9 6
♥Q J 8 2
♦Q 6 2
♣Q 8 4 2

东：
♠7 4
♥10 7 4
♦J 9 8 4
♣K 10 9 3

南：
♠K Q J 10 8 5 2
♥K
♦A K 7
♣J 5

北	东	南	西
		1C	/
1H	/	2S	/
3H	/	4C	/
4D	/	7S	A.P.

南打 7♠，西首攻♥Q。庄家已经数得 12 个赢墩，明手虽有♥长套，但缺乏进手张无法树立，只能通过挤牌产生一个赢墩。从首攻的牌张来分析，只有西对明手的.具有防守能力，因此明手的♥是对西的单向威胁张。♦和♣套中都是双向威胁张，东西两家都具有这两门花色的止张。这种情况已经具备了复式紧逼的条件，只要打将牌，观察防守方的垫牌情况就可以达到目的。

暗手用♥K 赢得首攻，吊两轮将进入明手。拔♥A，暗手垫♣，打♥暗手将吃。再打两轮将牌，残局如下：

北：
♠
♥9
♦10 5 3
♣A 6

西：
♠
♥J
♦Q 6 2
♣Q 8

东：
♠
♥
♦J 9 8
♣K 10 9

南：
♠10 8
♥
♦A K 7
♣J

现在庄家打出紧逼张♠10，西在三门花色中被挤。为保住♥J，不得不在两门低花中垫一张牌;假设西垫♣,明手垫◆3,东可垫♣9;然后庄家再打♠8,西再垫♣,明手再垫◆5,这时东在两门低花中受到了紧逼:他要保留西放弃的♣花色,所以只得垫◆8 先放弃另一门低花◆的防守;如果这样,庄家打♣时,西就无安全的牌可垫,只能也垫◆2,也放弃◆的防守。最后庄家赢得了 3 墩◆,牌约完成。

假如西来防守♥和♣,先放弃◆的防守;东保留 3 张◆,这时庄家可以兑现 2 墩大◆,西受到单紧逼,他只能放弃♣的防守。这样庄家可以取得 2 墩♣,牌约同样完成。

在复合紧逼打法中,关键的问题是观察和分析对方的垫牌,判断出防守方已经放弃的是哪一门花色,然后兑现该花色的赢墩,使防守方再度受到紧逼。

【例 2】第 7 副牌,双方有局,南发牌:

北:
♠3
♥A K 9 3 2
♦A K 8 5 3
♣8 7

西:
♠A 9 8 6 5 2
♥Q J 8
♦Q 6 2
♣6

东:
♠7 4
♥10 7 4
♦J 10 4
♣10 9 4 3 2

南:
♠K Q J 10
♥6 5
♦9 7
♣A K Q J 5

北	东	南	西
		1C	/
1H	/	2C	/
3D	/	3S	/
4D	/	4NT	/
5H	/	5NT	/
6H	/	6NT	A.P.

南打 6NT。西首攻♠A,转攻◆2,明手用◆A 得。庄家已经数得有 11 个赢墩,♣如果能拿 5 墩,牌约没有问题。但♣套不能先试,以防止发现一个防守人有 5 张♣时,暗手没有进手张完成紧逼。此牌西有 5 张♣牌约必宕,如果是东有 5 张♣可以采用复合紧逼完成牌约。

庄家用♣A 进手后,连打三轮♠,明手垫 2 张♥和 1 张◆;东在三门花色被挤:不能垫♣(否则牌约立刻打成),只能放弃一门红花色的防守,假如他垫去 2 张♥(垫◆同理);庄家就连打♥A K:东不能垫♣,只好再放弃一门红花色,垫一张◆,于是现在只有西能防守两门红花色。然后,庄家兑现♣K Q,残局如下:

♠
♥9
♦K 8
♣

西	北/南	东
♠ ♥Q ♦Q 6 ♣		♠ ♥ ♦J ♣10 9

♠
♥
♦9
♣J 5

现在庄家打出紧逼张♣J，西已无安全的牌可垫：西垫♥Q，明手♥9 变大；西垫◆，明手的◆全大了。这样剩下的 3 墩全是庄家的赢墩，牌约完成。

第六章 桥牌防守技巧

第一节 准确估算庄家的牌型

防守方打牌可以看见明手的牌,如果再知道庄家的牌,就等于知道了全部四个人的牌,这样防守起来就方便多了。推算庄家的牌比推算同伴的牌要方便,因为庄家叫过牌,这就不可避免地暴露了不少牌型和牌力的信息。对于这些信息,防守方只要善于利用,再加上同伴的帮助,推算庄家的牌型是不难做到的。

一般推算庄家牌型的方法可以根据叫牌、同伴的首攻、同伴的打牌信号以及打牌已出现的牌张等情况获得,有时需要综合利用各种方法。

根据叫牌推算

根据叫牌可以推算庄家手中的大部分牌情,例如牌型分布、哪个花色强、哪个花色弱。这就要求防守方必须对对方的叫牌约定有充分的了解;倘若不了解,可以通过查阅他们的"约定卡"和叫牌过程中向同伴提问得到。对方叫牌时,防守方必须弄清他们每一声叫品的含义,养成不懂就问的习惯。

结合首攻推算

一般无将首攻长套时,有连张攻连张最大的牌,有间断连张攻间断连张最大的牌,没有连张攻"长四"。有将也首攻连张最大的牌,攻小表示上有大牌,攻中表示上无大牌。这些首攻方法可以向同伴传递这个花色的牌情。把对方叫牌和同伴的首攻结合起来,有时可以获得很多线索,帮助推算出庄家确切的牌型。

【例 1】第 3 副牌,东西有局,南首叫:

	♠Q 8 ♥K 9 5 2 ♦Q 8 5 4 ♣A Q 6	
♠10 7 5 3 ♥J 8 ♦K 9 3 ♣J 8 7 2	北 西　　东 南	♠6 4 ♥Q 6 4 ♦A J 7 2 ♣K 9 5 4
	♠A K J 9 2 ♥A 10 7 3 ♦10 6 ♣10 3	

北	东	南	西
		1S	/
2NT	/	3H	/
4H	A.P.		

南打4♥，西首攻♦3。根据叫牌，防守方先假设庄家是5张♠和4张♥。东家看见同伴首攻♦3，他先假设西家是4张♦带1张大牌K，并估计庄家的牌型是5-4-1-3。

东家的♦J拿到了第一墩，再打回♦2(出第四张，东如果是3张♦，第二轮应该出♦A)，庄家打♦10，西家的♦K拿了第二墩。这时东、西两家可推算知道庄家是5-4-2-2牌型。西再出♦是无用的，立刻改出♣！这样庄家就无法安全地清光将牌，再用♠垫掉手中的♣输张，牌约不可避免地宕一墩。

【例2】第7副牌，双方有局，南首叫：

	♠A Q 8 ♥6 3 ♦Q J 10 8 4 ♣Q 6 5	
♠J 5 3 ♥J 8 7 5 4 ♦9 ♣8 7 4 2	北 西　　东 南	♠10 7 6 4 ♥A Q 2 ♦A 5 2 ♣10 9 3
	♠K 9 2 ♥K 10 9 ♦K 7 6 3 ♣A K J	

北	东	南	西
		1C	/
2D	/	2NT	/
3NT	A.P.		

南打 3NT,西首攻♥5。根据叫牌,防守方知道庄家是平均牌型。东家看见同伴首攻♥5,算出庄家手中有 3 张大过 5 的牌。明手的牌和牌约方的叫牌说明,他们完成牌约的牌力足够。同伴没有其他进手张,要想击败牌约就只能希望同伴有 5 张♥。为了让同伴可以用♥进手,东家第一轮出.Q 考验庄家,精彩!庄家考虑,如果西持♥A J××或♥A J×××,此轮忍让就是极大的错误,于是用♥K 赢进。结果东家◆A 进手后拔♥A,再继续攻♥,牌约不可避免地宕一墩。

结合张数信号推算

张数信号对防守方很有帮助。庄家或明手在首次出某一花色时,防守方为了告诉同伴自己的张数,可以用大牌(先大后小)表示双数张,小牌(先小后大)表示单数张(3 或 5 张)。

第 11 副牌,双方无局,南首叫:

北:
♠A Q 8
♥A 10 2
♦J 7 4
♣Q 10 6 3

北	东	南	西
		1H	/
2NT	/	3D	/
3H	/	4H	A.P.

西		东
♠10 7 5	北	♠K J 4 3
♥8 7	西　东	♥9 6 4
♦9 8 3		♦Q 10 5
♣A K 8 7 4	南	♣9 5 2

南:
♠9 6 2
♥K Q J 5 3
♦A K 6 2
♣J

南打 4♥牌约,西首攻♣K。防守方根据叫牌,假设南家是 5 张♥和 4 张◆。在第一轮东家跟出♣2,庄家跟♣J,西家明白东家是 3 张♣,而庄家的牌型是 3-5-4-1。现在要设法不让庄家用明手的♣垫掉暗手的♠,于是西家立刻改出♠10,精彩!如果明手用♠Q 飞,东家即用♠K 赢进并回♥。只要东家不打♣,庄家的♠输墩始终无法交代,最终要输♠2 墩、◆1 墩、♣1 墩共 4 墩,牌约宕一。

同伴在第一轮所发出的张数信号,再加上叫牌过程,常能使机警的防守方推算出庄家的牌型。

结合已出的牌综合分析

把对方叫牌和出牌情况结合起来,可以获得很多牌情,随着一些花色分布的明确,可以推算出庄家确切的牌型。

防守方在打牌的过程中,还可以根据庄家已经打出的牌张来推算庄家的牌型。防守方这时所要注意的就是记住庄家打出的牌张,并与前面打出牌张的数目进行累计,随着打牌过程的深入,庄家牌型会逐渐被揭示出来。

【例 1】第 15 副牌,南北有局,南首叫:

北	东	南	西
		1H	/
3H	/	4H	A.P.

北:
♠8 4 3
♥Q J 10 2
♦K 7 4
♣K Q 3

西:
♠Q 7
♥K 8
♦Q J 10 8 3
♣9 8 7 4

东:
♠A K 6 5
♥6 4
♦9 5 2
♣J 10 6 5

南:
♠J 10 9 2
♥A 9 7 5 3
♦A 6
♣A 2

南打 4♥牌约,西首攻◆Q,明手的◆K 赢得首攻,出♥Q 飞,被西家的♥K 赢得。西家打回◆J,庄家◆A 赢得。庄家出小♥,西出♥8(显示庄家有 5 张♥)。庄家将吃第三张◆回手(庄家有 2 张◆)。接着庄家又打三轮♣,手中垫掉一张♠(庄家有 2 张♣)。此牌防守的关键在东,他应推算出庄家的牌型是 4-5-2-2,现在手中还有 3 张♠。这时从明手出♠,东家必须打小牌(这是关键),希望同伴是♠Q×双张,或者同伴有♠J×,庄家有 Q 10 9 而错误地放垒 10(打♠J 在东)。如果东未一步步地推算出庄家的牌型,到最后明手出♠时,贸然打了♠A 或 K,将会造成此花色的堵塞(大牌相碰撞),帮助庄家完成牌约。

防守方可以通过对叫牌和打牌过程的综合分析,掌握庄家的牌型和作战意图,从而找到克敌制胜的方法。

【例 2】第 1 副牌,双方无局,北首叫:

北	东	南	西
1NT	/	3S	/
3NT	/	4H	A.P.

北:
♠A J
♥J 7 5
♦K J 6 2
♣Q J 9 4

西:
♠10 7 6 3
♥10 2
♦A 9 8 5
♣K 6 3

东:
♠8 4
♥Q 9 3
♦Q 10 7 4
♣A 8 5 2

南:
♠K Q 9 5 2
♥A K 8 6 4
♦3
♣10 7

南打 4♥牌约。西从叫牌中分析出庄家至少是 5-5 高花套,他的低花只有 3 张,于是首攻◆A,庄家出◆3。西考虑,如果庄家在♣上有输张,只要庄家一上手,就可以用明手的◆K 垫掉,于是转攻♣3,希望同伴有♣A。因为如果庄家有♣A×,东的♣大牌也不可能成为赢墩。结果东有♣A,赢进并回攻♣,由于西及时转攻♣,防守方抢先取走了 3 墩低花。此时庄家完成牌约将很困难,只要防守方将牌没有打错,庄家还要丢失 1 墩将牌,牌约宕一。

【例 3】第 3 副牌,东西有局,南首叫:

北	东	南	西
		1D	1H
×	/	1S	2H
×	/	2NT	/
3NT	A.P.		

北:
♠K Q 6 3
♥Q 10
♦Q 6 3
♣K 8 7 4

西:
♠
♥J 9 6 5 4 3
♦A K J 9
♣A J 3

东:
♠J 10 9 8 7
♥7
♦8 7 2
♣10 9 6 2

南:
♠A 5 4 2
♥A K 8 2
♦10 5 4
♣Q 5

西首攻◆K 后连攻◆A◆9，明手◆Q 赢进后连出♠K♠Q，东跟♠J♠10，西垫掉两张小♥。庄家经过考虑，明手出♣K，东出♣6，庄家出♣5，防守到了关键的时刻。西读牌分析：南开叫 1◆只有 3 张，说明庄家必为 4-4-3-2 牌型。西自己的叫牌和打牌也已经把 0-6-4-3 的牌型暴露给了庄家。这时西如果用♣A 赢进再兑现◆，以后庄家可以用♣Q 回手，飞西的♥J，庄家共可以得 3 墩♠、4 墩♥和 2 墩低花，正好完成牌约(分析正确)。所以，这墩♣K 西只能忍让(结论也正确)！但按常规跟♣3 后，庄家用♠A 回手时，西垫牌将发生困难：如垫♥，庄家第四张♥变大；如垫打好的◆，则庄家先飞♥10，然后解封♥Q，再用♣投给西，西兑现 2 墩♣后，不得不出♥送给庄家 2 墩 AK，让庄家完成牌约。

实战中西在明手出♣K 时果断地扔掉♣J，精彩！这是取胜的唯一杀招。以后庄家如果还用♠A 回手，西应垫赢张◆9，庄家虽然可以先飞♥J 并解封♥Q，但当庄家再用♣投给西♣A 时，西会出一张小♣把出牌权交给东的♣10，东还有♣9 或♠8 两赢墩可以兑现，击败牌约。此副牌被《桥牌》杂志评为 2006 年最佳防守奖。

第二节　正确推算庄家的实力和赢墩

推算庄家的实力

庄家的实力是指庄家的大牌点力有多少。了解庄家的实力对于防守方是十分有用的。知道庄家的牌力，等于知道了同伴的牌力，这对于防守也是至关重要的。我们知道一定的实力总是与一定的牌约阶数相联系。在掌握了庄家牌力后，防守方可以初步得知庄家是否能完成牌约。

推算庄家的实力主要通过叫牌，从叫牌中可以获得大量对方的牌型和牌力信息。根据牌约人选择牌约的阶数，大致可以判断出他们联手的总牌力。另外还要根据对方是充满自信地叫到牌约，还是通过邀请勉强叫到牌约，或者是犹豫不定地叫到牌约，以及在激烈的竞叫中冲上牌约等情况，对对方牌力的判断进行修正。

一般推算庄家实力的方法是：根据对方叫牌阶数所需要的联手实力，减去明手的牌力，就是庄家的实力。这种推算方法对无将牌约比较有效。有将牌约的阶数容易受牌型的影响，所以推算出的牌力可能有一定的误差。

1.无将牌约

庄家开叫无将，他的牌点最容易估计，因为开叫无将的点力都局限在一个很小的范围内。

根据约定，开叫 1NT 自然制一般是 16~18 点，精确制一般是 13~15 点。开叫 2NT 自然制是 22~24 点，精确制是 22~23 点。

一个牌约最后叫到无将，说明对方持比较平均的牌型，或联手牌型互补。由于没有将吃因素，赢墩主要依靠牌力，这也为防守方计算庄家牌力提供了方便。

2.有将牌约

打有将牌约，说明对方有配合良好的将牌，联手至少 8 张。若牌约方持均型牌，一个 4 阶高花牌约一般需 25 点左右牌力。但是非均型牌、奇型牌、怪型牌或有单缺时，大牌点可相应降低。

在明手摊下牌后，把明手和自己的大牌点加在一起，再加上庄家的估计大牌点，然后用 40 减去这三家大牌点的总和，那便是同伴西的大牌点。弄清同伴的大牌点也非常重要，可以帮助防守方找到制胜的防守路线。

【例 1】第 2 副牌，南北有局，东首叫：

北	东	南	西
	3S	4C	4S
5C	A.P.		

北：
♠6 5 4
♥K 9
♦A 2
♣Q 10 9 8 6 5

西：
♠A 8
♥10 8 4 3 2
♦J 8 7 6 3
♣A

东：
♠K Q J 10 7 3 2
♥6 5
♦9
♣7 4 2

南：
♠9
♥A Q J 7
♦K Q 10 5 4
♣K J 3

南打 5♣，西家首攻什么？

坐在西家的是美国专家牌手哈里·梅克,他的思路是这样的:同伴阻击开叫3♠,应有7张以上♠,因此在♠上可能最多得1墩牌,加上自己的♣A,但是第三墩在何处呢?同伴一般会有孤张或缺门,只有让同伴将吃某一门红牌来击败牌约,但是♥还是♦呢?哈里·梅克以出色的技巧解决了这个问题。他首攻♠8,同伴东用♠10拿后,知道回攻黑桃不行,改出♦9;当吊将时哈里·梅克的♣A进手后马上出♦给同伴将吃,牌约下一。

【例2】第6副牌,南北有局,东首叫:

北	东	南	西
	3H	/	/
×	/	4S	A.P.

北:
♠A Q 10 8
♥Q
♦10 8 3
♣A K J 10 3

西:
♠J 6
♥9 8 3
♦A 7 6 4
♣9 6 5 2

东:
♠7 5 2
♥A J 10 6 4 2
♦K J 9
♣7

南:
♠K 9 4 3
♥K 7 5
♦Q 5 2
♣Q 8 4

南打4♠,西首攻♥3,东用♥A拿住。东看到明手有可怕的♣长套,如果不立刻取走♦赢墩,庄家将用♠来垫牌了。从牌力推算,如果牌约方26点,西就可能有5点;想击败牌约,西必须要有♦A(分析与设想正确)。通常从KJ×结构中出牌是先出小牌,但现在东家看见明手有♦10,他必须出♦J(飞死庄家的♦Q)。由于东还有K 9(可以飞明手的♦10),这样不论庄家是否用Q盖J,都必输3墩,牌约宕一。

推算庄家赢墩

推算庄家有哪些赢墩是十分有用的。防守方算出庄家的赢墩在哪里,就等于知道了庄家可能的输墩在哪里,于是就可以进行准确的防守。推算庄家的赢墩可以根据叫牌、首攻、明手的牌和同伴的信号等四个因素进行分析考虑,如果通过推算赢墩发现庄家在三门花色中已经有足够的赢墩时,要马上换攻第四门花色,这是击败牌约唯一的希望。

【例 1】本牌例是坐西家的葡萄牙名将马诺尔安·安图纳斯对阵爱尔兰时的出色表现:

	北	
	♠6 5 2 ♥K J 6 ♦A 9 8 ♣Q 8 6 4	
西 ♠9 4 ♥A 9 7 2 ♦Q 7 5 4 ♣K J 5		东 ♠Q 10 3 ♥10 8 4 ♦J 10 3 ♣A 10 7 3
	南 ♠A K J 8 7 ♥Q 5 3 ♦K 6 2 ♣9 2	

北	东	南	西
		1S	/
2C	/	2S	/
3S	/	3NT	A.P.

南打 3NT,西首攻♦4,明手出♦6,东出♦10,庄家出♦K 得手后出♥3,明手♥K 得,出♠5,庄家♠J 得进,南家出♥5。西家如何继续防守?

坐西的安图纳斯根据已出的牌和明手牌,看出庄家有 2 墩♦、2 墩♥,很可能还有 5 墩♠,庄家在三门花色中已经有了 9 墩牌。防守方唯一的希望就是得到 4 墩♣,现在必须立即上红心 A,并换攻第四门花色,要求同伴东家必须持有♣A 10 7×。因此,西用♥A 上手(及时),换攻♣J,精彩!捉明手的♣Q,东家正好有♣A 10 7 2,这样庄家必丢 4 墩♣,牌约宕一。

牌约人有时完成牌约需要树立明手的长套,而明手的唯一进手张是将牌。在此情况下要主动逼迫明手将吃,消灭明手的进手张,使其长套无法兑现。

【例 2】第 3 副牌，东西有局，南首叫：

北	东	南	西
		2C	2S
3D	/	4C	/
5C	A.P.		

北：♠7 5　♥7 3　♦A K 8 6 4 3　♣A 10 5

西：♠A K Q 10 2　♥K Q 2　♦Q 5　♣8 6 3

东：♠9 4 3　♥J 10 8 6 5 4　♦10 9 2　♣4

南：♠J 8 6　♥A 9　♦J 7　♣K Q J 9 7 2

南打 5♣，西首攻♠K，再出♠Q，连拿 2 墩♠。西看到庄家完成牌约一定要利用明手的◆长套。♣A 是一个进手张，如果迫使明手将吃，自己的 3 张将牌就可以控制住明手，于是他继续打出♠A，明手不得不将吃。由于明手的◆长套无法利用，将牌不是 2-2 分布，庄家不得不再输 1 墩♥，5♣牌约宕一。

【例 3】第 5 副牌，南北有局，北首叫：

北	东	南	西
1C	/	1NT	/
2C	/	2H	/
4H	A.P.		

北：♠Q 10　♥K 10 8 5　♦A K　♣K Q 10 8 5

西：♠K J 7 5 3　♥6 3　♦Q 9 7 4 3　♣2

东：♠9 6 4　♥A 7 4　♦10 8 2　♣A 9 7 4

南：♠A 8 2　♥Q J 9 2　♦J 6 5　♣J 6 3

西首攻♣2,东估计西的草花是单张,准备用A拿后再打回草花给西将吃。但东是一位细致的高级桥牌手,他发现即使西将吃到1墩草花,也只有3个赢墩,不足以击败4♥牌约。东注意到,如在黑桃中能发展1墩就可以击败4♥牌约。于是东不急于打草花给西将吃,而转攻♠9,不论庄家手中用A拿还是放小飞黑桃K,西都将能赢得1墩黑桃。以后东家将牌♥A进手后仍可给西家将吃1墩草花,东西方终于拿到1墩黑桃、1墩红心和2墩草花(其中1墩将吃),牌约宕一。

【例4】第7副牌,双方有局,南首叫:

北	东	南	西
		1H	2C
2S	/	4H	A.P.

	北	
	♠A K 6 5 2 ♥9 5 ♦7 6 5 ♣K 6 2	
西 ♠J 7 ♥K 4 3 ♦K J 8 ♣Q J 10 9 3		东 ♠10 9 8 4 ♥6 2 ♦A 4 3 2 ♣8 7 5
	南 ♠Q 3 ♥A Q J 10 8 7 ♦Q 10 9 ♣A 4	

西首攻♣Q,明手出♣K赢得这墩,同伴跟♣5,庄家跟♣4。明手出♥9,同伴和庄家都跟出小牌,西用♥K吃进。西应出什么牌?

从叫牌中得知庄家至少有6张红心,他能取得5墩红心、2墩梅花和至少2墩黑桃。如果庄家手中还有♦A,牌约是无法击败的。因此西必须假设♦A在同伴手中,西应改出♦8,同伴A进手后打回方块,活捉庄家方块Q(共4墩),方能击败牌约。

【例 5】第 9 副牌,东西有局,北首叫:

北	东	南	西
2C	/	2NT	/
3NT	A.P		

	♠7 5 ♥A K Q ♦4 2 ♣Q J 10 9 4 2	
♠K 10 8 2 ♥6 4 ♦Q 9 7 5 3 ♣K 8	北 西 东 南	♠A J 4 3 ♥10 9 7 3 ♦J 8 6 ♣7 5
	♠Q 9 6 ♥J 8 5 2 ♦A K 10 ♣A 6 3	

南打 3NT,西首攻◆5,东出◆J,庄家的◆K 拿了第一墩。庄家用♥到明手去飞♣,西家♣K 得进。西家看到,庄家在♠之外还可以拿到 10 墩,超 1 墩完成牌约。只有抢先赢得 4 墩♠,才可以击败牌约。于是西家转攻♠2!果然东家有♠A,东家 A 拿后回攻♠3,如愿取得 4 墩♠,击败 3NT 牌约。

注意:同伴改出的新花色是一张小牌时,表示他有大牌,要求打回这个新花色。如果同伴改出的新花色是一张较大的牌,表示无大牌,要求打回最初攻击的花色。

防守方不仅要熟悉防守技巧,而且要善于分析推算和逻辑推理,透过表面现象发现庄家的弱点,从而找到取胜的途径。在打牌时,分析推算庄家的牌型、牌力和赢墩的技术综合运用,可以收到很好的效果。

第三节　逻辑分析与推理方法

逻辑分析与推理是由已知判断引出新判断的思维形式,通过推理可以获知很多看不见的事物。例如你隔着窗户看不清外面的雨停了没有,但看见人行道上的行人都打着雨伞,你就可以推理判断出外面还在下着雨。又如你开车到十字路口,看不见前面是红灯还是绿灯,但看见前面和旁边的车辆都在继续前进,你推理知道前面必然是绿灯。推理的思维方法在桥牌中应用很广，特别是防守方，由于只能看到明手和自己手中的牌，不能掌握庄家手中的牌情，因此更需要应用分析推理的方法来判断庄家的牌情，即要通过叫牌和打牌过程中所掌握的信息，对于那些看不见的牌张进行分析、推理、判断。应用得好，可以在很大程度上提高防守的质量。

同伴的叫牌和出牌，以及庄家的行动都会提供某些信息。正确地应用分析推理的方法，可以得知某些大牌的位置和庄家手中的牌情，从而进行有效的防守。

第三家可以从同伴首攻的牌张中分析、推理判断出某些大牌的位置。

防守方所进行的分析与推理是以庄家合理的叫牌和打牌为前提的。应设想庄家的一举一动都是有的放矢的，你如能对掌握的信息进行正确的分析推理，你就能更快地把庄家手中的牌想象出来。

【例 1】第 3 副牌，东西有局，南首叫：

北：
♠9 5
♥J 9 7 6 3
♦K J
♣Q 8 7 4

西：
♠A Q 10 8 4 3
♥2
♦9 7 6 5
♣K 3

东：
♠7 2
♥Q 8 4
♦10 3
♣A J 9 6 5 2

南：
♠K J 6
♥A K 10 5
♦A Q 8 4 2
♣10

北	东	南	西
		1C	1S
×	2C	2D	2S
/	/	3H	/
4H	A.P.		

南打 4♥牌约，西首攻♣K，东应怎样防守？读牌分析推理如下：

南大致有 5 张方块和 4 张红心，并有 16～18 点的牌力。南梅花套没有点，黑桃套肯定有大牌，而且不会是双张，因为如果是双张，同伴西就会有 7 张♠，在点力不超过 10 点的情况下，他会阻击性开叫 2♠或 3♠，那么南的梅花就只能是单张。南的牌型应该是:3-4-5-1。

南如果有♠A,4♥牌约是击不败的,而且可能会超1墩。

如此看来,唯一的希望是同伴有♠AQ,庄家有♠K J×三张,应马上用♣A超吃,出♠7,给西的♠Q A飞牌得2墩。出第三张♠,再给东的♥Q一墩超将吃♠而击败牌约。若西♣是单张,东家将吃后再出♣,西也将吃,牌约将宕二。

所以你应该用♣A超吃过来,马上出♠7。

此副牌东经过精确的分析推理计算,找出了正确的进攻路线,获得了满意的结果。如果换其他打法,是不可能击败牌约的。

【例2】第7副牌,双方有局,南首叫:

	北	
	♠8 7 ♥J 9 3 ♦A K ♣A J 10 8 5 4	
西 ♠A J 5 2 ♥K 10 8 5 2 ♦Q 6 3 ♣6		东 ♠4 ♥Q 7 4 ♦10 9 8 5 4 2 ♣9 7 3
	南 ♠K Q 10 9 6 3 ♥A 6 ♦J 7 ♣K Q 2	

北	东	南	西
		1S	/
2C	/	3S	/
4D	/	4H	/
4S	A.P.		

西是专家牌手马歇尔·罗森勃格,他的读牌分析与推理如下:

南家跳叫3♠,大概持有K Q领头的6~7张♠,扣叫4♥表示有♥A,同时方块和梅花中也有一些大牌;北家持有♦A、梅花的几张大牌、2~3张♠、有14~15点的实力,这是他满贯试探应有的。

西家自己能够得到2墩将牌,希望再得到1墩红花色牌和1墩将吃,前提是同伴必须进手一次;同伴有♦K的可能性不大,希望同伴有♥Q,西家果断决定首攻♥K(精彩),准备给同伴一次进手的机会;西是不是首攻♣看了明手牌后再做决定呢?不行,以后庄家是不会让东家的♥Q进手的。

庄家♥A 赢得红心 K 首攻后，马上吊将，西家♠A 进手后马上回出梅花，明手进手后继续吊将，西家黑桃 J 进手后回出红心，东家♥Q 进手后回出梅花给西家将吃，牌约下一。

【例 3】第 11 副牌，双方无局，南首叫：

北	东	南	西
		4H	A.P.

	北	
	♠K 6 ♥8 5 ♦A 9 5 4 ♣K J 10 7 3	
西 ♠J 9 5 2 ♥7 4 ♦J 10 8 6 3 ♣Q 8		东 ♠A Q 8 4 ♥A 2 ♦K Q 7 ♣9 6 5 2
	南 ♠10 7 3 ♥K Q J 10 9 6 3 ♦2 ♣A 4	

你坐东，对南的 4♥牌约，西首攻♠2，明手上♠K，东用♠A 得进。下一步怎样防守？东读牌分析如下：

南一下子叫出 4♥，而东还有♥A，说明他至少有 K Q 领头的 7 张红心，甚至更长。

西攻出♠2，说明他至少有 3 张或 4 张黑桃，而且有♠J。因为庄家如果有♠J 的话，他不会上♥K，同时也说明庄家的黑桃不少于 3 张。

东可以拿到 2 墩黑桃，1 墩红心，但宕墩从哪里来？

如果同伴有♣A，那当然就不成问题了，不过这种可能性很小。如果庄家有单张♣A、两张方块，那么你现在攻出一张♦K，等将牌红心上手后可以拿到 1 墩方块；可是如果庄家有♣A×和单张方块，那就不妙了。庄家用明手♦A 吃住，打最后一张小黑桃，不论你下一步怎样防守，他都可以用梅花大牌垫掉输张，完成牌约。所以方块是出不得的。

假如同伴梅花套是单张，你可以出一张梅花，等♥A 上手后给同伴将吃，但同伴没有首攻梅花,说明他不会是单张,所以梅花也出不得。

那么连攻两张将牌如何?

也不行,因为庄家可以用明手的梅花长套垫光手上的♠输张。

根据以上的分析,你应当打出一张小红心,保留♥A 出牌权,只要同伴有两张红心,能阻挡庄家连拿梅花,就可以击败牌约。

防守方还可以应用逻辑分析与推理,通过不能获取赢墩的将牌将吃或逼迫牌约方使用大将牌将吃,使防守方原本不是赢墩的将牌提升为赢墩的将牌提升技巧。

【例 4】第 2 副牌,南北有局,东首叫:

	北	
	♠9 6 5 ♥7 6 5 ♦A Q J ♣A K 6 3	
西 ♠10 7 3 ♥10 2 ♦9 6 5 2 ♣J 10 7 2		东 ♠A 8 ♥A K Q 9 8 4 ♦7 4 3 ♣9 8
	南 ♠K Q J 4 2 ♥J 3 ♦K 10 8 ♣Q 5 4	

北	东	南	西
	1H	1S	—
4S	A.P.		

南主打 4S 牌约,西家首攻♥10,东家在兑现两轮红心后,采取将牌提升法继续出红心。庄家无奈用 K 将吃,并出牌到明手后出将牌。东家果断用 A 吃进后,继续出红心,这样经过两次将牌提升,终于使同伴的将牌 10 成为赢墩而使牌约宕一。这种将牌提升技巧被称为双倍提升(Double Upgrade)。

防守方应善于应用各种信号来传递信息,沟通牌情,充分发挥信号的作用将会使你击败更多的牌约。更重要的是,要在对这手牌的全局作周密的分析并在逻辑推理的基础上进行防守。当你已掌握击败牌约的关键所在时,应主动表态出击,这样才能形成严密的、有效的防守。

【例5】第7副牌，双方有局，南首叫：

	♠Q 9 4 ♥A 9 6 ♦3 ♣K Q J 8 7 2	
♠K 10 5 3 ♥5 4 2 ♦J 10 8 7 4 ♣3	北 西　　东 南	♠8 7 2 ♥K 8 ♦Q 9 6 5 ♣A 9 5 4
	♠A J 6 ♥Q J 10 7 3 ♦A K 2 ♣10 6	

北	东	南	西
	—	1H	—
2C	—	2NT	—
3H		4H	A.P.

南打4♥牌约，同伴首攻♣3，明手跟♣2，你知道同伴的梅花是个单张，你当然应用♣A 赢进。这时你应回出什么牌，是需要研究分析的。如果你继续出梅花可使同伴将吃1墩，再加上你手中的♥K，你方可稳得3墩。但这还不足以击败牌约，同伴将吃梅花以后不论出什么牌都会使庄家进手。庄家会采取安全策略，马上吊完将，就能控制全局。失张可以用明手的梅花长套来解决。要想击败牌约只有寄希望同伴有3张将牌，并在黑桃套中持有♠K，只有从你手中出黑桃才能帮同伴建立一个黑桃赢墩。

基于以上分析，你应在用♣A 得进后不要急于回出梅花，而应先出黑桃，这样庄家将无法阻止你在♥K 进手后出梅花让同伴将吃一轮梅花，同时又可兑现♠K 这个赢墩，牌约下一。

第四节　剥夺与制造庄家犯错

剥夺庄家的选择

防守方有一个有利的条件，那就是当明手的牌摊下来的时候，立刻就能看出牌型分布情况和某一花色庄家的飞牌结果。不论牌型对庄家是否有利，当时庄家尚不清楚，就强迫他在某个花色的飞牌与不飞牌之间作一抉择。这种抉择，无论对哪个高手来说，都不会是愉快的。

从庄家的角度考虑，在决定采用某一个特定路线打牌之前，希望能对各种可能的机会都进行尝试，通过适当地安排打牌进程，对所有可能的选择都一一加以利用，以获取最大的成功机会。而防守方则要设法不让庄家有择优顺序，自由自在地尝试。成功的防守基本技巧之一，就是在于能够看出庄家的各个选择都在哪里，并且要采取相应措施来剥夺其中的一个或者多个选择。防守人应该在打牌的早期阶段，抓住机会迫使庄家立即作出一个决断：就是在庄家还不知道他的某副牌花色是否一定需要飞牌的时候，就强迫他作出进行或拒绝飞牌的决定。当庄家还没来得及对这副牌的分布情况进行探察了解就被迫立即作出决断时，往往容易犯错误。

【例 1】第 9 副牌，东西有局，北首叫：

北	东	南	西
1C	1D	1H	/
3C	/	3H	/
4H	A.P.		

北：
♠A Q 2
♥A 4
♦J 5 2
♣A Q J 10 8

西：
♠10 6 3
♥J 10 8 5 3
♦9 8 3
♣K 7

东：
♠J 9 7 4
♥
♦A K Q 10 7 6
♣6 5 2

南：
♠K 8 5
♥K Q 9 7 6 2
♦4
♣9 4 3

你坐西，持上面的牌准备怎样首攻？读牌分析如下：

常规性的首攻是同伴叫过的花色。然而，你有庄家感到意外的将牌长度，根据叫牌看♣A 多半是在明手，因此首攻♣7 将会是最好的剥夺庄家选择的时机。假如庄家允许在将牌 3-2、4-1 分配概率（96%）的情况下只丢 1 墩将牌，1 墩◆和 1 墩♣，仍可完成牌约；为防止西♣为单张时飞失给东的♣K，并再丢失 1

墩◆和 1 墩♣将吃,牌约立刻就宕,他可能就会拒绝在♣上的飞牌。如果是其他首攻,等到庄家发现将牌的极不利分布,庄家要完成牌约必须靠飞♣,防守方就只能眼看庄家打成牌约了。

【例 2】第 10 副牌,双方有局,东首叫:

北：♠A Q 8 2　♥9 4　♦A K 10 5 2　♣9 4

西：♠6 3　♥K J 8 5 2　♦9 8　♣J 10 7 5

东：♠K 9 7 4　♥Q 7 6　♦J 7 6 3　♣K 6

南：♠J 10 5　♥A 10 3　♦Q 4　♣A Q 8 3 2

北	东	南	西
	/	1NT	/
2C	/	2D	/
3NT	A.P.		

南打 3NT。西首攻♥5,东用♥Q 得到这一墩牌,南跟♥3;第二轮回攻♥时暗手放♥10,西用♥J 赢得,并且续打♥2 逼出庄家的♥A,这时明手垫一张♣。庄家由暗手出♠J 飞,东让了第一轮,并用♠K 得进第二轮。现在南打出 5 大牌点,表明他还持有◆Q 以及♣A 和♣Q。这样东能算出庄家已经有了 9 墩牌:3 墩♠、1 墩♥、3 墩◆,以及飞西的♣K 而得到 2 墩。东击败这个牌约的唯一机会,是立即换攻♣6。这时,庄家是不愿意冒险飞♣的,害怕会飞失给西这个危险对手。由于庄家这时还无法知道◆的不利分配,所以他很可能会决定上♣A 止住,并寄希望于◆长套能够吃通,结果事与愿违,牌约下一。

在庄家还不清楚哪一张牌可以垫掉的时候,就打出牌来迫使他选择一个垫牌,也可以起到剥夺选择的效果。

【例 3】第 11 副牌,双方无局,南首叫:

北	东	南	西
		1C	/
1S	/	2NT	/
4NT	/	5H	/
6NT	A.P.		

北:
♠A K Q 8
♥9 4 3
♦K J 7
♣10 9 3

西:
♠7 6 3
♥10 7 6
♦8 6 3
♣Q 8 7 5

东:
♠J 5 4 2
♥J 5 2
♦A 5 2
♣6 4 2

南:
♠10 9
♥A K Q 8
♦Q 10 9 4
♣A K J

南打 6NT 牌约,西首攻♠3,明手♠A 得进,南跟♠9。接着庄家由明手出◆7 给暗手的◆Q,暗手回出◆4 给明手◆K,西家跟◆3 和◆6。你是东,计划怎样防守?

看来庄家多半持有 4 张◆,同伴大牌最多只可能有一个 Q。如果是♥Q,总可以得到。如果是♣Q,则庄家不用飞♣,就已经有足够的赢墩完成牌约,西必须再忍让一次◆,以便使得庄家在还未逼出◆A 的时候,不敢去试探♥花色的分配情况(分析正确)。东在得进第三轮◆时,应该立即回出一张♠(精彩),借以切断庄家明暗两手之间的联通,迫使庄家马上要在第三轮♠上垫掉暗手的一张牌。于是,庄家就不得不立即在♥的 3-3 分配(概率 35%)与飞♣Q(成功的概率 50%)这两者之间过早地作出抉择,就有可能出错宕一。

【例 4】第 15 副牌,南北有局,南首叫:

北：♠Q J 8 3　♥K 6 3　♦10　♣K Q J 7 5

西：♠A 7 2　♥J 9 7 2　♦6　♣10 9 8 3 2

东：♠10 9 5　♥A 10 8 5　♦K J 9 4 3　♣4

南：♠K 6 4　♥Q 4　♦A Q 8 7 5 2　♣A 6

北	东	南	西
		1D	/
2C	/	2NT	/
3NT	A.P.		

西首攻♥2,明手跟♥3,东盖♥10,庄家用♥Q 得进;然后出小黑桃给明手的 Q,回出♠3 给暗手的♠K,同伴西用♠A 得进,回攻♥J;明手上♥K,西用♥A 进手,南跟♥4。下面东应出什么牌?

从叫牌分析:庄家肯定有♣A 和◆A Q,东已经算出庄家至少有 9 个赢墩:3 墩黑桃、1 墩红心、4 墩梅花和最少 1 墩方块。那么希望在哪里呢?

东能否出方块让庄家猜断?不行。庄家可以用◆A 上手,只要黑桃和梅花有一门打通就够 9 墩牌了,但他现在还不知道黑桃中哪一门能打通(分析正确)。所以东要继续打两轮红心,强迫明手垫牌,他很可能垫一张黑桃。这时西再出方块,迫使庄家在梅花(3-3,4-2 分布概率)84%和飞◆K50%之间进行抉择,从而给防守方一个打宕的机会。一般来说,放弃飞◆K,牌约宕一完全是有可能的。

【例 5】第 2 副牌，南北有局，东首叫：

北	东	南	西
	/	/	1S
×	4S	5D	/
6D	A.P.		

	北	
	♠7 ♥A K Q 10 5 ♦K J 6 2 ♣A K 10	
西 ♠A 9 8 6 4 ♥4 ♦9 5 3 ♣Q J 8 3		东 ♠K J 10 5 2 ♥J 9 7 6 2 ♦4 ♣7 4
	南 ♠Q 3 ♥8 3 ♦A Q 10 8 7 ♣9 6 5 2	

对南的小满贯牌约西首攻♠A，东跟♠2，南跟♠3，下一步应出什么牌？西读牌分析如下：

南的方块不会少于 5 张，北可以将吃 1 墩黑桃，再加上 3 墩红心、2 墩梅花，庄家已经有了 11 墩牌，他的第 12 墩从哪里来呢？假如庄家是 5-3-3-2 牌型，无论他有 3 张黑桃还是 3 张红心，都毫无困难地拿到 12 墩牌（分析正确）。如果他是 5-4-2-2 牌型，梅花是 4 张，而又没有♥J，那他只有双飞西的♣Q J，才能打出第 12 墩牌来（分析也很正确）。可是他现在不知道红心是极坏的1-5分配，而且是东有♥J 领头的 5 张。所以西要立即出一张小梅花（结论精彩，击中要害），南一般不会放弃红心花色（3-3、2-4 分布概率）84%的成功机会，而选择只有 24%成功机会的双飞♣Q J 的打法。他只要这一次不飞，就再也没机会了。如果西现在不出梅花而随便出一张什么牌，庄家吊完将牌，当发现红心走不通的时候，他只好走双飞梅花的路子，结果会取得成功。

为庄家制造一个选择

有些时候，庄家合理的打牌路线只有一个，别无选择，而这个打牌路线恰恰又是取胜的路线。在这样的局势下，就要求防守人能够设法在庄家的那个取胜的打牌路线之外，给他制造出似是而非的另一个打法，从而给他一个致败的选择。这是一种以假乱真的防守打法，需要在打假牌时不至于引起庄家的怀疑和警惕。

【例 1】第 3 副牌，东西有局，南首叫：

	北	
	♠A Q J 8 ♥Q 3 ♦J 9 4 ♣K J 10 3	
西 ♠7 6 3 ♥J 10 9 6 4 ♦5 2 ♣8 7 5		东 ♠10 5 4 ♥K 8 2 ♦K 8 6 3 ♣A Q 2
	南 ♠K 9 2 ♥A 7 5 ♦A Q 10 7 ♣9 6 4	

北	东	南	西
		1NT	/
2C	/	2D	/
3NT	A.P.		

南打 3NT，西首攻♥J，明手盖♥Q，你用♥K 赢得；继续攻♥8，之后再打♥2，庄家在第三轮用♥A 得进，明手垫掉一张◆。接着庄家从暗手出♣9，明手跟小飞，东应怎样防守？东读牌分析如下：

可以算出所有看不见的大牌都在南手上，所以想依靠大牌实力把这个牌约击败是不可能的。庄家有 4 墩♠，另外有 2 个红 A，只要他一旦发现自己只能得到 2 墩♣时，他只好飞◆来得到第 9 墩牌，别无其他选择（分析正确）。然而，如果能够设法使他认为，他可以得到 3 墩♣，那他就不一定会冒险飞◆（分析深入，正确）。因此，西必须用♣A 来赢进第一轮♣，而不是用♣Q，并且立即回出◆8。实际上庄家为防止西进手，肯定会立即用◆A 赢进，并接着再飞西的♣Q。这样，就使防守方能够得到 2 墩♥、1 墩◆、2 墩♣共 5 墩牌，牌约宕一。

【例 2】第 7 副牌，双方有局，南首叫：

北	东	南	西
		1NT	/
2C	/	2D	/
3NT	A.P.		

北：
♠J 8
♥A K J 10
♦K 6 3
♣K 4 3 2

西：
♠Q 10 7 6 3
♥Q 9 4
♦Q 10 5
♣J 5

东：
♠K 9 5 4
♥8 3 2
♦8 4 2
♣Q 10 6

南：
♠A 2
♥7 6 5
♦A J 9 7
♣A 9 8 7

南打 3NT，西首攻♠6，明手♠J，同伴盖♠K，庄家立即用♠A 得进。接着庄家打♦给明手的♦K，兑现♥A，再回出♦给暗手♦A。西应准备怎样防守？

从叫牌看，庄家至少有 13 点，所以标明持有♣A，这样已经有了 7 个顶张赢墩。并且西还可以看到，他能成功地飞♥再得到 2 墩♥而完成。南肯定是打算要飞♥的，不过他现在是在试图提高他的成功机会，先兑现♦大牌来看看是否有什么有利的情况出现。

西必须在南的♦A 上掉出♦Q，借以诱使南认为真的出现了对他有利的情况（打假牌精彩要自然地掉出♦Q）。西的这种打法，虽然不能保证一定得到好效果，但这是唯一的机会。如果西非常自然地掉出♦Q，南多半会认为西真的只有双张♦，从而放弃飞♥，并由明手出第三轮♦，暗手用♦9 飞。这样西的方块 10 就可以上手并兑现♠赢墩，牌约宕二。

【例 3】第 8 副牌，双方无局，西首叫：

北：
♠J 10 3
♥8 3
♦Q 10 8 5 2
♣Q 9 2

西：
♠7 2
♥A Q 10 6 5
♦K J 3
♣A J 5

东：
♠K 4
♥9 7 4 2
♦9 4
♣10 7 6 4 3

南：
♠A Q 9 8 6 5
♥K J
♦A 7 6
♣K 8

北	东	南	西
			1H
/	/	×	/
2D	2H	3S	/
4S	A.P.		

南打 4♠，西首攻♠2，明手出♠J，同伴盖♠K，庄家立即用♠A 得进；接着庄家出♠9 再吊一轮将牌，同伴跟♠4。之后庄家打出♦A，西准备怎样防守？读牌分析如下：

因为同伴未能应叫，所以前景十分暗淡。庄家显然有 6 张♠，且已能够从♦花色中作出他所需要的赢墩。但是，假如他有 3 张♦，则只有西在他的♦A 上吊出西的♦K 来（分析正确），才能够给庄家提供一个制败的选择。庄家从他的角度考虑，♦J 肯定是在东手中，因而庄家就可能会照常规情况作出如下的分析：西是持♦K×双张所作的解封打法，以便把东的♦J 变成赢墩，而让东能用♦J 进手出♥。如果庄家真的这样分析，那他就会在出♦时明手用♦Q 得进，实施剥光打法。以后庄家不愿意冒险把第三轮♦送给东，而是由明手出♥，希望用♥投入西的手中，从而把他的♦输张逃掉。但这样一来，西就能够得到 2 墩♥、1 墩♦J 和♣A 共 4 墩，从而把本来不可能击败的牌约打宕。

【例 4】第 11 副牌，双方无局，南首叫：

北	东	南	西
		1C	/
1D	/	1NT	/
2NT	/	3NT	A.P.

北：♠Q 10 8 7　♥7 4 3　♦A J 6　♣10 6 2

西：♠6 5 2　♥Q J 5　♦8 7 3　♣J 9 5 4

东：♠A K J　♥10 9 6 2　♦9 4　♣K 8 7 3

南：♠9 4 3　♥A K 8　♦K Q 10 5 2　♣A Q

对南的勉强 3NT 牌约，同伴首攻♥Q，东跟♥6 鼓励，庄家垫♥8；同伴继续出♥J，庄家用♥A 得进；接着出♠3，明手出♠7，东应该用什么牌进手？东读牌分析如下：

从南的叫牌看，他明显有♥A K、♦K Q 以及♣AQ。如果他有 5 张方块，那已经有 8 个顶张赢墩（5 墩方块、2 墩红心、1 墩梅花），只要飞东的♣K 就已经 9 墩到手了。但飞♣K 是一锤定音的办法，庄家另有选择飞西的♠J，似乎更安全一些。这时东若用♠J 得进，他的这个计划就被破坏了，被逼上梁山，只有唯一的一条飞♣K 的路线了，而牌约也就到手了（分析正确）。所以东要用♠A 得进，继续攻红心，给庄家一个错觉，让他以为♠J 是在西的手上。当他用♥K 上手后，可能继续出黑桃飞西的♠J，结果送给防守方 2 墩♥、3 墩♠，牌约宕一。

第五节　与同伴默契配合

在进行防守时不仅要根据自己手中的牌情出牌，而且要分析掌握庄家及同伴手中的牌情。当你想传递信息时，应尽可能做到明确无误。同时要考虑到同伴可能遇到的困难。如果你掌握了双方的牌情，而且找到了正确的防守路线就应主动引导同伴出牌。要尽可能向同伴表明你手中的牌情，避免同伴在情况不明时出错牌。

【例 1】英国队(约那森·科西诺和杰瑞密·佛令特)在 1970 年与荷兰队的对抗赛中有出色的表现。

北：
♠K 8
♥9 5
♦Q J 10 8 6
♣Q J 9 6

西：
♠6 5
♥8 7 6
♦9 7 5 3 2
♣A 5 2

东：
♠Q J 3 2
♥K J
♦A K
♣K 10 8 7 3

南：
♠A 10 9 7 4
♥A Q 10 4 3 2
♦4
♣4

北	东	南	西
/	1C	2C	/
2D	/	2H	/
3NT	/	4H	A.P.

西家科西诺为防止明手短套将吃,首攻♥8(精彩);东家出♥K,庄家♥A,连拔♠K、A,出第三张♠给明手将吃,西家垫♣2;庄家从明手出◆Q,东家◆K赢进后出♠Q。庄家跟小♠,这时西应垫什么牌?

英国牌手科西诺通过读牌分析推断:只有东家持有♣K才有希望击败牌约;庄家最多只有一张♣,西在东家的♠Q上应垫去♣A(精彩)! 这是唯一一个击败牌约的机会;东家兑现♣K后续出♣,西家的将牌8超将吃或得以升级,共得到4墩(♠、◆、♣以及1墩将吃或将牌升级),牌约下一。值得注意的是,如果西家在第三轮♠上不垫掉♣A,则庄家可以完成牌约。西家漂亮的首攻和精彩的读牌防守配合给人们留下了深刻的印象。

【例 2】第 6 副牌,东西有局,东首叫:

	北	
	♠A 6 5 ♥K J 4 ♦9 8 7 ♣A Q J 2	
西 ♠7 4 3 ♥Q 9 5 3 ♦A K 6 2 ♣8 4		东 ♠K 8 2 ♥10 8 7 6 ♦Q J 10 3 ♣6 5
	♠Q J 10 9 ♥A 2 ♦5 4 ♣K 10 9 7 3	
	南	

北	东	南	西
	/	/	1D
×	2D	2S	/
3S	/	4S	A.P.

西家首攻♦K,然后出♦A、♦2,南家用♠9 将吃第三轮♦;出♠Q,西家跟♠4,明手放小飞过,东能吃得住吗？如果放过,南家继续出♠J,西家跟♠3,明手又放小,东如何防守？

这是瑞士牌手琼·贝斯坐东作出的精彩表演:他从南家用♠9 来将吃第三轮♦上,推断出南家只有 4 张♠;但是肯定有♥A、♣K,同伴的 1♦为弱开叫;要击败牌约只有比胆量继续放小(读牌、分析正确)。这时庄家如果继续吊将则可得到 11 墩牌,但是庄家依据西家还有♠K 7 的判断,害怕将牌失控,选择"安全打法";改出♣,连出♣大牌,西家的黑桃 7 将吃第三轮♣;东家乘机垫掉最后一张♦,西家出第四张♦,东家的将牌♠K 超将吃或升级成为赢墩(共 4 墩),击败牌约。

【例 3】第 7 副牌，双方有局，南首叫：

	北	
	♠K 9 7 2 ♥6 2 ♦6 5 ♣J 9 7 5 4	
西 ♠J 10 ♥A 9 5 ♦K J 9 3 ♣A K 8 3		东 ♠3 ♥Q J 10 8 7 ♦Q 8 4 2 ♣10 6 2
	南 ♠A Q 8 6 5 4 ♥K 4 3 ♦A 10 7 ♣Q	

北	东	南	西
		1S	×
2S	3H	4S	×
A.P.			

对南的被加倍的 4♠牌约，西首攻♠J，庄家♠A 上手；再打黑桃给明手的♠K，同伴跟♠10。这时东应垫什么牌，才能对同伴有所帮助？

东和明手共有 9 个大牌点，其余的牌点大概会平均分布在同伴和庄家手里。庄家下一轮多半会出一张梅花，如果这一墩同伴得进，他应该出什么牌呢？

对东来说，应该垫一张♥Q，这表示东有♥J 甚至有♥10，但没有♥K（分析正确，垫牌信号清楚）。这样同伴上手后，他不出红心，又不能出梅花，只好出方块，于是可得到 4 墩（红心 2、方块 1、梅花 1）牌，牌约宕一。否则，同伴很可能出红心，那就不妙了，你们只能得到 3 墩，让庄家舒舒服服地打成一局。

第六节　切断与疏通的技巧

切断对方桥路

切断对方桥路，使庄家明暗手失去联系，是防守中一个重要的手段。切断桥路最常用的手段是拿着大牌缓吃，以及尽快攻掉有长套一方的进手张等。有时为了达到切断对方桥路的目的，还必须作出某些必要的牺牲。举牌例如下：

【例 1】第 1 副牌，双方无局，北首叫：

北：
♠A J 9 6 3
♥7
♦A K Q 8
♣7 6 3

西：
♠7 4
♥Q J 10 8
♦J 7 6 3
♣A Q J

东：
♠K 8 5 2
♥6 5
♦9 5 4 2
♣8 5 2

南：
♠Q 10
♥A K 9 4 3 2
♦10
♣K 10 9 4

北	东	南	西
1S	/	2H	/
2S	/	3C	/
3D	/	3NT	A.P.

对南的 3NT 牌约西首攻♥Q，同伴跟♥6，庄家用♥A 得进。接着庄家出♠Q，明手跟小，同伴用♠K 得进，然后回攻♣8，庄家盖♣9。西用♣J 上手，下一步西应怎样防守？

从叫牌看，庄家大致有 5 张以上红心、4 张梅花，黑桃和方块不会超过 4 张。

庄家的黑桃很可能是双张，同伴就有 4 张，但不大会有♠10，如果有♠10 他会回攻红心；同时他除了♠K 之外，也不可能有♣K，否则庄家就不够二盖一叫牌的点力。

根据以上分析，庄家已经有了 4 墩黑桃、2 墩红心和 3 墩方块，似乎已经有 9 墩了(分析正确)。那么出路在哪里呢？唯一的希望是庄家只有单张方块。如果真的是这样，西应立刻出一张方块 J(防止庄家有单张方块 10)，就可以切断明暗手之间的联通，使得他不能既得到明手的方块和黑桃，又不能兑现暗手的♥K，结果只能得到 8 墩牌，牌约下一。

【例 2】第 3 副牌，东西有局，南首叫：

北：
♠K Q 9
♥A K Q J 7
♦7 6
♣8 5 4

西：
♠6
♥10 8 5 4 2
♦K J 8 3
♣K Q 10

东：
♠7 5 4 2
♥6 3
♦A 10 5 4 2
♣7 2

南：
♠A J 10 8 3
♥9
♦Q 9
♣A J 9 6 3

北	东	南	西
		1S	/
2H	/	3C	/
3S	/	4S	A.P.

南打 4♠牌约，西首攻◆3，同伴以◆A 吃进，庄家跟◆9，同伴回攻 4，西用◆K 吃住庄家的◆Q。西下一步应怎么防守？读牌分析如下：

庄家红心套没有点，方块套有个 Q，两套黑牌里肯定都有 A 和 J；

同时可以推断同伴除了◆A 之外不会再有大牌点；

西单张黑桃将牌，同伴大概会有 4 张将牌。

已经算出：庄家有 5 墩黑桃、4 墩红心和 1 墩梅花，可以完成牌约（分析正确）。这时如果西出♣K 是毫无意义的，那么出路在哪里呢？

从叫牌看，庄家两套黑牌最少 10 张，方块套是双张，那红心套最多只有 1 张，同伴的红心套也只有 2 张；好了，出路就在这里：西立即出 1 张红心，切断庄家明暗手的通道。如果他吊光将牌，就无法用红心进入明手，如果不先吊光将牌，红心大牌只能兑现 2 张，同伴要将吃第三张红心大牌，于是庄家最多只能拿到 8 墩牌，牌约下二。

【例 3】第 7 副牌，双方有局，南首叫：

北：
♠9 6 5
♥Q 10
♦Q J 10 7 4
♣8 7 2

西：
♠Q J 10 8 2
♥6 5 4
♦8 5
♣9 5 3

东：
♠K 3
♥K J 9 2
♦A 6 3
♣J 10 6 4

南：
♠A 7 4
♥A 8 7 3
♦K 9 2
♣A K Q

北	东	南	西
		1C	/
1D	/	2NT	/
3NT	A.P.		

南打 3NT 牌约，西首攻♠Q，东上♠K，庄家放小。东接着出什么牌？继续黑桃吗？

不一定，应先读牌分析一下情况再作决定。

明手加东的大牌共 17 点，同伴首攻♠Q，说明他还有♠J，除了这 3 点以外，恐怕他不会再有什么点力，其余的 20 点应该都在庄家手中，否则他不会跳叫 2NT。

情况如果是这样，东应该转攻♦3，希望♦套是 5332 分布，先送 2 墩♦给庄家，第三墩♦用♦A 切断其桥路，再出♠3 脱手，庄家就无计可施，牌约就无希望了。否则庄家可♠A 赢得，打光 3 墩梅花，然后打方块，东家被投入，明手红心 Q 为进手张，方块的赢墩可以兑现完成牌约。

由于不让明手的方块长套发挥作用，既切断了明暗手的通路，又避免被投入，庄家只能拿到 1 墩黑桃、2 墩红心、2 墩方块和 3 墩梅花，一共 8 墩牌，牌约宕一。

【例4】第11副牌,双方无局,南首叫:

北	东	南	西
		1C	/
2C	/	2NT	/
3NT	A.P.		

北：
♠8 2
♥7 4 2
♦A 5
♣K J 10 8 6 2

西：
♠10 9 5
♥K J 9 6 5
♦4 3
♣9 4 3

东：
♠Q 7 6 3
♥Q 3
♦K 10 9 8 2
♣A 5

南：
♠A K J 4
♥A 10 8
♦Q J 7 6
♣Q 7

南打3NT牌约,西首攻♥6,东放♥Q,庄家跟♥8。东应怎么防守?

南叫1C最少16点,同伴实力不会超过5点,除了红心恐怕不会有什么进手张,南极有可能有♥A,继续攻红心没有什么前途,而明手的6张长套梅花,却是一个很大的威胁。如果庄家有3张梅花,那就没有办法可想了;如果庄家的梅花是双张,防守就有希望了。西应出◆K攻掉明手唯一的进手张◆A,切断庄家明暗手的通道,使明手的梅花长套失去作用,南就最多只能拿到8墩牌:3墩黑桃、1墩红心、3墩方块和1墩梅花,牌约宕一。

【例5】第15副牌,南北有局,南首叫:

北	东	南	西
		1S	/
2H	/	3S	/
4H	/	4S	A.P.

北：
♠5
♥A K J 9 6 3
♦6 5
♣J 7 5 3

西：
♠9 7 4 2
♥Q 10 7 4
♦Q J 9 7
♣Q

东：
♠8 3
♥5 2
♦A K 10 8 3
♣K 10 9 6

南：
♠A K Q J 10 6
♥8
♦4 2
♣A 8 4 2

西家首攻◆Q，得墩后续出◆J，东家该怎么防守？

坐东家的是奥地利著名牌手卡尔·斯内德，他从南家坚决拒绝♥牌约的叫牌中推断南家手中最多只有一张♥，为了切断南、北两家联络，东家用◆A超吃◆J，然后回出♥（精彩），明手♥J得进，续出♥K，庄家垫掉一张♣，再出♥A，东家将吃，南家超将吃，南家只能得到6墩将牌、2墩♥、1墩♣共9墩，牌约下一。如果东家不及时出♥的话，南家清光将牌后飞♥，就可以完成牌约。

【例6】

北	东	南	西
		2D	/
2H	/	3D	/
4D	/	5D	A.P.

北：
♠10 8 5 2
♥K Q 8 6
♦10 9 3 2
♣J

西：
♠Q 6 4 3
♥J 10 7 4
♦7
♣K Q 10 5

东：
♠J 9
♥A 5 3
♦A 8
♣9 8 7 4 3 2

南：
♠A K 7
♥9 2
♦K Q J 6 5 4
♣A 6

西家首攻♣K，庄家♣A得进后出◆K，东家◆A吃住后出♠9，庄家用♠A得进，出小♥到明手的♥K，东应如何防守？

这是鼎鼎有名的英国桥牌专家特伦斯·里斯的杰作。1962年，在戛纳世界桥牌双人赛中，坐在南、北的是法国桥牌专家皮尔·盖斯腾和雷纳·达克里奇，里斯凭借这副牌的高分获得了第二名。

当南家出小♥到明手的♥K时，里斯用♥A吃住。里斯推断出南家有带AK的3张♠，6张◆，假如南家有2张♥及2张♣，西家将面临♠、♥两套花色被紧逼的危险；如果东家回出♠J，南家用♠A上手，连续吊将，西家只能投降。因此东家里斯回出了一张♥（精彩），打断了庄家明暗手之间的桥路，把同伴从被紧逼中解救出来，牌约下一。

【例 7】第 5 副牌,南北有局,北首叫:

北	东	南	西
3D	—	3NT	A.P.

北:
♠A 8
♥6 5 3
♦A 10 9 8 6 5 4
♣9

西:
♠10 7 6 3
♥Q J 10 9
♦2
♣Q 10 6 4

东:
♠K 9 5 2
♥A 7 4
♦J 7 3
♣J 7 2

南:
♠Q J 4
♥K 8 2
♦K Q
♣A K 8 5 3

南打 3NT 牌约,西首攻♥Q,明手摊牌后,东家预见到如果同伴有一张方块,明手的方块长套就有可能处于断桥状态而无法兑现。所以应该用♥A 吃住,立即直接攻击明手兑现方块长套的"桥"♠A,出♠K,由于"桥"被迫出,明手长套断桥,庄家只好取得 8 赢墩,3NT 牌约宕一。

如果东家不攻击"桥",庄家将超额 2 墩完成 3NT 牌约。

疏通己方渠道

切断对方联通和疏通我方渠道,有异曲同工之妙,前者是为了减少对方赢墩,后者是为了增加我方赢墩,目的都是旨在破坏对方的牌约。

有时需要防堵塞而垫掉大牌,这看起来好像很简单,实际运用时却不那么容易。因为必须在防守过程的早期阶段就意识到并断然垫掉需要解封的大牌,一旦错过机会,就垫不掉了。

有的牌是很容易看出来的,而且也会是经常运用到的。譬如针对对方的 3NT 牌约,同伴首攻某个花色 Q,你持有这个花色的 K×或 A×,你会立即用 K 或 A 盖打,以防止堵塞,实际上这是最一般的解封。但对一些比较复杂的牌,就需要保持清醒的头脑和高度的警惕性,经过仔细推算和分析,才能不失时机地垫出必须解封的大牌,从而给同伴的可能进手张开通道路。

【例 1】

♠Q 10 8 5 2
♥A J 5
♦K 7 2
♣K 8

北	东	南	西
1S	/	3NT	A.P.

西：♠K 6 ♥K 10 ♦J 9 6 5 3 ♣Q J 10 2

东：♠J 9 7 ♥Q 9 7 4 3 2 ♦4 ♣9 7 5

南：♠A 4 3 ♥8 6 ♦A Q 10 8 ♣A 6 4 3

西家杨·柯里德作出漂亮的首攻♥K，得墩后续出♥，明手出♥J，东家♥Q得进后又回出一张小♥，南家垫♣3，西家垫◆3，庄家用A赢进；庄家从明手出♠2，手中放♠A，如果您坐西，对防御有何计划？

西家杨·柯里德又以一漂亮的举动完成了他的表演：他分析推断出庄家手中没有♠J，不然庄家会飞♠K；因此他在♠A上果断地垫掉自己的♠K（精彩）！这样同伴手中的♠J就能成为一张关键的进手张。♠K的漂亮解封，使南家只有8墩牌，牌约下一。

【例 2】

♠Q 4
♥K J 9 7 6 3
♦A 6
♣Q 7 4

北	东	南	西
1H	2C	2S	/
3H	/	4S	A.P.

西：♠10 8 5 2 ♥A Q ♦J 9 8 5 4 3 ♣8

东：♠ ♥10 8 5 4 2 ♦10 2 ♣A K J 6 5 2

南：♠A K J 9 7 6 3 ♥ ♦K Q 7 ♣10 9 3

由于同伴叫过一次梅花，西首攻单张♣8，明手跟♣4，同伴用♣J 得进，接着出♣K，庄家出♣3 和♣9，西应垫什么牌？读牌分析如下：

从第一轮同伴用♣J 得进来看，庄家还有♣10，也就是说，防守方可以拿到 3 墩梅花。那么宕墩从哪里来呢？

西的♥A 很可能是一个赢墩，但是没有保证，如果庄家的红心原来是缺门，这一墩就要落空。而且北家叫进红心，因此最多只能得一墩红心。好了，为了保险起见，西应先垫一张红心 Q，东继续出梅花时西把♥A 也垫掉，在第四轮同伴出一张红心，如果庄家将吃，由于西的超将吃或将牌升级，将肯定都能得到宕墩。

【例 3】

	北		
	♠Q J 5 2 ♥K Q 8 6 ♦A 6 ♣Q 4 2		
西		东	
♠A ♥A 10 9 ♦K Q 9 8 7 4 3 ♣10 5		♠8 3 ♥J 5 2 ♦J 10 5 ♣K J 9 8 7	
	南		
	♠K 10 9 7 6 4 ♥7 4 3 ♦2 ♣A 6 3		

北	东	南	西
			1D
×	2D	3S	/
4S	A.P.		

南的 4♠牌约，西首攻♦K，明手用♦A 得进，东跟♦5，南跟♦2。庄家从明手出♠Q，东跟♠3，南跟♠4，西用♠A 得进。西分析：东应叫过一次牌，应在梅花上一定有实力（分析正确），于是西换攻♣10（精彩），明手盖♣Q，东上♣K，南跟♣3。东继续出♣J，南用♣A 得进，然后用♠K 又吊一轮将牌，这时西应垫什么牌？先来分析一下庄家手上的牌：

根据叫牌和出牌，南的牌型很可能是 6-3-1-3，在梅花上可能还有一个输墩，需要用明手的第四张红心来垫掉。

如果庄家有♥J,那是毫无办法的。但是如果同伴有♥J呢?那就还有点文章可做,就是在明手的第四张红心还没有起作用之前,同伴能用♥J上手,兑现梅花赢墩(分析和结论很正确)。

于是,办法有了,西应立即果断地垫掉♥A,这个决定很难下,但它确实是能够击败牌约的唯一垫张(精彩)。

【例4】

北：
♠
♥10 7 6 2
♦A K Q J 10 6
♣K 5 4

西：
♠8 6 4 3
♥Q 5
♦9 8 7 3
♣10 9 2

东：
♠A Q J 7
♥K 8 4 3
♦5
♣A J 8 7

南：
♠K 10 9 5 2
♥A J 9
♦4 2
♣Q 6 3

北	东	南	西
1D	×	××	1S
3D	/	3NT	A.P.

南打3NT牌约,西首攻♣10,明手跟♣4,东♣8以示鼓励,第二轮庄家用♣Q进手。然后出◆2,北用◆A拿,接着连出方块K Q J 10,东垫♠Q J 7和♥3,庄家垫♠2 5和♣3,西垫一张♠8。庄家从明手打出最后一张◆6,东应再垫什么牌?读牌分析情况如下:

根据叫牌,南有10点左右,而且一定有♥A。如果庄家还有♥Q,那防守就毫无希望了;而如果同伴有♥Q,那就还有文章可做。但东垫牌却要十分小心:如果再垫掉一张小红心,那可就不妙了,将牌投入;这时庄家从明手出一张小红心,东无论出什么牌,都将送庄家10墩牌;譬如东出♥K,庄家让东得到这一墩,东也只能再拿两个A;东若出♥8,庄家用♥A进手,再出♥J投入东手,也会使庄家打成牌约。所以这时东要果断地垫♥K,给同伴留下一个上手的机会。这样一来,庄家无论怎么出牌,也只能有8个赢墩。

【例 5】

北	东	南	西
		2NT	/
3NT	A.P.		

	北	
	♠A 7 ♥3 ♦Q 10 9 8 6 3 ♣7 6 3 2	
西 ♠6 5 3 ♥A J 6 5 4 2 ♦K 5 ♣Q 9		东 ♠J 10 9 2 ♥10 9 8 ♦J 4 2 ♣J 10 8
	南 ♠K Q 8 4 ♥K Q 7 ♦A 7 ♣A K 5 4	

西家首攻♥5,东家出♥8,庄家用♥K 赢进后出◆A,西应如何防守?

西家是皮特罗·福奎,意大利蓝队的著名牌手,和贝拉多纳、葛罗佐等人一起获得多次世界冠军,这一次和他搭档的是葛罗佐。为了能让同伴进手攻穿♥,在◆A 上福奎果断地垫掉◆K(精彩)。庄家预见到如要树立◆长套,就无法阻止东家进手,因而试着从♣套中做出 3 墩牌:第三轮庄家出小◆到明手的◆Q,明手出小♣,东家葛罗佐马上出♣10,庄家不能放过,只能出♣K,西家福奎又果断地垫掉♣Q(精彩)! 庄家出小♠进明手,再出小♣,东家♣J! 明手不得不用♣A 吃进;试着出第三张♣,希望♣8 在西家,但事与愿违,东家进手后回出♥,西家赢得 5 墩♥,牌约下二。

通常来说,防守方由于实力弱于牌约方,所以"桥"更加缺乏。在树立长套的过程中,一定要巧妙地利用有限的"桥"来达到目的,有时要采取先忍让后树立长套花色的打法。

【例 6】第 2 副牌，南北有局，东首叫：

	北	
	♠K 8 5 ♥6 5 ♦Q J 9 6 5 ♣K 7 3	
♠10 7 3 2 ♥10 7 ♦A 7 2 ♣J 10 6 2	北 西　　东 南	♠Q 9 6 ♥A K 9 8 4 3 ♦4 3 ♣9 8
	♠A J 4 ♥Q J 2 ♦K 10 8 ♣A Q 5 4	

北	东	南	西
	2H	2NT	/
3NT	A.P.		

南家主打 3NT 牌约，西家首攻♥10，如果东家用大牌吃进，就再也没有机会击败牌约了，因为他没有“进手张”兑现他的♥长套赢墩。所以他应该忍让这一墩，并出♥9 表示对同伴首攻的肯定，使用忍让法的目的就是确保兑现长套赢墩的“桥”。这样在同伴◆A 进手后再出保留的唯一一张红心的“桥”。防守方可连续取得 5 墩红心（共 6 墩），使牌约宕二。